PLANEJAMENTO SUCESSÓRIO

CIP-BRASIL. CATALOGAÇÃO NA PUBLICAÇÃO
SINDICATO NACIONAL DOS EDITORES DE LIVROS, RJ

K59p
4. ed

Kignel, Luiz
Planejamento sucessório / Luiz Kignel, Márcia Setti, José Henrique Longo.- 4. ed., rev., atual. e amp. - São Paulo : Noeses, 2023.

486 p. ; 23 cm.
Inclui bibliografia
ISBN 978-65-89888-76-5

1. Empresas familiares - Legislação - Brasil. 2. Herança e sucessão - Brasil. 3. Empresas familiares - Sucessão. I. Setti, Márcia. II. Longo, José Henrique. III. Título.

22-80687 CDU - 347.65(81)

Gabriela Faray Ferreira Lopes - Bibliotecária - CRB-7/6643

PLANEJAMENTO SUCESSÓRIO

4ª edição revista, atualizada e ampliada

ASPECTO FAMILIAR
(por Luiz Kignel)

ASPECTO SOCIETÁRIO
(por Márcia Setti)

ASPECTO TRIBUTÁRIO
(por José Henrique Longo)

2023

editora e livraria
NOESES

Copyright 2023 © By Editora Noeses
Fundador e Editor-chefe: Paulo de Barros Carvalho
Gerente de Produção Editorial: Rosangela Santos
Arte e Diagramação: Renato Castro
Designer de Capa: Aliá3 - Marcos Duarte
Revisão: Georgia Evelyn Roman e Microart Design Editorial

2023
Todos os direitos reservados

editora e livraria
NOESES
Editora Noeses Ltda.
Tel/fax: 55 11 3666 6055
www.editoranoeses.com.br

Dedicamos este trabalho a
Luba e José Kignel,
Henriqueta e Homero Setti,
Cecília e Pedro Henrique Longo,
nossos amados pais, que nos abençoaram
com o mais precioso de todos os legados:
o exemplo de conduta, dignidade e coragem
que sempre norteou nossas vidas e
deu firmeza aos nossos passos.

APRESENTAÇÃO DA 4ª EDIÇÃO

Começamos a trabalhar nesta quarta edição de nosso livro em 2019, esgotados todos os exemplares da terceira edição. No início de 2020, estávamos finalizando os temas e... eis que surge, impiedosa, a pandemia do Coronavírus. Uma realidade radicalmente diversa daquela que vivenciávamos, e tudo parou, pois precisávamos nos organizar e a todo o PLKC, adaptando-nos a um novo formato de trabalho, inclusive porque começaram a surgir modificações legais e decisões dos tribunais superiores que impactaram conceitos até então pacificados, além de anúncios de novas alterações legislativas. Em 2021, o assunto não era outro que não a Reforma Tributária, que paralisou os planejamentos e deixou a todos em compasso de espera. Era tempo de aguardar e refletir.

E de novo, como aconteceu na terceira edição, esse tempo nos proporcionou não apenas a atualização do texto, mas favoreceu o mergulho interno e a oportunidade de aprofundar ainda mais a reflexão de cada tema, etapa por etapa do Planejamento Sucessório. Novos assuntos surgiram, novas abordagens, novos olhares.

Nesse momento econômico e social tão único e sofrido que foi e tem sido a pandemia do Coronavírus, em que tantos brasileiros perderam seus empregos, os negócios cederam à bancarrota, os abismos sociais foram esfregados nas vistas de quem não os quisesse antes enxergar e as nossas tristezas se avolumaram, nos reconhecemos, os três autores, colaboradores de um trabalho social relevante, como advogados especialistas que somos em Planejamento Sucessório.

Assumimos uma responsabilidade que nos move diariamente na medida em que trabalhamos pela preservação da empresa geradora de empregos, contribuinte de impostos, criadora de riqueza. Nosso propósito vai além das famílias empresárias, da sociedade familiar e alcança a sociedade como um todo. Nossa preocupação é pela manutenção do controle societário, apesar da pulverização da propriedade, pois uma empresa sem comando focal não consegue ultrapassar gerações. Isso é estatístico. E o nosso desígnio é alterar esses dados e lutar pela perpetuação da empresa familiar, num país com um índice de desemprego tão cruel, misérrimo em oportunidades para aqueles que não tiveram a sorte de nascer em lares com alguns privilégios sociais e acesso à educação.

No mesmo tom, nosso cuidado com o estudo do tema envolve cada membro da família, tratando seus desejos, expectativas e limitações com a necessária delicadeza. A integração da família em dois ambientes absolutamente distintos, a *sala de jantar* da convivência familiar e a *sala de reuniões* da convivência societária, é um constante desafio em nossa experiência profissional. O respeito ao indivíduo, ora como membro da família, ora como sócio da empresa familiar, exige um olhar aos que pensam de maneira diferente, para entender e acolher tanto quanto possível as discordâncias em prol da família.

Esta quarta edição, tal qual as anteriores, segue a mesma proposta que promoveu enorme acolhida de nossos leitores: não se trata de uma obra para discutir teses jurídicas entre profissionais do Direito. Nosso projeto segue inalterado: linguagem clara, objetiva, sem o "juridiquês" do qual muitos não conseguem se dissociar, trazendo informações importantes para qualquer pessoa que deseje conhecer e entender um pouco o universo da sucessão familiar e da organização patrimonial.

Estamos em 2023, o nosso PLKC faz 41 anos e nós, os três autores, comemoramos 24 anos de trabalho conjunto dedicado ao Planejamento Sucessório sob os 3 enfoques que nos especializam individualmente. Mas não poderíamos permanecer os mesmos após essa pandemia, tantos anos de convivência e tanta experiência acumulada no PLKC. Transformamo-nos, mas sem abandonar a linguagem direta, e trouxemos aqui, para dividir com os leitores, as novas experiências que acumulamos desde a terceira edição desta obra.

Tanta coisa mudou. A última edição foi lançada em 2014, portanto, nove anos apenas a separam desta e não se pensava então com naturalidade sobre transgeneridade, não se cogitava a possibilidade de assembleias de sociedades virtuais gravadas via plataformas digitais, não se tinha a ameaça da provável volta da tributação de dividendos ao cenário econômico como tivemos em 2021, não se imaginava que a nova realidade seria o trabalho *home office* e tampouco que daria tão certo.

Os costumes mudam, a necessidade se mostra a mãe da criatividade, a adaptação se torna um imperativo. Nossa intenção é a de que este livro possa reluzir sobre algumas questões da intrincada e instigante estrutura que é a empresa familiar, sem qualquer pretensão de esgotá-la, pois, quando pensamos que já vimos de tudo nessa matéria, surge algum caso que nos faz enxergar a nossa pequenez e saudar o desafio de uma realidade até então por nós desconhecida.

E é isso que nos propulsiona: encontrar as melhores ferramentas dentro do mundo jurídico para preservar e incentivar a convivência familiar. Mais que isso, para que a empresa familiar cresça, floresça, gere oportunidades, empregos dignos, remunerações justas, atue com igualdade em todos os sentidos, e faça do nosso Brasil um país melhor.

Por fim, destaquemos, antes de mais nada, que a mulher brasileira vem ocupando, gradativamente, um papel a cada dia mais relevante na sociedade e também no mundo empresarial, liderando equipes, assumindo cargos de direção e contribuindo sobremaneira para o desenvolvimento do país.

Assim, onde este livro disser "o" acionista, sócio, fundador, filho, pai, patriarca, avô, irmão, entre outros, inclua "a" acionista, sócia, fundadora, filha, mãe, matriarca, avó, irmã.

A utilização do masculino genérico tem como única justificativa a de tornar menos cansativa a leitura, mas a intenção da linguagem é absolutamente inclusiva, sem qualquer alusão ideológica, não objeto deste trabalho, que respeita as diferenças e a igualdade de direitos.

O PLKC Advogados se orgulha de não fazer distinção de gênero, religião, cor ou de qualquer outro tipo entre sua equipe, e de atualmente possuir um corpo de profissionais no qual preponderam as mulheres, absolutas em suas competências e admiráveis em sua força de trabalho.

Os Autores, São Paulo, 2023.

APRESENTAÇÃO DA 3ª EDIÇÃO

Logo após termos dado início a esta atrasada reedição, percebemos a complexidade do conteúdo engendrado pela evolução do trabalho por nós desenvolvido.

Nós não nos demos conta, no corre-corre das reuniões e dos prazos, da dimensão que a nossa experiência assumiu, das construções que fizemos ao longo do tempo, de nós mesmos e de nossa forma de trabalhar, de novos enfoques jurídicos e humanos com os quais passamos a nos preocupar, de elementos adicionados ao equacionamento de embates familiares e corporativos.

A atualização do texto não foi conduzida somente pelas alterações da lei e das tendências da jurisprudência, mas também da diferente abordagem dos temas, o que resultou em um livro novo. Procuramos trazer ao leitor a experiência de outros casos com propostas de reflexão sobre cada momento que deve ser enfrentado ao longo do processo. Nas tantas revisões que um autor fez do texto dos outros, constatamos a transformação de cada um de nós na mesma escalada. Embora a troca, a complementaridade de ideias e pontos de vista façam parte da dinâmica de nossa forma de advogar a causa "Planejamento Sucessório", a experiência desse novo olhar corroborou para a certeza de que a união de nossos três pares de mãos não foi obra do acaso.

Nesta terceira edição, não perdemos o foco daquilo que conferiu ao livro enorme aceitação pelos leitores: uma linguagem clara, objetiva e direta. Ao tratar das relações humanas, buscamos dividir com os leitores as experiências que acumulamos na longa e prazerosa jornada de convívio com o mundo das famílias empresárias. Apesar de nos preocuparmos sempre com as relações jurídicas, procuramos fugir do formato de teses de Direito, para simplesmente transmitir um conhecimento que reputamos necessário para que toda pessoa envolvida em planejamento ou em processo sucessório possa adquirir conhecimento para aprimorar suas decisões e/ou enriquecer o debate.

Esperamos que este material, fruto de um trabalho responsável, mas despretensioso, possa transmitir a experiência que viemos acumulando ao longo dos quinze anos que nos dedicamos juntos ao Planejamento Sucessório. Para nós, em profundo respeito à sabedoria salomônica de procurar não deixar o machado perder o corte, afiando-o no dia a dia, este livro é mais um passo no nosso caminhar.

Os Autores, São Paulo, 2014.

APRESENTAÇÃO DA 2ª EDIÇÃO

Quando escrevemos a primeira edição deste livro, nossa proposta era trazer ao leitor noções objetivas dos aspectos familiares, societários e tributários que permeiam o *Planejamento Sucessório*. Longe do tecnicismo jurídico, procuramos pautar o trabalho em dois princípios básicos: linguagem acessível e ordenamento de temas para facilitar a compreensão.

Superando nossas expectativas, o livro tornou-se um instrumento de auxílio às famílias que, cientes dos reflexos positivos de uma sucessão organizada na fortificação dos laços familiares e na preservação do patrimônio comum, passaram a atuar de modo preventivo. O que nasceu para ser um livro voltado apenas para clientes de nosso Escritório – com uma tiragem inicial de 500 exemplares – logo despertou tamanho interesse que a primeira edição atingiu 5.000 exemplares, distribuídos em todo o Brasil.

Algumas atualizações na área tributária, em decorrência das constantes alterações normativas, somadas ao crescente interesse pelo assunto, motivaram-nos a lançar a segunda edição do livro, atualizada até março de 2006.

O objetivo desta segunda edição é oferecer informação atualizada, proporcionando ao leitor um bom conhecimento do tema.

Os Autores, São Paulo, 2006.

APRESENTAÇÃO DA 1ª EDIÇÃO

O novo Código Civil chegou em 11 de janeiro de 2002, após 25 anos de discussão no Legislativo Federal, e há quem diga que ele, ao menos em parte, não está adaptado para o mundo atual. O debate sobre o tema é natural. Afinal, entramos no século XXI com uma legislação que continha conceitos, especialmente na área de família, do início do século anterior, promulgada em 1916 pelo então Presidente da República Wenceslau Braz.

Até a publicação do novo Código Civil vivíamos uma era de relações modernas, reguladas por uma legislação arcaica do ponto de vista do Direito da Família. Não nos esqueçamos de que o Código Civil anterior foi entregue à Sociedade no ano de 1916, época em que senhoras somente saíam à noite se acompanhadas por um homem, de preferência seu marido. As moças de boa família chegavam à conclusão do ensino normal vislumbrando um casamento feliz, para o qual saber cozinhar e cuidar da casa eram requisitos fundamentais. Era impensável – para não se dizer imoral – a circunstância de um rapaz e uma moça dividirem o mesmo teto sem estarem casados, nem se diga a de duas pessoas do mesmo sexo se relacionarem! Os laços do matrimônio eram considerados indissolúveis, de modo que os casamentos eram realmente eternos, e os desquitados, considerados por muitos à margem da sociedade. Incumbia ao marido, e somente a ele, o *pátrio poder* para gerenciar e ser o responsável pela família. Era uma fase em que a mulher saía da proteção do pai diretamente para a do marido e nada mais.

No ano de 1916, época da promulgação do Código Civil anterior, o *Réveillon* era comemorado em pomposos salões de baile, homens com fraques e belas cartolas e senhoras com vestidos longos que não tardavam a retornar para seus lares logo após a meia-noite, pois isso não seria hora de pessoas de bem caminharem pelas ruas. Foi também em 1916, que se realizou a primeira competição estadual de futebol do país, no Rio de Janeiro. Sagrou-se campeão o Fluminense pelo placar de 1 a 0, em um antológico jogo contra o América. No mesmo ano, o Brasil perdeu para o Uruguai por 2 a 1 em partida disputada pela Copa América. Tempos nostálgicos que conhecemos apenas pelas histórias que nossos pais ou avós nos contavam em conversas de roda familiar.

Obviamente, o Código Civil de 1916 não passou incólume nos seus quase 90 anos de vida. Foi alterado e remendado diversas vezes. Pois, se naquela época era plenamente aceitável pela sociedade a norma então estatuída em seu art. 1.744 – a deserdação da filha que não fosse mais virgem enquanto ainda vivesse na casa paterna –, certo é que, no final do século XX, não se aceitava mais tal discriminação. E ainda que já estivesse em desuso e desconsiderada por nossos tribunais, tal disposição apenas foi revogada formalmente em 1995.

E tal qual uma colcha de retalhos velha, que para cobrir os pés descobre a cabeça, chegou a hora de dar-lhe o merecido sossego outorgando-se um texto legislativo mais moldado à sociedade em que vivemos. O novo Código Civil trouxe mudanças efetivas nas relações familiares e no campo da Sucessão. Mas não é só. As estruturas das empresas que antes estavam reguladas no Código Comercial e em legislações complementares também foram trazidas para o novo Código Civil com relevantes modificações. O Código Civil alterou profundamente algumas estruturas de sociedades limitadas, revogando tacitamente o Decreto 3.708, de 10.01.1919, e toda a primeira parte do Código Comercial Brasileiro. Houve modificações e inovações, a criação de alguns entraves burocráticos como a necessidade de realização de assembleias, a limitação da autonomia dos sócios e a alteração da definição de controle societário. Portanto, o novo Código Civil veio modificar não apenas estruturas familiares, mas também societárias. E é sobre esses temas e sobre essas mudanças, somadas aos aspectos tributários da sucessão, que tratamos neste livro.

Os Autores, São Paulo, 2004.

PREFÁCIO

Conheci os três autores, Márcia, Longo e Kignel, nas nossas andanças profissionais. Desde a primeira visita que fizeram ao meu escritório se instaurou entre nós algo que ultrapassou a simpatia entre colegas, a conversação jurídica de alto nível, pois assistimos ao nascimento de uma relação amistosa e de admiração mútua.

Ao ter sido convidado a prefaciar esta obra, além de honrado e feliz, o que me veio imediatamente à cabeça foi a certeza de que esse trio têm a facilidade de escrever sobre um tema tão complexo de forma simples, leve, inteligível.

Sem meandros, os autores usam as ferramentas jurídicas disponíveis para organizar patrimônios e descomplicar cenários. Eles têm atuações distintas, mas uma vivência profissional construída em conjunto, eivada de parceria, complementaridade e harmonia, há cerca de 30 anos. Não é à toa terem sido eles três os precursores do que se passou a chamar Planejamento Sucessório, assim entendido não apenas o patrimônio, mas propriamente a empresa familiar, enfocados pelas três áreas distintas do Direito, família, societário e tributário, visando à sua perenidade, sem prejuízo das situações relacionais que os envolvem. Na sua quarta edição, a maturidade profissional desses três sócios e amigos veio sedimentar o criterioso trabalho por eles desenvolvido.

Este elaborado estudo contextualiza o Planejamento Sucessório não como um evento isolado, independente, mas como um processo que merece ser olhado sob diferentes ângulos. O texto discorre sobre as influências positivas e negativas da família sobre a empresa geradora de riqueza, promotora de empregos e de oportunidades sociais. A leitura do livro convida a uma reflexão não limitada às questões patrimoniais, percorrendo também os desafios intangíveis da convivência de sócios que também são parte de um mesmo núcleo familiar, em que as relações pessoais se entrelaçam com os deveres societários. E os alertas para as consequências tributárias estão presentes ante o patrimônio, seus frutos e transferências às gerações seguintes.

Reconhecendo o poder da cultura familiar, enaltecendo a relevância da manutenção dos laços, reforçando a necessidade do entendimento, os autores colocam no mesmo patamar a priorização do desempenho, a necessidade da segregação dos interesses individuais relativamente àqueles empresariais, a urgência da profissionalização de gestão, a governança como solução.

Márcia, Longo e Kignel percorrem as temáticas jurídicas com inegável propriedade, com a disposição de esclarecer o emaranhado das relações familiares, a complexidade da empresa familiar, as intrigantes questões fiscais, na intenção de fazer o leitor entender as armadilhas que alargam o índice de mortalidade das empresas familiares e desviá-las dessa rota.

Leitura obrigatória para aqueles que se preocupam com a transferência de controle de seus negócios, livro de consulta para colegas advogados, *Planejamento Sucessório* chega à sua quarta edição com um texto atualizadíssimo e rico em exemplos, conciliando teoria e prática, aproximando-se à realidade de cada um.

Sem mais delongas, boa leitura!

Modesto Carvalhosa

Advogado, parecerista, consultor e árbitro.
Professor aposentado de Direito Comercial da Faculdade de Direito da USP.

OBRAS DOS AUTORES[1]

Imposto sobre a renda de investimento no exterior (José Henrique Longo), in *Tributação nos mercados financeiro e de capitais e na Previdência Privada*, Quartier Latin, 2005.

Planejamento sucessório: aspectos familiares, societários e tributários (José Henrique Longo, Luiz Kignel e Márcia Setti), 2006.

Aspectos tributários das estruturas empresariais (José Henrique Longo), in *Estratégias societárias, planejamento tributário e sucessório* – série GVLaw, Saraiva, 2009.

Fundos de investimento como estruturas sucessórias (José Henrique Longo e Márcia Setti), in *Empresas familiares*: governança corporativa, governança familiar, governança jurídica, Saraiva, 2011.

O desafio da família empresária nas uniões civis de seus sucessores (Luiz Kignel), in *Empresas familiares*: governança corporativa, governança familiar, governança jurídica, Saraiva, 2011.

Fundos de investimento (José Henrique Longo e Márcia Setti), *Revista Tributária das Américas*, 2013.

E Deus criou a empresa familiar (Luiz Kignel e René Werner), Editora Integrare, 2007.

---

1. Este livro reproduz alguns textos e citações de diversos trabalhos, artigos, capítulos de livros e publicações de seus três autores.

Criação de *holding* e proteção patrimonial (José Henrique Longo), in *Livro do IX Congresso Nacional de Estudos Tributários* – IBET, Noeses, 2012.

Planejamento tributário das estruturas sucessórias (José Henrique Longo e Márcia Setti), in *Livro do X Congresso Nacional de Estudos Tributários* – IBET, Noeses, 2013.

O dilema das gerações – O dilema de saber quem faz parte do núcleo familiar – O dilema da transferência de comando nas empresas familiares (Luiz Kignel e Márcia Setti), in *Estratégias societárias, planejamento tributário e sucessório* – série GVLaw, Saraiva, ainda não publicado.

O legal da filantropia – governança jurídica da atuação filantrópica (Márcia Setti e Priscila Pasqualin), Noeses, 2019.

IRPJ / CSLL e Entidades educacionais com finalidade lucrativa. Pecularidades (José Henrique Longo e Luciana Z. P. Levy), MP, 2013.

Métodos de preços comparados e suas variações. O PRL-60 e a IN SRF 243/02 no CARF (José Henrique Longo e Osmar Marsilli Jr), in *Tributos e preços de transferência – 4º volume*, Dialética, 2013.

Permuta imobiliária: a nova contabilidade e os desdobramentos tributários (José Henrique Longo e Rafael Palma Bifano), Noeses, 2015.

Planejamento tributário nas sucessões (José Henrique Longo), Malheiros, 2015.

Avaliação de participação societária para a adesão ao RERCT (José Henrique Longo e Rafael Palma Bifano), Noeses, 2016.

Transparência e cooperação internacional – Novos mecanismos de produção de prova (José Henrique Longo e Juliana Borges), Noeses, 2017.

Repatriação de bens e a incidência do ITCMD (José Henrique Longo), Noeses, 2020. In *Texto e contexto no direito tributário* – XVII Congresso Nacional de Estudo Tributários do IBET – 1ª ed.

SUMÁRIO

INTRODUÇÃO

ASPECTO FAMILIAR
Luiz Kignel

ASPECTO SOCIETÁRIO

Márcia Setti

ASPECTO TRIBUTÁRIO

José Henrique Longo

ENCERRAMENTO

Introdução

1. INTRODUÇÃO AO PLANEJAMENTO SUCESSÓRIO

1.1 O conto de fadas da empresa familiar

Era uma vez uma empresa geradora de estabilidade financeira para a família de seu criador, que proporcionava a acumulação de riqueza e a segurança de um patrimônio capaz de prover seus filhos, seus netos, os netos de seus netos, em um ambiente no qual reinavam o tratamento igualitário e a convivência equacionada e saudável.

Trabalhavam no negócio familiar apenas os descendentes do fundador, sem qualquer intromissão de terceiros, assumindo eles competências e devotando à empresa o mesmo empenho e dedicação do idealizador desse negócio tão proficiente. O bom relacionamento entre os descendentes imperava na harmônica relação familiar, e, no ambiente empresarial, vivenciava-se a complementaridade das aptidões individuais; o diálogo era aberto, franco e edificante, calcado no respeito, no apoio e no suporte mútuos.

O negócio cresceu lastreado nos valores familiares bem preservados e a obra do fundador perpetuou-se no tempo, fruto do compartilhamento de ideias, da garra e do talento dos sucessores, os quais, de geração para geração, foram felizes para todo o sempre.

Esse é o cenário idealizado legitimamente pelo pai/empresário/administrador/proprietário/ser humano. O desejo de todo e qualquer empreendedor é o de criar um negócio familiar sustentável, desde muito antes de a palavra sustentabilidade ter alcançado tanto destaque.

O ser humano tem instinto de preservação da prole; por outro lado, deseja imortalizar a sua obra, preservar a sua biografia, não passar pela vida em vão. Deseja fazer história.

Nesse querer tão natural e justo, surge em cena um sistema complexo e multifacetado no qual se sobrepõem interesses diversos, de relações ambivalentes. E é assim que o protagonista entra em contato com a realidade e se dá conta das dimensões assumidas por essa trama emaranhada de aspectos negociais, patrimoniais, psicológicos, afetivos, jurídicos e sociais que envolvem a empresa familiar, despertando para as vulnerabilidades intrínsecas, para as dualidades, para as contradições, para as situações paradoxais, para as diferenças, para os paradigmas inquebrantáveis e para toda a sorte de sensibilidades e nevralgias que permeiam e desmitificam o conto de fadas das organizações familiares.

Mas a história da empresa familiar bem-sucedida não precisa ficar adstrita a um mundo encantado. Ela pode assumir contornos possíveis, dimensões reais, sem que a relação familiar prejudique os negócios e, na mão inversa, sem que a relação empresarial crie animosidades na família. Ambas as relações, familiar e empresarial, podem ser perenes, longevas, ultrapassar dificuldades e até se reinventar.

Diante dessa plasticidade, não é sem motivos que o negócio familiar é o formato empresarial mais antigo, o mais utilizado mundo afora, colecionando histórias muito bem contadas da vida de famílias empresárias que souberam lidar com conflitos, adversidades, situações de mercado, humores da economia, inovações tecnológicas, concorrência desleal (ou até mesmo leal), e, fortalecidas, contradisseram as estatísticas das taxas de mortalidade da empresa familiar.

A fábula pode ser escrita de maneiras distintas, considerando os pontos comuns (positivos e negativos) que permeiam esse arranjo organizacional que é a empresa familiar, mas ressaltando as características daquele negócio, daquele grupo familiar, seus valores, suas missões, sua ideologia, seu DNA.

A empresa familiar, de modo geral, nasce da afetividade e da confiança entre seus membros, cresce baseada em lealdade e carrega consigo história, respeito, tradição. Naturalmente tende a sobreviver ao seu fundador, que a concebeu, a criou e nela investiu seu tempo, seu capital e seu trabalho de uma vida. As gerações que sucedem o fundador têm a expectativa de se tornarem, um dia, sócios por força da sucessão familiar, e de receberem uma empresa pronta.

Mas a relação do fundador com o negócio que ele fez nascer do zero, assentou cada tijolo, acreditou e dedicou o melhor de si nos altos e baixos da vida empresarial, é insofismavelmente diferente da relação daqueles que ingressam numa empresa bem-sucedida e lucrativa. Até mesmo a relação dos filhos com a empresa, a depender de sua idade, de sua geração, também é diversa: o primogênito pode ter assistido ao pai sair para trabalhar de uma casa simples, utilizando transporte público, rumo à sua pequena oficina; e o caçula pode ter nascido em hospital particular, e assistido ao pai sair de uma casa própria, de automóvel, até mesmo dirigido por motorista particular, rumo ao parque industrial no qual se transformou a pequena oficina. As visões desses irmãos sobre o patrimônio familiar, com certeza, serão distintas. O filho que viu a oficina se transformar em grande empresa terá uma relação com o negócio provavelmente mais afetiva. Mas, por outro lado, poderá fazer as contas de quanto esse seu irmão tão novo usufruirá mais que ele do patrimônio formado pelo pai, visto já ter nascido em berço de ouro. Se esse irmão for fruto de um novo casamento do pai, e digamos que o pai tenha se divorciado da mãe desse filho mais velho quando ainda não tivesse muitos bens, talvez este venha a incluir no cálculo aquilo que seu irmão herdará também da mãe e, nessa matemática, descobrirá que o irmão mais novo será rigorosamente mais abastado que ele.

Nesse momento, arrebata a paixão, um sentimento intenso e profundo capaz de alterar aspectos do pensamento e do comportamento humano. No dizer do filósofo paranaense *Mário Sérgio Cortella*, "paixão é a suspensão temporária do juízo".

Sem simetria, equilíbrio e razão todos já sabemos o que se afigura em seguida. Ciúme, sentimento de injustiça, inveja, insegurança: o "coquetel molotov" pronto para explodir. O sentir do cantor jamaicano, rei do *reggae*, expressa com propriedade a emoção,

> *Sinto ciúmes de tudo o que é meu,*
> *e de tudo o que eu acho que deveria ser.*
>
> **Bob Marley**

Talvez o irmão citado acima se identifique com tal sensação. Ou não! Tudo pode estar muito bem resolvido para ele. Não há certo ou errado, bem ou mal. A empresa familiar desafia o maniqueísmo: o copo está meio cheio e meio vazio ao mesmo tempo, depende do ponto de vista.

A realidade é complexa em função da mistura de sentimentos, mas o parentesco pode significar o diferencial de sucesso da empresa familiar. Ante as dificuldades, essa empresa pode se valer da sinergia de toda uma família. As conquistas do fundador outorgam-lhe a liderança, a autoridade que não precisa ser imposta. O seu exemplo pode inspirar a união de esforços; a ética familiar inoculada, o sentimento de preservação dos laços, os conceitos morais e empresariais introjetados nos sucessores; toda essa gama de valores pode fazer a diferença diante de outras empresas cujos sócios não têm vínculos entre si. Portanto, possível é. O ideal é que, além de se alinharem com a missão, ampliarem a visão e coconstruírem os valores da empresa familiar, os descendentes tenham nela um propósito de vida, uma força propulsora, que os inspire e transpire essa motivação aos demais colaboradores, tal qual o seu fundador.

Estudos comprovam que a empresa familiar conta com a lealdade mais acentuada dos empregados, arraigada pelo fato de verem, dia após dia, as mesmas pessoas no comando, num sentir de continuidade, de liame entre passado e presente que lhes proporciona segurança, aliada à presunção de que aquelas pessoas tudo farão pela manutenção do negócio, o que gera estabilidade maior aos funcionários. Verifica-se a tendência genuína de perenizar, o que coloca a empresa familiar em um patamar muito diferente das demais empresas, nas quais o imediatismo carrega grande parte das decisões e ações objetivando vantagem instantânea, muitas vezes sem a prudente ponderação sobre os reflexos futuros. Quanto ao processo decisório em si, pode não ser mais fácil na empresa familiar, mas na maior parte das vezes conta com mais agilidade.

É sabido que as dificuldades atingem tanto pequenas quanto grandes companhias, negócios familiares e não familiares, e também multinacionais. Mas os negócios familiares podem estar em posição de vantagem única para sobreviver e até mesmo prosperar se o comando for uno e organizado, privilégio do qual a posição acionária pulverizada ou a estrutura administrativa complexa prescinde.

O empreendedor familiar costuma ser polivalente, ter um olhar globalístico dos negócios e um entendimento profundo de todos os aspectos da empresa, encerrando habilidade para performar em todas as áreas da organização. Suas decisões carregam, além da liberdade criativa e do vasto conhecimento do mercado, essa visão abrangente e por outro lado cirúrgica, e não dependem de foros superiores, da burocracia dos sistemas de controle. Isso quer dizer que, em uma situação pontual e crítica, grupos familiares têm mais chances de agir com firmeza e em tempo hábil do que empresas não familiares. Especialmente se estiverem organizados sob governança consistente e com sentido de oportunidade, e se essa dinâmica de decisão e gestão puder ser absorvida de maneira consciente e equilibrada pelas gerações seguintes, o sucesso caminhará a passos largos. Considerando que o ingresso dos familiares exige obediência a regras de governança (que serão vistas adiante), o perigo pode estar na flexibilização de tais regras e deflagrar o abuso da utilização dos critérios de familiaridade para empregar, promover e premiar; a escolha de parentes sem competência comprovada para cargos-chave, sem a necessária qualificação para o seu exercício; a supremacia das relações interpessoais em detrimento das relações empresariais; o excesso de personalização das questões administrativas; a autoridade difusa, que não permite que se saiba quem faz o quê, quais os limites de responsabilidades de cada cadeira ocupada.

Até que ponto a relação familiar pode prejudicar ou trazer benefícios para aquele determinado grupo? Essa a beleza do tema, os dilemas da empresa familiar e o seu leque de prerrogativas. A resposta está na maneira como o processo é conduzido. É questão de ajustar as doses, de composição, de sintonia fina.

> *As dificuldades não estão no caminho,*
> *mas na forma de caminhar...*
>
> **Cícero**

Desde a estradinha de terra à autoestrada mais moderna, as empresas familiares vêm abrindo caminho, assumindo tamanha relevância no cenário mundial que têm sido estudadas com afinco por profissionais nas mais variadas áreas de atuação, seduzidos pela complexidade de sentimentos, instigados pelos paradoxos, mobilizados pelo desafio, arrimados pela crença sincera de que é possível organizar a casa, ultrapassar as barreiras e garantir sua imortalidade. É nessa convicção que este livro se ampara, e na certeza inequívoca da importância do Planejamento Sucessório para a perenização da empresa familiar.

O Planejamento Sucessório procura enfatizar, nesse amálgama de relações, o que nelas há de positivo e regular aquilo que pode implicar tribulações, sempre com amparo legal e visando a maior eficiência fiscal possível, afinal, se o conto de fadas é ficção, a empresa real não está sediada no País das Maravilhas.

1.2 Visão tridimensional da empresa familiar

Entre os estudos mais relevantes sobre a empresa familiar nos últimos tempos, merece destaque o famoso Modelo

Tridimensional, ou dos Três Círculos, concebido em Harvard por *John Davis* e *Renato Tagiuri* no início dos anos 1980. Baseado na interação entre a família e a empresa, tanto no terreno da gestão quanto no da propriedade, o modelo, que se tornou um ícone, procura retratar as empresas familiares como três subsistemas independentes, mas integrados, sobrepostos e com pontos de intersecção: família, propriedade e gestão (negócio/empresa).

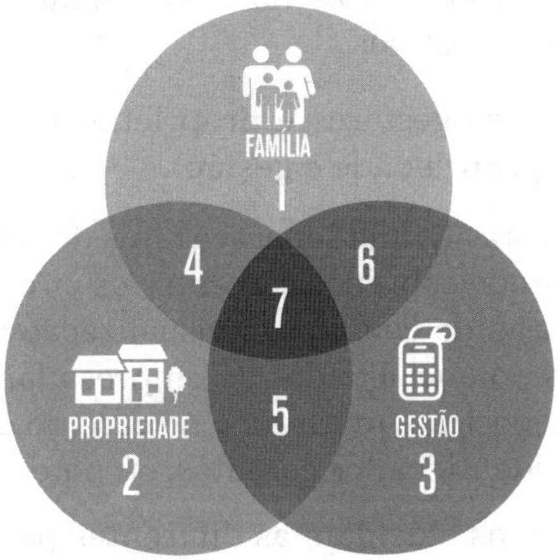

O modelo identifica todos os membros envolvidos em uma empresa familiar conforme os espaços ocupados em cada círculo, e destaca a intersecção e a sobreposição de papéis, fazendo pensar nos mais variados matizes de sentimentos, intenções, expectativas e percepções envolvidas, em cada um deles.

Ao apresentarem os três círculos distintos, que representam a família, a propriedade e a gestão, os professores de Harvard, à época, propuseram, da intersecção dos três círculos, o surgimento de sete grupos distintos, diretamente relacionados à empresa familiar. São eles:

1) Familiares sem participação nos outros subsistemas (círculo família);

2) Sócios proprietários não gestores e não familiares (círculo propriedade);

3) Gestores não proprietários e não familiares (círculo gestão);

4) Familiares proprietários sem participação na gestão (intersecção família e propriedade);

5) Proprietários gestores não familiares (intersecção propriedade e gestão);

6) Gestores familiares não proprietários (interligação família e gestão);

7) Familiares gestores e proprietários (intersecção família, propriedade e gestão).

Embora exista alguma separação uns dos outros, há quase sempre um grau de sobreposição entre os círculos, o que facilita a identificação de conflitos, a visualização de limitações e a percepção de potencialidades da empresa familiar. E, quando não há sobreposição (mormente no caso do círculo família), também é fácil identificar os conflitos, ou potenciais conflitos.

Os sete grupos elucidam as diferentes perspectivas para a reflexão acerca dos mesmos importantes temas e a necessidade de equacionar posicionamentos divergentes para alcançar soluções que beneficiem o todo. A desigualdade entre os grupos pode ser motivadora; o conflito bem administrado é benéfico, transformador, e pode induzir o crescimento e o desenvolvimento das empresas familiares.

A crise desperta a criatividade, aguça a tática, faz desabrochar a capacidade de superação, tornando a solução mais excitante que o problema.

> *Quando escrita em chinês a palavra crise*
> *compõe-se de dois caracteres: um representa perigo*
> *e o outro representa oportunidade.*
>
> **John Kennedy**

Nesse contexto, é mister entender e respeitar o alcance da delimitação de cada círculo, como efetivamente distintos que são entre si, pois cada uma das três dimensões de seus conteúdos tem seus direitos e obrigações, além de desafios próprios e questões a serem enfrentadas dentro daquela esfera determinada.

Mas não se pode olvidar que os círculos são inseparáveis, uma vez que há questões que devem ser tratadas sob mais de uma dimensão, cuidando-se dos pontos de conversão, a fim de não permitir a concentração de direitos e obrigações em um único indivíduo, ou a sobreposição integral de círculos, da qual resulta a miscigenação das posições ocupadas, o que pode ser muito nocivo e criar conflitos intransponíveis. Essencial é entender as diferenças individuais, contextuais e sistêmicas, uma de cada vez.

É inquestionável que as probabilidades de sucesso do modelo crescem vertiginosamente quando família, propriedade e gestão convivem harmônica e equilibradamente. Esse cenário é o ideal do Planejamento Sucessório.

1.3 O tempo não para

O modelo de Davis e Tagiuri é primoroso, fiel, e ainda não foi superado por qualquer outro. Mas não é e jamais poderia ser estanque, enxergado de forma anacrônica. É um moto-contínuo.

O tempo movimenta os círculos: a família cresce (normalmente muito mais depressa que os negócios e que a rentabilidade empresarial possa pensar em acompanhar), os jovens buscam seus espaços na família, na empresa, na gestão; os pais envelhecem e, no mais das vezes, vivenciam o apego ao controle e a dificuldade de ceder o lugar, de encarar de forma natural a transferência do comando, a sua própria saída, sem associá-la ao fim, ao ocaso.

Os mais importantes dilemas enfrentados pelas empresas familiares decorrem da passagem do tempo, da demanda de mudanças na organização, na família e na distribuição da propriedade. O alinhamento dos interesses da empresa com as expectativas individuais, a formação dos herdeiros como acionistas, a profissionalização da empresa, o atendimento aos anseios dos diversos *stakeholders* a cada nova etapa da empresa familiar são desafiadores.

Nesse ponto, o Modelo Tridimensional realça fundamentalmente a questão temporal e as principais inquietações pelas quais passam as três dimensões (propriedade, família e gestão) no caminho da sucessão dinástica que, inexoravelmente, tem-se de percorrer, querendo ou não.

O gerenciamento da questão inclui a criação de uma estrutura que possibilite a continuidade, apesar dos bloqueios pessoais, da supervalorização das relações de afeto, do paternalismo exacerbado, da resistência à formalização; apesar das mudanças que o tempo traz, das surpresas, das rivalidades, dos imprevistos, apesar dos pesares.

1.4. Estágios da empresa familiar

A empresa familiar, na imensa maioria das vezes, nasce como resultado da iniciativa visionária de um ou mais fundadores que vislumbram uma oportunidade de mercado e perseguem seu objetivo. Por muitos anos, os poderes de gestão e de decisão ficam nas mãos dos que foram seus proprietários controladores. Essa é a essência da empresa familiar na primeira geração: o poder circunscrito a um único par de mãos, com os desafios enfrentados de forma praticamente solitária e desbravadora pelos fundadores.

Ao passar para a propriedade dos filhos, a empresa entra na fase seguinte, caracterizada pelo controle partilhado entre irmãos (sucessores da primeira geração), que podem ou não exercer a gestão do negócio. O desafio dessa fase é a formulação e o desenvolvimento de um processo de divisão de controle, de estabelecimento de uma política de retenção de capital *versus* a distribuição de lucros, de definição de papéis de acionista (proprietário) e de administrador (gestor), de criação de regras de convivência, de regulação de votos, de formação de blocos.

É também nesta primeira sucessão que a empresa familiar poderá ter dois tipos diferentes de sócios: os que trabalham no negócio e conhecem o seu dia a dia e aqueles que passam a ser apenas detentores de participação societária sem qualquer interferência na atividade operacional. E deste segundo grupo, ainda haverá os que delegam ao primeiro – mediante um conjunto de condições previamente estabelecidas – a administração da sociedade e outros que, embora lá não compareçam, se sentem aptos e habilitados para opinar sobre tudo.

Chegando a vez dos netos do fundador, na terceira fase, a propriedade da empresa familiar passa a estar muito pulverizada num consórcio entre primos de diferentes ramos da família. Normalmente não existe um controlador, pois ninguém é detentor isolado de participações suficientes para comandar as decisões (gestão) e isso pode concorrer para o incremento das estatísticas de mortandade da empresa familiar. É fato: diante de muitos membros de uma família exercendo parcial controle administrativo sobre a empresa, possuindo apenas parcela da propriedade do capital, numa relação em que o controle (gestão) é exercido justamente com base na propriedade, devem ser vencidos dois imensos desafios: administrar a complexidade da família e da empresa familiar. Há muito a ser feito.

Como lidar com tais desafios e contrariar o dito popular “pai rico, filho nobre e neto pobre”? A resposta está em uma única palavra: governança.

A empresa familiar necessita, a cada novo estágio de sua trajetória, regular, implementar, cuidar e rever (a) a governança familiar; (b) a governança corporativa; e (c) a governança jurídico-sucessória.

Governança eficaz é a chave do sucesso da empresa familiar. Seus mecanismos otimizam a inter-relação das três dimensões, e a sua articulação conjunta no processo de sucessão empresarial pode contribuir para a longevidade da organização, para sua profissionalização e para o entendimento do papel da família diante da nova empresa que surge, de pai para filho. A governança bem empreendida pode guiar a compreensão da necessidade de separação de negócios ou até mesmo de se preparar a empresa para a alienação, pois, por vezes, essa vem a ser a fórmula para a preservação da família e do patrimônio. Daí se vê que governança não é tarefa trivial.

1.5. Legado empresarial

O legado de uma empresa é a contribuição que ela deixa para o mundo, o investimento que ela tenha feito em capital humano, o quanto ela tenha priorizado o bom relacionamento com os clientes internos (empregados) e externos (consumidores), o seu código de ética, o quanto tenha perseguido suas metas de inovação de processos respeitadoras de direitos humanos, direitos animais, natureza e meio ambiente, o quanto ela tenha se preocupado com a sustentabilidade do planeta.

As pessoas em geral querem consumir produtos e serviços de empresas cujas crenças sejam baseadas em valores sólidos, que carreguem consigo um legado fiel. Não há dúvida de que negócios que apresentem um legado duradouro são mais atraentes que aqueles que não tenham esse perfil.

Assim é que, além da luta pelo desenvolvimento de características que a tornem única e lhe tragam vantagem competitiva, a empresa deve cuidar de seu legado. Como diz o jargão, "tudo se cria e tudo se copia", mas a trajetória de uma organização, sua cultura, seus valores, são singulares e impassíveis de serem imitados e isso agrega valor aos produtos e serviços aos olhos do mercado.

Dessa forma, na empresa familiar, é importante respeitar o fluxo individual de pensamentos dos familiares e disso construir a congruência contributiva para a união da família e o fortalecimento do negócio. Mas a lupa não deve apenas estar apontada para a atividade mais importante ou com maior retorno financeiro, devendo ampliar o espectro para outros ativos e atividades, comunitárias, filantrópicas, que também pedem recursos e planejamento, assim como habilidades e talentos distintos, o que pode ofertar a familiares a oportunidade de participar de iniciativas significativas, outorgando-lhes senso de pertencimento, compartilhamento, comprometimento, engajamento, empoderamento, unindo a família e trazendo bons resultados.

Mais e mais as famílias empresárias discutem como o seu legado influenciará as visões de mundo, preocupando-se especialmente com a criação de valor, a retribuição à comunidade, o propósito, a filantropia e o impacto social de seus negócios, responsabilizando-se pela forma como as decisões são tomadas. O legado que uma empresa deixa é a forma como ela atua.

Os *millenials*, por exemplo, buscam a identidade da missão e do legado empresarial com a sua missão e o seu propósito particular para decidirem acerca de seu ingresso ou não na organização.

Com isso, a empresa familiar tem a responsabilidade de preservar e dar continuidade ao legado dos fundadores e assegurar a longevidade de um negócio que é fonte de oportunidades e riqueza que extrapola apenas a família, alcançando a sociedade maior. As chances de êxito nessa tarefa aumentam quando a família empresária adota hábitos e práticas que ajudam a entender e respeitar os direitos e deveres de todos os seus integrantes, a fim de promover a compreensão, o envolvimento e a união em torno de seu negócio, mostrando ao mundo os seus valores, reforçando os laços com seus *stakeholders*, criando um bom clima organizacional, treinando pessoas, investindo em inovação e formação de líderes e deixando, assim, sua marca, inspirando quem está dentro e fora da empresa e transformando o legado no novo propósito da força de trabalho.

Sob o ponto de vista da empresa familiar, o grande legado que um pai ou uma mãe deixa a seus filhos não é simplesmente o negócio bem estruturado, mas devidamente organizado, com regras claras, justas, fruto de um Planejamento Sucessório de qualidade, que tem por objetivo o prolongamento no tempo e através das gerações dos esforços realizados durante uma vida toda de trabalho.

> *Que o teu trabalho seja perfeito para que, mesmo depois da tua morte, ele permaneça.*
>
> **Leonardo da Vinci**

O legado empresarial não se constrói de um evento, como se disse: é processo lento, carregado de influências, que ensina que a riqueza não tem como medida apenas o patrimônio material, mas crenças, valores, histórias, renúncias, vivências.

Ao lado dele e não menos impactante, a filantropia é um especial agregador familiar, dando oportunidade de se criar um lugar de pertencimento para herdeiros, por vezes pouco identificados com o negócio familiar, uma injeção de ânimo e empatia para aqueles que desejam se engajar nas causas sociais, levantar a bandeira da educação, da saúde, da cultura, do meio ambiente, entre outras. É oportunidade de criar oportunidades.

Como dissemos em nosso livro "**O Legal da Filantropia**", coautoria de Márcia Setti e Priscila Pasqualin, lançado em 2019 pela Editora Noeses,

> o exercício da filantropia representa a oportunidade de a família se unir em torno do abraço da causa social, ressignificar seus valores humanos, reforçar sua cultura, desempenhar sua missão, dando um sentido transcendente ao seu patrimônio e deixando seu legado à sociedade.

Famílias empresárias brasileiras vêm sendo, a cada dia, mais atraídas pelo ideal de investir em prol de uma causa social, de devolver um pouco que seja do muito que receberam. Nesse terceiro ano de pandemia do covid-19, em que famílias empresárias se reconheceram na "bolha" privilegiada por tantos recursos que vão desde o acesso à saúde até a metragem quadrada de seus lares para o confinamento, a filantropia, no sentido genuíno de sua etimologia de amor à humanidade, transborda os corações.

Nosso desejo é de que o legado filantrópico se confunda com o legado familiar e estes com o legado empresarial, num crescente conjunto de boas medidas que transformem a empresa familiar em família empresária, pois o eixo da perenidade não está ligado ao negócio ou ao patrimônio, mas sim à família, sua formação e sua atuação relacional e legatária.

2. EMPRESA FAMILIAR OU FAMÍLIA EMPRESÁRIA

A família empresária, na qual os papéis e as responsabilidades dos familiares em relação ao negócio e ao patrimônio, bem como entre os sócios, são claros, transparentes e bem definidos para seus componentes, em que o negócio familiar é profissionalizado e uma boa governança está instalada, difere da empresa familiar, na qual esse conjunto de regras não existe, ou ainda não é cristalino.

E se na empresa familiar os sócios estão unidos por laços de parentesco e confundem família, empresa, gestão e patrimônio, é costumeiro que as deliberações sejam orientadas mais pela emoção do que pela razão. Assim:

Como e por que transformar empresa familiar em família empresária?

Para entender a pergunta é necessário visitarmos alguns conceitos. A família é a primeira sociedade à qual passamos a pertencer com o nascimento, e a única que é natural. Toda família assume um modelo e, após determinado tempo da convivência natural, necessária para os cuidados de conservação, seus integrantes escolhem conviver ou não, voluntariamente.

Ainda que irmãos adultos tenham querido afrouxar ou até mesmo romper os laços naturais que os uniram em família, havendo um patrimônio comum, ficam eles involuntariamente amalgamados, pelo fato de deter, cada um, parcela de um mesmo todo.

Quando em sociedade "não natural", como é o caso da empresarial, os membros de uma família têm de se reconhecer sócios, o que pode ser um exercício de inenarrável grau de dificuldade. Ainda que tenham uma boa relação fraternal, irmãos não se escolheram sócios e, se pudessem evitar essa associação, o fariam. Além disso, é nesse pequeno grupo social denominado família que se desenvolvem os sentimentos mais fortes e polarizados como amor e ódio, admiração e inveja, acolhimento e rejeição, superproteção e indiferença, e por aí vai. Transferir a relação familiar para a relação empresarial costuma não dar um bom resultado.

De maneira geral, é muito mais fácil resolver problemas de gestão empresarial que conflitos familiares. A capacidade de renunciar aos desejos individuais em prol do todo é para poucos, realmente poucos. E aquela velha história de "tirar o chapéu do irmão, do pai, do filho" e "colocar o chapéu do sócio" é bem fácil de falar, mas muito difícil de viver e de racionalizar relações construídas na emoção.

> *A arte de viver é simplesmente a arte de conviver...*
>
> *simplesmente, disse eu? Mas como é difícil!*
>
> **Mario Quintana**

Irmãos de diferentes casamentos e patrimônio vultoso costumam ser um bom desafio para advogados, ainda mais quando as gerações são diferentes.

Dados do IBGE e do Sebrae apontam que, nas milhões de empresas formais no Brasil, 90% delas são administradas por famílias e representam mais da metade do PIB brasileiro. Como a maioria não se preocupa com Planejamento Sucessório, apenas 30% das sociedades familiares chegam à segunda geração, e a diminuta parcela de 15% alcança a terceira.

A estatística de não sobrevivência à segunda geração é mundial e isso se dá pela coexistência do controle patrimonial e administrativo nas mãos da família, a quem cabe a definição das diretrizes e das grandes políticas, assim como a gestão dos negócios, não raro o cargo executivo mais alto da organização sendo ocupado por membro familiar. Isso não é bom, nem é ruim. Não é certo, nem errado.

> *Não existe nada de completamente errado no mundo, mesmo um relógio parado consegue estar certo duas vezes por dia.*
>
> **Paulo Coelho**

Tudo depende da forma como a cultura familiar impacta a empresa, se há ou não há uma influência patrimonialista, do nível de informalidade permitido em sua governança, se a confiança pessoal fala mais alto que a competência profissional, do histórico de disfuncionalidade administrativa.

A cultura patrimonialista confunde os ativos da empresa como bens pessoais dos sócios, atendendo às necessidades familiares, e é calcada pelo autoritarismo, pelo nepotismo, pelo absolutismo. A empresa familiar costuma ser centralizada e colecionar alguns vícios como: privilégios para familiares, falta de reinvestimento dos lucros, não aplicação da meritocracia e outras práticas que comprometem a produtividade e que deixam escapar por entre os dedos profissionais talentosos, por vezes familiares que não enxergam a chance de mostrarem seu valor.

> *A capacidade pouco vale sem oportunidade.*
>
> **Napoleão Bonaparte**

Isso é comum quando se concentra na figura do fundador ou da fundadora a função do(a) gestor(a) e a do pai ou da mãe, e não se faz o rito de passagem, com a contratação de executivos profissionais, ainda que familiares, capazes de liderar baseados na competência e não no laço sanguíneo.

Dispensa esforço entender que, para a família empresária, especialmente para o seu fundador, a empresa tem um valor distinto, que muitas vezes carrega o seu nome familiar como sinal de prestígio econômico e social. O fundador se preocupa com os valores culturais a fim de preservar a empresa para os seus sucessores e deixar sua inscrição para a posteridade e, em prol disso, costuma fazer penosas renúncias pessoais. Mas em algum momento ele precisa entender que a profissionalização é o caminho para a sua perenidade, o que não significa retirar todos os membros da família da empresa e contratar executivos externos em seu lugar. Profissionalizar não é isso! A empresa familiar pode ser profissionalizada com membros da família dentro de sua organização.

A falta de profissionalização da empresa familiar é oriunda de muitos fatores. O principal deles tem a ver com os conflitos internos de gestão, os quais são pautados pela falta de boas práticas que ajudem os membros familiares a entender e respeitar os direitos e deveres de todos os integrantes do negócio.

É preciso compreender que o sucesso da família empresária é um trabalho de equipe. O treinamento de acionistas é imperioso, e a profissionalização dos sucessores como líderes do negócio é indeclinável. Hoje em dia, há dezenas de bons cursos preparatórios de acionistas, de herdeiros, de conselheiros, escolas de administração de excelência, consultores competentes, acesso à informação, que ampliam conhecimento. Os familiares não precisam necessariamente se sentar à mesa de deliberações de Conselhos de Administração, ou na cadeira de Diretores Executivos, mas entender o ativo que possuem (ações ou quotas), o negócio, o patrimônio, para saber avaliar se aquele investimento está ou não sendo bem gerido, pois os sócios normalmente esperam rentabilidade e dividendos. Processos e estruturas de governança familiar devem ser criados para a preparação das novas gerações, como sócios, gestores, administradores.

É cada vez mais crescente o número de herdeiros de empresas familiares no Brasil, jovens empresários, que precisam dar continuidade aos negócios e conseguir desenvolver liderança. Mais e mais, herdeiros precisam ter conhecimentos civis, societários, administrativos, contábeis e trabalhistas, ter bom relacionamento dentro e fora do ambiente de trabalho, especialmente na esfera familiar, alinhamento e clareza do legado empresarial. E precisam estar estimulados, ser ouvidos, enxergar possibilidades, ser inspirados a se tornarem cada dia melhores porque a empresa familiar vale o esforço.

> *A melhor coisa que você pode fazer por uma pessoa é inspirá-la.*
>
> **Bob Dylan**

Em conclusão, o problema não é a empresa familiar em si, mas a maneira como ela se organiza como família empresária, o nível de mistura de relações. Quebra de paradigma da empresa familiar implica mudança de conceitos, mas certo é que empresas familiares que mantenham a gestão profissional, a propriedade responsável e o relacionamento familiar equilibrados são bem-sucedidas.

Como para tudo na vida, regras são os limitadores e exemplos são os melhores professores. A discussão de assuntos estratégicos deve ser realizada de forma estruturada em reuniões com regras claras, e a execução das decisões deve estar a cargo de um comando geral, fortalecido; normas de convivência entre sócios e deles para com a sociedade precisam ser estabelecidas e com elas condutas de boas práticas de governança, que robustecem o controle.

> *O fraco rei faz fraca a forte gente.*
>
> **Luís de Camões**

2.1 Governança familiar

A família tem princípios, regras, valores, culturas, missões, histórias, costumes, enfim, um código de ética e um manual de conduta próprios, não escritos, transmitidos boca a boca e/ou por exemplos de comportamentos e atitudes diante das situações. É algo endógeno, visceral, de geração para geração, mas o entendimento e o respeito a esse código de ética, a esse manual de conduta, são individuais, particulares e dependem do acolhimento, da interpretação e da apropriação de valores que cada membro faz de suas regras.

Algumas famílias empresárias entendem oportuna a sua sistematização por meio de um documento geralmente denominado "protocolo familiar", como forma de garantir a governança familiar e promover os cuidados e a união de seus integrantes, a conservação dos princípios e valores morais do núcleo familiar, a fixação de metas, a manutenção da disciplina, a valorização da determinação e da iniciativa. O item 2 da Seção III deste livro – Aspecto Societário, cuida da governança familiar e do protocolo de família.

Em suma, a governança familiar, além de cuidar da conservação dos valores e das tradições familiares, assume a gigantesca tarefa de procurar separar o que é patrimônio pessoal do que é patrimônio da empresa, o que é responsabilidade pessoal do que é responsabilidade empresarial, fixando as fronteiras e proporcionando aos herdeiros e aos seus familiares um melhor conhecimento do negócio e das suas particularidades como família empresária. Com isso evita, entre outros malefícios, o uso indevido de recursos da empresa por membros da família e a transformação da companhia em um erário dos familiares.

A governança familiar é também a condutora do processo de formação de acionistas leais, bem informados, confiáveis e capazes de reconhecer que os objetivos, os interesses e os problemas da família não podem ser confundidos com os objetivos, os interesses e os problemas da empresa, deixando os primeiros circunscritos às estruturas da governança familiar e os últimos às estruturas de governança corporativa, como se verá na sequência.

2.2 Governança corporativa

A governança corporativa, consoante definição do Instituto Brasileiro de Governança Corporativa – IBGC[1] é o sistema pelo qual as organizações são dirigidas, monitoradas e incentivadas, envolvendo os relacionamentos entre proprietários, conselho de administração, diretoria e órgãos de controle. As boas práticas de governança corporativa, segundo o IBGC, convertem princípios em recomendações objetivas, alinhando interesses com a finalidade de preservar e otimizar o valor da organização, facilitando seu acesso a recursos e contribuindo para sua perenidade saudável.

Os princípios básicos da governança corporativa são: a transparência, a equidade, a prestação de contas e a responsabilidade corporativa.

A estrutura da governança corporativa deve estabelecer a distinção de direitos e responsabilidades entre os participantes da corporação, os proprietários das ações, os membros do conselho de administração, os diretores executivos, os *stakeholders*, assim entendidos todos os interessados ou envolvidos com a empresa, quer sejam funcionários, quer sejam fornecedores, clientes etc., definindo regras e procedimentos para a tomada de decisões em relação às questões corporativas, estabelecendo metas, objetivos, o caminho para alcançá-los e as ferramentas para auxiliar o desempenho de cada partícipe.

A governança corporativa de qualquer empresa, e especificamente da empresa familiar, significa o controle da gestão, da administração, da direção, do comando, e esse poder deve estar alinhado aos interesses dos familiares acionistas, os quais precisam se sentir representados pelos gestores da estrutura empresarial em relação ao seu patrimônio, às suas expectativas e ao cumprimento das deliberações acerca das diretrizes corporativas. Assim, a governança da empresa familiar pode equacionar o relacionamento entre os indivíduos

1. *Código das melhores práticas de governança corporativa*, 4. ed., p. 19.

membros da família e auxiliar o processo de estabelecimento de novas lideranças.

É sabido que a condução de uma empresa familiar é foco de tensões, cobranças, conflitos de interesses, e, nesse contexto, a governança corporativa visa a preservar o relacionamento societário, separar as finanças da família da gestão financeira da empresa, equilibrar os interesses distintos e divergentes, conferir tratamento justo e equânime a todos os acionistas, com transparência e fornecimento regular e suficiente de informações sobre o andamento do negócio. Essa transparência tem por causa suscitar a confiança na organização, garantir uma atuação responsável, preservar e incrementar o valor do negócio familiar, zelar pelo seu desempenho econômico-financeiro, pelo seu nome no mercado, garantir a sustentabilidade, e, com tudo isso, contribuir para a sua perpetuidade.

2.3 Governança jurídico-sucessória

A governança jurídico-sucessória tem por mister criar estruturas e instrumentos aptos a proporcionar o regular andamento dos negócios, a manutenção do patrimônio, dos investimentos financeiros, e a continuidade da empresa familiar no tempo, apesar das adversidades e dificuldades intrínsecas, e é amparada por três áreas do Direito: Direito de Família, Direito Societário e Direito Tributário.

Saber diferenciar a convivência da *sala de reunião* (leia-se dentro da empresa) com a *sala de jantar* (leia-se dentro de casa) é um dos maiores desafios da família empresária na empresa familiar! A inexistência de regras escritas não significa ausência de princípios que devem (ou deveriam) ter sido, desde o início, construídos e transmitidos pelos fundadores. A governança que aqui nos referimos é o *olhar porta de casa para dentro*, assim literalmente entendido. Os mundos familiar e empresarial podem plenamente conviver, um em prol do outro e esse corredor que liga a *sala de reunião* até a *sala de jantar* não deve ser tão curto que se confundam as posições, nem tão distante que se esqueçam de interagir; nem tão largo que façam as ideias se desconectarem, nem tão apertado que se impeça caminhar lado a lado. E para que isso se concretize três análises jurídicas se interligam constantemente. Vejamos:

O Direito de Família cuida dos pactos antenupciais, dos contratos de convivência, dos testamentos, das atas notariais declaratórias para os casos de incapacidade, das doações (com condição de reversão, gravadas com cláusulas de incomunicabilidade, impenhorabilidade, inalienabilidade, com reserva de usufruto, com encargos), entre outros instrumentos que têm o condão de afastar ou minimizar os efeitos de situações capazes de dinamitar a propriedade e a gestão da empresa familiar em casos de divórcios, falecimentos, incapacidades. E na transmissão dos bens por força do inventário judicial ou extrajudicial, orienta a família na composição e partilha dos ativos, desde logo se preocupando com as questões fiscais da sucessão.

O Direito Societário concentra seus esforços na estruturação e elaboração de instrumentos como contratos e estatutos sociais, acordos de sócios ou de acionistas, protocolos familiares, memorandos de entendimento, revisão de regulamentos de fundos, entre outros competentes para regular deveres, garantir direitos e delimitar responsabilidades, e de engenharias societárias (incorporações, cisões, reduções de capital etc.) capazes de organizar os ativos, protegendo-os e preparando os alicerces da sucessão, como *holdings,* fundos de investimento, empresas *offshore*, *trusts* etc.

O Direito Tributário opera tanto na racionalização dos reflexos fiscais das estruturas propostas, buscando promover, a cada etapa do planejamento, a redução lícita (ou, ao menos, o não incremento) da carga tributária, primando pela melhor inteligência fiscal, e escolhendo caminhos que evitem ou mitiguem, sob o amparo legal, a ineficiência tributária que pode corroer ou até arruinar a organização empresarial e patrimonial.

Dentro da governança jurídico-sucessória, o primeiro passo do Planejamento Sucessório é a organização patrimonial. É possível até que não haja alteração de estrutura a ser feita, mas é imprescindível que se averigue se a corrente estrutura está condizente com os propósitos do Planejamento Sucessório.

Isso porque a organização patrimonial consiste, basicamente, na análise da alocação das diversas espécies de ativos que compõem o patrimônio familiar em estruturas distintas, e na discussão se aquela é a afetação mais adequada sob o ponto de vista fiscal, familiar e sucessório, levando em conta a época e forma de aquisição, a destinação desejada no presente e no futuro para aqueles determinados bens, a tributação a que se submetem os ativos, se é mais apropriado que sejam detidos pela pessoa física ou por uma pessoa jurídica (operacional ou *holding*), se devem estar contidos em um fundo exclusivo, se o melhor é conferi-los para uma estrutura *offshore*, ou até mesmo contribuí-los a um *trust* etc., sempre a depender do conjunto de ativos que se pretenda organizar.

A organização é sob medida para aquele determinado patrimônio, pois para cada espécie de bem pode ser mais eficiente e proveitosa tributariamente a sua alocação em um tipo de estrutura determinado. Ela pode acontecer sem o Planejamento Sucessório, mas não há Planejamento Sucessório que prescinda da organização patrimonial, sob pena de se ter uma alta conta de impostos a pagar.

Para que se entenda essa magnitude, utilizemos um exemplo bastante simples: um casal, casado sob o regime da comunhão parcial de bens, tem três filhos, e detém imóveis destinados à locação, adquiridos na constância de sua união, para formação de sua renda atual e futura. Os pais não têm a intenção de alienar aqueles bens e acreditam que tais rendimentos poderão futuramente suportar as necessidades de seus filhos. Nesse caso, a alocação inicialmente imaginada, em termos de organização patrimonial, é a conferência pelos pais de tais imóveis de locação das pessoas físicas para uma *holding*, tributada pelo lucro presumido.

E por que utilizar tal ferramenta societária? Alguns motivos: (a) a tributação da receita de locação é menor na pessoa jurídica se comparada com a pessoa física; (b) esses imóveis passarão a pertencer à sociedade e as deliberações acerca de seus destinos caberão aos sócios, de tal sorte que, na eventualidade do falecimento de um dos membros do casal sem testamento, a sociedade pertencerá 50% ao cônjuge sobrevivente, e 16,66% a cada um dos filhos, e, admitindo que o quórum de deliberação dessa sociedade seja o da maioria absoluta, o cônjuge sobrevivente e um dos filhos decidirão o destino dos bens, o que gera uma liberdade de atuação que não se verificaria se os imóveis permanecessem com as pessoas físicas, que dependeria de deliberação unânime; (c) a sociedade contempla a possibilidade de os pais, em vida, doarem suas participações societárias, reservando consigo o usufruto, ou o poder vitalício de votar e receber dividendos; com isso, adiantam a sucessão e mantêm o controle político e econômico absoluto sobre o patrimônio, de forma vitalícia; (d) sob o ponto de vista fiscal, o imposto *causa mortis* e de doação pode eventualmente incidir sobre uma base de cálculo bastante menor no caso da doação das participações societárias *vis-à-vis* a base calculada sobre o valor dos imóveis; (e) para completar a governança jurídico-sucessória, sob a ótica da preservação do patrimônio e do relacionamento da família proprietária, a perspectiva da assinatura de um acordo de sócios, possível apenas se estiverem em sociedade, é sinônimo de solidez e segurança de um Planejamento Sucessório eficaz, pois capacita a criação de regras de convivência entre os sócios da *holding* detentora de imóveis geradores de renda, para valerem inclusive para os herdeiros e sucessores dos signatários, como as relativas, por exemplo, à política de distribuição e de reinvestimento dos lucros advindos das locações, e deliberações concernentes à destinação dos imóveis, entre outras, na falta dos pais, pela maioria dos filhos.

O que acontece se o casal mantiver os imóveis destinados à locação nas pessoas físicas? Algumas consequências: (a) a tributação da receita de locação é maior na pessoa física se comparada com a pessoa jurídica; (b) esses imóveis, na eventualidade do falecimento de um dos membros do casal sem testamento, passarão a pertencer em condomínio 50% ao cônjuge sobrevivente, e 16,66% a cada um dos filhos, sendo certo que para a movimentação deles, será necessária a unanimidade das vontades e, ainda, caso um dos filhos seja casado ou viva em união estável sob outro regime que não seja o da separação total de bens devidamente pactuado, a vontade do cônjuge/companheiro de filho também deverá ser obrigatoriamente respeitada, o que compromete flagrantemente a liberdade da família na movimentação dos bens; (c) a doação dos bens imóveis deve ser realizada por escritura pública, e, da mesma forma, podem os pais reservar consigo o usufruto e doar apenas a nua propriedade deles aos filhos; (d) os impostos *causa mortis* e de doação sobre os imóveis podem ter uma base de cálculo bem mais alta do que aquela sobre as participações; (e) não há como celebrar um acordo de sócios, o que eleva sobremaneira as possibilidades de desentendimentos entre os detentores dos bens.

Questão patrimonial de extrema relevância surge do Planejamento Sucessório quando, após a doação pelo casal a seus filhos da nua propriedade de imóveis, reservando consigo o usufruto, decidem os pais pela alienação deles. Nesse caso, a venda deve ser concretizada pelos nus-proprietários com a anuência dos usufrutuários, e a receita da venda é revertida aos nus-proprietários; por outro lado, se os bens estiverem dentro de uma *holding*, a pessoa jurídica é a vendedora e a ela reverte a receita da alienação; com isso, guardando os pais o usufruto político das ações da *holding*, conservam consigo o poder de decisão acerca da destinação de tal montante (na Seção IV desta obra – Aspecto Tributário, Longo abordará, com profundidade, a tributação sobre a alienação de bens, tanto por pessoa física como por pessoa jurídica).

A par desse singelo exemplo conclui-se que, implantando-se a governança jurídico-sucessória e planejando-se a sucessão, é possível economizar impostos de forma lícita e eficiente, desde que utilizadas as ferramentas jurídicas apropriadas a cada caso; manter os direitos políticos e econômicos; criar regras de convivência e, com isso, mitigar desavenças. O Direito, a serviço do Planejamento Sucessório, permite a antecipação da organização empresarial e patrimonial, opera a preservação e a continuidade do negócio e do controle social.

Para o desenvolvimento da governança jurídico-sucessória, as três áreas do Direito acima descritas produzem o Planejamento Sucessório, que é único para cada grupo familiar.

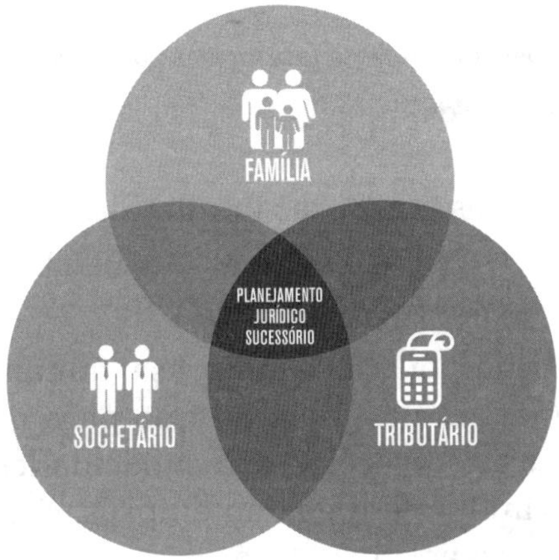

Ainda que desfrute de uma governança familiar competente e de uma governança corporativa absolutamente eficaz, a empresa familiar tem poucas chances de sobrevida se não se socorrer da governança jurídico-sucessória.

A governança corporativa não resiste à ausência de estruturas organizacionais que preservem o controle, que protejam o patrimônio empresarial. A falta de regulação das relações de sócios no ambiente empresarial nocauteia o trabalho primoroso da governança familiar.

O trabalho dos advogados consiste em lançar mão dos instrumentos e do arcabouço de estruturas e medidas oferecido pela governança jurídico-sucessória e adequado ao negócio e à família, de forma segura, eficaz, econômica, a garantir a resistência da empresa ao tempo. As sugestões e as indicações das consequências de cada opção apresentada competem aos profissionais do Direito, mas a implementação do Planejamento Sucessório e a escolha das alternativas possíveis exigem tomada de decisão pelo empresário, a permitir o desencadeamento do processo e formatar o planejamento com o propósito de salvaguardar o negócio e preservar o patrimônio familiar. Fácil não é, mas o enfrentamento do tema configura uma excelente oportunidade para conhecer os interesses pessoais, calibrar expectativas e lidar com conflitos que naturalmente devem aflorar, mais dia, menos dia.

> *Não podemos prever o futuro, mas podemos criá-lo.*
>
> **Peter Drucker**

Por isso que, nas empresas familiares, o ideal é que o Planejamento Sucessório aconteça de forma programada, traçando-se estratégia, passo a passo.

Como qualquer outra, a empresa familiar está sujeita a infortúnios, mas, muito mais do que para qualquer outra, mortes prematuras, divórcios e incapacidades podem comprometer o patrimônio e a gestão empresarial, fragmentar o controle, engessar a administração.

É importantíssimo que a família conheça o negócio familiar. Muitos pais optam por promover inicialmente o ingresso de herdeiros com pequena participação, para que aprendam a distinguir o seu comportamento de acionistas daquele de familiares, a fim de que se conheçam suas expectativas, revelem-se suas habilidades e contribuições, mapeie-se o provável sucessor e se promovam programas de treinamento orientados por um mentor, de tal sorte que os acertos de rota possam ser efetuados ainda sob a batuta do controlador, da controladora, dando-se a ele ou a ela a feliz oportunidade de também aprender com as gerações vindouras, de lhes ouvir a voz, de lhes segurar a mão. Outros pais optam pelas mesmas iniciativas, mas sem formalizar desde o início a transmissão de participação societária, pretendendo que seus filhos conquistem tal posição posteriormente.

> *Feliz aquele que transfere o que sabe e aprende o que ensina. O saber se aprende com mestres e livros. A sabedoria, com o corriqueiro, com a vida e com os humildes. O que importa na vida não*

é o ponto de partida, mas a caminhada. Caminhando e semeando, sempre se terá o que colher.

Cora Coralina

Enfim, tudo deve estar pautado pelo profissionalismo e pela governança. Muitas das vezes não se recomenda doação, ainda que de pequena quantidade de participações. Havendo regras claras de governança, o infortúnio pode ser vivido de forma sistêmica.

Tenhamos em mente que Planejamento Sucessório é processo, é caminhada, e não um ato único, isolado, de cima para baixo. A construção conjunta do Planejamento Sucessório é muito mais orgânica, visto que incorpora conceitos discutidos, amadurecidos, e, mais do que isso, testados. Meramente ter-se de acatar condições existentes, martelo já batido, sem qualquer possibilidade contestatória ou colaborativa na sua formatação, costuma ser indigesto para o sócio.

O correto Planejamento Sucessório alinha estratégia familiar e desenvolvimento de novas gerações, organizando o patrimônio em estruturas de gestão que priorizem o caráter relacional, ao mesmo tempo que promovam a sua sobrevivência no tempo.

Cada planejamento é singular. As famílias são diferentes, os *core business* variam, os momentos econômicos influenciam, assim como a questão geográfica e cultural também. As pessoas são distintas, embora as questões humanas e empresariais sejam muito semelhantes. O histórico das relações, a estratégia de cada empresa e as soluções eleitas são os aspectos que diferenciam um planejamento de outro.

O Planejamento Sucessório só tem início pela vontade familiar e, conquanto bastante desmistificado nos últimos anos, ainda assume para muitos uma conotação de finitude, de "fim de jogo", de morte, marcas do medo que ronda a cabeça do ser humano acerca de sua vulnerabilidade. A opção de não adotar o Planejamento Sucessório é com certeza menos trabalhosa e menos custosa emocionalmente para o fundador: deixar tudo como está e os filhos e netos que se acertem após o seu falecimento. Entretanto, a sucessão empresarial havida por processo judicial de inventário pode levar anos, estagnar o crescimento da empresa e lhe causar prejuízos irrecuperáveis, sem subestimar as consequências, os desgastes relacionais e afetivos proporcionados pela longa espera do desfecho. Deixando o barco à deriva, a sucessão do controle e da gestão da empresa familiar costuma ser hereditária. Isso não quer dizer que seja ruim. Quer dizer apenas que não há regras, e nada impede que sejam conduzidos ao comando e à administração da empresa sucessores completamente despreparados para assumir os negócios. E tudo aquilo que consumiu anos e muita energia para se construir pode ruir em pouco tempo, tal qual um castelo de areia. Por isso que o Planejamento Sucessório faz parte do que chamamos de advocacia preventiva.

No entendimento dos benefícios de um Planejamento Sucessório, necessário trazer à geração de cima (aos fundadores ou a quem no comando estiver) a distinção entre "*planejar*" e "*transferir*". Exatamente pela confusão dessas duas palavras algumas famílias equivocadamente brecam ou retardam o início do processo de análise. Conforme traz na própria denominação, a essência do Planejamento Sucessório é *planejar*, o que não significa *transferir*. Podemos realizar todo o trabalho, formalizar todos os documentos da governança jurídico-sucessória sem necessitar forçosamente antecipar a transferência de participação societária entre gerações. Essa decisão pode ou não ser tomada pela família e sempre dependerá do caso concreto.

É substancial que o Planejamento Sucessório obedeça a um cronograma e fixe prazo para estar concluído. Numa média bastante geral, assentada em nossos anos de experiência na área, tal prazo gira em torno de seis meses, aproximadamente. Sua conclusão depende da superação das atribulações intrínsecas e do construtivismo familiar e social que se permita implantar. E, uma vez concluído, deve ser "revisitado" de tempos em tempos, pois o patrimônio é impermanente, a família se altera, os filhos crescem, os estados civis se modificam, o negócio se transforma, a economia muda, pessoas vão residir fora do Brasil etc.

Os advogados, na qualidade de guardiões do processo, têm como prerrogativa, a cada etapa, adequar as vontades ao contexto da lei, de seus permissivos e da instrumentação que ela oferece.

O fundamental é que o Direito sirva à empresa e a todos aqueles que dela façam parte, mantendo coesos grupos familiares que participem de uma mesma sociedade, refreando controvérsias, compondo interesses, perpetuando valores, defendendo também as conveniências dos sócios ingressantes, estimulando-os inclusive financeiramente a se manterem associados e a se tornarem capazes de assumir, no futuro, as rédeas da organização, preparando a sucessão organizada.

O Planejamento Sucessório passa, como se disse, pela organização do patrimônio e o estabelecimento de regras societárias e sucessórias. Contempla-se tudo que possa gerar sucessão na empresa, assim entendido, também, o ingresso de novos atores no quadro societário e/ou administrativo da empresa, ainda que não tenha havido um falecimento.

O que acontece se há um divórcio litigioso? Ou filhos extraconjugais na morte inesperada de um sócio? Ou a incapacidade permanente do principal executivo da empresa em virtude de uma doença ou de um acidente? Há um potencial sucessor sendo preparado? Qual a consequência patrimonial de um falecimento prematuro, na ordem contrária à natural da vida?

Sempre é melhor prevenir a remediar. Não havendo regras planejadas anteriormente, diante do conflito instalado, ainda que se reúnam esforços hercúleos para a composição de um acordo, pode ser muito difícil que a empreitada logre êxito.

> *Muitas coisas não ousamos empreender por parecerem difíceis; entretanto, são difíceis porque não ousamos empreendê-las.*
>
> **Sêneca**

Por isso é que se faz indispensável o Planejamento Sucessório, que culmina com um projeto sob medida para cada empresa familiar: um plano de atos e/ou negócios a ser executado como forma de garantir uma transição tranquila e efetiva do poder e do comando da empresa. É inequívoco que deva haver, acima de tudo, preparação, tanto de comandantes quanto de seus sucessores, a fim de que a transição seja bem-sucedida, levando em conta as particularidades da família e da empresa. É vital que seja preventivo, transparente, linear, bem costurado, tributariamente eficiente.

Enfim, o produto da governança jurídico-sucessória é o Planejamento Sucessório da empresa familiar, objeto deste livro e do trabalho conjunto dos seus três autores, desde 1999.

2.4 Resistências ao Planejamento Sucessório

> *Não é que eu tenha medo de morrer.*
> *É que eu não quero estar lá na hora que isso acontecer.*
>
> **Woody Allen**

Mergulhemos um pouco mais profundamente nesse tema que não trata apenas de nossa finitude, mas também da hipótese de nos tornarmos incapazes para a mais simples e rudimentar manifestação de nossa vontade. Ora, nada menos natural do que falar com naturalidade de algo tão natural.

Por outro lado, é esperado que o fundador, ao chegar a certa altura da vida, pretenda aposentar-se e transferir o comando da sua empresa.

Mas as dificuldades não são ordinárias e exigem disposição interna, disciplina e resignação à ideia das mudanças, da reestruturação societária que pode ser imprescindível para pavimentar o caminho para a sucessão, de muitas alterações do *status quo*. Para enfrentar tudo isso é preciso uma dose de coragem, de realismo e de determinação.

Quando tudo está bem, quando o fundador está na ativa e as relações estão em harmonia, esse é o momento certo para construir um projeto que funcione nos bons e nos maus momentos. Não se pode aguardar a crise, a eclosão de um problema súbito. Tanto quanto possível, deve-se planejar cuidadosamente a estratégia de ação.

Por isso é que as famílias empresárias precisam ter em sua agenda a importância de um Planejamento Sucessório preventivo para que, defrontando-se com a sucessão, que se deseja distante – mas sabidamente inevitável –, a empresa não sofra com disputas de poder dentro de cada núcleo familiar.

Para o sucesso dessa empreitada, muitos desafios são enfrentados, mas, com certeza, o mais difícil é o dilema da "passagem do bastão" na empresa familiar e as respostas às questões: quando, como e para quem.

2.5 O dilema da transferência de comando nas empresas familiares

Para quê nos preocuparmos com a morte?
A vida tem tantos problemas que temos que resolver primeiro.

Confúcio

Desde o primeiro governo de Getúlio Vargas (1930/1945), quando o processo de industrialização brasileiro ganhou grande impulso, vimos assistindo à derrocada de impérios ante uma administração calcada exclusivamente nos laços de consaguinidade. Confiança pessoal não é sinônimo de competência e é por isso que inúmeras empresas familiares, administradas exclusivamente por membros da família fundadora, não conseguiram sobreviver ao despreparo de seus sucessores e à falta de regras para segregar o patrimônio e a gestão da empresa. É antiga a história de desmoronamento de antes sólidas organizações em razão dos privilégios e das exceções concedidas a parentes, denotadores de uma gestão pouco profissional do negócio.

Ainda que não faça distinção em relação às parcelas patrimoniais, em relação ao comando, comumente, o patriarca sofre dois grandes dilemas na empresa familiar: o primeiro, de pretender e conseguir transmitir a administração a seus descendentes, e o segundo, de tratar os filhos igualmente.

Ou seja, inicialmente o empresário enfrenta o duelo com as agruras da transferência do comando, do apego ao cargo, de ter de imaginar como ficará a empresa que ele fundou quando não mais estiver aqui, o que é, no mínimo, incômodo, para não dizer aterrador. Vencida essa primeira batalha, o fundador empresário tem a missão de escolher quais de seus filhos, ou se algum deles estará à frente dos negócios sociais, na sua falta.

Para muitos empresários, a empresa é um filho a mais. É a sua continuidade, a sua marca, a sua impressão digital.

É tarefa árdua separar a biografia do fundador bem-sucedido da textura da organização. O criador muitas vezes não consegue desapegar-se da criatura e não sabe que o processo de sucessão pode resultar em um reposicionamento estratégico dele mesmo dentro da empresa. E a reinvenção, a mudança transformativa do empresário, habilita a empresa a garantir fôlego para muitos bons anos vindouros.

Resumindo: o fundador constrói a empresa para sua família, para os seus filhos, mas, primeiro, resiste em transferir o poder para eles, depois não sabe a qual filho e quando transferir, e também não consegue contratar terceiros para a gestão, por conta das amarras familiares, da sua vinculação simbiótica com o cargo, do temor de entregar tudo o que criou nas mãos de um estranho que, no dia seguinte, pode ir trabalhar na concorrência.

A sucessão em uma empresa familiar deve ser cautelosa e os filhos não precisam obrigatoriamente trabalhar no negócio. Mas o que acaba frequentemente por ocorrer, na prática, é que, na ânsia de garantir conforto, segurança e atividade para todos os filhos, os pais entendem que os estão protegendo ao elegê-los todos como diretores da empresa indistintamente, alçando cargos de gestão os filhos que têm e também os que não têm preparo e competência, tampouco experiência para tamanha responsabilidade.

E não somente os pais acreditam na imposição da igualdade objetiva obrigatória, mas os próprios filhos esperam e pleiteiam essa proteção indistinta do pai.

> *Não me cabe conceber nenhuma necessidade tão importante durante a infância de uma pessoa do que a necessidade de se sentir protegida por um pai.*
>
> **Sigmund Freud**

A infância termina e o senso de proteção dos pais ultrapassa as fronteiras da maturidade dos filhos, e parece nunca ter fim. Mas, no contexto empresarial, proteger um filho pode significar desproteger a empresa. E desproteger a empresa acarreta diretamente a desproteção de todos os demais descendentes, além das outras pessoas que dependem da saúde do negócio familiar, o que resulta em uma repercussão social em cadeia. O mau desempenho de um membro da família não pode ameaçar a saúde do negócio.

Não se há de criticar o desejo natural do pai de ver todos os seus filhos juntos no negócio familiar. Mas não se pode impor que assim permaneçam, ultrapassando suas diferenças. Colocá-los todos na gestão não garante o sucesso, tampouco o entendimento, e quase nunca traz os melhores resultados empresariais.

> *A paz não pode ser mantida à força.*
> *Somente pode ser atingida pelo entendimento.*
>
> **Albert Einstein**

É por isso que a passagem de pai para filho de uma empresa deve estar condicionada à criação de regras de convivência e à profissionalização dos comandantes. Falhas no processo de transição fizeram-nos expectadores de filhos e netos quebrando companhias sólidas. O pai empresário precisa entender que nem todos os filhos apresentam aptidão para a atividade e, para outros, falta disposição. Cautela, interesse, preparo técnico e, acima de tudo, profissionalismo são fundamentais para que se concretize uma sucessão com êxito.

Parece uma escolha de Sofia, mas o enfoque pode ser outro. Dar tratamentos diferentes a pessoas às quais amamos igualmente vem a ser muito legítimo quando a única e verdadeira intenção é a de protegê-las, de assegurar o seu bem-estar, visto que, de forma direta ou indireta, dependem da continuidade da empresa.

A igualdade que se pode estabelecer aos filhos diz respeito à propriedade, ou seja, a terem todos a mesma quantidade de ações da empresa. Isso é diferente do poder de gestão em determinado período de tempo. Se adotada a divisão igualitária da propriedade e escolhido o melhor gestor (familiar ou não), então todos os proprietários (familiares) serão beneficiados com o retorno de seu capital, enquanto o gestor será remunerado pelo serviço prestado à organização. É fundamental assimilar a diferença entre ser um gestor e ser um proprietário. Lembremos a teoria dos três círculos. Deve-se educar a próxima geração nesse sentido, pois a compreensão do papel de cada um no negócio traz sintonia entre os sócios e assume uma função catalisadora do componente familiar beligerante, se houver.

Em toda e qualquer família há sempre herdeiros que querem seguir seus próprios planos, os quais nada têm que ver com o negócio familiar. Outros, que possuem interesse genuíno pelo negócio. Também existem aqueles que não têm interesse por nada, mas querem estar na empresa para assegurar sua participação na renda. E ainda aqueles que acabam seduzidos pelo apelo de comandar, pelo desejo do poder ou mesmo por vaidade pessoal.

O entendimento de que ninguém melhor do que os donos para conhecer o negócio e dele cuidar não é uma verdade absoluta, e pode criar uma arapuca. A questão é que, em pouco tempo, a empresa pode estar cheia de parentes exercendo funções que não dominam, para as quais não têm a menor vocação. Isso caracteriza um problema frequente na empresa familiar, e é essencial que fique claro que o quesito familiar não deve interferir na escolha dos administradores.

A questão gerencial deve ser pautada pela competência e não pelo parentesco. É imprescindível, para qualquer empresa, valorizar o esforço, a dedicação e os resultados gerados por indivíduos e por equipes. Isso estimula, motiva, retém os talentos que realmente fazem a diferença nos negócios, que garantem o crescimento constante da organização, independentemente dos laços consanguíneos.

Se os colaboradores se aperceberem que o plano de carreira da empresa desconsidera o mérito de cada profissional e leva em conta apenas a questão parental, que os familiares podem abusar da relação afetiva, exceder o poder que lhes foi concedido, dedicar-se pouco etc., isso pode se transformar em desestímulo para os funcionários, que tendem a deixar a empresa. Até mesmo os parentes, ao julgarem que não importa a competência, mas apenas a relação familiar, sentir-se-ão desincentivados a mostrarem seu valor e a dizerem a que vieram.

Nesse cotejo devem prevalecer alguns princípios como a lavratura de regras (atribuições, salários, horários, avaliação de desempenho, plano de carreira) que não comportem exceções; a separação da relação de trabalho da relação familiar; a coragem de afastar aquelas pessoas que não têm aptidão para a atividade; a meritocracia acima de tudo; o incentivo à autossuperação. Treinamentos constantes, qualificadores das pessoas e outorgadores de condições de progresso (noções de gestão de pessoas, de contabilidade, de mercado podem ajudar mesmo quem não queira assumir o comando), capacitam o acionista para acompanhar, entender, questionar as ações do gestor que a empresa vier a contratar para administrá-la. Todas essas práticas evitam a descrença na organização e o êxodo de grandes talentos, familiares e não familiares. A motivação da equipe é a alavanca do sucesso empresarial, fiel multiplicadora de resultados.

Motivação é a arte de incentivar as pessoas
a fazerem o que você quer que elas façam porque
elas querem fazer, não porque precisam fazer.

Dwight Eisenhower

Além dos princípios, deve-se atender às exigências práticas que o conhecimento e o crescimento demandam. Rodízios nas mais variadas áreas da empresa são recomendados. O paradigma do "filho do dono" precisa ser quebrado. É importante que o sucessor se inteire de todos os níveis da empresa, desde o "chão de fábrica", passando por funções administrativas, pelo departamento de recursos humanos, de compras, de atendimento ao consumidor, e assim por diante, aprendendo cada ofício, até estar pronto para assumir assento no conselho de administração. Conhecer todos os departamentos dá ao descendente condição de criar a musculatura necessária para a assunção de cargos de gestão com visão global do negócio, aproxima-o dos empregados e colaboradores, dos fornecedores, dos clientes, e se a experiência for proveitosa implicará duas características determinantes, que são a humildade para comandar e a postura para se fazer respeitar.

> *Quem quiser ser líder deve ser primeiro servidor.*
> *Se você quiser liderar, deve servir.*
>
> **Jesus Cristo**

Há de se colocar na balança, ainda, uma questão comercial importante: se o mercado que faz negócios com a empresa for se habituando de forma gradual com o novo gestor, ele tende a ser mais fiel do que quando a sucessão se concretiza de supetão, com a súbita dança das cadeiras.

A coreografia de tantos passos pode demandar muito tempo, e é por isso que se insiste na importância de começar a planejar a passagem do comando e o preparo do comandante com antecedência.

2.6 Choque de gerações

> *O príncipe, contudo, deve ser lento no crer e no agir, não se alarmar por si mesmo e proceder por forma equilibrada, com prudência e humanidade, buscando evitar que a excessiva confiança o*

torne incauto e a demasiada desconfiança o faça intolerável. Nasce daí uma questão: se é melhor ser amado que temido ou o contrário. A resposta é de que seria necessário ser uma coisa e outra; mas, como é difícil reuni-las, em tendo que faltar uma das duas é muito mais seguro ser temido do que amado.

Nicolau Maquiavel – O Príncipe

Diferentes valores, conceitos e estilos, visões antagônicas sobre o mesmo tema, tradição e inovação, dificuldades de diálogo, perspectivas distintas, ânimo contestador dos mais jovens *vis-à-vis* perfis autocentrados, inflexíveis, paternalistas e autoritários dos mais velhos, criam campo fértil para conflitos de gerações que podem culminar com o distanciamento entre os seus componentes, a formação de grupos isolados ou o afastamento de membros do clã.

Entendidas as dinâmicas das fases da vida de cada um, verificados e tratados os conflitos, conciliadas as posições extremamente conservadoras e inquestionáveis dos veteranos com os espíritos contestadores, imediatistas e ousados dos mais jovens, é possível cuidar melhor dessa colisão de ideias sem deixar sequelas ou gerar desdobramentos indesejáveis.

Na empresa familiar, o cabo de guerra dos choques de gerações tem, de um lado, pais incapazes de transferir responsabilidades por acreditarem que os sucessores ainda não estejam bem preparados para assumir a liderança; e na outra ponta estão os mais jovens, alguns nem tão jovens, tentando mostrar o seu valor, mas às vezes desanimados com a falta de confiança, de comunicação aberta, de oportunidade e crédito. Esse distanciamento pode estourar o cabo e obrigar um processo de sucessão não planejado, desorganizado, excessivamente tardio e muitas vezes insanável.

O resultado não é bom; a diluição da propriedade imerge a empresa em conflitos de interesses, reflete as questões estruturais do núcleo familiar com demandas e projetos destoantes, problematizando as dinâmicas já tão vulneráveis.

O próprio fundador, por mais que controle sua relutância em delegar funções e veja com bons olhos a transição, não tem a experiência para lidar com tantas vozes e normalmente está muito arraigado aos seus conceitos e à empresa, pois, para ele, aquele não é simplesmente um CNPJ, mas o fruto de todos os seus planos de vida, de todos os percalços e vitórias que coroam a sua trajetória.

Pode ser um processo difícil acatar novos pensamentos, por vezes opostos aos seus e a tudo que sempre fez sentido àquele empresário que concentrou e confundiu em si as figuras do fundador, do administrador, do provedor, do pai. Ele espera conseguir transferir não somente os seus valores, mas o seu modo de pensar, o seu perfil de liderança e a sua maneira de administrar para as gerações futuras. Muitos acreditam que existam apenas duas formas de fazer as coisas: a dele, e a errada!

Essa situação opressora pode ser a promotora de um processo catártico de filhos que não pretendam esperar uma herança, mas experimentar a liberdade de construir a sua própria história, de traduzir a sua paixão em inovação e seguir sua própria bússola.

> *O homem deve criar as oportunidades e não somente encontrá-las.*
>
> **Francis Bacon**

O "sexto sentido" do indivíduo visionário, que não tem medo de iniciar projetos e transformar sonho em ações concretas, reais, mensuráveis, não é característica exclusiva do fundador: o talento, o arrojo, o faro empresarial, podem ser herdados ou desenvolvidos.

As mudanças de contextos são as criadoras de oportunidades, de caminhos por vias desconhecidas. Há uma força centrífuga na empresa familiar que, aliada à possível imaleabilidade do pai e ao seu desejo de tratar os filhos igualmente, pode fazer com que os mais habilitados e inconformados com a rotina tendam a deixar o negócio familiar para empreender o seu próprio.

E como reter esses talentos? Como reconhecer quais são os indivíduos qualificados para inovar e modificar as organizações, saber identificar as oportunidades e reunir as condições propícias, o cliente alvo, e transformá-las em um negócio lucrativo dentro do cenário econômico e da realidade patrimonial?

O empreendedorismo é fundamental para o mundo, pois é à sua custa que as empresas buscam inovação, descobertas, transformando conhecimentos em produtos e métodos de produção, abrindo novos mercados, novas formas de organização etc. E isso pode se dar pela alavancagem de produtos existentes ou pela exploração de novos, ou mesmo por aquisições que tenham sinergia com o negócio familiar. Isso cria riqueza, agrega valor, mas sempre implica risco, maior ou menor, a depender do modelo de negócio.

Cada geração deve transmitir uma contribuição. Estimular a criatividade e o desafio por meio de programas voltados ao desenvolvimento do perfil empreendedor de familiares, empregados, colaboradores e executivos, bem como a implementação de novos projetos e negócios corporativos devem estar no radar das empresas. Assim é que, para o empreendedorismo, treinamento e plano de negócios são palavras de ordem.

A análise de viabilidade criteriosa do empreendimento antes de colocá-lo em prática é primordial, embora o brasileiro, de forma geral, não acredite na necessidade do planejamento e muitas vezes opte por fazer, errar e aprender com os erros, o que pode ser muito positivo desde que haja tempo e condições financeiras para se tentar novamente.

> *Toda empresa precisa ter gente que erra,*
> *que não tem medo de errar e que aprende com o erro.*
>
> **Bill Gates**

Porém, nas empresas familiares, o empreendedorismo malsucedido, que compromete a riqueza, não costuma ser encarado com tanta benevolência. Dedos em riste, acusações e desentendimentos ganham a cena quando o negócio não prospera.

Daí a importância de se combinar as regras, do acordo de sócios, da estruturação da governança jurídico-sucessória, para que se conheçam as novas cabeças, talvez mais arrojadas, talvez mais estudadas, mais audaciosas, mas com certeza menos experientes, e que se criem regras de convivência familiar e societária. É preciso determinar quanto de dinheiro da família é justo arriscar naquele empreendimento, criar uma obrigação, uma via de mão dupla do tipo "vamos investir em você, mas, se o negócio der certo, o que você vai dar de volta para a família?" – É o caso de se constituir um fundo de empreendedorismo, nos moldes das incubadoras de empresas *startups*, com o objetivo de oferecer infraestrutura de apoio e assessoria ao empreendedor na gestão do empreendimento em estágio inicial? Ou é o caso mesmo de promover o adiantamento da herança do empreendedor e não utilizar o dinheiro ou a estrutura da família?

Negócios têm identidade e famílias também, e para decidir qual o rumo a seguir é preciso ter uma visão holística e não menosprezar o fato de que as gerações seguintes, preparadas e orientadas, podem sim arquitetar movimentos de renovação e vanguarda, empreender, criar riqueza, inovar um estilo próprio de administrar, revolucionar o *marketing* etc.

Nessa engenharia, devem ser preservados os valores familiares e empresariais, mantendo-se o respeito à filosofia do fundador, que ainda está ali para impor os limites e aconselhar os herdeiros, sem prejuízo da abertura para o novo, para o que está por vir. Esse momento é único, e não se pode deixar o tempo escorrer por entre os dedos.

A passagem do tempo e a mudança de gerações são aspectos delicados e determinantes do sucesso ou do fracasso organizacional. Transições são repletas de incertezas e é no decorrer do processo que a empresa desenha o seu futuro. Toda transição é complexa, mas, se bem conduzida, pode tornar a empresa ainda mais bem-sucedida. Então, qual o momento ideal para uma empresa familiar começar a preparar a sucessão? É desde a sua fundação. Essa é a resposta correta. E a cada novo estágio da vida empresarial suas regras devem ser revistas, seus acordos revisitados.

O mundo gira e planejar é também ouvir novas vozes, reinventar. Mas tem de ter "muita calma nessa hora". A transferência de controle não é processo corriqueiro e a competência gerencial não é atributo genético. Todas as manobras para canalizar esforços de evolução devem estar arraigadas em conhecimento.

O livro "A Arte da Guerra", de Sum Tzu, tem uma frase que confere uma analogia maestral ao tópico na empresa familiar: "*Não estaremos prontos para conduzir um exército por uma marcha a menos que estejamos familiarizados com os aspectos físicos da região – suas montanhas e floresta, seus lugares traiçoeiros e seus precipícios, seus pântanos e atoleiros*".

Mutatis mutandis, os aspirantes ao controle e à gestão têm de conhecer do negócio. Não há como chegar e se sentar à mesa de reuniões sem preparo, sob pena de ruir não só a empresa, mas a relação familiar. Educação é a chave da equação, aprender a ser acionista, gestor, e a entender a diferença das duas posições.

São muitas as perguntas que atormentam o empresário: que norte adotar para permitir a sobrevivência da empresa ao longo das sucessivas transições de gerações? Que ferramentas usar? Educar o sucessor para seguir a tradição da empresa ou esperar que ele traga um sopro de inovação? A "galinha de ovos de ouro" terá efetivamente condições de dar ovos para tantos novos núcleos familiares que se formarem quantos forem os sucessores do fundador?

As respostas costumam vir ao longo do Planejamento Sucessório. A preparação desapaixonada da substituição dos principais executivos pode ser um norte. O reconhecimento de que a corporação não sobreviverá ao patriarca naquele formato, por mais difícil que seja, pode ser uma resposta. A todo modo, é melhor identificar as fragilidades e encarar os fatos, buscando-se caminhos trilháveis, que podem passar pela profissionalização total da administração, pela cessão da marca, pela segregação dos negócios e divisão do grupo corporativo, pela criação de novas frentes ou até mesmo pela venda da organização, parcial ou total. Muitas são as possibilidades.

Não raras vezes é o fundador, aquele que mais do que todos pretende a perenidade da empresa familiar por ele criada, que conclui que o melhor a ser feito é preparar a empresa para a venda, pois percebe, ao longo do Planejamento Sucessório, que a governança familiar sucumbirá aos interesses controversos da próxima geração. É questão a ser enfrentada.

2.7 Passando a bola

A troca de comando é algo líquido e certo. Questão de tempo. O patriarca precisa apropriar-se dessa convicção e entender que a transferência terá muito mais chances de êxito, sem conflitos e litígios, se for preventivamente planejada e contar com a sua experiência e a sua orientação.

Os valores do criador são os pilares da estrutura gerencial da empresa familiar, e essa cultura tende a ser mantida. Mas visão empresarial, carisma e liderança são atributos pessoais difíceis de serem ensinados de uma para outra geração; entretanto, o exemplo arrasta, o treinamento e o devido preparo são possíveis, e a presença e o acompanhamento pelo fundador são essenciais ao processo.

O primeiro passo consiste em identificar líderes e estabelecer o estilo de liderança, verificar a afinidade com os valores, a visão e a missão da empresa familiar. Segue-se o treinamento nas etapas de processo de transição, que deve respeitar o alinhamento entre a família e a administração, ainda que se vislumbre conveniente um reexame do modelo de liderança.

Ao ser preparado, o novo líder deve ter os seus atos guiados *pari passu* pelo fundador e, progressivamente, referendados, para que aquele ganhe o respeito e a confiança dos empregados e colaboradores da empresa e do mercado. Os controles de gestão, a criação de sistemas de alçadas e o desenvolvimento de regras limitadoras para tomadas de decisão propiciam o empirismo seguro, o que quer dizer que nas empresas familiares existe com maior intensidade o conceito de que a experiência também nasce da prática, melhor ainda quando a prática é assistida.

O pai deve estar ao lado de seu filho quando este começa a andar de bicicleta, mas deve deixá-lo pedalar sozinho, afastar-se suficientemente para que possa avaliar o desempenho e, com isso, descobrir o momento em que é possível tirar as rodinhas, deixando-o livre tanto para sentir o vento no rosto quanto para se responsabilizar por seus próprios e inevitáveis tombos.

Os mapas de carreira, os projetos para curto, médio e longo prazos podem e devem fazer parte do Planejamento Sucessório, regulados de forma clara para garantir o futuro da empresa e a perenidade do patrimônio, de geração para geração. É preciso "tirar as rodinhas", mas é fundamental exigir o respeito às regras de governança.

Nesse tom, muitos acordos de sócios têm previsto requisitos de profissionalização para o ingresso de herdeiros em seus quadros administrativos, como formação acadêmica de qualidade, domínio de um segundo ou terceiro idioma, experiência anterior em outros grupos, idade, vivência no exterior, especialização, rodízio em várias funções na empresa, como foi dito anteriormente, engajamento nos negócios da família, entre outros.

A mixagem das relações empresariais com as familiares precisa ser muito bem administrada para que não interfira no dia a dia da empresa.

Tem-se que estabelecer regras claras para os empregados que fazem parte da família e evitar relações tendenciosas entre os próprios parentes, ou encarar as diferenças de uma forma pessoal, a fim de não transformar os problemas profissionais de uma empresa familiar em problemas pessoais, e vice-versa.

É por isso que no projeto de sucessão devem ser definidos os objetivos básicos da empresa, os sucessores que receberão treinamento devem ser selecionados, as necessidades de renda dos sócios investidores devem ser equacionadas; regras de voto, de formação de blocos, de administração e de governança corporativa precisam ser implantadas; a solução de conflitos demanda cuidado especial a afiançar a relação familiar que se projeta no tempo e ultrapassa os muros da empresa; a concorrência deve ser regulada; as regras de venda, preferência, *tag* e *drag along*, são imprescindíveis para a salvaguarda do negócio no mais possível dentro do grupo familiar; mas a previsão de se permitir aos sócios se retirarem do negócio deve ser de rigor. Sim, parece contraditório, mas é fundamental que haja regras de saída, que contemplem a avaliação da participação societária daquele que não mais pretende permanecer associado, e programem o seu pagamento, sem ferir as finanças empresariais e prejudicar àqueles que pretendem continuar no grupo.

No processo de organização, deve-se ter sensibilidade suficiente para que sejam compreendidas as necessidades pessoais, mas, para toda e qualquer empresa, a criação de uma política de distribuição de lucros, que garanta um fluxo financeiro para todos os proprietários das suas participações, é imperativa. Essa distribuição da riqueza gerada pela empresa familiar deve atender a todos os sócios de forma indistinta, beneficiando (i) os que assumem uma posição na empresa e por ela trabalham; (ii) aqueles que seguem outros caminhos profissionais; e (iii) aqueles que veem na empresa uma fonte geradora de riqueza, de rendimentos, um investimento como outro qualquer. Essa política tem por objetivo cuidar para que os interesses pessoais não afetem o bom andamento dos negócios sociais; que, por um lado, os sócios investidores fiquem satisfeitos com os dividendos percebidos e não desejem alienar o investimento improdutivo; que, por outro, as premências de reaplicação dos lucros no negócio, de renovação de seu parque industrial, de formação de reservas, de investimento em *marketing* etc. sejam respeitadas. O importante é o equilíbrio. É dar a César o que é de César.

Sob o ponto de vista da profissionalização da empresa familiar, para aqueles que não apenas auferem dividendos, mas que trabalham efetivamente no negócio familiar, mister se faz tratá-los de forma absolutamente técnica, acatando suas decisões executivas, e, na outra mão, deles exigindo a prestação de seus serviços como se trabalhassem em qualquer outra instituição. Devem eles fazer jus a uma remuneração condizente com o cargo ocupado, conforme praticado no mercado. Se assim não for, esses profissionais, por mais capacitados que sejam e por mais amor que tenham à empresa familiar, sentir-se-ão desincentivados a investir sua energia e sua carreira no negócio da família e, além de não ter autonomia, receber dele, a título de dividendos, o mesmo montante proporcional que aqueles outros sócios que não trabalham. Qual o interesse em se esforçar individualmente para fazer engordar a "galinha dos ovos de ouro" e dividir os ovos conforme as participações? Mais do que isso, os administradores assumem responsabilidades pessoais e patrimoniais decorrentes do risco da atividade empresarial e isso deve ser reconhecido e valorado. Por vezes, firmam até mesmo avais pessoais para o giro dos negócios sociais, que a todos beneficia. E é energia pessoal, é expectativa profissional, é tempo de vida investido.

Não se trabalha somente para produzir,
mas também para dar valor ao tempo.

Eugène Delacroix

2.8 Treinando o time para fazer o gol

Em 5.03.1961, durante o Torneio Rio-São Paulo, após driblar vários adversários, surgindo do meio de campo com a bola dominada, Pelé venceu o então goleiro Castilho, do Fluminense, fazendo com que o Maracanã viesse abaixo e o jornalista Joelmir Betting, empolgado com a genialidade do rei, dissesse que aquele gol merecia uma placa, tão rara a sua beleza. E assim se fez: a placa de bronze está lá, na entrada do estádio carioca. Desde então surgiu a expressão "gol de placa".

Vários são os instrumentos e as estruturas que possibilitam organizar e treinar o time, dominar a bola e marcar o gol. Os capítulos seguintes refletem como as três áreas do Direito – Família, Societário e Tributário – podem auxiliar no equacionamento das questões.

A criação de regras para que o time esteja afinado e apto a driblar os problemas diários que a empresa enfrenta é obrigatória. O acordo de sócios, documento estrutural do Planejamento Sucessório, assume o condão de preservar direitos e impor obrigações entre os sócios, regulando as relações de poder político e econômico. É documento particular, interno, mas traz consigo força de execução de suas cláusulas e submete seus signatários ao cumprimento de todos os seus ditames. Isso ressoa na convivência familiar, como consequência, separando as relações, preservando-as, diminuindo o risco ou até não permitindo que determinado problema se agigante e venha a afetar o negócio e desgastar a família.

Os direitos sucessórios, as regras para ingresso de herdeiros e sucessores, cônjuges, bem como os direitos patrimoniais, também são objeto de proteção pelo referido acordo. O exercício do direito de voto, do controle e gestão familiar, o direito de preferência na alienação de quotas e ações para familiares e terceiros, as possibilidades de saída voluntária da empresa e respectiva apuração e pagamento de haveres podem e devem ser regulados pelo acordo.

Outra preciosa ferramenta de organização e Planejamento Sucessório, a *holding*, que, como se verá, é uma sociedade que tem por objeto deter participações em outras sociedades e também outros bens e direitos, assegura a concentração do poder decisório e permite a concentração da capacidade de investimento de uma ou mais pessoas físicas ou jurídicas. Presta-se, assim, por um lado, a instrumento de controle societário, e, por outro, destina-se à segregação de ativos e atividades, viabilizando a segmentação do patrimônio com regras específicas, como forma de protegê-lo e, muitas vezes, de promover economia fiscal.

Os contratos sociais e estatutos das empresas devem ser adaptados ao planejamento, conter regras claras que sustentem as mudanças de comando, de sorte a outorgar tranquilidade aos que se afastam e segurança aos que ingressam. Entre as estruturas oferecidas pela legislação brasileira, os fundos de investimento vêm progressivamente ganhando lugar de destaque nos Planejamentos Sucessórios, podendo representar segurança, preservar patrimônio e significar ainda redução da carga tributária em alguns casos.

Os testamentos, por sua vez, amarram as pontas, costuram as vontades e as necessidades dentro dos limites legais na divisão do patrimônio na sucessão; as atas notariais declaratórias concedem tranquilidade ao outorgante de como seus ativos serão geridos em caso de sua incapacidade civil. Mas também os pactos antenupciais no casamento civil e de conviventes na união estável são necessários para se regular os reflexos patrimoniais dos diferentes regimes de bens.

No entanto é fundamental que sobre todas as estruturas se coloque a lupa tributária. A transferência de poder e a reorganização societária necessária, bem como as movimentações patrimoniais decorrentes do planejamento, podem ameaçar a eficiência fiscal. Por isso, o aspecto tributário deve acompanhar as propostas das outras áreas (familiar e societária) para mitigar os incrementos da carga fiscal e, se possível, reduzir a existente.

Concluindo, o Planejamento Sucessório de empresas familiares, embora complexo, dispõe do aparato necessário para promover uma sucessão com sucesso. Mas, para fazer o gol de placa, deve ser conduzido de forma multidisciplinar, traçando as estratégias a serem adotadas.

Decidido o plano de ação, é indispensável o estabelecimento de um cronograma para a conclusão do planejamento e sua execução, levando-se em conta necessidades temporais para que as transições aconteçam, necessidades essas de caráter pessoal e de caráter organizacional. E há de se estar atento aos prazos dos trâmites legais, aos movimentos societários e patrimoniais que viabilizam o projeto; por vezes um único ato societário pode demandar noventa dias para o seu registro público. Tudo isso deve ser considerado.

2.9 Dando um passo de cada vez

Ninguém determina do princípio ao fim o caminho que pretende seguir na vida; só nos decidimos por trechos, na medida em que vamos avançando.

Montaigne

Voltando a falar das etapas do Planejamento Sucessório, convém ressaltar que muitos fundadores optam por fazer uma experiência, começar pelo menos, para depois decidir pelo mais. Em muitas famílias, a empresa é a sua principal fonte de renda e o fundador deve preservar seus poderes. Há maneiras de se fazer isso.

O ordenamento jurídico dispõe de um instituto eficiente a viabilizar o preparo por vezes tão necessário dos herdeiros: a dicotomia da propriedade em nua propriedade e usufruto. É comum os pais doarem aos filhos a propriedade nua de suas participações societárias e reservarem consigo o exercício do direito do usufruto político e econômico da parcela de suas ações doadas. O voto permanece com os pais, assim como o direito à percepção de dividendos e de juros sobre o capital próprio, que constituem as duas formas prescritas em lei de se remunerar os sócios pelo capital investido. Na Seção III deste livro – Aspecto Societário, o usufruto é tema cirurgicamente desenvolvido, em especial nos itens 5.8.2, usufruto de voto, e 5.8.10, usufruto de renda.

O usufruto é direito que não se transmite, e o doador pode renunciar a ele, na medida em que julgar conveniente, aos poucos, por etapas. O falecimento do doador extingue o usufruto e consolida a propriedade das ações nas mãos dos nus-proprietários. Se o doador for casado e falecer, excepcionalmente pode o usufruto ser transferido ao cônjuge sobrevivente.

Enfim, após essa longa introdução ao Planejamento Sucessório, cabe resumir que, apesar de todas as dificuldades que o tema carrega, de todos os aspectos afetivos e psicológicos envolvidos, de todas as amarras culturais a serem enfrentadas, dos paradigmas a serem rompidos durante o processo, o investimento compensa. Vale enfrentar o desafio do Planejamento Sucessório. Então, mãos na massa!

Aspecto Familiar

Luiz Kignel

1. INTRODUÇÃO

Um homem nunca deve negligenciar a sua família pelos negócios.

Walt Disney

O conceito de família certamente possui um caráter intuitivo. No passado recente não era necessário conhecimento jurídico para se identificar uma família, na medida em que os vínculos do matrimônio sempre serviram para facilmente localizar determinado grupo de pessoas em um contexto social. A sociedade moderna, todavia, passou a conhecer novos tipos de uniões cujas relações interpessoais modificaram fortemente o conceito estático que perdurava havia séculos. Esses modelos de famílias, antes à margem da sociedade, vêm cada vez mais buscando – e obtendo – respeito social e reconhecimento do Estado, passando de espúrios a protegidos. E, uma vez reconhecidos pelo sistema legal, de suas relações decorrem efeitos patrimoniais e sucessórios que devem ser conhecidos por todos aqueles que pretendem organizar a sucessão.

O casamento monogâmico, heterossexual e indissolúvel não é mais a única opção para a sociedade moderna. A união estável está de tal maneira solidificada que não resta qualquer discussão acerca dessa realidade. No mesmo e correto caminho, a união homoafetiva, tema de tantos debates, obteve guarida do Poder Judiciário, e seus direitos e deveres estão hoje plenamente incorporados ao Direito de Família, incluindo o direito ao casamento civil.

Mas as mudanças não param por aí. Novos formatos tornam cada vez mais elástico o conceito de família, a começar pela desnecessidade das figuras tradicionais de um "pai" e uma "mãe", admitindo-se a formação de uma família apenas com a presença de um ou de outro, ao que se denomina "família monoparental". E, se isso pode impressionar, o que se dirá das famílias denominadas "anaparentais", nas quais as figuras paterna e materna podem simplesmente inexistir? É o caso de duas irmãs que residam juntas, formem patrimônio por esforço comum e, na sucessão de uma delas, a irmã sobrevivente pleiteie quinhão maior do que o dos demais irmãos que com as duas não residiam, sob a alegação de que aquelas duas constituíram seu próprio núcleo familiar. E seguem as famílias socioafetivas, nas quais a verdade biológica é colocada em segundo plano, cedendo espaço para a realidade fática de uma relação em que pessoas sem consanguinidade formam um núcleo familiar que deve ser igualmente protegido. Exemplos clássicos são os segundos casamentos, nos quais o marido assume a paternidade do filho de sua mulher, fruto do primeiro casamento dela, e vice-versa. Desse cenário, decorre a possibilidade da multiparentalidade, na qual o vínculo biológico e o socioafetivo coexistem, surgindo inclusive o direito de o filho averbar o nome do pai ou da mãe socioafetivos junto ao nome dos pais biológicos em sua Certidão Nascimento.

O surgimento dessas novas entidades familiares não decorre de criação legislativa, mas sim de valores inovadores da sociedade atual, que assume novos formatos nas suas relações, até então não regulados pelo Direito de Família. A esse ramo do Direito cumpre a obrigação legal de regulamentar essas relações, tendo como foco o princípio da moral e da dignidade humana, cuidando, também, das questões patrimoniais delas consequentes. Ou seja, cabe ao legislador a busca do equilíbrio entre os aspectos intangíveis que devem primar na união de pessoas (lealdade, respeito recíproco e mútua assistência) e os reflexos materiais necessariamente gerados por essa união.

2. O INDIVÍDUO E SUAS RELAÇÕES FAMILIARES

2.1 Os direitos da personalidade

> *A única verdade é que vivo. Sinceramente, eu vivo. Quem sou? Bem, isso já é demais.*
>
> **Clarice Lispector**

Direitos da personalidade são aqueles relacionados principalmente à vida, liberdade, nome, corpo, privacidade e honra, cuja garantia é reflexo de grandes marcos históricos como a Revolução Francesa com o lema "*Liberté, Egalité, Fraternité*" *(Liberdade, Igualdade, Fraternidade)* e a Segunda Guerra Mundial que ao seu final publicou em 10 de dezembro de 1948 a *Declaração Universal dos Direitos Humanos*. Esses direitos são inerentes aos seres humanos e à garantia da dignidade da pessoa humana, razão pela qual são caracterizados pelo Código Civil brasileiro como intransmissíveis e irrenunciáveis.

A lista dos direitos da personalidade é incrivelmente ampla, não se limitando aos expressamente descritos em nosso ordenamento jurídico, uma vez que do direito à vida se extrai uma série de outros direitos como a garantia à integridade física, à privacidade e à própria imagem. O que somos, como nos relacionamos, como nos apresentamos ao mundo, do nosso nascimento até onde nos encontramos atualmente, cada uma das etapas do nosso desenvolvimento e todos os demais elementos da nossa vivência em sociedade estão relacionados com os direitos da personalidade.

> *A dignidade pessoal e a honra não podem ser protegidas por outros, devem ser zeladas pelo indivíduo em particular.*
>
> **Mahatma Gandhi**

Vivendo em uma sociedade moderna que pode ser classificada como plural, diversificada e em constante mutação, não há uma unicidade entre as personalidades que compõem esse mosaico, de forma que estamos constantemente incorporando novas dimensões a fim de contemplar e proteger as mais variadas manifestações dessa pluralidade social. A sociedade muda e é função do Direito acompanhar de perto os novos desafios.

Tema recente que merece nossa atenção – e respeito – pelo destaque que tem recebido, permeando importantes discussões jurídicas no campo dos direitos da personalidade, são as chamadas questões de gênero.

No ano de 1990, após longa militância e inimagináveis esforços, a "homossexualidade" – registrando que *homoafetividade* é a expressão que mais nos agrada – foi oficialmente retirada do Cadastro Internacional de Doenças abrindo caminho para o enfim reconhecimento da legitimidade das relações homoafetivas. Esse momento representou um despertar para a aceitação de uma sociedade que não mais se encaixava nos padrões historicamente impostos pelos grupos conservadores então dominantes. Foi nesse mesmo ano que Madonna lançou a épica música "Vogue", trazendo luz sobre a comunidade *queer*[2] e a pauta dos transexuais.

---

2. Termo ressignificado pela comunidade LGBT, atualmente LGBTQIA+, para englobar todas as pessoas que não se identificam com a heterossexualidade e binarismo de gênero.

Com o crescimento das discussões acerca dessas questões, a sociedade, por meio de suas instituições públicas e privadas, passou a entender que o ser humano não poderia mais ser definido como homem ou mulher, baseando-se unicamente na sua condição reprodutora. Era o momento de enfrentar esse tabu e considerar que as relações afetivas e os impulsos sexuais de cada indivíduo nem sempre correspondem ao sexo biológico. Existem indivíduos que não se encaixam nessa binariedade de gênero e sobre eles a proteção jurídica tem de ser estendida.

Mas nem sempre o Direito está pronto para contemplar as questões sociais. Um exemplo disso, no Brasil, pode ser representado pelo fato de que, da retirada da homossexualidade do Cadastro Internacional de Doenças até o reconhecimento da possibilidade do casamento homoafetivo transcorreu um longo tempo, quando então o Conselho Nacional de Justiça publicou a Resolução 175, de 14 de maio de 2013, dispondo sobre "*a habilitação, celebração de casamento civil, ou de conversão de união estável em casamento, entre pessoas de mesmo sexo*". Esse novo entendimento teve como base dois célebres julgamentos no Supremo Tribunal Federal que reconheceram igualdade e concederam proteção às uniões homoafetivas.[3]

Trazido para o nosso dia a dia, os direitos da personalidade são fundamentais para que possamos ter garantido o direito à autodeterminação, de escolhermos quem somos e podermos nos apresentar ao mundo da forma que pretendermos; de escolhermos com quem queremos nos relacionar e a forma pela qual esse relacionamento será conduzido; da possibilidade da utilização do nome social por pessoas transexuais e da disponibilidade da cirurgia de adequação de gênero pelo Sistema Único de Saúde.

Todas essas questões são relevantes para a vida em sociedade e devem ser debatidas e assimiladas pelo Direito de Família e Sucessões. Assim como a sociedade, as famílias são

3. Ação Direta de Inconstitucionalidade 4.277-DF e Arguição de Descumprimento de Preceito Fundamental 132-RJ.

plurais, se formam com as mais variadas composições e formatos, mas todas certamente buscam alcançar e manter a felicidade em seus arranjos familiares, e sempre livres para escolher.

> *Mas onde se deve procurar a liberdade é nos sentimentos. Esses é que são a essência viva da alma.*
>
> **Johann Goethe**

2.2 Início da vida e seus reflexos jurídicos

Afinal, quando começa a vida? Essa pergunta milenar sempre permeou as mais calorosas e complexas discussões jurídicas. O art. 2º de nosso Código Civil determina que "*a personalidade civil da pessoa começa do nascimento com vida; mas a lei põe a salvo, desde a concepção, os direitos do nascituro*".

O *nascituro* é o feto. O termo significa "*aquele que há de nascer*". Essa proteção do ordenamento jurídico brasileiro tem enormes reflexos. A salvaguarda dos direitos do nascituro – o ser gerado e ainda não nascido com vida – sustenta distintas teorias acerca de quando se dá o início da vida. As mais difundidas e conhecidas são a teoria da *concepção*, da *atividade neural* e a *natalista*.

A teoria da concepção, presente no Código Civil, como o próprio nome já diz, firma o início da vida no momento da fecundação do óvulo pelo espermatozoide. A teoria da atividade neural se aplica tanto ao início como ao fim da vida, entendendo que ela existe na presença de atividade neurológica. Por fim, a teoria natalista, também presente no Código Civil, defende o início da vida após o parto, mediante o nascimento do feto com vida.

O art. 2º do Código Civil concilia as teorias da concepção e natalista, na medida em que o nascituro tem direitos assegurados desde que nascido com vida, inclusive direitos sucessórios, conforme determina o art. 1.798 do Código Civil ao dispor que "*legitimam-se a suceder as pessoas nascidas ou já concebidas no momento da abertura da sucessão*".

Necessário registrar que a teoria da atividade neural também é relevante, especialmente em razão de entendimento do Supremo Tribunal Federal que autorizou a interrupção da gravidez de feto anencéfalo.[4]

As questões envolvendo o nascituro ganham principal destaque diante das múltiplas formas de concepção. Com o avanço da ciência e da medicina, a concepção mediante a relação sexual não é mais a única possibilidade, assim registrado desde o final da década de 1970 com o sucesso daquela que ficou conhecida como a "bebê de proveta". O embrião poderia ser concebido em laboratório e posteriormente inserido no útero, o que se denomina reprodução humana assistida.

Uma vez que as pessoas podem não ter condição de produzir material genético viável para a fertilização, é possível a utilização de óvulos ou espermatozoides de terceiros. Quando o material genético utilizado na fertilização é do próprio casal que se submete ao procedimento de reprodução humana assistida, dá-se o nome de **reprodução homóloga**; sendo utilizado material genético proveniente dos Bancos de gametas femininos (óvulos) ou masculinos (sêmen), dá-se o nome de **reprodução heteróloga**.

Importante destacar que por regulamentação do Conselho Federal de Medicina, as identidades dos doadores de gametas e embriões e os receptores devem ser mantidas em sigilo para terceiros e para os próprios envolvidos, sendo a idade limite dos doadores de 35 (trinta e cinco) anos para mulheres e 50 (cinquenta) anos para os homens.[5]

Necessário também destacar a "*doação temporária do útero*", pela qual as doadoras temporárias do útero devem pertencer à família de um dos parceiros em parentesco consanguíneo até o quarto grau (primeiro grau – mãe/filha; segundo grau

4. Supremo Tribunal Federal, Arguição de Descumprimento de Preceito Fundamental 54-DF.

5. Em 2020, o tema foi regulado pela Resolução 2.121/2015 do Conselho Federal de Medicina.

– irmã/avó; terceiro grau – tia/sobrinha; quarto grau – prima). Vale observar que a *"barriga de aluguel"* entre pessoas estranhas e contraprestação financeira é prática absolutamente proibida pela nossa legislação, mas permitida em outros países.

Os procedimentos de reprodução humana assistida geraram polêmicas acerca dos embriões desenvolvidos (fecundados em laboratório) que são submetidos ao congelamento por não terem sido implantados no útero e que podem ser posteriormente descartados. Se adotarmos a teoria da concepção como absoluta, temos um problema principalmente no descarte e na utilização dos embriões excedentes para pesquisas de célula-tronco, já que em tese haveria vida e o embrião seria um ser humano dotado de personalidade jurídica; porém, se adotadas as demais teorias acerca do início da vida, não há que se falar em qualquer lesão a eventuais direitos.

Apenas para demonstrar como essas questões são complexas e podem gerar os mais imprevisíveis reflexos no mundo jurídico, alguns anos atrás uma famosa atriz americana foi ré em uma ação judicial no Estado de Louisiana, Estados Unidos, cujos autores eram seus próprios embriões congelados. Isso porque o Estado de Louisiana adota um ordenamento jurídico "pró-vida", onde embriões possuem direitos como qualquer pessoa. Com o rompimento do relacionamento, o doador masculino intentou ação judicial alegando que os embriões teriam o direito de nascer. Enfim, ainda há um longo caminho a percorrer quando tratamos da biogenética no Direito.

2.3 Reprodução assistida *post mortem*

Em junho de 2021, o Superior Tribunal de Justiça (STJ) entendeu pela possibilidade de implantação de embriões de casais, quando ocorrer o falecimento de uma das partes, desde que exista a inequívoca autorização da pessoa falecida, ainda em vida, de modo expresso e formal.[6] O acórdão apontou que

---

6. STJ, 4ª Turma, REsp 1.918.421.

a implantação do embrião no útero da mulher sobrevivente teria implicações não só patrimoniais, mas também atinentes à personalidade do genitor pré-falecido, vez que geraria vida, e, portanto, a manifestação da vontade em produzi-la dependeria da expressão de vontade de modo incontestável, ou seja, por meio de testamento ou outro instrumento equivalente em termos de garantia e formalidades.

O caso levado ao Poder Judiciário foi curioso porquanto tenha havido, quando era vivo o doador dos espermas dos embriões congelados, a assinatura de contrato entre as partes e a instituição responsável pelo congelamento e manutenção dos embriões, sendo certo que existia cláusula prevendo que, em caso de morte de um deles, ao outro caberia a custódia dos embriões. Anteriormente, o Tribunal de Justiça do Estado de São Paulo havia interpretado que essa cláusula já significaria, automaticamente, a autorização para implantação no útero, mas o Superior Tribunal de Justiça interpretou-a de forma mais restritiva, entendendo que a fixação embrionária necessariamente importaria em rompimento de testamento deixado pelo falecido e geraria efeitos patrimoniais e sucessórios não previstos expressamente, de modo que não seria possível aduzir pela vontade de autorizar o uso do material genético.

O Conselho Federal de Medicina (CFM) e o Provimento 63/2017, do Conselho Nacional de Justiça (CNJ), é que, conjuntamente, deram suporte legal ao entendimento finalmente exarado pelo STJ, no julgado acima referido. Em dezembro de 2021, por meio de embargos declaratórios opostos contra a mesma decisão do STJ, restou reaberta parcialmente a questão, porquanto ficou evidente divergência sobre o destino do embrião que não pôde ser fixado em útero, e portanto, não geraria vida.

Já que a legislação brasileira põe a salvo os direitos do nascituro, devemos estar atentos aos desdobramentos jurídicos das novas tecnologias conceptivas, inclusive no campo dos direitos das sucessões, em que o nascituro já se configura como herdeiro mesmo ainda estando no ventre materno, em processo de gestação, quando do falecimento do autor da herança, seu pai. Esse cenário se mostra particularmente interessante quando consideramos que, na reprodução humana assistida, desde que se tenha autorização expressa, é permitida a utilização do material biológico congelado de pessoa já falecida. Isso quer dizer que, considerando um casal, diante da morte de um dos cônjuges, o outro poderá desde que especificamente autorizado, providenciar a gestação do embrião congelado após o falecimento, o que, por sua vez, poderá abalar as estruturas da sucessão dos bens deixados pelo falecido. Essa questão é objeto de debate entre doutrinadores, inexistindo até o momento posição majoritária, embora nos pareça que a tendência com o aprimoramento do biodireito caminhe para a aceitação desses novos herdeiros como tal.

A Resolução 2.168 do Conselho Federal de Medicina (do ano de 2017) afirma que "*é permitida a reprodução assistida post-mortem desde que haja autorização prévia específica do(a) falecido(a) para o uso do material biológico criopreservado, de acordo com a legislação vigente*". No Congresso Nacional seguem em discussão dois projetos: o Projeto de Lei 1.184, de 2003 e o Projeto de Lei 1.218, de 2020, ambos abordando a questão da inseminação pós-falecimento para estabelecer direito à sucessão de filho gerado por meio de inseminação artificial *post mortem*. A discussão continua.

Nesse intenso debate, medicina, filosofia e direito se encontram e se misturam com o único objetivo de garantir a proteção ao bem mais valioso: a vida.

> *Viver é a coisa mais rara do mundo.*
> *A maioria das pessoas apenas existe.*
>
> **Oscar Wilde**

2.4 Filiação

Na introdução deste capítulo, comentamos acerca das mais variadas formas de arranjos inter-relacionais que observamos na sociedade atual e que, permeando a clássica estrutura familiar do casamento (monogâmica, heterossexual e indissolúvel), passaram por distintas adaptações. Por consequência, a filiação que se origina dessas relações também teve seus conceitos ampliados para contemplar uma nova realidade.

A Constituição Federal em vigor, promulgada no ano de 1988, encerrou qualquer possibilidade de discriminação entre filhos, determinando que terão mesmos tratamento, direitos e obrigações, os originados dentro do casamento (ou união estável) e aqueles provenientes de relacionamentos extraconjugais. Terão também tratamento igualitário filhos biológicos e adotados (art. 227, § 6º).

Filhos, como já amplamente reconhecido pela sociedade e agora também pelo Direito, não são apenas aqueles que nascem biologicamente no seio de um núcleo familiar; igualmente são aqueles recebidos como tais nesse núcleo, seja por adoção ou por afeto e afinidade, cedendo à máxima da sabedoria popular de que "*pai e mãe são os que criam*". E assim se abre um novo capítulo no Direito que ora passamos a enfrentar.

O amor não se vê com os olhos, mas com o coração.

William Shakespeare

2.5 Filiação socioafetiva

Diante das mutações familiares contemporâneas, cumpre ao Direito a difícil e necessária tarefa de regulamentar as relações afetivas que não nascem da consanguinidade, mas do convívio em família. Felizmente, temos avançado de forma coerente para lidar com essas novas questões que vêm surgindo no Direito de Família. Prova disso é o Provimento 63 do Conselho Nacional de Justiça (CNJ), publicado em novembro de 2017 dispondo, entre outras coisas, sobre "*o reconhecimento voluntário e a averbação da paternidade e maternidade socioafetiva*".

Essa medida está em consonância com o entendimento do Supremo Tribunal Federal que já reconheceu não apenas a filiação socioafetiva, isso é, derivada do afeto, colocando-a no mesmo patamar da filiação biológica, como também reconheceu a possibilidade da multiparentalidade, onde essas duas parentalidades, **afetiva** e **biológica**, ocorrem concomitantemente sem prejuízo ou vantagem de qualquer uma delas.[7]

O Provimento 63 do CNJ permite que o reconhecimento voluntário da paternidade ou maternidade socioafetiva seja feito extrajudicialmente, sendo os principais requisitos (i) anuência dos pais registrais, caso o filho seja menor de idade; (ii) diferença mínima de dezesseis anos entre o requerente e o filho; e (iii) anuência do filho, caso este seja maior de doze anos. Mas certamente – e como premissa – a comprovação da "*posse do estado de filho*", fazendo-o por todos os meios de prova em Direito admitidos, especialmente documental e testemunhal.

A via extrajudicial não afasta a possibilidade de o reconhecimento seguir pela via judicial, quando necessário, mediante ajuizamento de ação requerendo o reconhecimento do vínculo socioafetivo e autorização para inserção do pai ou da mãe socioafetivo(a) na Certidão de Nascimento perante o Cartório de Registro Civil.

2.6 Adoção

Assim como nas filiações socioafetivas, a adoção é filiação que não nasce pelo vínculo biológico, tendo origem na manifestação de vontade das partes, mediante chancela jurídica.

Tem início com uma petição pela qual os candidatos adotantes, ou o(a) candidato(a), requerem sua inscrição para adoção perante a Vara da Infância e da Juventude do fórum mais próximo de sua residência.

No Brasil, segundo o Estatuto da Criança e do Adolescente, podem adotar aqueles maiores de 18 (dezoito) anos, independentemente do estado civil, desde que o adotante seja 16

7. STF, RE 898.060/SC.

(dezesseis) anos mais velho que o adotando. Casais, sem qualquer distinção de gênero, sejam casados ou em união estável, devem apenas comprovar sua entidade familiar. Nesse sentido, quem é casado pelo matrimônio civil deve apresentar a Certidão de Casamento e o casal que estiver em união estável sem formalização deve providenciar a lavratura de escritura pública ou a elaboração de instrumento particular, observadas as formalidades. Solteiros também podem ingressar com procedimento de adoção.

Importante ressaltar que a lei veda a adoção pelos avós e irmãos, porque o vínculo familiar que se busca na verdade já existe pelos laços familiares. Nesse caso, a solução legal está no requerimento judicial para obtenção da guarda do menor de idade. Em situações excepcionais, o Superior Tribunal de Justiça concedeu a adoção dos netos pelos avós quando ficou caracterizado o abandono dos menores pelos pais desde tenra idade, passando aqueles (avós) a assumir não apenas as responsabilidades, mas a própria formação do núcleo familiar.

Uma vez requerida a inscrição para adoção, o candidato é submetido a um longo processo que envolve entrevistas, estudos com psicólogos e equipes multidisciplinares, cursos, inscrição no Cadastro Nacional de Adoção e estágio de convivência que, quando se mostrar uma experiência exitosa, resultará na adoção.

Salvo na falta dos pais biológicos, a adoção deve ser consentida pelos pais do adotando e, sempre que ele(a) for maior de 12 (doze) anos, é necessário seu expresso consentimento e concordância com a adoção.

A adoção é mecanismo extremamente fundamental para o desenvolvimento de uma sociedade acolhedora. Os dados do Sistema Nacional de Adoção e Acolhimento do Conselho Nacional de Justiça (no ano de 2020) indicavam pouco mais de 34.000 crianças e adolescentes em casas de acolhimento e instituições públicas, dos quais 5.000 se encontravam em condições de adoção, com um registro de 2.400 processos de adoção em curso. Em contrapartida, o mesmo painel informava mais de 36.000 pretendentes na fila de espera para adotar. Essa contradição de números aponta a complexidade do processo de adoção, tarefa das mais difíceis no trato dos desassistidos. Apesar das melhores intenções daqueles que pretendem adotar, é responsabilidade do Estado, via Poder Judiciário, garantir que a criança ou o adolescente a ser adotada(o) encontre o melhor ambiente possível para seu desenvolvimento e acolhimento.

Ao contrário da filiação socioafetiva que resulta da construção de uma ligação intensa e saudável formando um vínculo recíproco de pertencimento familiar, a adoção – com a mesma finalidade – traz desafios aos adotantes e adotandos que, no sonho de acolherem e de serem acolhidos, enfrentam o duelo do desconhecido e imponderável nas complexas relações entre seres humanos. E esse obstáculo, certamente muito maior, merece especial atenção da sociedade e do Poder Público.

2.7 Incapacidade civil – menor, interdição, curatela e tomada de decisão apoiada

2.7.1 Previsão legal

Capacidade civil é o reconhecimento jurídico para a prática dos atos da vida civil. Atos patrimoniais, como compra e venda ou doação, dependem da capacidade do agente. Manter uma conta bancária, realizar aplicações financeiras, também. Até para que uma pessoa possa prever a destinação de seu patrimônio após a sua morte é necessária capacidade civil para lavratura de testamento (matéria que abordaremos adiante).

Da incapacidade para a capacidade civil existem três graus:

(i) A **incapacidade absoluta** alcança os menores de 16 (dezesseis) anos.[8]

8. Código Civil, art. 3º, com redação dada pela Lei 13.146/2015.

(ii) A **incapacidade relativa** se aplica a certos atos ou à maneira de os exercer e alcança os maiores de 16 (dezesseis) anos e menores de 18 (dezoito) anos, os ébrios habituais (popularmente conhecidos como alcoólatras), viciados em tóxicos, aqueles que por causa transitória ou permanente não puderem exprimir sua vontade; e os pródigos (indivíduos que dilapidam seus patrimônios de forma compulsiva).[9]

(iii) A **capacidade plena** é automaticamente concedida àquele que completa 18 (dezoito) anos de idade (e não se encontra nas exceções acima indicadas) e se torna, portanto, totalmente habilitado para praticar todos os atos da vida civil.[10]

A emancipação ou o casamento civil do maior de 16 (dezesseis) anos e menor de 18 (dezoito) anos, desde que autorizada pelos pais ou responsáveis, acarreta ao menor a capacidade plena.

A capacidade civil após os 18 (dezoito) anos é presumida e independe de qualquer ato ou formalidade; inversamente, a incapacidade jamais se presume e não pode ser reconhecida por ato particular, dependendo sempre de procedimento judicial próprio para ser declarada.

A Lei 13.146 de 2015, conhecida como Estatuto da Pessoa com Deficiência, trata detalhadamente da questão e é "*destinada a assegurar e a promover, em condições de igualdade, o exercício dos direitos e das liberdades fundamentais por pessoa com deficiência, visando à sua inclusão social e cidadania*".

Por preconceito ou desconhecimento, muitos entendem que pessoas que alcançam idade avançada têm sua capacidade civil reduzida, o que está longe de ser verdade. Longevidade não é sinônimo de incapacidade, muito pelo contrário.

---

9. Código Civil, art. 4º.

10. Código Civil, art. 5º.

Deve ser vista, isso sim, como acumulação de experiência e sabedoria, histórias de vida e exemplos familiares.

A incapacidade civil é caracterizada quando falta à determinada pessoa entendimento e a devida condição cognitiva, o que pode ocorrer em diferentes fases da vida. Por via de regra, a incapacidade civil é um processo gradual de deterioração das faculdades mentais do ser humano. Certas doenças, como o mal de Alzheimer, que retira de forma gradativa e sem retorno o discernimento, é caso clássico para o qual a interdição se faz necessária. Mas existem situações inesperadas, em decorrência de AVC – Acidente Vascular Cerebral – e outras inúmeras enfermidades repentinas e inesperadas que avançam sobre a integridade da mente humana. Vítimas de acidentes com sequelas ou complicações indesejáveis em internações hospitalares podem apresentar quadros incapacitantes, forçando a sua interdição em caráter temporário ou permanente.

A interdição civil tem como finalidade precípua a proteção do incapaz e sua extensão e deve se limitar à efetiva necessidade daquele que se pretende proteger, podendo variar em conformidade com cada situação. No entanto, sob a égide do Estatuto da Pessoa com Deficiência, a interdição passou a ser caracterizada como medida de absoluta exceção, tendo sido introduzido como alternativa o instituto da **Tomada de Decisão Apoiada**, em que a pessoa com deficiência, mas em um grau que ainda permite certo discernimento, elege duas pessoas idôneas, de sua confiança e com as quais mantenha vínculos, para lhe ajudarem nas decisões acerca de determinados atos da vida civil (tema que abordaremos adiante).

Em situações familiares nas quais a incapacidade civil se configura irreversível, a família deve buscar estruturas específicas para a proteção do incapaz, sem que isso acabe por dificultar a gestão de todo o patrimônio familiar.

A movimentação de bens, direitos e haveres do interdito, particularmente a alienação, deve ser acompanhada pelo Ministério Público e seguida de autorização judicial. Uma simples venda de bem imóvel, por exemplo, exige ação judicial para avaliação do bem que se pretenda alienar, fixação de preço mínimo, comprovação da necessidade ou conveniência daquela alienação e indicação da destinação do valor recebido, como forma de salvaguardar os direitos do interdito.

Calcada nessa intenção de proteger o patrimônio daquele que não tem discernimento ou condições de geri-lo e tomar decisões, a legislação acaba engessando a livre disponibilidade de seus bens, direitos e haveres, por vezes quando necessários à sua própria subsistência, devido à burocracia e lentidão do Judiciário e o comprador que não quer esperar aquele tempo. Por essa razão, analisando cada caso concreto, a família deve verificar quais estruturas devem ser montadas para conferir a necessária proteção ao incapaz, sem sofrer os entraves decorrentes da proteção legal.

2.7.2 Ata notarial

Como veremos adiante em capítulo específico da sucessão, a trasmissão do patrimônio pelo testamento apenas gera efeitos com o falecimento do testador. Até que isso ocorra, os herdeiros detêm apenas uma "expectativa de direito". O que fazer, então, quando se está diante da incapacidade inesperada, temporária ou permanente, de uma pessoa? Nesse caso, o indivíduo não consegue tomar decisões e dispor sua vontade, ainda que essa vontade esteja claramente delineada em testamento, pois esse instrumento é declaração de vontade para após a morte. Dar cumprimento às disposições testamentárias de quem ainda é vivo significaria operar a transferência antecipada de direitos aos futuros herdeiros, o que não era vontade do testador (visto não ter ele optado pela doação em vida) e que poderá, futuramente e conforme o caso, recuperar sua capacidade e ver seu patrimônio já transferido.

Quando a incapacidade perdurar por um tempo maior ou se constatar irreversível, as situações de confronto no entorno familiar podem se tornar inevitáveis, seja na gestão do patrimônio pessoal do incapaz ou na falta de comando dos negócios, ante a ausência do titular.

Como a incapacidade pode decorrer de um fato absolutamente imprevisto, todos nós podemos ser vitimados por ela, a qualquer momento. O Direito goza de uma ferramenta que nos possibilita declarar qual a nossa vontade, caso nos tornemos inaptos para externá-la. Essa ferramenta, que consiste em uma declaração, denomina-se comumente "ata notarial", e é formalizada por escritura pública, lavrada por tabelião em Cartório de Notas, na qual o declarante, no pleno juízo de suas faculdades mentais, deixa dispostas regras de gestão de seu patrimônio, administração de suas despesas e vida pessoal e, no limite do que for possível, condutas para os negócios, na eventual situação em que ele estiver incapaz, sendo que tais regras devem ser validadas pelo Poder Judiciário em um procedimento judicial obrigatório para serem posteriormente observadas e cumpridas pelo curador indicado, que é nomeado pelo juiz em procedimento de interdição judicial.

A ata notarial é uma declaração de vontade e não é uma procuração (que, aliás, perde sua validade quando o outorgante se torna incapaz). E tampouco é um documento que gera efeitos automaticamente. Esse instrumento, previamente firmado para antever uma situação sempre indesejável de incapacidade temporária ou vitalícia, depende da validação do Poder Judiciário, cabendo ao Juiz nomear perito para um laudo completo do caso concreto. Apenas com a comprovação da incapacidade e sua extensão é possível ao juiz determinar a interdição, dando cumprimento à ata notarial, ou seja, ao desejo nela declarado.

O curador indicado pela ata notarial e nomeado pelo juiz deve respeitar os limites impostos na própria sentença de interdição e dar cumprimento aos desejos consignados na ata notarial, na qual é possível deixar determinações para prática de atos em nome do interdito, inclusive quanto ao voto dele, na qualidade de sócio de empresa, no que concerne às deliberações societárias. De qualquer modo, importante registrar que o curador tem a obrigação de administração e conservação do patrimônio do interdito, não tendo poderes para alienar ou tomar decisões dispondo dele, sem prévia autorização judicial.

A ata notarial pode determinar quais atos o curador está autorizado a praticar isoladamente e quais outros dependem de outra pessoa previamente nomeada na referida escritura.

No que tange às deliberações societárias, esse instrumento pode deixar antecipadamente indicada a declaração de voto do outorgante no caso de sua incapacidade, bem como para nomeação de administrador ou para votação em matérias específicas. E, na vida familiar, pode dispor sobre situações durante sua ausência (por exemplo, despesas do lar, auxílio a familiares, manutenção de bens etc.).

2.7.3 Procedimento judicial de interdição

A interdição judicial pode ser promovida pelos pais ou tutores, pelo cônjuge ou companheiro, por qualquer parente e, em casos extremos e de exceção, pelo Ministério Público. Considerando que o juiz não detém o apropriado conhecimento técnico, deve nomear perito de sua confiança para verificar com exatidão a necessidade e extensão da interdição que venha a ser requerida.

O procedimento judicial tem como pressuposto inicial a garantia ao amplo direito de defesa daquele que se pretenda interditar (o interdito), que pode nomear advogado para afastar o pedido de interdição contra sua pessoa. A decretação da interdição é ato privativo do juiz, que, analisando as provas trazidas pelas partes e o laudo pericial produzido no curso do processo, profere sentença fundamentada. Da decisão cabe recurso por qualquer das partes.

Conforme o caso concreto, o juiz, ao decretar a interdição, determina os limites da curatela. Por exemplo, o interdito não pode alienar bens ou contrair dívidas sem o seu curador, mas pode exercer o direito de voto nas eleições para cargos públicos, manter sua habilitação para dirigir ou até contrair núpcias, e da mesma maneira formalizar união estável.

A sentença que declara a incapacidade civil determina no mesmo ato a nomeação de um curador. O art. 1.775 do

Código Civil institui uma ordem para a nomeação ao cargo de curador: o cônjuge ou companheiro (se não separado judicialmente ou de fato); na sua falta, o pai ou a mãe; na sua falta, o descendente que se demonstre mais apto e, entre estes, os mais próximos excluem os mais remotos. Na falta das pessoas mencionadas, cabe ao juiz a escolha do curador. A ordem de nomeação segue a presunção de que aquele que estiver mais próximo do interdito reúne melhores condições de cuidar de suas necessidades e administrar com mais segurança o patrimônio pessoal. Todavia, é recomendável que a ata notarial estipule regras para o exercício da curatela e, em casos extremos, altere a ordem da nomeação de curador, declarando de maneira justificada os motivos, para análise pelo juiz.[11]

A nomeação de curador deve ser motivo de reflexão por aquele outorgante cujo cônjuge ou companheiro não possua aptidão para a administração dos bens, direitos e haveres. Da mesma forma, no caso de o outorgante estar vivendo um novo relacionamento e não desejar que se confundam os patrimônios anterior e posterior a tal união. Vale lembrar que afastar o cônjuge ou companheiro do cargo de curador não se aplica ao patrimônio comum do casal, mas apenas e tão somente ao patrimônio individual do interditado, motivo pelo qual também se deve analisar o regime de bens.

2.7.4 Procedimento judicial da tomada de decisão apoiada

Sendo a interdição uma medida extrema que retira a capacidade civil do indivíduo, o legislador houve por bem incluir um procedimento não tão incisivo e que é uma alternativa utilizada em cenários de deficiências menos limitantes nas quais a pessoa, embora consiga expressar sua vontade, necessita de apoio para alguns atos da vida civil, particularmente em questões patrimoniais.

11. Ao contrário do que poderia indicar o texto do art. 1.775, a ordem de preferência não tem caráter absoluto, podendo o juiz analisar o caso concreto para a escolha correta do curador, especialmente quando houver disputa para o exercício desta função pelos familiares.

Buscando conferir dignidade e autonomia à pessoa com deficiência, a tomada de decisão apoiada se mostra ferramenta útil e necessária. Acima de tudo, o objetivo é permitir que a pessoa com deficiência mantenha autonomia assistida, sendo auxiliada por dois apoiadores.

O Código Civil dispõe que "*o pedido de tomada de decisão apoiada será requerido pela pessoa a ser apoiada*"[12] com indicação de pelo menos duas pessoas idôneas e confiáveis como seus apoiadores e apresentação de termo onde deverá constar expressamente como se dará o apoio a ser oferecido, todos os seus limites, todas as funções a serem exercidas e até mesmo o prazo de vigência do termo.

Disso já decorre uma enorme diferença de procedimentos. Enquanto a interdição judicial é promovida por terceiros (em regra, familiares, como já registrado) e no mais das vezes à revelia de quem se pretende proteger, a tomada de decisão apoiada é medida promovida pelo próprio interessado, o que já indica sua capacidade civil, ainda que restrita. É ele que, reconhecendo os limites de sua autonomia, indica quem deseja sejam os seus apoiadores (que não se confundem com os curadores da interdição), e para quais atos.

Os apoiadores atuam em conjunto com o interessado e apenas no limite daquilo que tiver sido estabelecido no termo homologado pelo juiz, sob pena de invalidade após procedimento próprio naquilo que extrapolar tal limite.

2.7.5 Prestação de contas

Na interdição civil, o curador deve manter de forma organizada e documentada todos os gastos que promover em nome do interdito, sob pena de responder por perdas e danos. É importante ressaltar que o curador não recebe um mandato absoluto, nem lhe é facultado alterar o patrimônio do interdito. A administração do curador é limitada e é seu dever prestar contas aos interessados (no mais das vezes os demais familiares

12. Código Civil, art. 1.783-A.

no entorno do interdito). Para qualquer ato que corresponda à alteração da situação patrimonial do interdito é obrigatória a prévia autorização judicial, após manifestação dos demais familiares diretos e de um representante do Ministério Público.

O curador deve apresentar um balanço dos atos que praticou nos primeiros doze meses, prestando contas de sua administração ao Poder Judiciário a cada período de dois anos, ou quando o juiz entender conveniente. A prestação de contas deve ter forma contábil e seguir procedimento judicial apropriado.

Administrar os bens em nome do interdito, portanto, significa manter em nome dele todo o seu acervo hereditário. Não há possibilidade de o curador retirar da titularidade do incapaz os seus bens, direitos e haveres, alegando que precisa administrá-los diretamente. O curador exerce um mandato outorgado pelo juiz e deve garantir a integridade do patrimônio do incapaz, sob pena de responder pessoalmente, inclusive com seus bens pessoais.

2.7.6 Diretivas antecipadas de vontade

Vem-se tornando corriqueira a solicitação de disposições de vontade para regular o tratamento de indivíduos em situações terminais, quando o estado clínico comprovadamente não permita o retorno à consciência mínima para manifestar sua vontade acerca da utilização de recursos médicos para prolongar a sua vida. Pacientes vitimados por AVC (acidente vascular cerebral) que sofram sequelas comprometedoras da capacidade física e mental, ou por doenças que avancem até estágios terminais, em que o sofrimento é mantido em benefício de uma sobrevida sem qualquer expectativa de qualidade ou normalidade, são exemplos trazidos por pessoas que querem preventivamente escolher o seu destino e poupar a si e a seus familiares, caso venham a enfrentar indesejável situação.

A essas declarações alguns atribuem o nome de "*testamento vital*", expressão que se popularizou, mas que precisa ser bem explicada. Pela sua essência, o testamento é um documento que contém disposições sucessórias, as quais só geram efeito no mundo jurídico ante o falecimento do testador. Nem a incapacidade irreversível, portanto, autoriza a execução do testamento, cabendo nessas situações a lavratura de escritura pública de ata notarial para regular questões patrimoniais e familiares,[13] que não se confundem com as de declaração específica de vontade aqui tratadas.

A solução encontrada para esses casos tem sido a lavratura de uma escritura pública de *declarações antecipadas de vontade*, na qual o declarante – e apenas ele –, absolutamente capaz, expressamente consigna a vontade de não ter sua vida prolongada artificialmente quando constatada sua morte cerebral ou sobrevida vegetativa. Completamente distante de um procedimento de eutanásia – absolutamente vedado pela legislação brasileira – a declaração antecipada de vontade pode determinar, sob supervisão expressa do médico responsável, os limites do tratamento de saúde que o declarante deseja receber em situações extremas, determinando, por exemplo, a não reanimação artificial.

Tal matéria foi regulamentada pelo Conselho Federal de Medicina (CFM) no ano de 2012 por meio da Resolução CFM 1.995/2012, dispondo no seu art. 1º "*definir diretivas antecipadas de vontade como o conjunto de desejos, prévia e expressamente manifestados pelo paciente, sobre cuidados e tratamentos que quer, ou não, receber no momento em que estiver incapacitado de expressar, livre e autonomamente, sua vontade*".

Ao final deste tema, vê-se como inúmeras são as questões que envolvem a família, ora em seu sentido amplo, ora dentro de uma perspectiva individual de cada um de seus membros. No mundo ideal não deveria haver prevalência, mas convivência de todos. Eis aqui o desafio de cada núcleo familiar, independentemente de seu formato. E não fosse tudo isso suficientemente desafiador, resta ainda trazer ao debate as questões patrimoniais da família, o que faremos a seguir.

13. Veja item 2.7.2, ata notarial.

3. FORMAÇÃO DO PATRIMÔNIO

3.1 Regimes de Bens

Até dezembro de 1977, a lei civil previa apenas os regimes da comunhão total (também chamada universal) e o da separação total de bens. Com o advento da Lei 6.515, de 26 de dezembro de 1977, que introduziu o divórcio no Brasil, o legislador instituiu o regime da comunhão parcial de bens, que passou a ser o mais utilizado pelos casais. E com o advento do Código Civil de 2002 (em vigor desde janeiro de 2003), admitiu-se mais um sistema, denominado "participação final nos aquestos". Além desses quatro sistemas, há ainda o regime da separação obrigatória de bens, que não deve ser confundido com o regime da separação total de bens.

Enquanto para a adoção do regime da comunhão total, separação total e participação final nos aquestos é necessária a assinatura prévia de uma escritura pública denominada "pacto antenupcial" (que deve ser lavrada obrigatoriamente em Cartório de Notas, negada validade ao instrumento particular), o regime da comunhão parcial de bens aplica-se automaticamente no silêncio das partes, quanto à escolha de regime patrimonial diverso.

Já o regime da separação obrigatória de bens, conforme sua própria definição, é impositivo em determinadas situações, não outorgando aos casais alternativa, o que adiante será abordado.

3.1.1 Comunhão parcial de bens

O regime da comunhão parcial de bens incorporou-se de tal forma ao cotidiano do brasileiro que passou a ser adotado automaticamente por muitos casais que desconhecem seus reflexos patrimoniais. Assim é que usualmente ouvimos do leigo que pelo regime da comunhão parcial os bens anteriores ao casamento não se comunicam, tornando-se comuns apenas os adquiridos a partir do matrimônio civil. Essa simplória definição causa surpresas indesejáveis para muitos casais, seja no momento de enfrentarem um divórcio ou mesmo na sucessão de um dos cônjuges.

Pelo regime da comunhão parcial de bens, convivem simultaneamente três patrimônios distintos, a saber, o patrimônio individual de cada um dos cônjuges antes das núpcias e, por fim, o patrimônio comum do casal formado durante o casamento. Os bens adquiridos anteriormente ao matrimônio civil são incomunicáveis com o cônjuge, mas há situações em que essa regra assume difícil aplicação. Supondo-se, por exemplo, que um dos noivos tenha recebido de seus pais um apartamento antes do casamento, tal imóvel certamente será incomunicável com o outro cônjuge na hipótese de divórcio. Imaginando-se, agora, que passados alguns anos esse mesmo casal pretenda comprar um imóvel de valor maior, utilizando como parte de pagamento os recursos originados pela venda daquele primeiro imóvel. Nessa situação, o casal deveria fazer registrar, na escritura de compra desse novo imóvel, que parte dos recursos foram originados por outro bem imóvel existente anteriormente ao casamento e de titularidade exclusiva de um dos cônjuges, garantindo assim a incomunicabilidade sobre esta parte ideal do novo imóvel adquirido pelo casal. Bem sabemos que muito raramente o casal faz registrar na nova aquisição essa origem e, nesse caso, o patrimônio que era exclusivo de um dos cônjuges acaba se incorporando ao patrimônio comum do casal.

A mesma situação ocorre com ativos financeiros que um dos cônjuges possua antes de suas núpcias, porque certamente tais recursos sofrerão mutações. Serão feitos resgates, novas aplicações, aquisição de bens até que não seja mais possível distinguir o que era de propriedade exclusiva de um dos cônjuges e o que se tornou ativo comum do casal.

Situação relevante e que muitas vezes causa inconvenientes surpresas, particularmente nas empresas familiares, é a doação de participação societária antes do casamento como forma de destacar tal patrimônio como incomunicável para um dos cônjuges. Essa doação deve ser gravada de incomunicabilidade extensível aos frutos e rendimentos gerados por aquelas ações ou quotas, bem como aos bens ou direitos subrogados, que consiste na troca ou substituição da qualidade de incomunicável entre bens e direitos alienados e aquilo que é recebido como contraprestação. Isso porque tanto a valorização da participação societária quanto a riqueza por ela gerada e distribuída (dividendos, juros sobre capital próprio e bonificação de ações), e, ainda, a subrogação dos bens (ações ou quotas) podem gerar infindáveis demandas judiciais para apuração do que efetivamente é ou não bem comum do casal divorciando.

Importante ressaltar que ficam **excluídas do regime da comunhão parcial de bens**, mesmo se incorporadas ao patrimônio de um dos cônjuges durante o casamento, as doações e heranças individualmente recebidas; todavia, como visto acima, podem se misturar ao patrimônio comum de ambos no curso do matrimônio, perdendo a origem que garantia a sua incomunicabilidade.

3.1.2 Comunhão total de bens

Segundo o regime da comunhão total de bens, o casal forma um único patrimônio, não havendo distinção entre bens adquiridos antes ou após o casamento, se a título gratuito ou oneroso. Comunicam-se os bens presentes e futuros, bem como as dívidas contraídas por qualquer dos cônjuges durante o casamento. Essa mescla patrimonial nos faz refletir sobre uma frase Shakespeariana:

O casamento faz de duas pessoas uma só, difícil é determinar qual será.

William Shakespeare

Institui-se, ao final, o que se denomina "mancomunhão", que significa a propriedade em mão comum. Do ponto de vista patrimonial, o casal forma um só todo e não há mais distinção entre os patrimônios.

Todavia, se um dos cônjuges receber doação ou herança com cláusula de absoluta incomunicabilidade, o bem transmitido fica destacado do patrimônio comum do casal. Mas, conforme o ativo transmitido, pode, ao longo do tempo, perder sua origem (tal qual no regime da comunhão parcial de bens supracitado) e tornar-se patrimônio comum do casal.

A questão dos regimes de bens da comunhão parcial e universal nos planejamentos é que o problema relacionado a um cônjuge atinge diretamente ao outro, sem que um possa "segurar as pontas" pelo outro até que a situação se normalize. Esses dois regimes obrigam a assinatura do cônjuge em avais pessoais e demais garantias e muitas vezes comprometem, indiretamente, o patrimônio da família nuclear. Por exemplo, um casal é casado pela comunhão parcial e a mulher, empresária, vem a ter um problema trabalhista vultoso em sua empresa. Seu marido, médico, aparentemente sem riscos, é sócio de *holding* familiar juntamente com seus pais e irmãos. O problema de sua mulher pode sim vir a comprometer a *holding* familiar do marido, especialmente se ele tiver assinado um aval, uma fiança, em conjunto com a mulher. Por esse motivo, muitos casais pensam em alterar regimes de bens dos respectivos casamentos, possibilidade legal que será abordada adiante.

3.1.3 Separação de bens

Família é o grupo de pessoas unidas pelo sangue e o amor, mas separadas pelo dinheiro.

Aristóteles Onassis

O casal pode optar pelo regime da separação de bens escolhendo a absoluta incomunicabilidade, mantendo sempre e invariavelmente dois acervos separados. É indiferente se os bens foram adquiridos antes ou durante o casamento civil porque cada cônjuge sempre conserva o domínio, a posse e a administração deles.

Nesse caso, o casamento não repercute na esfera patrimonial dos cônjuges que podem individual e livremente alienar e gravar de ônus real os seus bens. Dissolvido o casamento pelo divórcio, não há partilha porque não há patrimônio comum formado por ambos.

Pode, isso sim, haver condomínio de bens imóveis ou participações societárias em uma mesma empresa que tenham sido adquiridas por ambos nas proporções que desejarem, mas cuja solução de partilha se dá na esfera cível mediante ação autônoma e não dentro do processo de dissolução da sociedade conjugal. O mesmo entrave pode-se verificar em aplicações financeiras conjuntas, cuja partilha se dá não pelo regime de bens, mas pela cotitularidade.

Entretanto, o regime de separação de bens sofreu forte alteração no campo sucessório, pois, como veremos a seguir, o cônjuge foi alçado à condição de herdeiro necessário, embora casado sob esse regime. Esse é um divisor de águas que alterou significativamente a esfera patrimonial a partir de 2003, quando entrou em vigor o Código Civil, de casais unidos sob esse regime, ainda que anteriormente à lei que instituiu o direito à herança.

3.1.4 Separação obrigatória de bens

Retirando das partes a livre escolha do regime de bens, o art. 1.641 do Código Civil impõe situações específicas nas quais a separação obrigatória deve ser observada.[14]

---

14. Código Civil, art. 1.641. "*É obrigatório o regime da separação de bens no casamento:*

Nesse regime, limita-se o direito de a pessoa escolher livremente o destino de seu próprio patrimônio. No caso de um dos contraentes do matrimônio ou união estável contar com idade igual ou superior a setenta anos, por exemplo, entendeu o legislador que a longevidade exige proteção jurídica e patrimonial, o que, na grande maioria dos casos, não espelha a realidade de mulheres e homens que, na maturidade, estão no mais pleno gozo de suas faculdades mentais e intelectuais, dispensando qualquer cuidado especial com relação às suas escolhas.

Ora, ao maior de setenta anos não há restrições para a prática de qualquer ato da vida civil. Pode alienar bens, firmar compromissos, assumir direitos e obrigações. Pode, inclusive, lavrar testamento em qualquer idade. O que importa para todos esses atos é que o cidadão tenha higidez mental. Todavia, exclusivamente para o matrimônio, o legislador ocupou-se de criar uma situação excepcional, impondo referida restrição. Vale registrar que essa restrição anteriormente se impunha desde os sessenta anos de idade, tendo sido elevada para os setenta anos a partir da Lei 12.344, de 09 de dezembro de 2010.

Apesar da imposição do regime da separação obrigatória, no caso de haver interesse em se garantir a efetiva separação de bens como um desejo do casal independentemente da exigência legal, recomenda-se a lavratura de escritura pública, ratificando o regime da separação total de bens. Essa cautela advém da insegurança jurídica decorrente da Súmula 377 do Supremo Tribunal Federal, a qual estipula que, "*no regime de separação legal de bens, comunicam-se os adquiridos na constância do casamento*", em dissonância com o intuito da lei que é protetivo com relação àquele considerado mais "frágil" por ela, e que pode gerar disputas patrimoniais desgastantes na abertura da sucessão de uma das partes. Assim, se essa for a vontade do casal, recomenda-se que as partes declarem perante o tabelião

---

I – das pessoas que o contraírem com inobservância das causas suspensivas da celebração do casamento;
II – da pessoa maior de 70 (setenta) anos;
III – de todos os que dependerem, para casar, de suprimento judicial."

que o regime de separação total de bens resulta também de sua vontade expressa, e não apenas por força do texto legal.

É importante registrar que, ao determinar o regime da separação obrigatória de bens como impositivo para o cônjuge maior de setenta anos, deve-se considerar que o casal não tenha convivido anteriormente em união estável. A ressalva é importante porque há casais que permanecem em união estável, aceitando contrair o matrimônio civil apenas após completar a idade de setenta anos (garantidora do regime da separação obrigátoria); todavia, se for comprovado que esse casal já conviva anteriormente em união estável, o regime da separação obrigatória não é aplicado e, nesse caso, na falta de uma escritura pública definindo o regime de bens, prevalece a comunhão parcial.

3.1.5 Participação final nos aquestos

Introduzido no ordenamento jurídico pelo Código Civil de 2002, o regime ainda é visto com reservas e não teve, ao menos até o momento, maior acolhida nos casamentos que se seguiram após sua instituição. Não sem razão, pois traduz um sistema híbrido entre a comunhão parcial e a separação total, que exige exaustivo regramento das partes, para não dizer uma minuciosa contabilidade conjugal, o que afasta o interesse por sua adoção.

Nesse regime, existem bens particulares de cada cônjuge (adquiridos antes do casamento, e por doação ou herança) e bens comuns, que são os adquiridos durante o matrimônio civil, até então se igualando ao conceito do regime da comunhão parcial de bens. Todavia, durante o casamento, é possível distinguir bens comuns de bens próprios, sendo certo que estes últimos são administrados individualmente pelos cônjuges como se vigorasse, ao mesmo tempo e para certos bens, o regime da separação total de bens.

Isso já se torna complicado o suficiente durante o casamento, e, na sua dissolução, surge uma nova situação com a consideração da universalidade dos bens próprios e dos bens comuns que serão divididos pelos cônjuges. Os bens próprios não se partilham, mas geram compensação à outra parte.

Na hipótese de falecimento, os patrimônios próprios de cada cônjuge, com exceção dos havidos antes do casamento ou recebidos por doação ou sucessão, serão somados, cabendo metade ao cônjuge sobrevivente, a título de meação.

Pelas suas especificidades e até porque os regimes anteriormente existentes já atendiam às necessidades dos que contraíam núpcias, o regime de participação final nos aquestos segue no ordenamento jurídico brasileiro mas com inexpressiva acolhida.

3.1.6 Casamento religioso com efeito civil

A par da escolha do regime de bens, o Código Civil vigente a partir de 10 de janeiro de 2003 introduziu a possibilidade de se realizar o casamento religioso com efeitos civis.[15] Necessário registrar que essa opção não dispensa as formalidades e todos os requisitos do casamento civil precisam ser observados, devendo os noivos providenciar, nos prazos legais, a entrega dos documentos perante o Cartório de Registro Civil, incluindo a prévia escolha do regime de bens.

Após cumpridas as formalidades dos atos cartorários, o Oficial do Registro Civil emitirá certidão atestando o fato, emitindo comunicação ao celebrante (autoridade religiosa) que realizará a cerimônia religiosa com efeitos civis. Cabe registrar que o celebrante terá o prazo de até 90 (noventa) dias para comunicar ao Registro Civil competente o ato praticado que, por sua vez, emitirá a certidão de casamento.

Já brincava com isso o inesquecível Barão de Itararé (1895-1971), título de Apparício Fernando de Brinkerhoff Torelly, jornalista, escritor e humorista político brasileiro: *o casamento é uma tragédia em dois atos: civil e religioso.*

---

15. Código Civil, art. 1.515: "*O casamento religioso, que atender às exigências da lei para a validade do casamento civil, equipara-se a este, desde que registrado no registro próprio, produzindo efeitos a partir da data de sua celebração*".

3.2 Partilha de bens

> *Deus, para a felicidade do homem, inventou a fé e o amor. O Diabo, invejoso, fez o homem confundir fé com religião e amor com casamento.*
>
> **Machado de Assis**

Para compreendermos os instrumentos de transferência de patrimônio por doação ou sucessão ou, ainda, as regras de partilha por força da dissolução do casamento ou união estável, é necessário fixar os conceitos de **meação**, **legítima** e **disponível**.

3.2.1 Meação

A meação, que tem o sentido de metade, de dividir em duas partes iguais, apenas existe nos regimes de comunhão total, comunhão parcial de bens e participação final nos aquestos. Ela não existe no regime da separação total de bens, no qual o cônjuge jamais é meeiro. Na comunhão total, equivale à metade de todo o patrimônio somado do casal (indiferentemente se adquirido antes ou depois do casamento, inclusive heranças e doações recebidas), e, nos demais casos, equivale à metade do patrimônio adquirido pelo casal após a realização do casamento e a título oneroso, excluídas, portanto, heranças e doações recebidas por qualquer um dos cônjuges.[16]

Vale ressalvar, todavia, que no regime da separação obrigatória de bens é possível a formação de aquestos pelo casal se houver aquisição de bens durante o casamento civil (a já mencionada Súmula 377 do STF), razão pela qual vale nosso alerta de formalização de pacto antenupcial de separação total de bens, ainda que o regime de bens assim não exija.

16. A valorização do patrimônio não comunicável ocorrida durante a união (a exemplo de participações societárias) pode ser objeto de questionamento judicial para ser incluída ou não no patrimônio comum.

3.2.2 Parcelas legítima e disponível

Nos regimes de bens que contemplam a meação, após a segregação do que couber ao cônjuge ou companheiro sobrevivente a esse título, a parte remanescente do patrimônio divide-se em duas outras partes iguais, denominadas **legítima** e **disponível**. A primeira é de transferência obrigatória aos herdeiros necessários; a segunda é de livre destinação se prevista em testamento. Se não houver testamento, a parcela disponível será atribuída aos herdeiros necessários, da mesma forma que a parcela legítima, nas mesmas e exatas proporções. As características de cada uma delas estão expostas ao longo dos itens deste capítulo.

Os quadros a seguir indicam a matemática dos três citados regimes de bens:

Comunhão Total

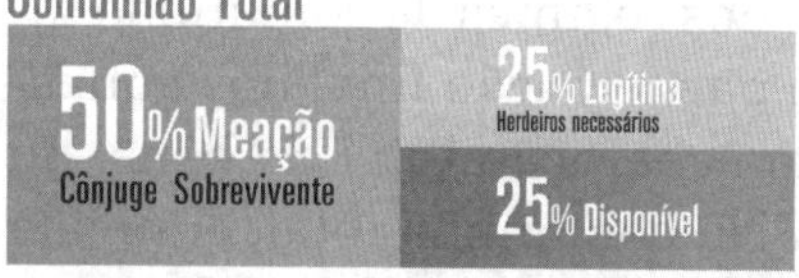

Comunhão Parcial e Participação Final nos Aquestos

(1) não há meação, hipótese na qual o cônjuge concorre como herdeiro necessário
(2) quando há meação, o cônjuge sobrevivente não concorre com os filhos na legítima

Se não houver meação a ser excluída em função do regime de bens (separação total ou separação obrigatória), as parcelas legítima e disponível passam a representar, cada uma, 50% do patrimônio total do indivíduo. As destinações seguem o que foi dito acima em relação aos demais regimes.

Não há meação

4. A FAMÍLIA

4.1 Introdução

O que é uma família senão o mais admirável dos governos?

Henri Lacordaire

E, para completar o pensamento:

Não há menos tormento no governo de
uma família do que no de um Estado inteiro.

Michel de Montaigne

Promulgada no ano de 1988, a nossa Constituição Federal conferiu à família uma importância fundamental na sociedade brasileira determinando expressamente em seu art. 226 que "*a família, base da sociedade, tem especial proteção do Estado*". Mas foi o § 3º deste artigo que trouxe profundas modificações em nosso Direito de Família e Sucessões ao definir que "*para efeito da proteção do Estado, é reconhecida a união estável entre o homem e a mulher como entidade familiar, devendo a lei facilitar sua conversão em casamento*".

Pela primeira vez, a nossa Carta Magna reconheceu uma entidade familiar que não aquela constituída sobre a tradicional base do casamento civil. E isso certamente alcançou milhares de casais que até então viviam à margem da lei, conferindo direitos – e também obrigações – àqueles que se encontravam sem a proteção do ordenamento jurídico.

Vale destacar – e adiante abordaremos – que a união estável originalmente reconhecida apenas entre "*homem e mulher*" já não é única, sendo as uniões homoafetivas igualmente protegidas. E é sobre essas famílias que passamos agora a discorrer.

4.2 Casamento civil

Segundo o art. 1.511do Código Civil, "*o casamento estabelece comunhão plena de vida, com base na igualdade de direitos e deveres dos cônjuges*". Significa fidelidade, mútua assistência, respeito e consideração e, no caso de filhos comuns, o sustento, a guarda e a educação de sua prole.

O casamento civil pode ser celebrado perante juiz de paz ou autoridade religiosa e é válido e eficaz desde que cumpridas as etapas do processo de habilitação que serve ao propósito de garantir e comprovar que os noivos estão legalmente aptos para o casamento, mediante a apresentação de documentação pertinente, a publicação de edital e posterior registro da celebração.

O casamento civil é realizado perante o Cartório de Registro Civil do domicílio de um dos noivos. Se o regime escolhido exigir pacto antenupcial, este deve ser previamente lavrado pelas partes e o documento apresentado juntamente com os demais. O pacto antenupcial deve obrigatoriamente observar a forma de uma escritura pública, sendo lavrado em Cartório de Notas e só adquire validade se seguido do casamento civil. Em comarcas menores, um mesmo Cartório pode fazer as vezes de Registro Civil e Notas, mas ainda assim são atos separados.

Uma curiosidade: a consumação do casamento se dá por uma frase que para muitos é apenas um cerimonial, mas que efetivamente confirma o casamento quando o oficiante (juiz de paz ou autoridade religiosa) – cumprindo expressamente o disposto no art. 1.535 do Código Civil – declara "*de acordo com a vontade que ambos acabais de afirmar perante mim, de vos receberdes por marido e mulher, eu, em nome da lei, vos declaro casados*".

Sem sombra de dúvida, essa frase do ordenamento jurídico deve ser adaptada conforme a união homoafetiva masculina ou feminina.

4.3 União estável

Qualquer maneira de amor vale a pena,
qualquer maneira de amor valerá.

Milton Nascimento

4.3.1 Breve histórico

Durante muitos anos, a união estável foi um tema controverso que gerou infindáveis demandas judiciais. Na falta de uma legislação que regulamentasse o convívio entre companheiros, a sucessão de um deixava sem abrigo jurídico o companheiro sobrevivente. Nem sequer nas varas especializadas de Família e Sucessões (nas comarcas em que estão instituídas) o assunto era discutido, sendo apreciado na esfera cível, buscando-se no passado o reconhecimento de uma sociedade de fato para fins sucessórios.

Os reflexos patrimoniais eram enormes, especialmente quando os bens adquiridos pelo casal de companheiros se encontravam titulados por apenas um deles. Além disso, restava à(ao) companheira(o), quando não exercia atividade remunerada, comprovar que mesmo assim houvera contribuído para a formação do patrimônio, pretendendo fazer valer direitos como se casada(o) fosse.

A primeira grande transformação, como acima destacamos, veio com a Constituição Federal de 1988, que inseriu no § 3º do art. 226 o reconhecimento da união estável como entidade familiar. Certamente foi um marco: pela primeira vez, uma norma pública validava uma situação que já era plenamente aceita pela sociedade.

A regulamentação inicial veio com a Lei 8.971, de 29 de dezembro de 1994, que procurou disciplinar o direito dos companheiros aos alimentos e à sucessão. Mas foi apenas com a Lei 9.278, de 10 de maio de 1996, que as questões patrimoniais ficaram plenamente regulamentadas pelo seu art. 5º, determinando que "*os bens móveis e imóveis adquiridos por um ou por ambos os conviventes, na constância da união estável e a título oneroso, são considerados fruto do trabalho e da colaboração comum, passando a pertencer a ambos, em condomínio e em partes iguais, salvo estipulação contrária em contrato escrito*". O atual Código Civil brasileiro, em vigor a partir de janeiro de 2003, deu mais um passo no assunto trazendo regulamentação complementar em seus arts. 1.723 a 1.727, não apenas ratificando o que já dispunha a legislação anterior, mas acrescentando a diferenciação entre a união estável e o concubinato (este sim, que ainda segue à margem da lei).

Ao conferir à união estável direitos e obrigações que antes eram pertinentes ao casamento, o legislador preocupou-se com acerto em conferir segurança àqueles que optam por viver como companheiros. Mas existe uma diferença. Quando duas pessoas vão juntas ao Cartório de Registro Civil para celebrar seu casamento, está claramente configurada a vontade de estabelecimento de uma vida conjugal, inclusive na escolha do regime de bens. Na união estável, que também pode se constituir na informalidade (entenda-se, forma não escrita), pode acontecer situação em que uma das partes do casal entenda que já está convivendo como se casada fosse e a outra imagine estar apenas namorando...

Isso ocorre porque o instituto da união estável incorporou o conceito de informalidade, o próprio estilo de vida dos companheiros. Se para aqueles que se casam parece óbvio que devam residir sob o mesmo teto, o mesmo não se pode dizer dos companheiros. Dentro desse regime informal que livremente elegeram, é igualmente aceitável que, ainda que os companheiros se tratem como um casal, cada qual permaneça residindo em sua própria residência. Assim, enquanto para os casados a presunção é de residência no mesmo imóvel, para os companheiros a coabitação é desde logo opcional. Esse entendimento, diga-se, já estava consagrado para o concubinato pela Súmula 382 do Supremo Tribunal Federal e mais ainda se aplica quando da união estável.[17] Outro tanto, não há atualmente prazo mínimo de convivência para a caracterização da união estável.

O término da união estável, tal qual o casamento civil, também exige formalidade, devendo sua dissolução ser obtida pela via extrajudicial em Cartório de Notas (quando realizada consensualmente e inexistindo filhos comuns menores ou incapazes) ou judicial perante Juiz de Direito competente (nas demais hipóteses).

Caso uma das partes não reconheça a existência de união estável ou discorde do seu termo inicial (em razão de reflexos patrimoniais), será necessária a propositura de uma ação judicial própria para o reconhecimento e posterior dissolução, ainda que dentro do mesmo procedimento legal.

Se é correto afirmar que a regulamentação da união estável instituiu a merecida proteção aos companheiros, é igualmente verdadeiro reconhecer que as relações antes fundadas na absoluta informalidade passaram a recomendar providências outrora dispensadas por elas. Assim, mesmo optando pela união sem as formalidades do casamento civil, os companheiros, por se tornarem titulares de direitos e obrigações familiares e patrimoniais, deveriam formalizar sua convivência mediante um regramento específico para estabelecer regime de bens e prever as consequências em face do rompimento do vínculo ou da sucessão de um dos conviventes.

Alguns casais de companheiros que mantiveram união estável sem formalizar documento público optam pela dissolução por instrumento particular o que, apesar de possível (observado

17. Súmula 382 do STF: "*A vida em comum sob o mesmo teto,* more uxório, *não é indispensável à caracterização do concubinato*".

o registro do documento em Cartório de Títulos e Documentos), deve ser evitado, recomendando-se preferencialmente um instrumento público. Há outros casais, ainda, que por não terem firmado qualquer instrumento no início da união estável entendem que não é necessário fazê-lo ao término, o que não parece ser a melhor solução, sendo sempre recomendável ao menos uma declaração conjunta que formalize o término da relação para que futuramente não sejam surpreendidos por demandas de caráter patrimonial ou alimentar.

4.3.2 Características

Atendendo ao que determina o art. 1.723 do Código Civil, a união estável presume a convivência pública, contínua e duradoura, com o objetivo de constituição de uma família.

Ao determinar a convivência pública, entendeu o legislador que o casal deva ser companheiro não apenas entre si, mas também perante terceiros. Ou seja, no meio social onde residem e convivem devem ser vistos como um verdadeiro casal, reconhecidos e aceitos como tal, independentemente de terem contraído núpcias. E, por conta disso, inexiste a necessidade de convivência sob o mesmo teto.

A relação deve ser contínua para afastar do alcance do instituto da união estável aventuras amorosas ou relacionamentos fugazes ou instáveis que começam e terminam com hora marcada, sem maiores pretensões senão aquelas de desejo imediato.

E certamente deve ser duradoura, porque relacionamentos rápidos e esparsos, ainda que legítimos, não têm o condão de instituir direitos e obrigações entre as partes.

E tudo isso para, ao final, reconhecer que a relação de um casal, com ou sem os vínculos formais do matrimônio civil, tem por objetivo a constituição de uma família (mesmo que dessa união não haja filhos).

Vale registrar a determinação trazida pelo art. 1.724 do Código Civil de que "*as relações pessoais entre os companheiros obedecerão aos deveres de lealdade, respeito e assistência, e de guarda, sustento e educação dos filhos*".

A condição de lealdade na união estável foi acrescida pelo atual Código Civil, visto que as demais já se encontravam abraçadas pela Lei 9.278/1996. Como no casamento sempre se previu o dever de fidelidade (inserido no art. 1.566, I, do Código Civil), as expressões, praticamente sinônimas, caracterizam um comprometimento efetivo das partes porque a informalidade da união estável não distingue o vínculo dos companheiros do vínculo daqueles que se casam.

Acresça-se, ainda, na união estável, o respeito aos direitos da personalidade (vida, integridade física e psíquica, honra, liberdade e segredo), ou seja, aos direitos imateriais que devem nortear o relacionamento daqueles que pretendem constituir uma família, qualquer que seja a sua figura jurídica.

4.3.3 Regime de bens

Se é correto admitir que o legislador agiu com acerto regulamentando os direitos (e deveres) dos companheiros que antes eram injustamente preteridos, também se deve reconhecer que sua regulamentação legal fez perder um pouco do *glamour* da informalidade e da oposição aos padrões sociais. Isso porque agora, ao viver uma vida comum (sem celebrar o casamento), elege-se automaticamente outro instituto que é igualmente regulamentado pelo nosso ordenamento jurídico. Muitos companheiros pretendem ser informais, mas antes precisam entender os reflexos jurídicos e patrimoniais da união estável e, quem sabe, até firmar um contrato para resguardarem seus direitos individuais, especialmente com relação aos seus patrimônios. Ora, com tudo isso, a união estável já não é tão informal assim.

O art. 1.725 do Código Civil é taxativo ao afirmar que "*na união estável, salvo contrato escrito entre os companheiros, aplica-se às relações patrimoniais, no que couber, o regime da comunhão parcial de bens*".

O silêncio dos casais de companheiros que optem pela absoluta informalidade, ou que nem "percebam" estar em união estável, julgando-se apenas namorados, acaba por submetê-los automaticamente ao regime da comunhão parcial de bens nos mesmos moldes daquele adotado no casamento civil. Se desejarem outro regime, devem obrigatoriamente firmar um contrato, cabendo a forma particular ou a escritura pública, esta última mais utilizada. Esse documento se denomina "pacto de conviventes", e tem por objetivo fixar o início da união estável e o regime de bens adotado, podendo, eventualmente, dispor sobre outras condições consensualmente acertadas pelo casal de companheiros.

No passado recente, era possível lavrar escritura pública em que o casal reconhecia retroativamente o início da união estável. É importante registrar que tal conduta não é mais permitida, não podendo o instrumento público voltar no tempo para reconhecer situação passada. A jurisprudência do Superior Tribunal de Justiça vem se consolidando nesse sentido, mais uma razão para que os reflexos da união estável sejam desde o início conhecidos pelo casal.[18]

É importante lembrar que, aplicado o regime da comunhão parcial de bens, todo o patrimônio adquirido a título oneroso por qualquer uma das partes a partir de sua união é considerado comum do casal de companheiros. Nesse sentido, destaca-se entendimento jurisprudencial do Superior Tribunal de Justiça:

> As Turmas que compõem a Seção de Direito Privado desta Corte assentaram que para os efeitos da Súmula n. 377 do Supremo Tribunal Federal não se exige a prova do esforço comum para partilhar o patrimônio adquirido na constância da união. Na verdade, para a evolução jurisprudencial e legal, já agora com o art. 1.725 do Código Civil de 2002, o que vale é a vida em comum, não sendo significativo avaliar a contribuição financeira, mas,

18. Julgados no STJ sobre a matéria:
3ª Turma, REsp 1.383.624/MG, Rel. Min. Moura Ribeiro, j. 02-06-2015.
3ª Turma, REsp 1.845.416/MS, Rel. Min Nancy Andrighi, j. 07-10-2021.

> sim, a participação direta e indireta representada pela solidariedade que deve unir o casal, medida pela comunhão da vida, na presença em todos os momentos da convivência, base da família, fonte do êxito pessoal e profissional de seus membros.[19]
>
> Direito de Família - União Estável - Configuração - Coabitação - Elemento não essencial - Sociedade de Fato - Ausência de prova de colaboração para a aquisição dos bens em nome do *de cujus* - Não configuração da sociedade de fato - União estável - Presunção de mútua colaboração para formação do patrimônio - Direito à partilha.
>
> O artigo 1º da Lei n. 9.278/96 não enumera a coabitação como elemento indispensável à caracterização da união estável. Ainda que seja dado relevante para se determinar a intenção de construir uma família, não se trata de requisito essencial, devendo a análise centrar-se na conjunção de fatores presentes em cada hipótese, como a *affectio societatis* familiar, a participação de esforços, a posse do estado de casado, a fidelidade, a continuidade da união, entre outros, nos quais se inclui a habitação comum. A ausência de prova da efetiva colaboração da convivente para a aquisição dos bens em nome do falecido é suficiente apenas para afastar eventual sociedade de fato, permanecendo a necessidade de se definir a existência ou não da união estável, pois, sendo confirmada, haverá presunção de mútua colaboração na formação do patrimônio do *de cujus* e consequente direito à partilha, nos termos do artigo 5º da Lei n. 9.278/96. Recurso especial conhecido e provido.[20]

4.3.4 Sucessão

Com o acolhimento da união estável dentro do Direito de Família, a discussão inevitavelmente adentrou o campo do Direito Sucessório. O atual Código Civil, embora tenha de início praticamente equiparado ambos os institutos, diferenciava para fins sucessórios o casamento da união estável dando ao segundo uma posição de inferioridade.

Após anos de divergências jurisprudenciais e discussões doutrinárias, o tema foi consolidado por força de entendimento

19. STJ, 3ª Turma, REsp 736.627/PR, Rel. Min. Carlos Alberto Menezes Direito, j. 10-4-2006.

20. STJ, 3ª Turma, REsp 275.839/SP, Rel. Min. Ari Pargendler, j. 02-10-2008.

exarado pelo Supremo Tribunal Federal que julgou inconstitucional a destinação inferior às uniões estáveis, ao decidir que "*no sistema constitucional vigente, é inconstitucional a distinção de regimes sucessórios entre cônjuges e companheiros, devendo ser aplicado, em ambos os casos, o regime estabelecido no art. 1.829 do CC/2002*".[21]

Assim, na regra sucessória em vigor, tal qual ocorre com o cônjuge sobrevivente, o companheiro sobrevivente também é considerado herdeiro necessário e concorre com os descendentes do *de cujus* em conformidade com o regime de bens escolhido quando da declaração de união estável, tema esse que abordaremos mais à frente.

4.3.5 União homoafetiva

Em maio de 2011, o Supremo Tribunal Federal acolheu a Ação Declaratória de Inconstitucionalidade - ADI 4.277 e a Arguição de Descumprimento de Preceito Fundamental - ADPF 132, reconhecendo a união homoafetiva como entidade familiar, atribuindo-lhe os mesmos direitos e deveres das uniões estáveis heteroafetivas. Admitiu-se o direito de absoluta isonomia ao tratamento conferido aos casais heteroafetivos, calcado na própria Constituição Federal promulgada em 1988, que, ao utilizar a expressão "família", não restringiu sua aplicabilidade, bem como no princípio da autonomia da vontade.

O Supremo Tribunal Federal assim se manifestou:

> A liberdade para dispor da própria sexualidade, inserida na categoria dos direitos fundamentais do indivíduo, expressão que é da autonomia de vontade. Direito à intimidade e à vida privada. Cláusula pétrea. O sexo das pessoas, salvo disposição constitucional expressa ou implícita em sentido contrário, não se presta como fator de desigualdade jurídica. Proibição de preconceito, à luz do inciso IV do art. 3º da Constituição Federal, por colidir frontalmente com o objetivo constitucional de "promover o bem de todos." [...] Reconhecimento do direito à preferência sexual

---

21. Supremo Tribunal Federal, RE 878.694 /MG.

> como direta emancipação do princípio da "dignidade humana": direito à autoestima no mais elevado ponto da consciência do indivíduo. Direito à busca da felicidade. Salto normativo da proibição do preconceito para a proclamação do direito à liberdade sexual. O correto uso da sexualidade faz parte da autonomia da vontade das pessoas naturais (ADI 4.277 e ADPF 132).

E não tardou para a jurisprudência acolher a conversão dessa união estável em casamento:

> Conversão de união estável homoafetiva em casamento. Casamento entre pessoas do mesmo sexo. Possibilidade jurídica do pedido. Desconstituição da sentença para regular processamento do feito.[22]

Atualmente, o debate pode se considerar superado. Os entendimentos minoritários decorrem mais por questões de diferentes pontos de vista no âmbito da moralidade do que propriamente jurídicas. Os casais homoafetivos foram acolhidos pelo nosso ordenamento jurídico sem restrições como direito à pensão recebida pelo companheiro falecido[23] e inclusão como dependente em plano de saúde.[24]

4.4 Mudança do regime de bens

Uma inovação importante trazida pelo Código Civil é a possibilidade de alteração do regime de casamento (ou união estável), hipótese impensável na legislação anterior. Registre-se que, para que isso ocorra, não basta apenas a concordância do casal, mas é indispensável a autorização judicial em resposta ao pedido justificado das partes.[25]

---

22. TJRS, AC 70048452643, 8ª Câm. Cív., j. 27-09-2012.

23. STJ, RE 932.653/RS 2007/0055656-0.

24. STJ, RE 1.298.129/SP 2011/0297270-0.

25. Código Civil, art. 1.639, § 2º: "*É admissível alteração do regime de bens, mediante autorização judicial, em pedido motivado de ambos os cônjuges, apurada a procedência das razões invocadas e ressalvados os direitos de terceiros*".

Permitir ao casal que optou pela separação total de bens alterar o regime inicialmente escolhido de forma a beneficiar o cônjuge menos favorecido patrimonialmente, porque verificaram que no decorrer da vida conjugal aquela cautela inicial de separação do patrimônio não mais se justifica, é medida certamente salutar.

O inverso também é possível para, observadas as mesmas premissas, solicitar autorização judicial buscando alterar o regime da comunhão total ou parcial para separação total de bens, o que pode ocorrer por questões não previstas ou inexistentes na época do casamento, que devem, da mesma forma, ser submetidas ao crivo do Poder Judiciário. Isso ocorre, no mais das vezes, por questões sucessórias no entorno familiar quando a transmissão de bens pelo falecimento de familiares de um ou outro cônjuge e que deveriam permanecer incomunicáveis poderão se tornar comuns pelo regime inicialmente adotado.

Em um ou noutro caso, a intervenção judicial ainda é necessária dependendo sempre de uma sentença judicial. Vale lembrar que a modificação de regime de bens não pode prejudicar direitos de terceiros pelo que o seu pedido não apenas deve vir motivado, como também acompanhado da documentação do casal comprovando inexistir quaisquer procedimentos judiciais ou extrajudiciais que ensejem questionamento futuro sobre referida modificação, sob pena de nulidade.

4.5 Contrato de namoro

4.5.1 O que é e o que não é

Dos namorados se espera a lealdade! E enquanto para esses é uma expectativa, para os casados e companheiros caracteriza obrigação legal. E aí, então, encerram-se as semelhanças que podem pretender confundir o namoro com a união estável.

Para a união estável, a lei exige muito mais. A começar, pelo dever de assistência mencionado no art. 1.724 do Código Civil, que inclui alimentação, saúde, habitação, vestuário, transporte, lazer, enfim, tudo o que se relacione com as necessidades materiais e que os companheiros devem, dentro de suas realidades, propiciar àquele com quem optem por constituir uma família, assistência essa inexistente na relação entre namorados.

Namoros, por mais longos, duradouros e intensos que sejam, não devem ser confundidos com união estável. Podem, até, indicar a expectativa de um projeto futuro comum, mas, enquanto isso não se concretize, o relacionamento não deve gerar direitos e obrigações, sejam materiais ou imateriais. No namoro, não existe o que em Direito definimos como *affectio maritalis*, ou seja, o desejo expresso e inequívoco de ambos formarem uma **família** ou, como também menciona parte de nossa doutrina, a "*posse de estado de casados*", refletindo um desejo inequívoco de comunhão de vida e interesses. O que o ordenamento jurídico se propõe a proteger não é a simples, ainda que ardente, relação afetiva ou envolvimento amoroso entre duas pessoas, mas efetivamente a família que estão se propondo a edificar, com ou sem filhos. E o namoro não se enquadra nesse desejo, pelo menos naquele momento.

Se não for assim, qualquer relacionamento amoroso pode caracterizar uma união estável trazendo seríssimos riscos patrimoniais e sucessórios para quem não pretendia dar esse passo. Namoros, especialmente aqueles mantidos por pessoas adultas e maduras, podem inadvertidamente levar a uma equivocada presunção de união estável, mas precisam ser diferenciados em benefício da boa-fé dos envolvidos. Antes de se pretender interpretar um namoro como união estável, é necessário verificar se o relacionamento em questão não é um *namoro prolongado*, *namoro maduro*, *namoro qualificado* ou, até mesmo, um *noivado*.

Namorados não prestam auxílio financeiro regular entre si, o que não se confunde com presentes de uma parte à outra. Mas o(a) namorado(a) que assume contas da outra parte de maneira contínua cria um fato relevante a descaracterizar o namoro. Namorados não devem ter contas bancárias, investimentos e cartões de crédito conjuntos, deveriam evitar ser fiadores ou avalistas um do outro, entre outros movimentos que isoladamente podem não significar algo relevante, mas que no conjunto da convivência podem formar um cenário que caracterize a união estável.

A partir do momento em que o relacionamento dos namorados sai do campo afetivo, passando também a envolver aspectos materiais (por exemplo, o auxílio financeiro de uma parte à outra), é forçoso reconhecer que o namoro pode ser descaracterizado, para ser reconhecida uma união estável. E, por consequência, os então namorados passam a ser companheiros, do que decorrem, como já visto, reflexos patrimoniais significativos.

Nos dias atuais, podemos dizer que *namorados não moram juntos*. Certamente não devem residir no mesmo endereço, sendo certo que essa coabitação leva ao reconhecimento de uma união estável. Mas como tudo é dinâmico no Direito de Família, não se pode descartar que em um futuro, talvez não distante, namorados residam juntos sem obrigatoriamente formar união estável. Não é o que ocorre hoje, reitere-se. Mas o imprevisível é recorrente para quem trabalha na complexidade da vida familiar.

Ainda que possam deixar sequelas sentimentais, namoros não geram efeitos jurídicos. O seu rompimento não dá direito à pensão, à partilha de bens ou à indenização. Quando muito, e aqui não se trata de namoro, registre-se que o rompimento do noivado pode acarretar indenização pelos gastos já despendidos ou assumidos pelo casamento que não se realizará.

Aspecto relevante com relação ao namoro surge a partir de março de 2020, trazido pela pandemia causada pelo Coronavírus e uma nova realidade de isolamento social. Com isso, muitos namorados que antes viviam cada um em sua própria casa, a fim de evitar o trânsito de lá para cá e assim aumentar as possibilidades de contaminação, decidiram eleger a casa de um ou de outro para fazerem juntos o isolamento, por vezes revezando as residências de um ou de outro por um período maior de tempo. O que surge daí? Um namoro com coabitação, com divisão das contas do supermercado, da farmácia, muitas vezes com a divisão do aluguel e do condomínio... que figura é essa tão inédita e pontual que a necessidade imposta pela preservação da saúde em tempos tão anormais fez nascer?

E no que se transformarão esses relacionamentos pós-pandemia? Esses casais retornarão ao *status* de namorados ou passarão a viver em união estável, ainda que voltem a residir em diferentes endereços?

Quais os efeitos patrimoniais no que concerne aos rendimentos porventura recebidos por um deles neste mais de ano de convivência e divisão de despesas? A resposta parece estar na intenção de constituição ou não de família, mas, talvez, o ideal seja que os casais regulem tal relação especialmente se a intenção for a de manter um relacionamento de namoro.

4.5.2 A conveniência de formalizar o relacionamento

Para regular relacionamentos que se limitam ao namoro, e não guardam consigo a intenção da constituição de família, pelo menos naquele momento, surgiu a figura dos **contratos de namoro**, que acabaram ganhando forma, ainda que não tenham sido até esse momento objeto de regulamentação no ordenamento civil brasileiro. Basicamente, se cumprem a declarar **o que o casal não deseja ser**.

Reconhecem o vínculo afetivo sem relação patrimonial e sem intenção de formar uma família, ao menos naquele momento. O tema vem sendo longamente debatido e, mesmo no silêncio da legislação atual, entende-se que se deva analisar cada caso de maneira individualizada para não se pretender utilizar sub-repticiamente dessa inusitada possibilidade para afastar a união estável, o que a realidade inexoravelmente demonstrará quando um casal realmente se relacionar como se companheiros fossem. Ou seja, o contrato de namoro não serve para negar a realidade, mas para afirmá-la em proteção àqueles que estão efetivamente apenas namorando.

Recomenda-se que esse instrumento, ao reconhecer a convivência do casal como namorados, preveja, também, a situação futura de união estável ou casamento civil, já dispondo do desejo das partes pela eleição do regime da separação total de bens. Pode parecer cautela excessiva, mas é melhor desde logo enfrentar a questão. E se, futuramente, o casal optar por regime patrimonial que permita a comunhão, basta declará-la no momento oportuno.

4.6 União poliafetiva

4.6.1 A proposta desta nova relação e seus reflexos jurídicos

Nos últimos tempos, o Direito de Família foi tomado por um intenso debate acerca dos núcleos familiares, discutindo a viabilidade das uniões poliafetivas, também denominadas como poliamor. Consistem em duas ou mais relações amorosas simultâneas que gozam de aceitação e participação de todos os envolvidos no que se pretenda seja o mesmo núcleo familiar.

Em 2012, na cidade de Tupã (Estado de São Paulo), foi lavrada a primeira Escritura Pública de União Poliafetiva no país, situação posteriormente repetida na cidade do Rio de Janeiro. Em face do intenso debate dessa nova forma de família, ainda sem qualquer previsão e embasamento legal, coube ao Conselho Nacional de Justiça determinar em junho de 2018 a proibição de lavratura de escrituras públicas de reconhecimento de uniões poliafetivas.

Importante destacar que a vedação do Conselho Nacional de Justiça se restringiu apenas à questão registrária dos Cartórios para fins de efeitos jurídicos, sem adentrar na livre opção de três ou mais pessoas formarem uma relação amorosa concomitante e, portanto, uma união poliafetiva.

E assim é no Direito de Família. Quando da instituição do divórcio no Brasil no ano de 1977, foram travados acirrados debates em uma sociedade que à época só aceitava um único casamento civil e a dissolução do matrimônio era proibida.

Admitia-se apenas o desquite para que marido e mulher não mais coabitassem, mas eram proibidas novas núpcias. No ano de 1988, o reconhecimento da união estável como entidade familiar pela Constituição Federal também foi precedido por intensas discussões promovidas por aqueles que achavam que se desprestigiaria o casamento civil, base da sociedade em família. E mais recentemente, o mesmo ocorreu quando do reconhecimento das uniões homoafetivas, inclusive com direito ao casamento civil. E tudo isso hoje se encontra absolutamente incorporado dentro da sociedade brasileira e regulamentado em nossa legislação.

A questão que se coloca no debate do poliamor não é exclusivamente moral. O direito à felicidade deve ser assegurado como exercício da própria cidadania. Houve até Proposta de Emenda Constitucional que tramitou sob o n. 19/2010 (arquivada) que pretendeu alterar o art. 6º da Constituição Federal para incluir exatamente o direito à busca da Felicidade por cada indivíduo e pela sociedade, mediante a dotação pelo Estado e pela própria sociedade das adequadas condições de exercício desse direito. Cada pessoa pode decidir os caminhos na busca pela sua felicidade, obviamente respeitando o entorno da sociedade em que vivemos. O que se torna desafiador (e apaixonante) no debate jurídico são os reflexos legais dessa decisão.

Ficam no campo do Direito de Família os desafios desse formato ainda inusitado, cujo debate invariavelmente chegará ao Poder Judiciário: como regular a meação do regime de bens (que se define como metade do patrimônio comum de um casal) se a família poliafetiva de três ou mais pessoas adotar o regime da comunhão parcial e formar patrimônio comum? Os filhos de duas partes da família poliafetiva serão juridicamente considerados filhos de três com seus direitos e obrigações inerentes à paternidade/maternidade? Na família poliafetiva em que "A", "B" e "C" são casados, como realizar um divórcio se "A" não quer mais ficar com "B", mas deseja permanecer com "C", que não quer se divorciar dos dois primeiros? E não menos importante, como definir alimentos em um divórcio, considerando as partes e filhos comuns e não comuns? E certamente não será apenas isso.

No Direito Sucessório, os reflexos do poliamor também são relevantes na definição de cônjuge ou companheiro sobreviventes, multiparentalidade, nomeação de herdeiros necessários, partilha de bens, enfim, em todas as questões que já são desgastantes nas famílias ditas tradicionais como hoje conhecemos e que serão mais desafiadoras quando do enfrentamento nessas novas uniões familiares, ainda não admitidas no Direito brasileiro.

Enquanto as uniões poliafetivas não são reconhecidas no ordenamento jurídico (sem afirmar que eventualmente serão), a vida segue e notícias sobre "*trisais*" vêm surgindo com certa recorrência. Sem entrar no mérito afetivo dessa opção, é necessário cautela no caminho que se pretende seguir. A falta de amparo legal não se refere apenas aos reflexos na família, mas também e certamente nos patrimônios.

Nas questões sucessórias, certamente o testamento será um instrumento que poderá equalizar os desejos dos que optaram por esta convivência, valendo-se das liberalidades da parcela disponível. Nas questões patrimoniais – sem demérito à escolha pelo *trisal*, mas sim buscando uma proteção com validade jurídica ante a falta de regulamentação atual – a solução momentânea poderá se dar pela montagem de uma pessoa jurídica para deter patrimônio comum dos participantes com regras próprias, inclusive de dissolução.

5. DISSOLUÇÃO DA VIDA COMUM

5.1 Momento atual

Todo o divórcio começa mais ou menos
ao mesmo tempo que o casamento.
O casamento talvez comece algumas
semanas mais cedo.

Voltaire

Eu e minha mulher ficamos na dúvida entre
tirar férias ou nos divorciarmos. Optamos pela
segunda hipótese. Duas semanas no Caribe podem
ser divertidas, mas um divórcio dura para sempre.

Woody Allen

Humor à parte, nunca os brasileiros se divorciaram tanto!

Essa é a conclusão das últimas Pesquisas Estatísticas do Registro Civil do IBGE. Comparando-se os dados da pesquisa IBGE do ano 2010 com as do ano 2018, o número de casamentos no ano de 2010 foi de 977.620 e no ano de 2018 1.053.467, uma leve variação (considerando-se que já havia um movimento de casais optando cada vez mais pela união estável). Já os divórcios concedidos em primeira instância ou por escrituras extrajudiciais passou de 243.224 (2010) para 385.246 (2018), registrando um aumento que não se pode ignorar.[26]

---

26. Disponível em: https://biblioteca.ibge.gov.br/index.php/biblioteca-catalogo?view=detalhes&id=7135

Em 2016, o levantamento demonstrou que o tempo médio entre o casamento civil e o divórcio era de 14 anos. A incidência de divórcios nas mulheres ocorre mais na faixa dos 40 anos e nos homens na faixa dos 43 anos.

E agora, em 2022, olhando para o auge da pandemia do Coronavírus, quantos divórcios...

> *Não olhe para trás. Você não está indo para lá.*
>
> **Autoria desconhecida**

Essa experiência singular no isolamento de muitos casais por força do covid-19 trouxe também uma situação inusitada. No exercício da advocacia de Família, somos demandados a acompanhar a dissolução de casamentos (e uniões estáveis) pelas mais diversas razões, sendo que na maioria das vezes acaba impulsionada exatamente pela reclamada *falta de convívio*. Em algum momento, aquele clique mágico se foi e a ausência é tão mais presente no casal – triste ironia – que não há mais razão a sustentar a vida a dois. Entretanto, após mais de três décadas na advocacia de Família, recebemos uma nova demanda: os casamentos não mais se dissolvem pela falta, mas sim pelo *excesso de convívio*! O isolamento forçado por um longo período trouxe um desafio inusitado. O desejo de estar junto de maneira constante e por vezes ininterrupta sem retirar a individualidade de cada um. E aí, de repente, os casais se veem surpreendidos e convocados a renunciar ao seu *espaço próprio*, trancá-lo em um baú e jogar a chave fora por tempo indeterminado porque o convívio será ininterrupto e constante.

Se essa questão incomodou casais compartilhando ininterruptamente o mesmo teto, verdade também é que permitiu questionamentos aos que ainda pretendem se casar ou simplesmente seguir juntos sem os vínculos do casamento civil. Quem está de fora se questiona se é isso que realmente quer para si. A cada divórcio por *excesso de convívio* cresce a dúvida no pensamento dos jovens que estão se permitindo repensar o que realmente é a vida a dois e o sonho de estarem colados e juntos o tempo inteiro.... Será que o instituto do casamento ou simplesmente da vida sob o mesmo teto encontrou sua fadiga na sociedade? Melhor seriam as relações sem tanto compromisso e entrega recíproca, deixando uma válvula de escape para o *espaço próprio*?

Essas e outras questões certamente serão um prato cheio para os estudos de sociologia sobre relações familiares. Com certeza muitos livros serão escritos, seminários apresentados e teses construídas para tentarmos entender o que realmente se passou na sociedade no enfrentamento do covid-19. Mas isso demanda tempo, muito tempo. Até lá, os jovens casais ampliarão o olhar da vida familiar solidificando seu relacionamento diante das possíveis adversidades da vida a dois.

Enquanto os teóricos não apresentam soluções para as discussões em salas de aula, os fatos da vida exigem do advogado de família posicionamento para trazer luz aos casais que estão com a lâmpada queimada em uma sala por vezes sem janela. Para nós, *excesso de convívio* não se opõe ao *espaço próprio*. Muito pelo contrário, deveria ser uma abertura para o exercício da *cumplicidade*, essa sim privativa dos casais. E talvez o covid-19 tenha sido uma oportunidade de os casais redescobrirem o que os levaram a escolher um ao outro. *Cumplicidade* tem vários sinônimos. Pode ser companheirismo e intimidade, mas também conivência e coparticipação. Mas acima de tudo, em tempos de pandemia, *cumplicidade* deveria ser o sinônimo de tolerância.

Mas como de início mencionamos, o aumento do número de dissoluções de casamentos e uniões estáveis já vinha sendo constatado antes do isolamento social. Então, afinal, o que está acontecendo com a família brasileira?

Ao menos do ponto de vista jurídico, é forçoso reconhecer que o procedimento para término da sociedade conjugal ficou muito mais simples e rápido, ainda que certamente jamais será indolor. E também por conta das facilidades trazidas pelo ordenamento jurídico, muitos casais que anteriormente optavam apenas pela dissolução informal da vida a dois passaram a priorizar a formalidade no rompimento dos vínculos, o que sempre se recomenda.

5.2 Dissolução do casamento ou da união estável

O amor não conhece sua própria intensidade até a hora da separação.

Khalil Gibran

A Lei Federal 6.515/1977, que introduziu o regime da comunhão parcial de bens, também recepcionou o divórcio. Como já mencionamos, até então, a sociedade conjugal se encerrava por meio do desquite, sem, todavia, romper em definitivo os vínculos do casal, impedindo a formalização de novos laços matrimoniais por cada uma das partes.

Com o advento da nova legislação, ficou facultado à parte divorciada constituir nova relação conjugal, podendo optar entre o casamento civil ou a união estável, observadas as peculiaridades de cada um. Mas apenas o divorciado pode contrair novo matrimônio civil, o que não é possível àquele que estiver apenas separado judicialmente e que deverá, se quiser formalizar nova união, seguir pelo caminho da união estável. Também deverá se socorrer da união estável o casal que desejar formalizar novo relacionamento quando uma das partes ainda seja separada de fato, figura delicada no Direito de Família. São aqueles "*casados de direito, mas separados de fato*", casais que romperam os vínculos matrimoniais, mas por razões ou interesses pessoais (dificuldades de partilha, por exemplo) não formalizam o divórcio. Para esses, então, a solução se dá pela união estável, em que a situação de "*casado*" de uma das partes não é ocultada; muito pelo contrário, consta do termo de união estável afirmando já existir o rompimento fático, mas não jurídico.

Duas alterações no ordenamento civil facilitaram, e muito, o encaminhamento pelo casal que tenha optado pelo rompimento do matrimônio civil: a Lei Federal 11.441/2007, que permitiu o divórcio administrativo, e a Emenda Constitucional 66/2010, que instituiu o divórcio direto e suprimiu o requisito da prévia separação judicial por mais de um ano ou da comprovação da separação de fato por mais de dois anos. Esse procedimento facilitou a vida de milhares de pessoas que eram obrigadas a aguardar um prazo desnecessário para dissolver de maneira definitiva um casamento que tinha chegado ao seu fim.

Estando as partes de acordo e não tendo filhos menores ou incapazes, o divórcio, denominado "extrajudicial", pode ser realizado em Cartório de Notas por meio de escritura pública, na presença do tabelião e dos advogados das partes, mas certamente distante da burocracia forense e do desgaste da exposição pessoal ao magistrado que, ao final, homologa a decisão já tomada, se tiver sido consensual. Por se tratar de direito potestativo, bastando apenas a vontade de uma das partes para que ocorra, a tendência é de que cada vez se torne mais simples a obtenção do divórcio, ainda que por iniciativa de apenas uma das partes. É o que tem sido entendido como "*divórcio impositivo*". Há decisões nesse sentido em diferentes Estados brasileiros. No Estado de Pernambuco, por exemplo, foi editado Provimento que autoriza o "divórcio impositivo", que se dá mediante simples requerimento e averbação perante o Registro Civil.[27] Há, inclusive, Projeto de Lei no Senado sob o n. 3.457/2019 autorizando a averbação do divórcio no Cartório de Registro Civil, mesmo com a discordância do outro cônjuge.

Assim, a partilha dos bens do casal não é mais condição para a decretação do divórcio, podendo ser deixada para momento posterior e indeterminado. O que se deve fazer é relacionar os bens do casal (quando o regime assim exigir) como forma de fixar o patrimônio comum que, em oportunidade futura, será levado à partilha.

Sendo as partes maiores e capazes, não há impedimento para a formalização da partilha de modo desigual (observados os reflexos tributários da transferência de patrimônio), desde que ambas manifestem expressa concordância. Os quinhões de cada cônjuge devem estar corretamente descritos e individualizados, compreendendo tanto os bens e direitos quanto as dívidas comuns.

27. Provimento 06/2019 da Corregedoria Geral da Justiça de Pernambuco.

Situação diversa ocorre quando há litígio para o qual a intervenção do Judiciário é necessária na garantia dos direitos das partes e de sua prole. Tendo o casal filhos menores ou especiais, o divórcio, ainda que consensual, exige a intervenção do Ministério Público e, portanto, a via é obrigatoriamente a judicial.

Embora não exista um levantamento oficial acerca da dissolução das uniões estáveis, supõe-se que, guardadas as proporções, tenham ocorrência próxima daquela verificada no rompimento dos casamentos. Se os companheiros forem maiores e capazes, estiverem de acordo e não houver filhos menores ou incapazes, a dissolução da união estável pode ser formalizada por escritura pública. Não existindo composição ou havendo filhos menores ou incapazes, a dissolução da união estável é feita judicialmente, tal qual o divórcio do casamento civil.

5.3 Partilha em conformidade com o regime de bens

Diversamente da transmissão de bens pela sucessão, oportunidade na qual o cônjuge pode se tornar um herdeiro necessário (como será exposto adiante), a partilha no divórcio judicial ou extrajudicial respeita o regime de casamento adotado pelo casal que contraiu matrimônio civil ou pelos companheiros, quando em união estável.

Se adotado o regime da separação total de bens, não há partilha porque não se formou patrimônio comum. Ainda que o casal possua um imóvel em condomínio, a propriedade não é partilhável, porque cada qual detém isoladamente a sua parte ideal na propriedade. Eram condôminos casados, seguem condôminos divorciados e a partilha se dá por regras do Direito Civil (alienação de coisa comum), mas não pelo Direito de Família. Ainda assim, nada obsta que se façam acertos patrimoniais em divórcios pelo regime da separação total de bens, que decorrem de uma negociação entre as partes na busca de uma composição e não propriamente por força de um direito patrimonial.

Tendo adotado o regime da comunhão total de bens, a universalidade do patrimônio do casal (independentemente se adquirido antes ou durante a união, gratuita ou onerosamente) será levada para partilha juntamente com as dívidas contraídas e, nesse caso, abre-se espaço para uma ampla negociação buscando acomodar os interesses de cada um.

E, por fim, caso tenha sido adotado o regime da comunhão parcial de bens ou participação final nos aquestos, deve-se verificar qual o patrimônio comum formado pelo casal que é partilhável e qual não deve ser trazido para discussão por força de sua incomunicabilidade.

Na dissolução da união estável, aplicam-se as mesmas regras do divórcio do casamento civil, observando-se o regime de bens eleito pelo casal de companheiros.

Para melhor entendimento da divisão do patrimônio do casal na hipótese do divórcio ou dissolução da união estável, observe-se a tabela a seguir:

	Bens adquiridos a título oneroso antes do casamento ou união estável	**Bens recebidos a título gracioso (doação ou herança), sendo indiferente quando recebidos**	**Bens adquiridos a título oneroso após o casamento ou união estável**	**Dívidas anteriores ao casamento ou união estável**
Comunhão Parcial / Participação Final nos Aquestos	Não há comunicação	Não há comunicação	Há comunicação	Não há comunicação
Comunhão Total	Há comunicação	Há comunicação (salvo cláusula de incomunicabilidade sobre parte do patrimônio)	Há comunicação	Há comunicação
Separação Total / Separação obrigatória	Não há comunicação	Não há comunicação	Não há comunicação	Não há comunicação

5.4 Convivência familiar e guarda

A par das questões patrimoniais, a discussão acerca da guarda e visitas aos filhos menores, se não for bem conduzida, pode ser outra frente de enorme desgaste no término da vida a dois.

Sempre que o casal tiver filhos menores (ou especiais, portanto, em situação permanente de incapacidade civil) será necessário enfrentar duas questões: a guarda e, por consequência, as visitas em favor daquele que não estiver residindo com a prole comum. Se houver composição do casal – o que é sempre encorajado por nós – ele construirá um consenso para colocar em prática o melhor interesse não apenas dos pais, mas especialmente dos menores e/ou incapazes.

O Código Civil dispõe duas modalidades de guarda: **compartilhada** e **unilateral**.

A guarda compartilhada é exercida pelos pais em conjunto e esta é a regra usualmente aplicada. Embora os filhos venham a residir com apenas um deles, ambos são igualmente responsáveis por cumprir todos os deveres naturais ao exercício do poder familiar, sendo que o tempo de convivência com os filhos deve ser disposto de forma equilibrada tanto quanto for possível para que ambos possam usufruí-lo. As decisões em benefício dos filhos são fruto do consenso entre os pais, o que os leva a manter um relacionamento cordial entre ex-cônjuges ou ex-companheiros. Naturalmente, uma guarda compartilhada bem-sucedida depende de uma relação saudável entre o casal, que deve ser capaz de manter um diálogo constante e respeitoso entre si.

Já a guarda unilateral é aplicada quando a primeira alternativa não se mostrar viável por conta dos riscos trazidos por um dos genitores (instabilidade emocional grave, envolvimento com atividades ilícitas ou que exponham os filhos a riscos). Registre-se, desde logo, que a instabilidade emocional deve ser realmente grave e não pode ser assim considerada por quaisquer situações unicamente de disputa e/ou conflitos do futuro ex-casal. Nessa modalidade, apenas um dos pais exerce a guarda, tomando unilateralmente as decisões em prol do bem-estar dos filhos, mantido o direito de visitas daquele que foi excluído do poder decisório. Conforme já exposto, em ambas as modalidades e sob a égide do Estatuto da Criança e do Adolescente, deve-se ter em mente sempre o melhor interesse do menor ao definir a guarda e os seus termos.

Há ainda um terceiro formato não regulado em nosso ordenamento civil denominado guarda alternada, mas que sofre distintas resistências. Enquanto nas guardas compartilhada ou unilateral os filhos têm um endereço fixo, uma moradia certa com um dos genitores que não se confunde com as visitas, na guarda alternada os filhos alternam a residência. Os pais dividem entre si a residência de maneira semanal, quinzenal ou mensal com os filhos que se mudam de uma casa para outra a cada período determinado.

Esse modelo de guarda tem certa resistência e os pedidos nesse sentido nem sempre são acolhidos pelos juízes das varas especializadas de família. O formato exige análise minuciosa do caso concreto e tem razão de ser. Ainda que possa encantar alguns pais, tende a gerar um estresse imerecido aos filhos que se tornam “mochileiros”, que precisam se mudar a cada período de uma casa para outra com todos os seus pertences, roupas, material escolar, brinquedos, remédios e assim por diante. Filhos pequenos pedem e precisam de uma rotina, do seu espaço na casa, dos horários de dormir, comer, estudar. E filhos adolescentes, ainda que possam compreender essa alternância, podem sujeitar os pais a uma invisível disputa. Na casa de quem se pode fazer algo a mais? Onde há maior liberdade?

Em certa ocasião, enfrentamos profissionalmente uma situação completamente inusitada. Ante o não acolhimento da guarda alternada, os genitores tomaram decisão absolutamente inovadora. Os filhos permaneciam **sempre** na mesma residência e eram os genitores que faziam o rodízio e a cada quinzena para ali se mudavam!

Não há fixação de guarda, tampouco regulamentação de visitas, aos filhos maiores e capazes. Mesmo assim, por vezes, o casal opta por registrar onde esses fixarão residência, no mais das vezes quando solteiros. Não que isso seja impositivo aos filhos, mas apenas porque de uma maneira ou outra fazem parte do núcleo familiar que está se dissolvendo.

5.5 Poder familiar

Importante ressaltar que é assegurado aos pais o exercício do poder familiar. Apenas a título exemplificativo, trazemos um julgado do Tribunal de Justiça do Estado de São Paulo tratando do tema:

> Ação de reconhecimento e dissolução de união estável c/c reconhecimento de paternidade, retificação de registro civil, guarda, alimentos e partilha de bens. Guarda compartilhada. Medida que não se mostra salutar ao menor no caso concreto. **Genitor que, embora não possua a guarda judicial, pode exercer o poder familiar perante o filho.** Deferida a guarda unilateral em favor da genitora. Sentença modificada nesse aspecto. Verba honorária mantida. Recurso provido[28] (nosso grifo).

Mas afinal, o que é **poder familiar**?

Na vigência do Código Civil brasileiro anterior (promulgado no ano de 1916), o termo utilizado em nosso ordenamento jurídico era "*pátrio poder*", atribuindo ao marido a decisão sobre os destinos da família. Era o reflexo de uma sociedade estruturalmente sexista que deixava claro o protagonismo da figura paterna na condução do lar e da prole, trazendo, no seu texto, disposições que determinavam, por exemplo, o exercício exclusivo do pátrio poder pelo marido durante o casamento, sendo que a esposa apenas estaria autorizada a fazê-lo na falta ou impedimento do seu cônjuge varão, o que também se

---

28. TJSP; Apelação Cível 0006229-48.2015.8.26.0002; Relator João Pazine Neto; Órgão Julgador: 3ª Câmara de Direito Privado; Data do Julgamento: 06-03-2020.

aplicava na administração dos bens dos filhos menores, competência paterna, sendo a mãe mera substituta.[29]

O Código Civil, em vigor a partir do ano de 2003, em consonância com o que já havia sido acolhido pela Constituição Federal de 1988, trouxe o reflexo de uma sociedade igualitária em direitos e obrigações entre marido e mulher e isso se verifica desde logo na bem-vinda atualização do termo para **poder familiar**. Nos dias de hoje, não há mais que se falar na predominância do sexo masculino sobre o feminino.

Sendo assim, da lei e das melhores doutrinas se extrai o entendimento de que o poder familiar consiste em todos os direitos e deveres legais atribuídos a pai e mãe, ou pai e pai, ou mãe e mãe em relação aos filhos menores que contemplam a criação, sustento, educação, desenvolvimento, proteção, zelo pela saúde física e mental, e tudo quanto necessário para que seja observado o melhor interesse da criança. Apenas a título exemplificativo, trazemos jurisprudência que ilustra o raciocínio de nossos Tribunais na fixação da guarda tendo em consideração a importância do exercício do poder familiar em conjunto:

> Família. Guarda. Ação de divórcio. Sentença de parcial procedência. Irresignação da autora, visando à guarda unilateral das filhas menores. **Guarda que deve ser concedida levando em consideração o melhor interesse das menores**. Ausência de elementos probatórios que atestem a incapacidade do réu de exercer a guarda compartilhada das filhas. Inexistência de divergências exacerbadas entre as partes que impossibilitem o compartilhamento da custódia. **Guarda compartilhada que tem como objetivo reforçar o compartilhamento do poder familiar entre os genitores. Vantagens da guarda compartilhada.** Manutenção. Honorários advocatícios arbitrados nos termos dos §§ 2º e 8º do art. 85 do CPC. Recurso parcialmente provido.[30]

29. Arts. 380 e 385 da Lei 3.071, de 1º de janeiro de 1916.

30. TJSP; Apelação Cível 1014405-39.2017.8.26.0451; Relator Alexandre Marcondes; Órgão Julgador: 3ª Câmara de Direito Privado; Data do Julgamento: 16-12-2019.

5.6 Alimentos

Atrelada à guarda, outra delicada questão surge na fixação de alimentos aos filhos que deve ser entendida em seu sentido mais amplo. Os alimentos têm como finalidade elementar prover o custeio do sustento digno do menor, que certamente vai além da comida *per se*, devendo considerar sempre o sentido mais amplo da moradia, educação, saúde, vestuário, transporte, lazer, enfim, tudo o que se faz necessário para o dia a dia dos menores.

O reconhecimento de igualdade entre os pais inclui direitos, mas certamente também obrigações. Assim é que o Código Civil determina que para o sustento dos filhos comuns, os pais devem contribuir de acordo e na proporção dos seus recursos.[31]

> Ação de alimentos – **Dever parental de ambos os genitores, preferencialmente mediante contribuições em proporção equivalente aos seus recursos**, fundado no princípio da solidariedade humana, destinados ao direito de sobrevivência condigna da prole e à satisfação das despesas básicas de manutenção indispensáveis à criação, ao sustento e à formação – Necessidade do alimentado ínsita à própria incapacidade civil advinda da menoridade, por ora inabilitado para o exercício do trabalho e sujeito ao poder familiar – Prudência do critério de arbitramento adotado pelo juízo – Inteligência dos arts. 1.566, IV, 1.568, 1.630, 1.634, I, 1.694, 1.695 e 1.703 do Código Civil – Alegação de desemprego que, só por si, não o isenta do dever alimentar perante o filho – Precedentes do Superior Tribunal de Justiça – Sentença mantida – Recurso não provido[32] (nosso grifo).

Na prática, o que costumamos ver por resquícios de atribuição histórica (portanto, sempre tendente a alterações conforme o caminhar do senso comum da sociedade) é a guarda

31. Código Civil, art. 1.568. "*Os cônjuges são obrigados a concorrer, na proporção de seus bens e dos rendimentos do trabalho, para o sustento da família e a educação dos filhos, qualquer que seja o regime patrimonial*".

32. TJSP; Apelação Cível 1001040-15.2018.8.26.0666; Relator César Peixoto; Órgão Julgador: 9ª Câmara de Direito Privado; Foro de Artur Nogueira; Vara Única; Data do Julgamento: 15-09-2020; Data de Registro: 15-09-2020.

compartilhada, pela qual a criança reside na casa materna e passa finais de semana alternados e um dia específico da semana na residência paterna, de forma que, por mera consequência, a mãe acaba tendo mais gastos com os filhos do que o pai, ensejando a prestação de alimentos por este.

Os alimentos eram definidos pelo que denominávamos de "*binômio necessidade-possibilidade*" sendo estipulados em uma quantia que atendia às necessidades do menor, respeitando a possibilidade financeira do alimentante, seja este o pai ou a mãe. Em razão da igualdade de direitos e obrigações dos pais – sempre respeitada a capacidade contributiva de cada um – ultimamente tem-se falado na composição de um trinômio, com adição do princípio da proporcionalidade. Sendo assim, a fixação de alimentos deve ocorrer em respeito à ***necessidade-possibilidade-proporcionalidade***, a fim de que a quantia determinada não escape à razoabilidade tão necessária nas relações familiares. Esse tripé é, portanto, uma nova forma de atribuir a responsabilidade dos genitores na estimativa dos alimentos devidos de pais para filhos.

Vale registrar relevante decisão do Supremo Tribunal Federal, que julgou em caráter definitivo a ADIn – Ação Direta de Inconstitucionalidade – 5.422[33] entendendo pela não incidência de imposto de renda sobre os valores decorrentes do direito de família percebidos pelos alimentandos a título de alimentos ou de pensões alimentícias.

Como linha de atuação profissional, incentivamos o diálogo e a composição entre as partes para a definição desse valor, mas nem sempre, pelos mais variados motivos, o diálogo é possível, devendo a questão ser resolvida no campo judicial. Nele devem, então, ser relacionadas e demonstradas documentalmente as necessidades do alimentando em seu universo mais amplo denominado como *alimentos civis* que devem preservar o padrão social de quem solicita a intervenção do Poder

33. Embargos de Declaração rejeitados pela unanimidade dos Ministros do STF em julgamento virtual encerrado em 1º-10-2022 (Rel. Min. Dias Toffoli) tornando definitiva a procedência da referida ADIn 5.422.

Judiciário. Não se limitam, portanto, aos alimentos em sentido literal (alimentação como supermercado, feira e afins), mas devem ser compreendidos no sentido amplo. Envolvem *habitação* (despesas com condomínio, aluguel quando for o caso, IPTU, serviços de água, energia elétrica e gás, acesso às linhas telefônicas fixas ou móveis, empregados domésticos, se for o caso), *educação* (matrícula e mensalidades escolares, material didático, uniforme, transporte escolar, atividades extracurriculares), *saúde* (convênio médico, despesas hospitalares, laboratoriais, odontológicas), *vestuário* (roupas e afins), *lazer* (desde atividades de finais de semana até viagens de férias), *locomoção* (transporte, disponibilização de automóvel, seguro e afins), enfim, tudo o que integrar a realidade do alimentando no curso da vida em família antes do fim do vínculo familiar e que em razão de sua dissolução não deveria ser motivo de redução.

Mas para que esses alimentos sejam realmente devidos, certamente há um outro lado imprescindível a considerar. Não basta provar que os filhos (alimentandos) necessitam daquele valor pretendido como alimentos; é igualmente mandatório comprovar que os pais (alimentantes) possam suportar referidos custos proporcionalmente à sua capacidade econômica. E nesse momento, na falta de acordo entre as partes, caberá ao Poder Judiciário não apenas fixar o *quantum* que será devido aos alimentandos, mas também a proporcionalidade que deverá ser partilhada entre os alimentantes (igual ou desigualmente entre ambos).

Enquanto a prova da pretensão dos filhos se faz pela comprovação dos gastos usuais da família (acima exemplificados), a prova contra quem se pretende imputar o ônus financeiro deve atestar a sua efetiva capacidade econômica para suportar tais gastos. A apresentação da declaração de imposto de renda por ordem judicial, ofícios às instituições financeiras e ao empregador (quando for o caso) são medidas normalmente adotadas para verificação de dita capacidade. Existe a possibilidade de alegar ocultação de renda buscando-se os chamados *sinais exteriores de riqueza*, ou seja, a comprovação de que não seria possível manter aquele padrão vivenciado pela família apenas com as rendas declaradas, caminho esse que, registre-se, não é simples. Vagas alegações não são suficientes e os indícios de ocultação de renda devem ter um mínimo de veracidade.

Engana-se quem pensa que a questão da pensão alimentícia se limita à relação entre filhos e pais. O nosso Código Civil determina que a obrigação de pagar alimentos se estende aos ascendentes, isto é, aos avós, se aquele que deve alimentos em primeiro lugar não estiver em condições de suportar essa obrigação. Isso quer dizer que se a mãe ou o pai que deveria pagar pensão alimentícia já houver falecido ou se encontrar em condições que impossibilitem esse pagamento, os seus pais, portanto, avós do menor, podem ser acionados para suprir essa obrigação. Assim dispõe o art. 1.696 do nosso Código Civil definindo que "*o direito à prestação de alimentos é recíproco entre pais e filhos e extensivo a todos os ascendentes, recaindo a obrigação nos mais próximos em grau, uns em falta dos outros*".

O Superior Tribunal de Justiça firmou o entendimento pela Súmula 596 de que essa obrigação (denominada *alimentos avoengos*) "*tem natureza complementar e subsidiária, somente se configurando no caso da impossibilidade total ou parcial de seu cumprimento pelos pais*". Por ser complementar e subsidiária, ela só poderia ser exigida quando esgotados todos os meios de buscar a verba alimentar primeiramente da mãe ou do pai da própria criança, de forma que aquele a buscar os alimentos deve demonstrar sem sombra de dúvidas que eles são necessários e que não há outra forma de obtê-los. Esse entendimento tem sido respaldado pelos tribunais, alertando que os avós não podem ser desde logo acionados pelos netos sem antes comprovar que os pais não podem lhes custear alimentos:

> APELAÇÃO. AÇÃO DE ALIMENTOS AVOENGOS. Sentença de improcedência. Insurgência da autora, alegando ter comprovado a impossibilidade de seu genitor em fornecer-lhe alimentos.

> Descabimento. **Alimentos avoengos que têm natureza subsidiária, conforme Súmula n. 596 do STJ. Ausência de prova inequívoca quanto à impossibilidade de ambos os genitores de prover o sustento da requerente.** Sentença mantida. Recurso não provido.[34]

Ainda que estejamos acostumados ao pleito de alimentos dos filhos contra os pais (ou avós, na ordem acima prevista), vale atentar para a disposição do art. 1.696 supratranscrito de que o direito à prestação de alimentos "*é recíproco entre pais e filhos*", o que vale dizer – e infelizmente ocorre na prática – que os pais ou avós em situação precária e abandonados pela prole têm o direito de se socorrer do Judiciário para receber alimentos.

Necessário registrar que os alimentos podem ser objeto de revisão judicial para majoração (a pedido dos alimentandos) ou para redução (a pedido dos alimentantes). Pelos primeiros, se comprovarem novas necessidades e sempre e obrigatoriamente atreladas à capacidade financeira contra quem se pretende exigir o custeio. Pelos segundos, se comprovarem a alteração de sua própria condição financeira ou até mesmo a nova capacidade econômica dos alimentandos que lhes permita o próprio sustento.

34. TJSP; Apelação Cível 1002006-62.2017.8.26.0229; Relatora Clara Maria Araújo Xavier; Órgão Julgador: 8ª Câmara de Direito Privado; Data do Julgamento: 21-01-2014.

6. TRANSMISSÃO DE PATRIMÔNIO

6.1 Doação

Alguns pais impõem muita resistência à doação. Alegam que a transmissão em vida pode causar uma situação de efetiva perda da propriedade e do poder dentro do negócio, bem como de inflexibilidade dos rumos da partilha do patrimônio já efetuada em vida. Outros, com argumentação oposta, alegam ser melhor transmitir os bens em vida e resolver desde logo o desafio da sucessão. Entendem que os filhos podem atuar melhor nos negócios se tiverem desde logo a sensação de comando, o que justifica a liberalidade. Mesmo que os doadores reservem para si o controle do patrimônio doado, a sensação de ter a propriedade possibilita aos donatários experimentar o convívio organizacional dos negócios familiares ainda sob a supervisão e acompanhamento dos pais.

Não se recomenda, de plano, a transmissão integral antecipada de patrimônio. Além de não se poder alterar a partilha efetuada (receio de alguns, como dito antes), é temerária a situação na qual, após a transmissão, os pais não sejam atendidos em seus reclamos materiais, que podem ser satisfeitos com parte do patrimônio doado. Ou ainda porque os filhos, na longa vida que terão pela frente, possam vir a trilhar caminhos pessoais equivocados, tomar decisões negociais desaprovadas por seus pais ou colocar indevidamente em risco o patrimônio familiar.

Assim, para fins de Planejamento Sucessório, a transmissão de bens para a próxima geração, se e quando efetuada, deve ser permeada por uma estrutura de regras que possibilite garantir tanto a manutenção da renda e o comando do patrimônio, quanto mais ainda o convívio entre os herdeiros. Exatamente em razão desse desafio não há uma regra única que possa ser livremente aplicada a toda e qualquer estrutura sucessória. Cada caso deve ser sempre analisado individualmente, porque a sucessão envolve uma série de fatores absolutamente particulares de cada família.

Como a doação não comporta arrependimento, esse caminho deve ser escolhido após a consideração de todas as suas consequências pelos doadores; enquanto persistir dúvida, a organização da transmissão do patrimônio deve ser prevista pelo testamento.

6.1.1 Conceito

Na definição do art. 538 do Código Civil brasileiro, doação é "*o contrato em que uma pessoa, por liberalidade, transfere do seu patrimônio bens ou vantagens para o de outra*". A doação é um ato bilateral, pelo qual o donatário (aquele que recebe a doação) deve expressar sua aceitação, mesmo que a doação seja livre de encargos.

O doador deve ser maior e capaz, observando-se a concordância de seu cônjuge, se casado for (salvo se casado pelo regime da separação total de bens ou da separação obrigatória). Já o donatário deve igualmente ser maior e capaz se a doação for vinculada a encargos que este deva cumprir. Caso contrário, nada obsta que o donatário seja menor ou incapaz, formalizando, seu responsável, a aceitação da doação. A doação pode até beneficiar o nascituro, ou seja, o bebê ainda no ventre materno, devendo ser aceita por seu representante legal. Havendo mais de um donatário e não indicada a forma de divisão dos bens doados, presumem-se divididos em partes iguais em favor dos beneficiários.

A doação é, acima de tudo, um ato de liberalidade e de autonomia dos doadores, é o que denominamos *animus donandi*, ou seja, o propósito de beneficiar patrimonialmente aquele que receberá a doação, mas que deve sempre observar o respeito à parcela legítima dos descendentes, evitando-se litígios sucessórios indesejáveis.

Como um ato bilateral entre doador e donatário, a aceitação deste último é elemento obrigatório para a concretização da liberalidade, sem o que não será considerada efetivada. Ainda que possa ser gratuita e sem encargo, deverá haver manifestação do donatário recebendo o objeto da liberalidade.

Ao doador não é permitido doar todos os seus bens, pois deve reservar para si uma parte que lhe garanta subsistência pelos anos que lhe restam, cautela essa do próprio ordenamento jurídico brasileiro.[35]

6.1.2 Forma

Embora a legislação aplicável à matéria autorize de modo geral a celebração da doação por instrumento público ou particular, as doações de bens imóveis devem observar sempre a forma pública, mediante escritura lavrada em Cartório de Notas.

A assinatura de um instrumento de doação é recomendável mesmo quando se trate de bens sem valor comercial, mas que, envolvendo peças de valor sentimental, possam gerar disputas entre os herdeiros depois de aberta a sucessão do doador.

Ao contrário do que muitos pensam, a doação dos pais em benefício de um único filho não exige a anuência ou concordância dos filhos não beneficiados, desde que respeite a parcela legítima daqueles não contemplados pelo ato de liberalidade. Alguns pais fazem questão de dar ciência da doação aos filhos não contemplados no próprio instrumento de liberalidade ou

35. Código Civil, art. 548: "*É nula a doação de todos os bens sem reserva de parte, ou renda suficiente para a subsistência do doador*".

documento autônomo adotando a transparência nas relações familiares, mas a sua falta não torna o ato anulável.

6.1.3 Doação com encargo

A doação pode ser feita sem contraprestação ou condição a ser respeitada pelo donatário. Como registramos, a doação para menores ou incapazes só pode ser aceita pelo responsável se não impuser quaisquer encargos ou condições, o que denominamos *doação pura*. Por outro lado, as doações para maiores e capazes podem vincular um encargo ao donatário para receber o bem ou o direito objeto da doação, obrigando-o à prática (ou abstenção) de determinados atos previstos pelo doador no instrumento da doação. Podem ser encargos, a título exemplificativo, a obrigação de utilizar os valores para aquisição de determinado bem, a obrigação de auxiliar economicamente terceiros, de prestar determinados serviços a pessoas ou entidades específicas, de respeitar acordos já firmados ou que venham a ser firmados pelo doador, e assim por diante. Tal encargo ou condição pode, ainda, ter caráter suspensivo, ou seja, vinculado a eventos futuros (por ocasião do casamento do donatário, da conclusão de curso superior etc.), sendo certo que ao donatário maior e capaz cumpre aceitar ou, contrariamente, declinar da doação, abrindo mão do benefício e, por consequência, não se obrigando a praticar ou a se abster de praticar determinados atos.

Particularmente no que concerne aos ativos financeiros, alguns doadores pretendem valer-se da doação para impor regras de gestão, definindo, por exemplo, periodicidade e limite das retiradas. Mas não é o documento de doação – tampouco o testamento – o instrumento correto para garantir a perenidade e o melhor uso dos ativos financeiros. Se a intenção do doador for, efetivamente, criar uma estrutura de proteção dos ativos financeiros, impondo limites para a movimentação da liquidez, então a doação deve vir acompanhada de estruturas montadas pelo próprio doador (ou testador, se for o caso), como fundos de investimento ou *trusts*, especificamente tratados adiante por Márcia e Longo.

6.1.4 Cláusulas restritivas

Na vigência do Código Civil anterior, era facultado ao doador impor cláusulas restritivas aos bens transmitidos por doação, independentemente de comporem a parcela legítima ou disponível do patrimônio, regra essa que também era permitida para o testamento. O Código Civil em vigor ampliou a proteção à prole, autorizando a imposição de cláusulas restritivas apenas sobre a parcela disponível do patrimônio do doador,[36] o que representa consequências patrimoniais importantes. As cláusulas restritivas mais conhecidas são:

a) **incomunicabilidade**: independentemente do regime de casamento adotado pelo donatário (ou ainda herdeiro, ou legatário), o bem não se comunica ao seu cônjuge ou companheiro[37] na hipótese em que esses venham a dissolver o casamento ou união estável. Ainda assim, na sucessão dos donatários, esse bem pode ser incluído na partilha. A cláusula pode ser temporária ou vitalícia;

b) **impenhorabilidade**: proteção pela qual bens específicos não podem ser oferecidos como garantia nem tomados por eventuais credores para o pagamento de dívidas contraídas pelo donatário, herdeiro ou legatário. Nesta segunda hipótese, o bem transmitido com esta cláusula impede que o credor obtenha ordem judicial para penhora,[38] salvo aquelas dívidas decorrentes do próprio bem (exemplo: débitos de condomínio garantidos pelo próprio imóvel) e dívi-

---

36. A mesma restrição é imposta ao testamento.

37. A cláusula é recomendável mesmo quando o herdeiro ou legatário houver contraído núpcias pelos regimes da comunhão total ou parcial – que excluem de eventual patrimônio comum bens recebidos a título gracioso, por doação ou por herança – ante a possibilidade de alteração do regime de bens pelo beneficiário da liberalidade.

38. Código de Processo Civil:
"*Art. 833. São impenhoráveis:*
I – os bens inalienáveis e os declarados, por ato voluntário não sujeitos à execução".

das trabalhistas. A cláusula pode ser temporária ou vitalícia; e

c) **inalienabilidade**: cláusula pela qual o donatário (herdeiro ou legatário, se a transmissão for por testamento) recebe o domínio limitado sobre o bem pois, embora possa livremente utilizá-lo (inclusive dele receber renda), não pode vendê-lo, permutá-lo, dá-lo em pagamento nem em garantia etc.; a inalienabilidade pode ser vitalícia ou temporária, permitindo que o donatário aliene o bem após determinada data ou evento, com o consentimento do doador, ou após o falecimento deste; a inalienabilidade vitalícia veda a alienação pelo donatário até o seu falecimento, o que pode engessar o patrimônio por uma geração inteira e trazer muitos prejuízos; portanto exige muita ponderação quando for instituída.

Importante registrar que a vitaliciedade da cláusula se refere ao donatário e não ao bem doado, ou seja, extinguir-se-á em definitivo com seu falecimento. Se o donatário desejar impor a mesma proteção aos seus sucessores deve lavrar instrumento próprio (doação ou testamento, a depender do encaminhamento).

Excepcionalmente, permite-se a imposição dessas cláusulas na parcela legítima do patrimônio que será transmitido ao donatário, desde que haja justa causa declarada no ato da liberalidade, porque, como veremos adiante, o Código Civil limitou a possibilidade de se estabelecer restrições sobre a transferência de patrimônio que componha a parcela legítima. As consequências dessa limitação, ainda que não atinja a totalidade dos bens e direitos, já têm sido sentidas nos Planejamentos Sucessórios.

Há situações que não raramente ocorrem no mercado imobiliário, nas quais o donatário recebe um imóvel com cláusulas restritivas, até mesmo de inalienabilidade, mas deseja substituí-lo por outro ou conferi-lo para um empreendimento imobiliário. Nesses casos, em que não se pode desrespeitar a cláusula de inalienabilidade, nem se pode, por outro lado, perder a oportunidade negocial, é possível promover a sub-rogação de vínculos, que consiste no oferecimento de um outro imóvel para receber o encargo original de inalienabilidade e liberar do gravame o imóvel originalmente doado. Essa substituição é feita mediante procedimento judicial com prévia avaliação dos bens ou direitos sobre imóveis sub-rogados e sub-rogatórios. Os encargos impostos pelo doador são sub-rogados do imóvel doado para um outro imóvel, igualmente em nome do donatário.[39]

6.1.5 Colação da doação na sucessão do doador

O fato de a doação caracterizar uma transmissão feita em vida, não desobriga o doador de respeitar os quinhões dos herdeiros necessários, observando-se a legítima parte de cada um. Por isso, ao formalizar a doação para um herdeiro necessário, o doador deve consignar se ela configura adiantamento da legítima ou se decorre da parte disponível da futura herança e que, portanto, não afeta a primeira. Se o doador não fizer qualquer menção ao fato, a lei presume que a doação ao herdeiro necessário tenha ocorrido como adiantamento da legítima, devendo o donatário beneficiado informá-la ao juízo do inventário quando aberta a sucessão do doador, procedendo-se à soma do valor da doação ao patrimônio detido pelo falecido e ao seu desconto do quinhão que caberia àquele herdeiro necessário. Esse procedimento, denominado "colação", visa igualar as legítimas dos herdeiros. Ou seja, ante o princípio da igualdade dos quinhões, a colação busca restabelecer a paridade eventualmente rompida, presumindo-se a liberalidade como antecipação da parte que caberia ao beneficiado.

Se o bem doado não mais existir no momento da abertura da sucessão, o donatário, então herdeiro, deve informar o seu valor. A sonegação dessa informação implica grave

39. O imóvel sub-rogado deve estar em nome do donatário no momento da ação judicial de sub-rogação de vínculos; o pedido de sub-rogação em área construída futura encontra restrições no Judiciário e deve ser objeto de apreciação conforme o caso concreto.

penalidade, que pode impor ao herdeiro faltante a perda do bem sonegado (ou de seu respectivo valor, se o bem não mais existir) e, se inventariante for, a destituição do cargo.

Todavia, se quiser dispensar o beneficiário da colação, o doador deve, no ato da liberalidade, registrar que a doação deve ser descontada da parte disponível de seu patrimônio. Se não o fizer no ato da liberalidade, o doador ainda pode registrar essa intenção no testamento.[40]

6.1.6 Doação inoficiosa

Em proteção aos herdeiros necessários, determina o art. 549 do Código Civil que "*nula é também a doação quanto à parte que exceder a de que o doador, no momento da liberalidade, poderia dispor em testamento*".

Assim, quem possui herdeiros necessários tem ampla liberdade para doar em vida ou transmitir por sucessão via testamento a metade de seu patrimônio, ficando a outra metade indisponível como parcela legítima dos herdeiros necessários.

6.1.7 Venda e compra entre ascendentes e descendente

A venda e compra de pais para filho é ato anulável por disposição expressa do art. 496 do Código Civil[41]. Tal previsão visa a evitar fraude contra os demais filhos, que podem contestar o ato no caso de os ascendentes pretenderem beneficiar um descendente e simular a venda de um bem ou direito para ele, em detrimento dos demais. A negociação torna-se legitimada e inconteste quando os demais descendentes e o cônjuge do vendedor expressamente concordem com os seus termos.

Assim, conforme destacamos anteriormente, a doação de pais para um filho em detrimento dos demais (respeitada a

40. Código Civil, art. 2.006: "*A dispensa da colação pode ser outorgada pelo doador em testamento, ou no próprio título de liberalidade*".

41. Código Civil, artigo 496: "*É anulável a venda de ascendente a descendente, salvo se os outros descendentes e o cônjuge do alienante expressamente houverem consentido*".

legítima dos não beneficiados) não exige anuência, mas a venda e compra, sim.

Interessante registrar que para as empresas tipicamente familiares há entendimento jurisprudencial ainda não pacificado aceitando a venda de participação de pais para filho sem anuência dos demais, entendendo que, na atividade empresarial, o direito comercial se sobrepõe ao direito civil e os pais têm direito de escolher entre seus filhos o que seja mais indicado para a continuidade do negócio, vendendo-lhe participação societária. Mas é importante destacar que (i) isso não pode caracterizar desrespeito à parte legítima dos demais herdeiros, e (ii) é um entendimento jurisprudencial não majoritário e não uma disposição de lei, o que significa ser passível de interpretação diversa no futuro.

E nesse caso, necessário ressaltar que para prosperar a anulação da venda entre ascendente e descendente é mister se demonstrar efetivo prejuízo aos demais herdeiros:

> A Eg. Segunda Seção desta Corte, no julgamento do REsp 668.858/PR, do qual foi Relator o eminente Ministro Fernando Gonçalves, *DJ* 19.12.2008, uniformizou a jurisprudência do STJ sobre o tema, adotando o entendimento de que "a venda de ascendente a descendente, sem a anuência dos demais, segundo melhor doutrina, é anulável e depende da demonstração de prejuízo pela parte interessada".[42]

No mesmo sentido:

> [...] a alienação de bens de ascendente a descendente, sem o consentimento dos demais, é ato jurídico anulável, cujo reconhecimento reclama: (i) a iniciativa da parte interessada; (ii) a ocorrência do fato jurídico, qual seja, a venda inquinada de inválida; (iii) a existência de relação de ascendência e descendência entre vendedor e comprador; (iv) a falta de consentimento de outros descendentes; e (v) a comprovação de simulação com o objetivo de dissimular

42. STJ, REsp 752149/AL, Rel. Min. Raul Araújo, 4ª Turma, j. 14-09-2010.

> doação ou pagamento de preço inferior ao valor de mercado ou, alternativamente, a demonstração do prejuízo à legítima.[43]

O fato de a venda e compra ser realizada a valor de mercado, inclusive com a comprovação do pagamento integral do preço pelo filho em favor de seus pais, não afasta o risco de anulabilidade da aquisição, uma vez que o valor justo não elimina o direito dos filhos preteridos.

De outro lado, a venda e compra por valor claramente inferior ao de mercado pode indicar uma doação simulada, sem o recolhimento do tributo estadual incidente sobre a transmissão gratuita, o que é abordado por Longo no aspecto tributário do Planejamento Sucessório.

Não raras vezes, verifica-se que a venda de ascendentes para descendentes é escolhida como alternativa de economia fiscal, na medida em que, havendo alienação, fica afastada a incidência do imposto de doação. Mas essa opção pode custar caro à família.[44] Desde logo porque, se o regime de bens do casamento civil ou da união estável do donatário for o da comunhão parcial de bens, a aquisição da nova participação se transforma automaticamente em patrimônio comum do casal, já que havida a título oneroso e não gratuito. Além disso, ao transferir por venda, não há como gravar referida participação com as cláusulas de incomunicabilidade e impenhorabilidade, e, quando for o caso, inalienabilidade temporária, que protegem o patrimônio recebido pelo donatário.

6.1.8 Reversão e revogação

A doação é, em regra, irrevogável e irretratável, pois se torna ato jurídico perfeito e acabado com a entrega do bem mediante aceitação pelo donatário, o que não pode ser,

---

43. STJ, REsp 1.356.431-DF, Rel. Min. Luis Felipe Salomão, por unanimidade, julgado em 08-08-2017.

44. As implicações fiscais na transmissão de bens por sucessão ou doação estão comentadas na Seção IV deste livro – Aspecto Tributário, pelo Longo.

posteriormente, alterado ou revogado por apenas uma das partes, visto que contrato bilateral. Portanto, não comporta arrependimento. Contudo, existem hipóteses específicas nas quais o bem doado retorna ao doador.

A primeira delas não configura propriamente revogação, mas sim uma condição de reversão. Ocorre quando se verifica o falecimento do donatário anteriormente ao doador. Nessa situação, e desde que tal condição tenha sido expressamente disposta no instrumento de doação, os bens doados ao donatário pré-falecido ao doador retornam para este último, voltando à situação anterior à doação. Ou seja, não seguem para os herdeiros do donatário. Mas tal apenas ocorre se assim houver sido previsto no ato de liberalidade atendendo ao que determina o art. 547 do Código Civil.[45]

A inclusão desse tipo de cláusula, embora pareça indelicada, pode ser relevante em determinadas empresas familiares para regulamentar a situação em que o donatário (filho), por infortúnio, venha a falecer antes do doador (pai/mãe). Nesse caso e sem a previsão da reversão, os filhos e/ou cônjuge do donatário falecido (netos e/ou nora/genro dos doadores) acabam ingressando na sociedade; e, se os netos forem menores, a participação societária será administrada pelo cônjuge sobrevivente (genro ou nora do filho pré-morto). Assim, a estruturação sucessória com a cláusula de reversão permite o retorno da participação ao doador original, e este pode, posteriormente, promover nova destinação, inclusive diretamente aos netos do filho falecido, com formato e regras apropriadas, respeitando-se a legítima, uma vez que os netos passarão à posição de herdeiros necessários.

As demais hipóteses, que são efetivamente de revogação, decorrem da falha na implementação da condição ou na inexecução dos encargos (temas já tratados acima). Pode também ocorrer a revogação por ingratidão do donatário para com o

45. Código Civil, art. 547: "*O doador pode estipular que os bens doados voltem ao seu patrimônio, se sobreviver ao donatário*".

doador, dentro das hipóteses expressamente dispostas no art. 557 do Código Civil, a saber, (i) se o donatário atentou contra a vida do doador; (ii) cometeu contra ele ofensa física; (iii) injuriou ou caluniou gravemente o doador; e (iv) se recusou alimentos quando esse necessitou. Note-se, portanto, que a tipificação da ingratidão decorre sempre de situações extremas na vida familiar e meros desentendimentos e rompimentos, ainda que por longos períodos, não permitem a revogação.

Assim, a opção pela doação deve ser ponderada entre as partes e decorrer de uma conjuntura de fatores. Uma decisão precipitada que busque solucionar uma questão particular sem analisar os reflexos no entorno da vida familiar e empresarial pode causar transtornos maiores do que aqueles que se pretenderia evitar. Como se diz no jargão jurídico, doação é como um lance no leilão. Se não tiver visto antes o bem que pretende adquirir, terá no leilão cinco segundos para resolver e cinco anos para se arrepender. Assim também é na vida familiar. Transmitir patrimônio é o caminho natural das gerações, resta apenas ser bem feito e no momento oportuno.

6.1.9 Usufruto

Para aqueles que pretendem, mesmo com a doação, manter consigo o controle e/ou os benefícios econômicos do patrimônio doado, é facultado reservar para si o usufruto desses bens. O doador transfere ao donatário a propriedade de determinado bem, mas reserva para si o direito de usá-lo e/ou de receber seus frutos, podendo dele livremente fruir por tempo determinado ou enquanto viver.[46]

Ao doar a propriedade desnuda da possibilidade de sua utilização, o doador entrega ao donatário o que se denomina "*nua propriedade*", pois o uso dela, ou seja, o usufruto fica mantido com o doador. O fato de o usufrutuário poder livremente usar e fruir de determinado bem significa que lhe é garantido

46. O usufruto também pode ser instituído pelo proprietário em favor de terceiro.

o direito de utilizá-lo diretamente ou de ele ser utilizado por terceiros por ele indicados (ou seja, emprestar, alugar, ceder), mas em nenhuma hipótese pode o usufrutuário alienar o bem.

Ao nu-proprietário, salvo cláusula específica, é permitido alienar a nua propriedade, que, todavia, não altera o usufruto, que segue válido e eficaz em favor do usufrutuário. O produto da alienação, se ocorrer, pertencerá ao nu-proprietário.

Apesar de configurar um instituto de grande eficácia para o Planejamento Sucessório, o usufruto inspira cuidados no que diz respeito à alienação de bem cuja nua propriedade haja sido doada aos filhos menores, incapazes, ex-cônjuges, ou mesmo àqueles que possam futuramente decepcionar ou frustrar os desejos do doador. A doação é ato definitivo e a reserva de usufruto, ainda que confira plenas garantias de uso e fruição ao doador, agora usufrutuário, não tem o condão de reverter a doação realizada.

Importante destacar que o usufruto é um direito não transferível para terceiros por força da sucessão. É direito que não se herda, não se doa, nem se vende. Se expressamente disposto no momento de sua instituição, pode beneficiar o cônjuge sobrevivente do usufrutuário ou o cousufrutuário (aquele que reservou para si ou recebeu conjuntamente o usufruto). Isto é, não há um usufruto em segundo grau pelo qual, na falta do usufrutuário, possa ser indicada outra pessoa qualquer para tomar o seu lugar. Todavia, é permitida a cessão do exercício do usufruto, gratuita ou onerosamente, de tal sorte que o usufrutuário durante sua vida (ou período de validade do usufruto, se temporário) transfere a terceiro o uso e os frutos a que tem direito. O usufruto extingue-se, entre outras causas, pela morte do usufrutuário ou, se disposto expressamente, pela morte do cônjuge sobrevivente ou do cousufrutuário. Na hipótese de ter havido a cessão do exercício do usufruto, essa relação extingue-se automaticamente pela morte do usufrutuário, simplesmente porque desaparece o objeto (isto é, extingue-se o usufruto, que volta a integrar a propriedade). E a partir desse momento, o nu-proprietário, que tinha para si apenas a titularidade da propriedade, mas não seus frutos e rendimentos, passa a ter o direito de usufruir integralmente daquele bem.

6.2 Sucessão – Partilha de bens na herança

> *O próprio viver é morrer, porque não temos um dia a mais na nossa vida que não tenhamos, nisso, um dia a menos nela.*
>
> **Fernando Pessoa**

Entendida a complexidade das relações familiares e toda a diversidade que isso envolve, passamos agora a enfrentar a dissolução do casamento ou da união estável em razão do falecimento de um dos membros do casal. É no momento da sucessão que a escolha feita pelo casal no início do relacionamento, adotando um ou outro regime de bens, reflete na transmissão de patrimônio ao cônjuge ou companheiro sobrevivente e aos sucessores do falecido.

O instrumento clássico de organização da sucessão de uma pessoa certamente é o testamento, embora necessário registrar que não é esse o único documento que deve ser considerado por aqueles que desejam regular a transmissão organizada de seu patrimônio para a próxima geração. Nas empresas familiares, os instrumentos societários, tratados neste livro por Márcia, e os reflexos tributários decorrentes da sucessão, tratados por Longo, permeiam todo o Planejamento Sucessório e devem ser analisados de maneira ordenada e alinhada em benefício da melhor estrutura sucessória.

6.2.1 Testamento

> *A morte não é nada para nós, pois, quando existimos,*
> *não existe a morte, e quando existe a morte, não existimos mais.*
>
> **Epicuro**

6.2.1.1 Conceito

O testamento é um ato personalíssimo de caráter revogável que pode ser firmado por qualquer pessoa capaz (não se admite procurador para tanto) em que, respeitadas as normas legais, pretenda dispor sobre a destinação de seus bens na sua sucessão. Todavia, há limitação dessa liberdade, pois a meação ao cônjuge ou companheiro sobrevivente (a depender do regime de bens adotado pelo casal) e os quinhões que couberem por lei aos herdeiros necessários devem ser respeitados.

Como já comentamos, excluída a meação conforme o regime de bens, remanesce o patrimônio do testador, que deve ser dividido em duas partes iguais: a primeira, denominada "**parcela legítima**", a ser destinada aos herdeiros necessários, e a segunda, denominada "**parcela disponível**", que pode ser livremente destinada pelo testador da forma e para quem quiser. Quando não há testamento, a parcela disponível segue automaticamente para os herdeiros, observada a ordem legal de preferência que cumpre à parcela legítima.

Pode-se imaginar que, excluída a meação e subtraída a parcela legítima, pouco efetivamente restará para ser objeto do testamento. Mas essa ideia não é correta. Na verdade, a lei permite ao testador dispor livremente da destinação de seus bens (legítima e disponível), desde que respeitados os percentuais legais supraindicados. Isso significa que dentro da parcela legítima, o testador pode (e deve) verificar quais os bens deseja sejam destinados para cada herdeiro necessário, delineando assim a sua vontade. Ou seja, os herdeiros necessários têm direito a um porcentual da herança, mas não têm direito de escolher quais os bens, direitos e haveres receberão. Como se vê, a legítima atinge um percentual da herança e não um bem específico, que pode ser indicado pelo testador, conforme autoriza o art. 2.014 do Código Civil.[47] Portanto, mesmo sobre a parcela legítima, o testador pode exercer a sua vontade.

---

47. Código Civil, art. 2.014: "*Pode o testador indicar os bens e valores que devem compor os quinhões hereditários, deliberando ele próprio a partilha, que prevalecerá, salvo se o valor dos bens não corresponder às quotas estabelecidas*".

É equívoco comum o testador imaginar que, embora casado pelo regime da comunhão (parcial ou total), os seus bens (ou aqueles que estiverem exclusivamente em seu nome) são partilhados apenas após o seu falecimento, visto ser o único titular dos mesmos. Nesse caso, parte da errada premissa de que, constando apenas o seu nome como titular dos bens que compõem o patrimônio do casal, ante o falecimento do seu cônjuge ou companheira(o) nada se altera e todos os bens permanecem consigo. Segundo esse raciocínio (repita-se, equivocado), não se transferem os bens comuns aos herdeiros, já que registrados em nome exclusivo do cônjuge ou companheira(o) sobrevivente e que seriam, então, partilhados apenas no seu próprio falecimento enquanto titular desses ativos.

Ledo engano! Ora, se existe comunhão e um dos cônjuges vem a falecer, é indiferente verificar em nome de qual integrante do casal se encontram registrados os bens. Certo é que todos os bens e direitos do casal que compõem o patrimônio comum devem formar o monte a ser partilhado. Se o casal era casado sob o regime da comunhão total, não importa o momento da aquisição do bem ou do direito; se sob o regime da comunhão parcial, aqueles adquiridos após o casamento a título oneroso são aduzidos ao monte partível como meação, sendo os demais levados para composição das parcelas legítima e disponível.

O desconhecimento da regra sucessória tem gerado problemas desnecessários e por vezes consequências fiscais relevantes. Sob o aspecto empresarial, os filhos, que a partir do falecimento da mãe, por exemplo, passariam a ter direito a votar em assembleias e a receber dividendos pagos às ações que a eles seriam transmitidas (ainda que registradas em nome do pai), acumularão direitos de crédito contra o pai com relação aos dividendos e poderão questionar a legitimidade de decisões em relação à empresa, visto que os direitos à percepção dos dividendos e ao voto (proporcionalmente às ações que lhes caberiam pelo falecimento da mãe) estarão sendo exercidos indevidamente pelo pai.

Imaginemos o seguinte exemplo: um empresário detentor da maioria das ações de uma companhia, tendo como segunda acionista sua mulher, com quem é casado pelo regime da comunhão universal de bens. Ambos detêm, em conjunto, a totalidade das ações que compõem o capital social da empresa, sendo a gestão exercida pelo marido. Nesse exemplo, a esposa nunca foi afeita aos negócios sociais. Ela falece, sem testamento. O comando legal é no sentido de que o conjunto total das ações deva ser levado a inventário para partilha. O marido recebe 50% das ações (sua meação) e os outros 50% são partilhados entre os dois filhos do casal, ambos jovens e inexperientes. Nesse cenário, o pai não detém mais o controle da empresa, uma vez que é titular de 50% das ações; ele necessita do voto de ao menos um dos filhos para que sua deliberação prevaleça. Isso sem mencionar algumas deliberações para as quais se possa exigir a deliberação unânime dos acionistas, conforme possa estar determinado no estatuto da sociedade ou no seu acordo de acionistas.

Nesse mesmo exemplo, se a mulher houvesse testado a parcela disponível de seu patrimônio para o marido, ou, ao menos, apenas o usufruto sobre as ações dessa parcela da companhia, o marido preservaria o poder político e econômico. E, como será visto no aspecto societário abordado pela Márcia, se os acionistas houvessem celebrado um acordo, poderia o marido ter o poder de decisão até mesmo nas deliberações para as quais a lei exige aprovação por todos os sócios. Tudo isso faz parte do jogo de xadrez do Planejamento Sucessório.

Outro exemplo usual ocorre com ativos financeiros nos regimes da comunhão total, comunhão parcial ou participação final nos aquestos. O cônjuge ou companheiro sobrevivente – no mais das vezes por desconhecimento – apresenta para partilha em inventário as contas conjuntas ou individuais do cônjuge ou companheiro falecido, mas não informa as suas contas pessoais porque entende que com ele devem permanecer até o seu falecimento. Mas não é esse o procedimento correto. A omissão deixa a partilha irregular, o que pode ser objeto de contestação pelos filhos do cônjuge ou companheiro falecido, além de falta de recolhimento do imposto de sucessão, incidindo as penalidades pelo inadimplemento dessa obrigação tributária.

Respeitados os porcentuais da parcela legítima atribuíveis aos herdeiros necessários, resta dar destinação à parcela disponível. E é por meio do testamento que a parcela disponível do patrimônio do testador é destinada segundo a livre vontade do declarante. Os beneficiários da parcela disponível se denominam *legatários*. Tal parcela pode beneficiar os descendentes em partes iguais, apenas um deles ou simplesmente excluí-los, caso o testador entenda que devam receber somente a parcela legítima. Pode ser deixada para o cônjuge ou companheiro sobrevivente, independentemente do regime de bens do casal. E, ainda, pode ser deixada para terceiros, dispensada a justificativa, observadas as exceções dispostas pelo art. 1.801[48] do Código Civil.

O testamento é ferramenta que serve para ordenar várias questões que envolvem o processo de transmissão de bens e direitos por força da sucessão. É utilizado para (i) compor direito patrimonial do cônjuge ou companheiro sobrevivente, conforme o regime de bens adotado pelo casal; (ii) organizar o pagamento da parcela legítima aos herdeiros necessários, determinando os bens que serão atribuídos em seus quinhões; (iii) dispor sobre a divisão da parcela disponível; (iv) atribuir encargos e/ou condições na transmissão de parcela determinada dos bens; (v) efetuar liberalidades patrimoniais para terceiros; (vi) se for o caso, dispensar os herdeiros da colação; (vii) nomear curadores especiais quando houver herdeiros

48. Código Civil, art. 1.801: "*Não podem ser nomeados herdeiros nem legatários:*
I – a pessoa que, a rogo, escreveu o testamento, nem o seu cônjuge ou companheiro, ou os seus ascendentes e irmãos;
II – as testemunhas do testamento;
III – o concubino do testador casado, salvo se este, sem culpa sua, estiver separado de fato do cônjuge há mais de cinco anos;
IV – o tabelião, civil ou militar, ou o comandante ou escrivão, perante quem se fizer, assim como o que fizer ou aprovar o testamento."

menores, incapazes ou quando se pretender regular parte do patrimônio após a maioridade civil dos legatários; (viii) nomear tutores quando houver herdeiros menores ou incapazes; (ix) dispor sobre a ratificação de acordos societários, termos e compromissos firmados pelo testador; (x) honrar declarações de vontade imateriais de cunho moral, religioso ou social, ainda que sem reflexo patrimonial; (xi) reconhecer a paternidade; (xii) nomear inventariante para administrar os bens do Espólio desde o falecimento até a partilha; e (xiii) nomear testamenteiro para executar as disposições testamentárias.

Em situações específicas, sendo de conhecimento do testador que seus herdeiros ou legatários não possuem capacidade econômica para suportar os tributos decorrentes da sucessão (que devem ser pagos antes da transmissão dos bens), é possível determinar em testamento que os ativos financeiros em nome do falecido sejam utilizados para o pagamento deste valor, o que exigirá alvará judicial no curso do inventário. Ante o custo fiscal da sucessão, alguns testadores deixam em nome dos beneficiários planos de previdência como VGBL (Vida Gerador de Benefícios Livres), que são disponibilizados com a sucessão para quitação dos impostos ou, até mesmo, geração de liquidez rápida sem que se tenha de aguardar o término do inventário (uma vez que tais planos são pagos independentemente do curso do inventário).

Caso interessante foi apreciado no ano de 2018 pelo Superior Tribunal de Justiça que em decisão de sua Quarta Turma reconheceu uma *adoção póstuma* deixada por disposição testamentária. Nesse caso, o testamento não foi analisado isoladamente, mas sim o conjunto de provas que demonstrou inequivocamente existir uma forte e incontestável filiação socioafetiva sobre a qual não houve tempo de se obter declaração judicial.

Aplicam-se ao testamento as mesmas regras das cláusulas restritivas tratadas quando da análise da doação, sendo o art. 1.848 do Código Civil taxativo ao afirmar que "*salvo se houver justa causa, declarada no testamento, não pode o testador estabelecer cláusula de inalienabilidade, impenhorabilidade, e de incomunicabilidade, sobre os bens da legítima"*. Com relação à parcela disponível do patrimônio do testador, referidas cláusulas restritivas podem ser estabelecidas por ele sem qualquer justificativa.

Vale lembrar que, diferentemente da doação, o testamento é ato personalíssimo, revogável e retratável, ou seja, o testador pode unilateralmente e a qualquer momento, enquanto capaz, alterar as disposições testamentárias ou revogá-las integralmente.

6.2.1.2 Capacidade do testador

Muito se tem falado acerca da capacidade para lavratura do testamento. Por desconhecimento, não raramente ouvimos que há uma idade limite para o cidadão firmar suas disposições sucessórias. Esse equivocado entendimento não tem qualquer base legal.

Qualquer cidadão capaz, independentemente de sua idade, possui plenas condições para a lavratura do testamento. Na tradição do Direito brasileiro, a capacidade é presumida, ou seja, é a incapacidade que deve ser provada. Ainda assim, a incapacidade civil do testador é a alegação mais utilizada em processos judiciais por herdeiros que, discordando das disposições testamentárias, pretendem anular as cláusulas que contradigam seus desejos pessoais, o que certamente não pode prevalecer sobre a vontade soberana do testador.

Apenas a título exemplificativo, vale mencionar alguns julgados que trataram da matéria:

> Testamento – Nulidade – Inocorrência – Ato jurídico realizado quando a testadora tinha idade avançada – Incomprovação da existência de doença mental ou vício de consentimento – A velhice, se não for acompanhada de demência ou imbecilidade, não torna o testador incapaz para o ato – Ação improcedente – Decisão mantida – Recurso não provido (TJSP – AC 053-4 – 6ª Câmara de Direito).
>
> Só a dificuldade de falar, a afasia, não induz ausência de juízo perfeito para testar. Ausência de comprovação da incapacidade mental ou falta de lucidez do finado para testar. Exigência de

> prova cabal de que o finado, quando da lavratura do testamento, não tivesse plena capacidade de discernimento de seus atos. Incabível a anulação. Testemunhas instrumentárias do testamento público, que disseram que o finado estava entendendo bem. Mera suspeita de incapacidade em virtude do AVC, do finado. Prova que era ônus dos autores (*JTJ* 342/401; Ap. 429.976-4/6-00).

Não que seja condição, mas em determinadas situações em que se antevê a possibilidade de questionamento da capacidade do testador após seu falecimento, é recomendável que o ato de lavratura do testamento seja precedido de um laudo médico atestando a plena capacidade cognitiva do declarante. Nunca é demais lembrar que eventual incapacidade física do testador é indiferente para fins de lavratura do testamento.

6.2.1.3 Formas

O testamento é um ato jurídico solene. Com isso, garante-se não apenas a autenticidade do documento, mas também se confere ao testador a certeza de cumprimento de sua vontade.

A intervenção de um advogado na confecção do documento é recomendável para que a redação, respeitando a vontade soberana do testador, seja juridicamente exequível na abertura da sucessão. Disposições sucessórias que permitam interpretações dúbias podem levar à nulidade de cláusulas específicas ou, situação extrema, de todo o testamento.

O Código Civil dispõe de distintas formas para as declarações de última vontade,[49] registrando-se aqui as mais usuais:

(a) Testamento público

O testamento público é com certeza a forma mais usual – e segura – para as disposições de última vontade, declaradas em escritura pública de testamento, lavrado pelo tabelião em um livro próprio do Cartório de Notas em conformidade com

---

49. De certo há outras formas de testamento, denominados "testamentos especiais", que se aplicam em situações absolutamente específicas, como o marítimo, aeronáutico e militar.

o que disser o testador, na presença de duas testemunhas. A expressão "público" pode dar uma falsa impressão de publicidade, o que não é verdade. O testamento é "público" não porque livremente acessível por curiosos, mas sim porque o tabelião do Cartório de Notas confere fé pública ao ato solene do testamento, atestando que foi firmado pelo testador sem erro, dolo ou coação, representando sua livre manifestação de vontade. O instrumento público é firmado pelo testador, pelo tabelião e por duas testemunhas. A via original do testamento fica arquivada no Cartório de Notas e o testador leva consigo uma certidão de inteiro teor do documento público.

A presença do tabelião confere não apenas solenidade ao ato, mas veracidade à livre disposição de vontade do testador. A impugnação do testamento público que observou as regras sucessórias por parte de um herdeiro prejudicado é tarefa extremamente difícil e de êxito remoto.

Não há como consultar os Cartórios de Notas para que informem se determinada pessoa firmou testamento fornecendo cópia do documento e, ainda que se saiba onde foi lavrado, não há como se obter uma via do documento. Uma certidão de inteiro teor do testamento é entregue apenas por solicitação do próprio testador ou após seu falecimento aos herdeiros, mediante a apresentação da certidão de óbito.

De outro lado, não há risco de o testamento não ser cumprido. Como veremos no capítulo referente ao procedimento de transmissão de bens pelo falecimento, é necessário trazer para o inventário a certidão do Colégio Notarial, que registra todos os instrumentos de testamento lavrados, tanto os revogados como os que estejam em vigor.

(b) Testamento particular

O testamento particular, por sua vez, dispensa a presença do tabelião, sendo escrito pelo próprio testador ou por outra pessoa por ele indicada. Se de início o testamento particular denota praticidade, pois evita a intermediação do tabelião ao ato, a sua execução pode sofrer contestação. Distante das formalidades e da presença do tabelião, guardião da segurança do ato, um herdeiro prejudicado pode eventualmente levantar dúvidas quanto ao ato praticado, objetivando a nulidade do documento.

O testamento particular pode ser lavrado de próprio punho pelo testador ou por outra pessoa por ele indicada, ou, ainda, por processo mecânico, não podendo conter rasuras ou espaços em branco. O documento é assinado pelo testador e por três testemunhas.

A ausência de um tabelião retira a fé pública do ato permitindo, eventualmente, contestações dos que se sentirem prejudicados, desde a tentativa de nulidade total ou parcial do documento (cláusulas específicas) que sejam incompreensíveis ou que confrontem a norma legal, até a própria discussão da sanidade de quem o firmou.

> REQUISITO ESSENCIAL DE VALIDADE. ABRANDAMENTO. IMPOSSIBILIDADE. ASSINATURA A ROGO. INADMISSIBILIDADE. 1. Cuida-se de procedimento especial de jurisdição voluntária consubstanciado em pedido de confirmação, registro e cumprimento de testamento particular. 2. Cinge-se a controvérsia a determinar **se pode subsistir o testamento particular formalizado sem todos os requisitos exigidos pela legislação de regência, no caso, a assinatura do testador**. 3. A jurisprudência desta Corte tem flexibilizado as formalidades prescritas em lei no tocante às testemunhas do testamento particular quando o documento tiver sido escrito e assinado pelo testador e as demais circunstâncias dos autos indicarem que o ato reflete a vontade do testador. 4. No caso dos autos, **além de o testamento não ter sido assinado pelo próprio testador, há fundada dúvida acerca da higidez da manifestação de vontade ali expressa**. 5. Segundo a doutrina especializada, na confecção do testamento particular não se admite a assinatura a rogo. 6. Recurso especial não provido (STJ, 3ª Turma, REsp 1618754/MG, Rel. Min. Nancy Andrighi, Relator p/ Acórdão: Min. Ricardo Villas Bôas Cueva, j. 26-09-2017, *DJe* 13-10-2017 – nossos grifos).

Caso interessante – e recente – foi apreciado pelo Tribunal de Justiça do Estado de Minas Gerais em processo que pretendia confirmar a veracidade de um testamento particular por um vídeo amador que trazia a manifestação do testador. Ainda que houvesse manifestação por vídeo e áudio, de nada adiantou, porque as formalidades do testamento não foram observadas e, sem elas não se pode dar certeza da livre disposição sucessória sem erro, dolo ou coação. Quem mais poderia estar com o testador que não apareceu no indigitado vídeo?

> EMENTA: APELAÇÃO CÍVEL – PROCEDIMENTO DE JURISDIÇÃO VOLUNTÁRIA – CONFIRMAÇÃO DE TESTAMENTO PARTICULAR – VÍDEO AMADOR – INOBSERVÂNCIA DA FORMA PRESCRITA EM LEI – PRETENSÃO RECHAÇADA – SENTENÇA MANTIDA. – Não tendo sido observada a forma prescrita em lei, inviável o acolhimento do pleito autoral de confirmação de testamento (TJMG, Apelação Cível 1.0000.19.124988-7/001, Rel. Desa. Yeda Athias, 6ª Câmara Cível, julgamento em 11-02-2020, publicação da súmula em 19-02-2020).

Sobre esse julgado, interessante notar que o longo período de isolamento social ocasionado pela covid-19 trouxe ao debate jurídico a formalização de escrituras públicas por videoconferência. A regulamentação do tema é escassa, mas o chamado *e-notariado* é uma inovação notarial que certamente veio para ficar e já possui plataforma gerida pelo Colégio Notarial do Brasil. Ainda que a recomendação seja pela via presencial, já é possível lavrar com segurança instrumentos públicos neste formato, sendo necessária a existência do certificado digital de todos que participarão do ato.

Seguindo a formalização do testamento por meio de um instrumento particular, esse documento não é levado ao registro do Colégio Notarial, cabendo ao testador providenciar o reconhecimento de firma dos signatários e o registro em Cartório de Títulos e Documentos até como garantia de comprovação de sua assinatura na época do ato, afastando alegações de falsidade. De outro lado, se ninguém souber de sua existência, pode restar esquecido e, por consequência, não garantir a vontade deixada pelo testador. O testamento particular, portanto, é medida excepcional que se deve evitar quando possível, sendo a melhor conduta o testamento público.

(c) Testamento cerrado

Há uma terceira modalidade denominada "testamento cerrado". O documento é firmado pelo testador e levado ao tabelião do Cartório de Notas na presença de duas testemunhas. Mas, em vez da leitura, o tabelião limita-se a confirmar com o testador se são dele efetivamente as disposições de vontade escritas no documento, sem delas tomar conhecimento ou declará-las em voz alta. Com a confirmação, o testamento cerrado é lacrado pelo tabelião e apenas pode ser aberto pelo juiz ao qual for distribuído o processo de inventário do testador, sob pena de ser anulado, se o lacre houver sido violado. O tabelião, após fixar o lacre que impede a abertura sem o seu rompimento, limita-se a anotar em seus registros notariais a existência do documento.

Da mesma forma que o particular, o testamento cerrado pode ser lavrado de próprio punho pelo testador ou por outra pessoa por ele indicada, também sendo aceito processo mecânico, desde que seu subscritor numere e autentique, com a sua assinatura, todas as páginas.

O testamento cerrado, então, é assinado apenas pelo testador, na presença do tabelião, que firma termo específico na presença de duas testemunhas, que declaram que viram o testador livremente declarar serem aquelas suas disposições de vontade e assinar o documento. Nada mais. O testador deixa referido documento com alguém de sua absoluta confiança para que, no seu falecimento, apresente o documento em Juízo. Nesse caso não há cópias, tampouco registros. Apenas a via original lacrada para abertura após o falecimento do testador.

O guardião a quem fora confiado o testamento tem o dever de entregá-lo ao Juiz para que, em audiência especialmente designada, com a presença das partes interessadas e de um membro do Ministério Público, certifique que o testamento está lacrado. A quebra do lacre ou qualquer indicação de possível adulteração do seu conteúdo podem levar à total invalidade do documento.

6.2.1.4 Testamenteiro

O testador deve nomear um testamenteiro, que é a pessoa responsável pela execução das disposições sucessórias. O testamenteiro não se confunde com o inventariante (pessoa responsável pela administração dos ativos do falecido desde o falecimento até a partilha judicial). O testamenteiro, inversamente ao inventariante, não tem gestão alguma sobre o patrimônio do testador, cumprindo mandato específico e limitado a garantir e fazer cumprir as declarações de última vontade consignadas no testamento. Ele é um guardião das intenções do testador e essa é sua função precípua, motivo pelo qual é recomendável que o testamenteiro seja pessoa que conheça os desejos e vontades do testador e que, desvinculado das pressões e dos interesses de herdeiros e legatários, outorgue celeridade à sua execução e estrito cumprimento ao que estiver disposto no testamento.

Também cabe ao testamenteiro defender a validade do testamento contra eventuais medidas de impugnação e anulação e, ainda, de tentativas de se dar interpretação restrita ou distorcida dos reais desejos do testador, no mais das vezes por herdeiros e legatários inconformados com as disposições de última vontade, havendo previsão legal expressa nesse sentido no art. 1.981 do Código Civil.[50] Por todas essas razões é que, em muitas situações, o próprio advogado que orienta o cliente na redação do testamento – e que, por esse motivo, conhece exatamente os anseios e desejos que o testador pretende ver cumpridos – é escolhido para ocupar o cargo de testamenteiro. O advogado testamenteiro atua como defensor e executor do documento, sem qualquer poder de administração ou gestão do patrimônio do falecido, e, por isso mesmo, imune às pressões e às emoções dos herdeiros, tendo por função, única e exclusivamente, garantir o cumprimento da vontade *post mortem* de seu cliente.

---

50. Código Civil, art. 1.981: "*Compete ao testamenteiro, com ou sem o concurso do inventariante e dos herdeiros instituídos, defender a validade do testamento*".

6.2.1.5 Herdeiros menores

Quando a sucessão envolve herdeiros menores de idade (até dezoito anos), existe uma preocupação natural com a gestão dos ativos a eles atribuídos, seja pela inexperiência característica, seja pela responsabilidade de quem os representa para assegurar a melhor gestão desse patrimônio.

O genitor sobrevivente é, por direito, tutor do herdeiro menor, o que não significa necessariamente ser a pessoa mais habilitada para cuidar do patrimônio herdado. Por vezes, o cônjuge sobrevivente não detém o conhecimento necessário para a gestão dos ativos, podendo sofrer interferências de terceiros com interesses estranhos ao projeto de sucessão familiar. Em outras situações, por força da dissolução das relações conjugais, o genitor sobrevivente não mais convive com o testador, tendo pouco ou nenhum contato com a gestão do patrimônio familiar. Mas nada disso lhe retira o direito de exercer a tutela do filho menor.

Nesses casos específicos, o testador pode determinar a nomeação de um curador especial, que não o tutor natural, para o pleno exercício da administração de todos os bens transmitidos ao herdeiro menor, disposição essa fundamentada pelo art. 1.693, III, do Código Civil.[51]

O testador também pode se valer das disposições testamentárias para a nomeação de tutor legal, no caso da indesejável situação de falecimento de ambos os pais. O direito de nomear tutor compete aos pais, em conjunto, podendo constar a indicação em cada testamento ou em um documento específico firmado por ambos. Na falta de nomeação, o tutor é designado na ordem indicada pelo art. 1.731 do Código Civil.[52]

---

51. Código Civil, art. 1.693: "*Excluem-se do usufruto e da administração dos pais:*
(...)
III – os bens deixados ou doados ao filho, sob a condição de não serem usufruídos ou administrados pelos pais".

52. Código Civil, art. 1.731: "*Em falta de tutor nomeado pelos pais incumbe a tutela aos parentes consanguíneos do menor, por esta ordem:*

O testador pode, se assim julgar conveniente, nomear tutor e curador especial, cada qual com sua função específica.

Por vezes, ao abordarmos a nomeação de tutor em testamento, alguns ficam surpresos por pretendermos avançar em temas tão "*improváveis*", mas é função do profissional do Direito considerar todas as possibilidades de uma sucessão, o que forçosamente inclui aquelas totalmente inoportunas. Mas certo é que a falta de nomeação de tutores para herdeiros menores que perdem os pais se torna, quando não regrada, um espaço para uma inconveniente batalha jurídica. Com qual família, materna ou paterna, estarão melhor acolhidas as crianças?

> APELAÇÃO. DIREITO DE FAMÍLIA. CERCEAMENTO DE DEFESA. Inocorrência. Desnecessária a produção de outras provas no presente caso. TUTELA. **Litigantes que são tia e avó de menor que perdeu os pais. Discussão sobre a quem compete o *munus* da tutoria**. Na medida em que não houve nomeação de tutor por meio de testamento ou documento autêntico por parte dos pais (art. 1.729, *caput* e parágrafo único, do Código Civil), há de se observar a ordem de preferência legal estabelecida no art. 1.731 do Código Civil. O I. Juízo *a quo*, ao reconhecer a aptidão da avó, observou a ordem de preferência do comando legal, sendo certo que a prova dos autos demonstra a viabilidade da apelada exercer os cuidados e representação de seu neto. O setor técnico reconheceu que o menor está adaptado à rotina da avó materna, sendo atendido em suas necessidades enquanto ser humano em desenvolvimento, tendo-a no presente como referencial de segurança e autoridade. A despeito da avançada idade, a recorrida se encontra em perfeito estado de lucidez e encontra boa rede de apoio, não havendo nada que desabone a sua aptidão para o exercício da tutela. Neste momento, impor ao menor tutelado outra modificação bruta na sua vida não se coaduna com o seu melhor interesse. Sentença mantida. RECURSO NÃO PROVIDO (TJSP, Apelação Cível 1001364-27.2018.8.26.0400, Relatora Rosangela Telles, 2ª Câmara de Direito Privado, Foro de Olímpia – 1ª Vara Cível, j. 18-04-2020; data de registro: 18-04-2020 – nosso grifo).

I – aos ascendentes, preferindo de grau mais próximo ao mais remoto;
II – aos colaterais até o terceiro grau, preferindo os mais próximos aos mais remotos e, no mesmo grau, os mais velhos aos mais moços; em qualquer dos casos, o juiz escolherá entre eles o mais apto a exercer a tutela".

Tanto o tutor natural (genitor vivo) como o curador especial podem administrar a parcela disponível do patrimônio dos herdeiros após a maioridade civil, desde que tal condição tenha sido expressamente imposta nas disposições testamentárias.

6.2.1.6 Deserdação e indignidade

Ainda que o Direito brasileiro confira aos filhos a condição de herdeiros necessários sobre a parcela legítima do patrimônio, há previsão de situações excepcionais que podem levar à sua exclusão da herança, o que se dá pela **indignidade** ou **deserdação**.

A **indignidade** pode atingir tanto os herdeiros necessários quanto os legatários (da parcela disponível) e resta caracterizada caso um dos beneficiários esteja envolvido em homicídio doloso do *de cujus* ou de seus familiares, caso venha a caluniar ou praticar crime contra a honra do autor da herança ou, ainda, caso de alguma forma ilegal venha a obstá-lo de dispor livremente de seus bens. A exclusão por indignidade decorre exclusivamente da lei e se dá por sentença judicial em ação própria ajuizada para este fim. Mas não é tarefa simples e deve ser precedida de condenação na esfera criminal, tal a gravidade do ato.

> APELAÇÃO CÍVEL. EXCLUSÃO DA SUCESSÃO POR INDIGNIDADE. ART. 1.814, II, DO CC. AUSÊNCIA DE CONDENAÇÃO CRIMINAL. IMPOSSIBILIDADE JURÍDICA DO PEDIDO. O reconhecimento da indignidade do herdeiro pela prática de crimes como calúnia, difamação ou injúria perpetrados contra o extinto, seu cônjuge ou companheiro exige, consoante o disposto no art. 1.814, II, do CC, prévia condenação no juízo criminal. Manutenção da sentença que extinguiu o feito, na forma do art. 267, VI, do CPC. APELAÇÃO DESPROVIDA (TJRS, Apelação Cível 70046924858, 8ª Câmara Cível, Rel. Ricardo Moreira Lins Pastl, j. 22-03-2012).

A indignidade é altamente reprovável pelo Direito brasileiro, não apenas sucessório, mas também de família, uma vez que a conduta indigna pode até mesmo resultar em exoneração do dever de prestação de alimentos mediante decisão judicial.

Por outro lado, a exclusão por **deserdação** atinge apenas os herdeiros necessários (porque alcança a parcela legítima) e se dá mediante disposição testamentária que deve obrigatoriamente conter a motivação para este ato, isso é, a deserdação decorre da manifestação de vontade do testador que deseja, mediante expressa causa prevista em lei, impedir o herdeiro necessário de receber sua parcela legítima. Além das causas ensejadoras da indignidade, também resta autorizada a deserdação nos casos de ofensa física, injúria grave, relações ilícitas ou, ainda, nos casos em que o herdeiro desampara o testador em situação de alienação mental ou enfermidade grave.

> *Conheço muito bem os homens para ignorar que muitas vezes o ofendido perdoa, mas o ofensor não perdoa jamais.*
>
> **Jean-Jacques Rousseau**

Quando a exclusão envolver a parcela legítima, a declaração do testador deve estar disposta em testamento e ser validada pelo Juízo do inventário, cabendo ao herdeiro que se pretenda excluir o direito de defesa para fazer valer seu direito sucessório. Ou seja, o testador dispõe a sua vontade, mas não sabe se ao final terá o desejo acatado.

O pedido de deserdação é prerrogativa do testador que deve ser declarada em seu testamento e não pode ser substituída pelos demais participantes do processo sucessório.

> DESERDAÇÃO – Forma – Testamento – Embora se refira ao afastamento do direito do herdeiro necessário à legítima, a deserdação deve ser feita por testamento, sob pena de invalidade – Artigos 1961 a 1965 do CC – Falta de interesse jurídico para que a mãe, ainda viva, obtenha a declaração judicial de deserdação do filho – Improcedência mantida – Recurso não provido (TJSP, Apelação Cível 1000725-30.2018.8.26.0587, Relatora Mônica de Carvalho, 8ª Câmara de Direito Privado, Foro de São Sebastião – 2ª Vara Cível; j. 04-08-2020; data de registro: 04-08-2020).

6.3 Falecimento

Quando eu pensar que aprendi a viver, terei aprendido a morrer.

Leonardo da Vinci

6.3.1 Abertura da sucessão

O falecimento implica a sucessão instantânea. Ou seja, ao falecer determinada pessoa, a herança por ela deixada transfere-se imediatamente aos seus herdeiros e legatários. É verdade que existe um processo de inventário, muitas vezes longo, mas os direitos sucessórios desde logo se consideram transmitidos.

Esse conceito de sucessão é definido pela redação do art. 1.784 do Código Civil ao determinar que "*aberta a sucessão* (entenda-se, ante o falecimento), *a herança transmite-se, desde logo, aos herdeiros legítimos e testamentários*".

Já nesse primeiro instante, verifica-se a absoluta conveniência de um relacionamento pacífico entre os herdeiros, porque o parágrafo único do art. 1.791 do Código Civil determina que "*até a partilha, o direito dos coerdeiros, quanto à propriedade e posse da herança, será indivisível e regular-se-á pelas normas relativas ao condomínio*". Assim, os herdeiros iniciam desde logo a dinâmica da sucessão como "*condôminos*" e, portanto, devem ter regras claras e objetivas para uma convivência pacífica no tempo em que permanecerem forçosamente juntos. Se for previsível a existência de problemas, independentemente das razões de cada parte envolvida, é mais do que recomendável um ordenamento, sendo o testamento (tratado neste capítulo de Família) e o acordo societário (tratado adiante por Márcia no capítulo Societário) mecanismos salutares de prevenção e composição de conflitos de interesses.

Todas as famílias felizes se parecem,
cada família infeliz é infeliz à sua maneira.

Leon Tolstói

6.3.2 Aplicabilidade das regras sucessórias do Código Civil para os casamentos contraídos anteriormente à sua vigência

Em razão das alterações trazidas a partir do dia 11 de janeiro de 2003, quando entrou em vigor o atual Código Civil, deve-se ter atenção redobrada aos reflexos para fins de Planejamento Sucessório. Alguns desavisados entenderam que, tendo se casado pelo regime da separação total de bens sob a égide do Código Civil anterior, as regras sucessórias seguiriam aquele ordenamento legal, partindo da pressuposição de que os efeitos da lei não poderiam retroceder e atingir atos já praticados (o que denominamos, em Direito, "*Princípio da Irretroatividade*"). Assim, erroneamente, concluíram que o cônjuge sobrevivente apenas seria considerado herdeiro necessário para os casamentos efetuados na vigência do atual Código Civil, ou seja, para os matrimônios ocorridos a partir do dia 11 de janeiro de 2003. Tal entendimento, todavia, é absolutamente equivocado.

Tratando-se de sucessão, o que importa não é a data do casamento, mas sim a data do falecimento.[53] Falecido na vigência do Código Civil anterior, mesmo que o processo de inventário se prolongue, a ordem da vocação hereditária segue a lei anterior. Todavia, se o falecimento tiver ocorrido a partir de 11 de janeiro de 2003, a regra aplicável é a disposta na atual norma jurídica, independentemente da data do casamento.[54]

Portanto, ainda que o casal tenha originalmente firmado pacto antenupcial elegendo o regime da completa e absoluta separação total de bens para o casamento celebrado na vigência do Código Civil anterior e que deveria vigorar na sucessão,

---

53. Código Civil, artigo 1.787: *"Regula a sucessão e a legitimação para suceder a lei vigente ao tempo da abertura daquela"*.

54. Código Civil, artigo 2.041: *"As disposições deste Código relativas à ordem da vocação hereditária (arts. 1.829 a 1.844) não se aplicam à sucessão aberta antes de sua vigência, prevalecendo o disposto na lei anterior"*.

o cônjuge que enviuvou a partir de 11 de janeiro de 2003 ingressou na sucessão como herdeiro necessário.

Assim, o pacto antenupcial permanece com plenos efeitos apenas para a hipótese de rompimento do vínculo conjugal pelo divórcio, segundo o qual deve ser respeitado o regime de bens adotado pelo casal. Se eleito o regime da separação total de bens, não há partilha no divórcio, discutindo-se apenas alimentos, guarda e visitas dos filhos (se menores de idade ou incapazes). Se adotado o regime da comunhão parcial de bens, apenas o patrimônio comum é objeto de partilha, excluindo-se os bens individuais de cada cônjuge e aqueles adquiridos de forma gratuita durante a união. O mesmo se aplica ao pacto de conviventes na união estável e sua dissolução. Diversamente, para fins sucessórios, o cônjuge ou companheiro sobrevivente ingressa no rol dos herdeiros necessários. E aí é questão de saber de que valor se está falando, pois,

> *As pessoas dividem-se entre aquelas que poupam como se vivessem para sempre e aquelas que gastam como se fossem morrer amanhã.*
>
> **Aristóteles**

Por último, vale registrar que o art. 10 da Lei de Introdução às Normas do Direito Brasileiro (LINDB) prevê situações na sucessão, a saber, (i) *a sucessão por morte ou por ausência obedece à lei do país em que domiciliado o defunto ou o desaparecido, qualquer que seja a natureza e a situação dos bens;* (ii) *a sucessão de bens de estrangeiros, situados no País, será regulada pela lei brasileira em benefício do cônjuge ou dos filhos brasileiros, ou de quem os represente, sempre que não lhes seja mais favorável a lei pessoal do falecido;* e (iii) *a lei do domicílio dou herdeiro ou legatário regula a capacidade para suceder.*

6.3.3 Ordem para suceder

Na abertura da sucessão, deve ser observada uma ordem de preferência para a partilha dos bens, ao que se denomina

vocação hereditária. Desse modo, têm direito à sucessão, pela ordem legal (art. 1.829 do Código Civil):

> *I. Descendentes, em concorrência com o cônjuge sobrevivente, salvo se casado este com o falecido no regime da comunhão universal ou separação obrigatória de bens (não confundir com separação total de bens) ou, se casado no regime da comunhão parcial,*[55] *o autor não tiver deixado bens particulares;*
>
> *II. Ascendentes, em concorrência com o cônjuge;*
>
> *III. Cônjuge sobrevivente;*
>
> *IV. Colaterais.*

Os descendentes, ascendentes e o cônjuge sobrevivente (nos regimes da separação total de bens e da comunhão parcial, no que se referir aos bens particulares) são herdeiros necessários, não podendo ser excluídos da sucessão na parcela legítima.[56] Os colaterais apenas têm direito à herança na falta dos herdeiros necessários, e desde que não haja disposição testamentária dando destinação diversa ao acervo hereditário.

(a) Descendentes

Os descendentes, em conjunto com o cônjuge ou companheiro sobrevivente,[57] e observadas as condições acima elencadas, são chamados à sucessão da parte legítima da herança em igualdade de direitos, não havendo diferenciação entre filhos "legítimos" e "ilegítimos" (se comprovada a filiação destes últimos), biológicos, socioafetivos ou adotados (art. 227, § 6º, da CF). Também não há diferenciação entre herdeiros capazes e incapazes, brasileiros ou não, residentes no Brasil ou no exterior. Todos têm tratamento absolutamente igualitário dentro da parcela legítima do patrimônio do testador.

---

55. Aplica-se a mesma regra da comunhão parcial aos casados sob o regime de participação final nos aquestos.

56. Não se deve confundir o cônjuge casado pelo regime da separação total de bens (herdeiro necessário) do cônjuge casado pelo regime da separação obrigatória de bens (que nesta situação excepcional não deve ser herdeiro necessário).

57. *Vide* letra "d", adiante.

Quando todos os filhos do falecido são vivos (mesmo grau de sucessão), o processo sucessório se dá por cabeça, ou seja, o montante total que lhes cabe é dividido em partes iguais. Quando um dos filhos do falecido é pré-morto a este, deixando, ele próprio, descendentes, então a sucessão não se processa no mesmo grau, pois existem filhos e netos (filhos do filho pré-morto) como herdeiros, ocorrendo então sucessão por estirpe ou representação.

Tomemos como exemplo uma pessoa que, ao falecer, tenha tido apenas três filhos, e um deles falecido antes do pai, deixando-lhe dois netos. Sendo os herdeiros de graus diferentes (filhos e netos), a parte legítima é dividida igualmente em três (dois filhos vivos e um pré-morto). A parte do filho pré-morto é dividida igualmente entre seus descendentes.

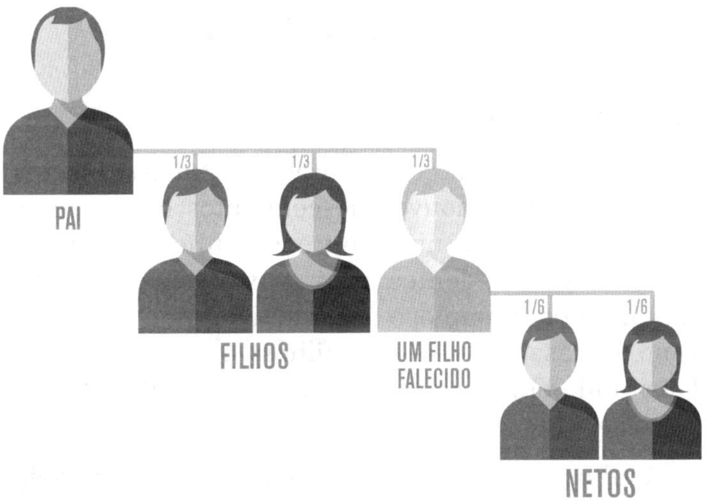

Se, por hipótese, só houver netos (no caso de todos os filhos do falecido terem falecido anteriormente a ele, o primeiro deixando-lhe dois netos, o segundo três netos e o terceiro dois netos), então a divisão é por cabeça, ou seja, em partes iguais pelo número de netos. Como todos os filhos faleceram antes do pai, a herança é dividida igualmente por sete (netos) e não se respeita a divisão pelos três filhos pré-mortos. Isso porque a sucessão se dá integralmente no mesmo grau e é feita por cabeça.

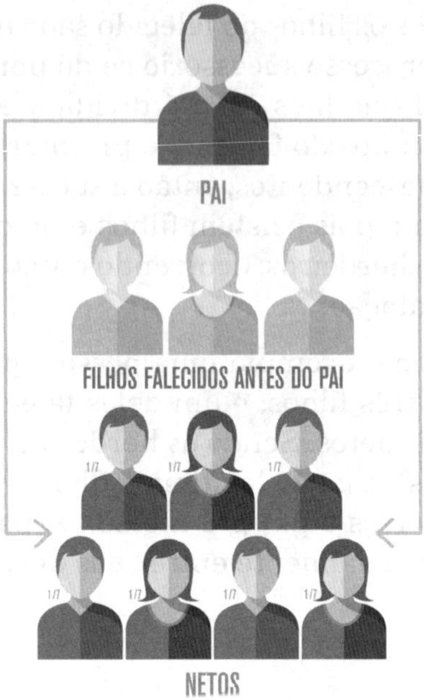

(b) Ascendentes

Os ascendentes são considerados herdeiros necessários apenas quando não houver descendentes e concorrem em partes iguais com o cônjuge ou companheiro sobrevivente. Nesse caso, os ascendentes mais próximos excluem os mais remotos. Se, por exemplo, o falecido tiver mãe viva e pai falecido (não for casado e nem tiver filhos), o seu patrimônio deve ser distribuído em favor de sua mãe, nada cabendo aos avós paternos, se vivos, ou aos seus irmãos.

Se ambos os ascendentes forem vivos e o falecido for casado ou viver em união estável, é acrescido o cônjuge ou companheiro sobrevivente e a parcela legítima dividida em três partes iguais. Se for apenas um ascendente e o cônjuge sobrevivente, a divisão remanesce igualitária entre esses dois.

(c) Cônjuge ou companheiro sobrevivente como herdeiro necessário

No ordenamento do Código Civil anterior (que vigorou do ano de 1917 até o dia 10 de janeiro de 2003), a privilegiada categoria dos **herdeiros necessários** contemplava apenas os descendentes e, na sua falta, os ascendentes. A eles era atribuída a parcela legítima com exclusividade, independentemente da vontade do testador, salvo nas situações excepcionais da indignidade e deserdação, já abordadas.

Na sucessão de um casal que houvesse contraído núpcias pelo regime da separação total, o cônjuge sobrevivente, não sendo herdeiro necessário, nada recebia por imposição legal, dependendo da boa intenção do cônjuge falecido declarada em disposição testamentária sobre a parcela disponível. Pouco importava se o casal houvesse convivido anos a fio na cumplicidade da vida marital. Não tivessem ocorrido doações em vida de uma parte à outra, o cônjuge sobrevivente ficava à margem do processo sucessório.

No regime da comunhão parcial de bens, excluída a meação do acervo comum do casal em que os cônjuges eram meeiros um do outro, não havia direito sucessório sobre os bens não comuns, também chamados particulares.

Todavia, com o advento do Código Civil que entrou em vigor no dia 11 de janeiro de 2003, o cônjuge – e naquele momento apenas ele – foi promovido à categoria de herdeiro necessário concorrendo com os descendentes ou ascendentes.

Mas a situação não se resolvera para a união estável que, na redação original do novo Código Civil, recebera tratamento sucessório distinto do casamento civil e permanecera excluída da sucessão. Isso porque, ao tratar da sucessão na união estável, o Código Civil inicialmente não previu a condição de herdeiro necessário ao companheiro sobrevivente. Essa situação se alterou, não por imposição legislativa, mas por correta interpretação do Supremo Tribunal Federal que, reconhecendo a conformidade dos dois institutos – casamento e união estável – tornou-os iguais, inclusive para o processo sucessório, matéria que já analisamos neste capítulo. Agora cônjuges e companheiros não podem ser excluídos da sucessão devendo seu quinhão ser obrigatoriamente respeitado na parcela legítima da herança, ficando a exceção do específico regime da separação obrigatória de bens e, ainda assim, com as cautelas já comentadas.

Vejamos, então, a situação nos dias atuais e os reflexos sucessórios conforme os diferentes regimes de bens. O cônjuge ou companheiro sobrevivente submetido ao regime da comunhão total de bens ou da comunhão parcial de bens é meeiro (da totalidade do patrimônio no primeiro caso, ou apenas dos bens adquiridos a título oneroso após o casamento ou união estável, no segundo caso). Quando é meeiro, o cônjuge ou companheiro sobrevivente não é herdeiro necessário quando concorrer com os descendentes na parcela legítima do patrimônio. Todavia, se não houver descendentes e o cônjuge ou companheiro sobrevivente concorrer exclusivamente com os ascendentes, então será também herdeiro necessário, sem prejuízo de sua meação. Na falta de descendentes e ascendentes, o cônjuge ou companheiro sobrevivente torna-se herdeiro dos bens comuns, sempre sem prejuízo de sua meação.

No que concerne ao patrimônio particular do falecido, o cônjuge ou companheiro sobrevivente, não sendo meeiro, passa a ser considerado herdeiro necessário, aplicando-se a regra da separação total de bens.

Se o cônjuge ou companheiro sobrevivente tiver sido casado pelo regime da separação total de bens com o falecido, concorre com os descendentes ou ascendentes do falecido (estes apenas na falta dos primeiros). E na falta de descendentes e ascendentes do falecido, o cônjuge sobrevivente torna-se o único herdeiro necessário da totalidade da parcela legítima do patrimônio, restando a parcela disponível para livre destinação, caso o cônjuge falecido tenha feito testamento. Não havendo testamento, a totalidade do patrimônio do falecido segue para o cônjuge sobrevivente ou companheiro sobrevivente, repita-se, ainda que tenha adotado o regime da separação total de bens.

O art. 1.830 do Código Civil trouxe uma importante alteração ao determinar que "*somente é reconhecido direito sucessório ao cônjuge sobrevivente se, ao tempo da morte do outro, não estavam separados judicialmente, nem* ***separados de fato*** *há mais de dois anos, salvo prova, neste caso, de que essa convivência se tornara impossível sem culpa do sobrevivente*" (nosso destaque).

A inclusão no texto legal da expressão "*separados de fato*" merece destaque porque não era prevista no Código Civil anterior. Na verdade, a legislação em vigor veio dar sustentação jurídica para uma situação que a sociedade já conhecia, mas que não se encontrava disciplinada pelo ordenamento legal. Quantos casais conhecemos que romperam os vínculos familiares, mas não regularizaram juridicamente tal situação? Encontram-se oficialmente casados, mas "*separados de fato*", por vezes até já tendo constituído novos vínculos afetivos com terceiros. Essa situação absolutamente irregular causava enormes problemas sucessórios quando, falecido um dos cônjuges, comparecia o outro (separado de fato) para, como permitia o regime de casamento, exigir sua meação. O Código Civil de 2002, ainda que não tenha regulamentado em capítulo específico a situação dos "separados de fato", procurou, no campo das sucessões, equacionar o problema, afastando o cônjuge sobrevivente que não tenha vivido maritalmente com o falecido nos dois anos anteriores ao falecimento. Essa regra não se aplica se o cônjuge sobrevivente comprovar que a separação não decorreu de sua culpa, hipótese em que pode se habilitar como meeiro ou herdeiro no inventário do falecido, a depender do regime de bens. E tudo que aqui nos referimos ao cônjuge sobrevivente se estende ao companheiro sobrevivente da união estável.

Passamos a analisar detidamente o que ao certo se pode considerar uma das maiores e mais complexas alterações introduzidas pelo Código Civil de 2002 no Direito das Sucessões. Desde o Código Civil anterior (que vigorou de 1º de janeiro de 1916 a 10 de janeiro de 2003), havia previsão para, não existindo interesse na comunhão de patrimônio de um casal, celebrar-se casamento pelo regime da separação total de bens como a solução para impasses de ordem patrimonial, ou seja, os bens pessoais de cada uma das partes jamais se transmitiam forçosamente à outra durante todo o período do casamento, por força de separação ou divórcio nem, ao final, com o falecimento. Por muitos anos, ouvimos falar ou presenciamos casamentos que apenas puderam se realizar porque se garantia às famílias mais abastadas a segurança de que o cônjuge não teria acesso ao patrimônio. Por ocasião do falecimento de um, os bens seguiam diretamente para a titularidade dos filhos do casal. E, se não existissem filhos, o patrimônio retornava para os ascendentes (pais do falecido) e, na falta destes, para os herdeiros colaterais do falecido (irmãos, tios, sobrinhos, tios-avós, sobrinhos-netos e primos-irmãos). Tendo em vista que o cônjuge não era um herdeiro necessário, ainda que na falta de descendentes ou ascendentes, bastaria um testamento para não lhe beneficiar.

As inovações da Lei 6.515/1977 (mais conhecida como "Lei do Divórcio") optaram por respeitar esse princípio ao instituir como regime padrão de casamento a comunhão parcial de bens, permitindo aos casais que assim desejassem, eleger o regime da separação total de bens (com a exclusão do cônjuge sobrevivente do processo sucessório na parcela legítima), desde que fizessem lavrar sua vontade em pacto antenupcial firmado em Cartório de Notas.

Mas tudo isso mudou – e muito – a partir da entrada em vigor do Código Civil em janeiro de 2003. Ao conferir o direito de concorrer com os descendentes ou ascendentes no patrimônio particular do falecido, o ordenamento civil alçou o cônjuge sobrevivente à condição de **herdeiro necessário**. Ou seja, por imposição da lei, o cônjuge sobrevivente passou a participar da parcela legítima do acervo hereditário do falecido, independentemente da vontade deste (importante sempre lembrar que não se está falando em meação, que decorre do regime de casamento, mas sim de uma participação nos bens e direitos que eram incomunicáveis na regra sucessória do Código Civil anterior).

O cônjuge e o companheiro sobreviventes são considerados herdeiros necessários, assim entendidos aquele que obrigatoriamente é favorecido com parte da parcela legítima do patrimônio do falecido quando casados ou em união estável pelo regime da separação total de bens ou participação final de aquestos ou, quando casado pelo regime da comunhão parcial, tenha o cônjuge falecido deixado bens particulares adquiridos antes deste casamento ou união estável onerosamente (portanto não comunicáveis como meação). Dessa forma, aplicam-se duas regras na comunhão parcial: (i) para os bens adquiridos anteriormente ao casamento a título oneroso (por compra) ou gracioso (doação e herança), o cônjuge sobrevivente concorre com os descendentes ou ascendentes pela regra da separação total; e (ii) para os bens adquiridos na vigência do casamento, o cônjuge sobrevivente tem garantida a sua meação.

Essas regras não se aplicam ao regime da comunhão total de bens. Isso porque em tal regime todo o patrimônio – anterior e posterior ao casamento ou união estável, adquirido de forma gratuita ou onerosa – é comum ao casal e, assim, o cônjuge ou companheiro sobrevivente já possui a meação (metade de todo o patrimônio, não obstante ter sido adquirido antes ou durante o casamento, a título oneroso ou gratuito); por essa razão não concorre como herdeiro necessário.

O cônjuge sobrevivente também não tem participação na parcela legítima da herança quando o regime for o de separação obrigatória de bens (que não se confunde com a separação total de bens).[58]

Nas hipóteses em que efetivamente concorrer com os descendentes comuns, o art. 1.832 do Código Civil[59] garante ao cônjuge sobrevivente uma participação mínima na herança que não pode ser inferior a uma quarta parte da legítima. Conforme já abordado, as parcelas legítima e disponível se equivalem, cada qual representando 50% do patrimônio do falecido (excluída eventual meação). Sendo assim, afirma-se que a participação mínima do cônjuge sobrevivente é, no mínimo, de 12,5% sobre o total do acervo hereditário do falecido, mas pode ser superior, em conformidade com o número de filhos do casal (menos de três) ou se o falecido não tiver deixado disposições testamentárias quanto à parte disponível de seu patrimônio (situação em que a participação mínima se aplica a todo o patrimônio, ou seja, 25% dele). A garantia mínima da quarta parte da parcela legítima é conferida ao cônju-

58. Vide item 3.1.4

59. Código Civil, art. 1.832: "*Em concorrência com os descendentes (art. 1.829, inciso I), caberá ao cônjuge quinhão igual ao dos que sucederem por cabeça, não podendo a sua quota ser inferior à quarta parte da herança, se for ascendente dos herdeiros com que concorrer*".

ge ou companheiro sobrevivente se os filhos forem comuns; caso os filhos não sejam comuns, segue o sobrevivente como herdeiro necessário, partilhando em igualdade com os descendentes do falecido, incluídos os filhos comuns e os de outra união do falecido.

Se não houver filhos, mas apenas ascendentes do cônjuge falecido, aplica-se a regra do art. 1.837 do Código Civil,[60] que garante ao cônjuge sobrevivente um terço da parte legítima se o falecido tiver os pais vivos, ou metade da herança se for vivo um deles. Falecendo o cônjuge sem descendentes e ascendentes, a totalidade da parte legítima reverte ao cônjuge sobrevivente.

Considerando apenas a parcela legítima da herança e a sucessão com filhos comuns, a divisão observa a seguinte regra:

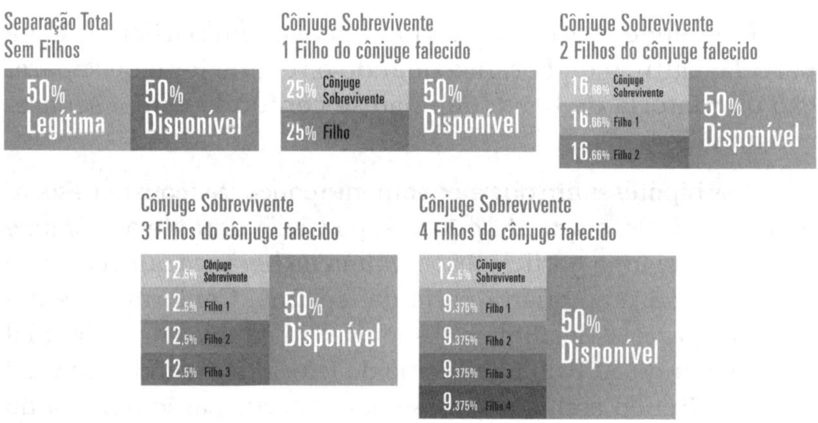

Verifique-se que o cônjuge sobrevivente, que no Código Civil anterior estava excluído da parcela legítima, desponta como um novo herdeiro necessário que será privilegiado, no caso de o falecido só ter filhos com ele. Isso porque, tendo o casal quatro filhos comuns ou mais, é garantida a ele a participação mínima de 12,5% sobre o total dos bens do falecido, que é maior do que as participações dos filhos na parcela legítima.

60. Código Civil, art. 1.837: "*Concorrendo com ascendente em primeiro grau, ao cônjuge tocará um terço da herança; caber-lhe-á a metade desta se houver um só ascendente, ou se maior for aquele grau*".

Neste último exemplo (quatro filhos), não sendo eles comuns ao cônjuge ou companheiro sobrevivente, não figura ele como herdeiro privilegiado, e a quarta parte não lhe é garantida, recebendo cada qual mais o cônjuge ou companheiro sobrevivente 1/5 (um quinto) da parcela legítima, mantida sempre liberada a destinação da parcela disponível por testamento do falecido.

Mas não raramente há situações híbridas (filhos comuns e não comuns do casal), situação essa não prevista no Código Civil. E como não poderia deixar de ser, surgem duas correntes distintas em nossa doutrina. A primeira entendendo que nessa hipótese a quarta parte deve ser respeitada, haja vista que a lei não excepcionou tal situação; a segunda entendendo que o cônjuge ou companheiro necessário deve partilhar sem esse benefício em igualdade com os demais descendentes do falecido, comuns e não comuns. Ainda que não seja matéria definitiva, a segunda corrente tem acolhida majoritária. Quando confrontados com casos assim – e não raramente acontece – nossa orientação é preventiva pela solução testamentária, valendo-se o testador da parcela disponível para compor o total dos quinhões de cada herdeiro necessário de modo a evitar o embate judicial.

Notem que nos desenhos acima não há menção à parcela disponível da herança. Isso porque os herdeiros necessários (descendentes ou ascendentes, e sempre o cônjuge sobrevivente) podem ser excluídos da parcela disponível se houver testamento. Na falta desse instrumento sucessório, aplica-se à parcela disponível a mesma divisão que for atribuída à parcela legítima.

(d) Colaterais

Colaterais são aqueles que possuem um ancestral comum, mas que não são descendentes, nem ascendentes entre si. São eles os irmãos, os tios, os sobrinhos, os tios-avós, os sobrinhos-netos e os primos-irmãos.

Não havendo descendentes, ascendentes ou cônjuge sobrevivente, não há parcela legítima e a herança favorece os colaterais até quarto grau, sendo certo que os mais próximos excluem os mais remotos. Por exemplo, se uma pessoa não tiver herdeiros necessários, nem irmãos, os tios vivos (colaterais em terceiro grau) excluirão os primos-irmãos (colaterais em quarto grau).

Há uma única exceção na classe dos irmãos disposta no art. 1.840 do Código Civil. Por ela, os filhos do irmão pré-morto também têm participação na herança pelo direito de representação, ou seja, não são excluídos e, nessa situação excepcional, os irmãos vivos do falecido herdam junto com os seus sobrinhos (filhos do irmão pré-morto).[61] Assim, se uma pessoa não tiver herdeiros necessários, tendo dois irmãos, dos quais um é pré-morto, o irmão vivo não exclui os sobrinhos (filhos do irmão falecido). Nessa situação específica, o acervo hereditário é dividido em duas partes iguais, cabendo 50% para o irmão vivo e 50% para ser dividido entre os sobrinhos (filhos do irmão pré-morto).

Não sendo os colaterais herdeiros necessários, é facultada a sua exclusão integral da sucessão, mediante disposição específica em testamento, sendo indiferente existirem herdeiros necessários do testador no momento em que celebrar o testamento.

(e) Legatários

A parcela disponível da herança pode ser sempre livremente destinada por testamento firmado pelo interessado e pode beneficiar qualquer pessoa, independentemente da existência de parentesco, sem contestação dos demais beneficiários. Assim, a parte disponível pode aumentar a participação do cônjuge sobrevivente (independentemente do regime de casamento), diferenciar os quinhões entre os filhos, ou beneficiar terceiros, pessoas físicas ou jurídicas, organizações da sociedade civil ou até mesmo Fundos Endowment, para as situações de doações à causa filantrópica, todos denominados "legatários". Não havendo herdeiros necessários, a totalidade do acervo hereditário é considerada parcela disponível.

---

61. Código Civil, art. 1.840: "*Na classe dos colaterais, os mais próximos excluem os mais remotos, salvo o direito de representação concedido aos filhos de irmãos*".

Se o legado recebido for um percentual sobre a herança, o legatário se habilita nos autos do inventário e, dentro de sua proporcionalidade, recebe parte do acervo hereditário. Todavia, se o legado for um bem específico e este não mais existir no momento do falecimento do testador, o legatário perde o direito ao legado, não sendo possível requerer a compensação com outros bens.

(f) Herança jacente

Caso não se verifique nenhuma das hipóteses anteriores, ou seja, se não existam ascendentes, descendentes, cônjuges, legatários ou colaterais, o patrimônio deixado pelo falecido é considerado herança jacente, passando ao domínio do Estado. Portanto, se o falecido não tem herdeiros em nenhuma das classes e não deixa qualquer disposição testamentária, o Estado se torna sucessor e, portanto, beneficiário de seu patrimônio.

(g) Concubinos e amantes

As relações adulterinas não podem ser beneficiadas pelas disposições testamentárias; aliás, não é razoável que um relacionamento mantido à margem da família seja objeto de vantagens patrimoniais nas disposições sucessórias. Isso se aplica, fique claro, quando efetivamente a relação tiver sido estabelecida por uma pessoa legalmente impedida, ou por já ser casada ou por manter união estável. Nesse sentido, a relação concubinária segue totalmente à margem da lei e da sociedade, restrita apenas ao casal que dela ocultamente compartilha, aplicando-se a definição trazida do latim *concubere*, que significa compartilhar o leito, bem distante do matrimônio civil e da união estável, nos quais se compartilha a vida.

A defesa do patrimônio familiar não precisa sequer esperar a sucessão. O inciso V do art. 1.642 do Código Civil confere tanto ao marido quanto à mulher, independentemente do regime de bens, o direito a "*reivindicar os bens comuns, móveis ou imóveis, doados ou transferidos pelo outro cônjuge ao concubino, desde que provado que os bens não foram adquiridos pelo esforço comum destes, se o casal estiver separado de fato por mais de cinco anos*".

A matéria está longe de ser pacificada. A existência de relacionamentos estáveis e concomitantes, constituindo vida dupla de uma pessoa, brota como um desafio a ser enfrentado pelo Judiciário brasileiro. Tal situação se torna ainda mais delicada quando desses relacionamentos surgem, efetivamente, duas famílias, por vezes sem que uma saiba da existência da outra.

Os debates na doutrina e na jurisprudência ainda não geraram uma corrente majoritária. Um julgado do Supremo Tribunal Federal negou à concubina de homem casado (com quem manteve relação afetiva por trinta e sete anos) o direito de dividir pensão previdenciária com a viúva. Todavia, no mesmo julgado, houve voto divergente entendendo que o enorme lapso temporal desse convívio não poderia ser ignorado, ainda que uma das partes fosse impedida.[62]

Em outro processo apreciado pelo Supremo Tribunal Federal foi negado direito previdenciário à companheira de homem casado, prevalecendo o princípio da monogamia como estruturante do casamento e da união estável.[63]

Essa nova discussão para uma antiga realidade deve ser sempre analisada de maneira cautelosa para que não se permita a errônea conclusão de que o ordenamento civil brasileiro já aceita e protege as relações extraconjugais. O debate acerca de estruturas familiares denominadas *multiconjugais* é uma realidade que deve ser conhecida e o debate aprofundado, seja para aceitar ou afastar a sua juridicidade. O que é fato social nem sempre é jurídico, o que não significa inexistente, mas sim ignorado. E se existente é, em algum momento deverá ser enfrentado.

(h) Herança de pessoa viva

Em razão de situações peculiares de cada grupo familiar, surge por vezes a proposta de "quitação" em vida dos direitos sucessórios, o que não é possível no sistema jurídico brasileiro

62. RE 397.762-8, Rel. Min. Marco Aurélio.

63. RE 883168-SC, Rel. Min. Dias Toffoli.

("pacto de corvina").[64] Vislumbrando uma provável sucessão litigiosa ou apenas atendendo à pressão de determinado futuro herdeiro dissidente, os descendentes chegam a negociar entre si, muitas vezes sem o envolvimento do ascendente, a antecipação total de sua herança. Fixam um valor a ser pago ao familiar dissidente, de forma a excluí-lo da sucessão na época do falecimento do ascendente comum.

É importante registrar que essa negociação é vista apenas como antecipação da parte legítima ou liberalidade pela transferência em vida de parcela da parte disponível, mas nunca pode alcançar o objetivo pretendido de total quitação por força da norma expressa do art. 426 do Código Civil ao dispor que "*não pode ser objeto de contrato a herança de pessoa viva*".

Reitere-se que a antecipação de direitos sucessórios é ato de mera liberalidade do titular dos ativos, visto que os herdeiros, ainda que necessários, nada detêm além de mera expectativa de direitos, que só passarão a compor seu patrimônio com a abertura da sucessão. Portanto, eventuais arranjos ou acordos particulares entre herdeiros tendo como objeto herança futura são destituídos de qualquer força impositiva quando da abertura da sucessão.

Embora não se possa negociar herança de pessoa viva, há uma outra forma de explorar esta questão. Sempre é necessário analisar isoladamente cada situação familiar porque, por vezes, uma partilha em vida poderá ser recomendável, desde que respeite a legítima dos herdeiros necessários. Nesse sentido, dispõe o art. 2.018 do Código Civil que *é válida a partilha feita por ascendente, por ato entre vivos ou de última vontade, contanto que não prejudique a legítima dos herdeiros necessários.*

Poderá haver situações em que uma divisão de bens e direitos precisará de algo a mais que por vezes apenas o titular do patrimônio carrega e que no mais das vezes é intransmissível,

64. Vale notar que em outros países é possível aos herdeiros celebrar acordos sobre a futura herança.

se extinguindo com a sua morte. É o que popularmente denominamos *patrimônio moral*, algo totalmente intangível, mas que em momentos de conflito familiar só pode ser exercido por uma única pessoa. Nessas situações, poder-se-á analisar uma partilha em vida que, mesmo assim, não está a exigir a transmissão da totalidade do patrimônio, mas apenas de bens e direitos específicos.

6.4 Os processos de execuções do testamento e do inventário

6.4.1 Entendendo o processo

Aberta a sucessão (que como já se disse ocorre imediatamente após o falecimento), muitas providências devem ser tomadas pelos familiares. Logo surgem as primeiras dúvidas do que fazer para organizar o processo de inventário e qual a sua forma de administração.

Com isso se inicia uma nova etapa que não é mais "*Planejamento Sucessório*", mas sim transferência patrimonial propriamente dita. Com o processo de inventário, chega o momento de deliberar sobre o destino do patrimônio do falecido, tenha ele deixado ou não um testamento. A locução latina *de cujus* é utilizada não apenas para indicar que a sucessão está aberta, como também para nomear a pessoa do falecido.

Derivada do latim *inventarium*, a palavra "inventário" é utilizada na linguagem comercial como o processo de verificação do ativo e do passivo de uma pessoa ou, em sentido estrito, significa simplesmente a relação de bens, valores e dívidas, anotados e arrolados com os respectivos preços. No Direito das Sucessões, o inventário é a denominação do processo extrajudicial ou judicial pelo qual se relacionam os bens e direitos do falecido e as suas dívidas e obrigações.

Ora, se os bens já se transmitiram pelo falecimento do *de cujus* aos herdeiros, mas estes ainda devem aguardar a tramitação do processo de inventário para terem acesso pleno e individualizado aos seus quinhões hereditários, o que ocorre até que isso se defina? Surge, nesse ínterim, a figura do "*Espólio*", que significa a totalidade dos bens, direitos e haveres do falecido (aqui compreendidos tanto os ativos como os passivos), que se mantém indivisível até o final do processo de inventário (extrajudicial ou judicial), quando se realiza a partilha dos bens. O Espólio é, portanto, a universalidade patrimonial de tudo o que o falecido deixou, considerando bens, direitos e haveres, com seus ativos e passivos.

Essa universalidade de bens, direitos e obrigações permanece conectada ao CPF do falecido até que o processo de inventário de seus bens chegue ao termo final e, partilhados, meeiro, herdeiros e legatários recebam seus respectivos quinhões.

Existem dois tipos de inventário para transmissão dos bens, que adiante explicaremos separadamente. Para o inventário cumprir o rito extrajudicial duas condições devem ocorrer concomitantemente: partes envolvidas maiores e capazes e total concordância dos herdeiros com os bens declarados e a partilha. Na falta de um desses dois requisitos, o inventário deve observar o rito judicial.

A partir do ano de 2016, com a edição do Provimento 37 da Corregedoria Geral da Justiça, tornou-se possível proceder ao inventário extrajudicial ainda que o falecido tenha deixado testamento (o que até então obrigava a via judicial). A homologação do testamento deve ser realizada pela via judicial de forma que um Juiz possa atestar sua legalidade e executabilidade, ou seja, que as disposições testamentárias ali contidas respeitam a norma sucessória vigente. Tendo sido homologado, não se faz necessário permanecer na via judicial, podendo meeiro, herdeiros e legatários requerer consensualmente a autorização para partilha pela via extrajudicial em Cartório de Notas, certamente mais célere.

O art. 611 do Código de Processo Civil estabelece um prazo de dois meses, a contar do falecimento, para a abertura do processo judicial de inventário, que deve ser encerrado no prazo de doze meses, podendo ser prorrogado pelo juiz ou por requerimento da parte.[65] É importante registrar que a opção pelo inventário extrajudicial ou judicial não altera o prazo de recolhimento dos impostos decorrentes da sucessão, os quais devem ser observados independentemente do rito adotado.

Geralmente, a primeira preocupação é ordenar o imediato processamento do inventário, de forma que os bens sejam transmitidos o mais rapidamente possível aos herdeiros e legatários. Na verdade, não é correto falar em transmissão, mas sim em transferência, uma vez que, ao final do processo de inventário, os bens são transferidos da titularidade do falecido para a titularidade dos herdeiros e legatários indicados. A sua transmissão, diversamente, já terá ocorrido no instante do falecimento (princípio da *saisine*). É essa a regra expressa no nosso Código Civil, o qual determina que, com o falecimento, está aberta a sucessão, como se disse acima, e os herdeiros desde logo sucedem ao falecido em seus bens, mas, por uma questão de ordenamento público, isso se dá pelo inventário extrajudicial ou judicial, conforme veremos adiante, oportunidade em que são recolhidos os impostos da sucessão, para que as transferências se operem.

Em uma ou outra opção, é essencial que as partes interessadas verifiquem a regra tributária da sucessão para que os critérios e prazos de recolhimento do tributo incidente não gerem acréscimos ou multas indesejáveis. Os reflexos tributários da sucessão encontram-se pormenorizadamente tratados no capítulo abordado pelo Longo.

Todos os bens, direitos e haveres do *de cujus* devem ser levados ao processo de inventário. Imóveis, participações societárias, ativos financeiros, automóveis, semoventes, objetos e obras de arte, enfim, tudo o que for de titularidade do falecido e estiver registrado na sua Declaração de Imposto de Renda da Pessoa Física. Todo este acervo hereditário, bem como os passivos eventualmente existentes e igualmente

65. Novo prazo instituído pela Lei Federal 11.441, de 04-01-2007.

declarados formam a universalidade dos bens que devem formar o Espólio até partilha.

Nesse passo, importa ressaltar que os valores mantidos pelo falecido em planos de previdência e seguro como o VGBL (vida gerador de benefício livre) são recebidos pelos beneficiários ali relacionados diretamente das instituições financeiras indicadas em vida pelo titular e independentemente de qualquer ordem judicial. Pela sua natureza, estavam excluídos da base de cálculo do imposto de sucessão; todavia, necessário alertar que há movimento de distintos Estados buscando enquadrar juridicamente tais planos e seguros como um ativo tributável para fins sucessórios, sendo preciso registrar que há os que já o tributam (sendo imposto de competência estadual, necessário verificar a residência do falecido).

A par da questão tributária, o fato de as contas de PGBL e de VGBL serem transmitidas por rito autônomo e independentemente do inventário judicial ou extrajudicial, não autoriza a destinação de valores a esses títulos como forma de fraudar a parcela legítima do patrimônio do titular, simulando uma redução de patrimônio partilhável em prejuízo de seus herdeiros necessários. Esse mecanismo de transmissão de ativos financeiros de maneira célere deve observar o limite da parcela disponível.

Importante registrar que os processos de inventário extrajudicial e judicial se referem aos bens situados em território nacional, sendo que bens, direitos e haveres no exterior, mesmo que de cidadãos brasileiros, devem observar as regras procedimentais do país em que se encontram alocados. A tributação de bens no exterior por força da sucessão também se encontra comentada no aspecto tributário, pelo Longo.

6.4.2 Documentos necessários

Existe uma série de documentos que deve ser providenciada para a execução do processo de inventário, seja extrajudicial, seja judicial, e que envolve tanto o falecido e seus familiares como propriamente os bens deixados para transferência pelo inventário. A relação que segue é **genérica**, devendo ser analisado o caso concreto e suas especificidades:

a) **Do falecido(a):** certidão de óbito original e cópias dos documentos de identidade (RG e CPF);

b) **Do viúvo(a):** certidão de casamento atualizada com pacto antenupcial registrado se houver (se casamento civil) ou pacto de conviventes em via atualizada (se união estável); cópias dos documentos de identidade (RG e CPF);

c) **Dos descendentes:** se solteiros, certidão de nascimento atualizada; se casados, certidão de casamento ou de união estável atualizada e pacto antenupcial (se houver); cópias dos documentos de identidade (RG e CPF), inclusive dos cônjuges e companheiros;

d) **Dos legatários** (se houver): idem aos descendentes, exceção feita à certidão de nascimento;

e) **Dos imóveis**: certidões de propriedade atualizadas, escrituras de aquisição ou instrumentos particulares (mesmo se não registrados); se imóvel urbano, certidão negativa de débitos municipais; se imóvel rural, CCIR e últimos cinco ITRs;

f) **Ativos financeiros:** extratos bancários do dia do falecimento (ou primeiro dia útil subsequente), incluindo todos os valores em conta corrente, aplicações financeiras, fundos de investimento, ações;

g) **Participações societárias**: se Ltda., contrato social (ou última consolidação) com as alterações posteriores; se Sociedade por Ações de capital fechado, estatuto social e a posição acionária; para ambas, declaração do patrimônio líquido da sociedade; se ações de companhias abertas, cotação no dia do falecimento ou no primeiro dia útil imediatamente antecedente;

h) **Demais bens**: cópia do documento atestando propriedade (automóveis, títulos de clube etc.);

i) **Certidão do Colégio Notarial**: para informar a existência ou não de testamento deixado pelo falecido e, existindo, uma certidão com seu inteiro teor.

Importante registrar que a obrigatoriedade da apresentação da certidão do Colégio Notarial visa a garantir o cumprimento da vontade do cidadão que firmou seu testamento público ou cerrado, ainda que tal fato não fosse de conhecimento de seus familiares. Se a família desconhecia a existência desse documento, certamente o fato será revelado após o falecimento do testador. Se o testamento for público, a certidão indica o Cartório no qual foi lavrado, data do ato e o número de registro, bastando solicitar uma certidão de inteiro teor do testamento contra a apresentação da certidão de óbito do falecido (sem o que o Cartório não deve liberar a via testamentária ali arquivada). Se o testamento for cerrado, a certidão apenas informa que o testador lavrou em data determinada o testamento, que deve ser localizado pelas partes interessadas, sob pena de perder sua eficácia.

O testamento particular, que também abordamos neste capítulo, deve ser trazido ao conhecimento das partes interessadas por quem ficou na posse confiada pelo testador.

É recomendável entregar ao profissional que acompanhará a execução do processo de inventário uma cópia da última Declaração de Imposto de Renda do falecido para que se verifique o correto lançamento dos bens e direitos, e, muito especialmente, permitir o cálculo correto dos impostos devidos pela sucessão. Embora o tributo incidente na sucessão seja de competência estadual, o lançamento dos valores pode gerar tributos federais e municipais, pelo que, conforme já alertamos, deve ser desde logo acompanhado por um tributarista, pauta que Longo tratará adiante.

6.4.3 Homologação do testamento

A gratidão é uma dívida que os filhos nem sempre aceitam no inventário.

Honoré de Balzac

Tendo o falecido deixado testamento, cumpre primeiramente requerer a sua homologação judicial (o que não suspende o prazo legal de dois meses para abertura do inventário judicial). Todas as partes envolvidas (meeiro, herdeiros e legatários, se houver) devem manifestar-se acerca do testamento deixado pelo falecido. É importante notar que a manifestação não é de concordância ou discordância das disposições sucessórias. Essas são soberanas, imutáveis e devem ser fielmente cumpridas pelo Poder Judiciário. A manifestação dos interessados, portanto, limita-se a declarar se entendem existir no corpo do testamento alguma ilegalidade que, contrariando a lei civil, possa ser objeto de nulidade, parcial ou total. Desse processo, também participa o Ministério Público para opinar sobre a legalidade das disposições sucessórias.

Se o testamento respeitou a meação (quando existente) e a parcela legítima dos herdeiros necessários e se suas disposições patrimoniais foram firmadas de maneira clara, exequível e dentro da liberdade do testador acerca de suas disposições de última vontade, é indiferente a aprovação ou mesmo o descontentamento daqueles que foram contemplados de maneira diversa do que gostariam, ou até excluídos da sucessão.

> *Querer não é poder. Quem pôde, quis antes de poder só depois de poder. Quem quer nunca há-de poder, porque se perde em querer.*
>
> **Fernando Pessoa**

Verifique-se, aqui, a relevância da indicação do testamenteiro e de sua atuação como guardião da vontade do testador. O testamenteiro não atua como administrador do Espólio (função do inventariante), mas como um protetor das vontades dispostas pelo testador em seu ato de última vontade.[66]

Se não houver impugnação quanto à sua veracidade pelos interessados, ou, se ocorrendo, for ela rejeitada por decisão judicial, a primeira fase estará cumprida com a homologação

66. Vide item 6.2.1.4

do testamento, seguindo-se para a segunda fase da partilha efetivamente dita, seja judicial ou extrajudicial.

6.4.4 Inventário extrajudicial

Originalmente, a Lei 11.441/2007, que regulamentou o inventário extrajudicial (e também o divórcio extrajudicial), autorizou a partilha em Cartório de Notas, se as partes estivessem concordes com todos os termos do inventário – relação dos bens, partilha e valores –, todas fossem maiores e capazes e não houvesse testamento. Esta última exigência era um obstáculo para a via extrajudicial que posteriormente foi superada.

O Provimento da Corregedoria Geral de Justiça 37/2016 (que já mencionamos) autorizou o inventário extrajudicial ainda que exista testamento. As partes devem ajuizar um procedimento judicial de Abertura, Registro e Cumprimento de Testamento perante o juízo sucessório competente requerendo a homologação do testamento apresentado, bem como autorização para o procedimento extrajudicial de inventário.

A partir dessa autorização judicial e assistidos por um advogado, os interessados podem proceder ao inventário e partilha dos bens mediante escritura pública, sem a intervenção do Judiciário. Todos devem estar qualificados e comparecer obrigatoriamente ao ato lavrado pelo tabelião do Cartório de Notas. Se houver recusa do meeiro, de um dos herdeiros ou legatários, o inventário extrajudicial não tem sequência, enveredando obrigatoriamente para a via judicial.

O procedimento extrajudicial tende a ser mais célere, mas não dispensa todas as formalidades legais, particularmente no que se refere aos documentos de todos os envolvidos no processo de inventário, à efetiva comprovação da regularidade dos bens e, especialmente, ao pagamento do imposto devido por força da sucessão, que tem de ser recolhido antes da formalização da escritura pública de partilha extrajudicial. Registre-se que não se admite a transmissão de bens na sucessão por instrumento particular.

Quando o inventário é extrajudicial, existe um intenso trabalho prévio porque toda a documentação – do falecido, viúvo-meeiro, herdeiros e legatários, bem como dos bens a serem partilhados – deve estar absolutamente organizada e atualizada, de modo que possa ser lavrada a escritura pública. Sendo o inventário extrajudicial um ato único, consubstanciado na escritura pública de partilha extrajudicial, todos os entraves devem ter sido superados para que o documento esteja apto para assinatura, sendo essencial que exista consenso entre as partes envolvidas.

O advogado atua não apenas em todas as etapas formais do procedimento extrajudicial, mas também na mediação de eventuais divergências dentro da família, buscando, com sua experiência profissional, contornar impasses, apresentar alternativas e buscar soluções de composição de conflitos para conciliar pretensões patrimoniais discordantes e, sempre respeitando a vontade das partes envolvidas, garantir a transmissão pacífica e célere dos bens deixados pelo falecido.

O Cartório de Notas apenas pode lavrar a escritura pública de inventário extrajudicial após o recolhimento do imposto de sucessão, de competência estadual, cabendo verificar a legislação do Estado de situação dos imóveis, bem como do Estado de residência do falecido, com relação aos demais bens, não apenas no que se refere à alíquota incidente, mas também à base de cálculo e ao prazo para recolhimento do tributo.

O recolhimento do imposto de sucessão é tratado na esfera administrativa da Fazenda Pública do Estado credor do tributo e deve ser acompanhado pelo advogado contratado.

6.4.5 Inventário judicial

Tendo em vista o acúmulo de processos no Judiciário e a comprovada eficácia dos inventários extrajudiciais, há uma tendência pela utilização da via judicial apenas para homologação do testamento e, desde que exista absoluto consenso das partes e somente herdeiros maiores e capazes, seja a partilha feita via inventário extrajudicial (sem a intervenção judicial nessa segunda etapa), tornando o processo mais célere e deixando ao Judiciário apenas os casos nos quais a presença do Ministério Público e do magistrado seja obrigatória para a preservação da vontade do falecido ou dos beneficiados pelo testamento.

Em alguns casos, ainda que o consenso exista e as partes se façam representar como maiores e capazes, há situações que levam ao inventário judicial, ainda que fosse possível a via extrajudicial. Tal fato decorre, no mais das vezes, por falta de documentação hábil para transmissão ou da necessidade de prazo suplementar para pagamento dos tributos da sucessão, cuja prorrogação de vencimento exige autorização judicial, a depender da regra tributária de cada Estado brasileiro.

Por vezes, a falta de documentação só é suprida mediante buscas autorizadas pelo magistrado, forçando a via judicial. Em muitas ocasiões, os herdeiros e legatários não têm sequer a Declaração de Imposto de Renda do falecido ou mesmo com ela não conseguem acessar seus investimentos financeiros (por não serem cotitulares das contas), tornando-se inviável a organização da documentação para partilha dos bens e direitos deixados. Em casos como esse, a via judicial é o caminho, solicitando-se ao juiz do processo a expedição de ofícios para obtenção dos dados faltantes.

6.4.5.1 Execução do inventário judicial

Toda vez que se fala do processo judicial de inventário, estamos mencionando etapas e procedimentos que devem ser observados pelas partes envolvidas. São nele interessados o cônjuge ou companheiro sobrevivente, os herdeiros, os legatários (se houver), o Estado (como credor dos tributos decorrentes da sucessão) e o Ministério Público, que atua como órgão de apoio ao juiz quando houver testamento, herdeiros menores, incapazes ou ausentes. Por consequência, qualquer um deles pode provocar o início do processo judicial de inventário. Ainda que dois interessados abram cada qual seu processo de inventário, apenas um terá andamento processual (tendo preferência o processo judicial onde houver sido dado o primeiro despacho por juiz competente).

O processo de inventário, à obviedade, é apenas um. Não podem dois filhos abrir cada qual o inventário de seu pai pelo simples fato de não se entenderem. E todas as partes interessadas direta ou indiretamente devem estar representadas no mesmo processo.

Mas há um terceiro interessado que, embora não se enquadre em qualquer uma das categorias acima, também pode requerer a abertura do inventário, qual seja o credor do *de cujus*. Na verdade, ele não pode simplesmente se habilitar como credor do falecido, pois o processo de inventário não se presta a esse tipo de discussão. Mas, se o credor já possuir em seu favor uma sentença transitada em julgado (ou seja, definitiva) ou um título de crédito, pode solicitar ao juízo a abertura e processamento do inventário com a reserva de uma parte dos bens para pagamento da dívida.

É importante ressaltar que o Espólio responde pelo débito do *de cujus* no limite do montante de seu próprio patrimônio, jamais respondendo os herdeiros com seus bens particulares. Os herdeiros apenas respondem diretamente se, ao comparecer o credor para cobrar do Espólio a dívida do falecido, os bens já tiverem sido partilhados. Nesse caso, o herdeiro responde até o limite do que tiver recebido por herança, não sendo atingido em seu patrimônio pessoal.

O herdeiro que desejar pode renunciar à herança, devendo fazê-lo por escritura pública ou dentro do processo de inventário, por termo nos autos, em prazo não superior a 30 dias do conhecimento da abertura da sucessão, sendo a não manifestação considerada aceitação da condição de herdeiro. Não se pode renunciar à parte da herança, tampouco vincular a renúncia à condição futura. A renúncia deve ser imediata, integral, expressa e inequívoca, dispensada a justificativa. O legatário também pode renunciar ao legado, nas mesmas condições.

Por mais estranho que isso possa soar, em determinadas situações a renúncia é a saída correta, particularmente quando o falecido tenha deixado um Espólio deficitário, com passivos que superam os ativos e que certamente trarão apenas transtornos ao herdeiro, podendo contaminar o patrimônio saudável do renunciante. Por exemplo, ao receber ainda que pequena participação de uma empresa que figura como reclamada em diversos processos trabalhistas ou fiscais, um empresário bem-sucedido, detentor de patrimônio e de operações saudáveis, pode correr o risco da caracterização do chamado "grupo econômico" e ter de responder pessoalmente pelas dívidas da empresa, cujas poucas quotas passou a deter por herança. Ou seja, nesse caso, a herança seria um "presente de grego" pois, ainda que poucas fossem as quotas, poderiam "contaminar" o patrimônio como um todo e contrariar a proteção desejada.

Há horas na vida em que a mais leve contrariedade
toma as proporções de uma catástrofe.

Camilo Castelo Branco

O prazo para o processamento do inventário costuma ser fator de grande preocupação para os herdeiros. Por vezes, os processos judiciais acabam prolongando-se em demasia e isso causa transtornos aos interessados. Mas a morosidade do inventário, de modo geral, está atrelada a problemas do próprio falecido ou vinculada aos seus herdeiros. O motivo mais usual corresponde às disputas entre os herdeiros pela divisão dos bens do Espólio, quando o *de cujus* não a tenha ordenado por meio de um testamento ou da elaboração de um Planejamento Sucessório. E quando envereda por essa seara, na qual os beneficiários não chegam a um acordo porque o falecido não dispôs a forma de divisão de seus bens (ou, mesmo tendo feito, a divisão tenha dado margem a dúvidas), o processo pode ficar estagnado, prolongado por um tempo muito maior do que o razoável, assemelhando-se aos roteiros das novelas, o que ocorre mais usualmente do que gostaríamos.

> *A ambição é um enredo que nos enreda por toda a vida.*
>
> **Marquês de Maricá**

É nesse cenário, em que se travam desgastantes batalhas judiciais pela divisão do patrimônio, que se percebe o quanto teria sido fundamental o Planejamento Sucessório (**à época certa, antes do falecimento**), regulamentador da sucessão e facilitador do processo, tornando-o mais rápido, seguro e fiel à vontade do falecido, observadas as disposições legais.

Nem sempre o motivo que implica a demora do processo está apenas relacionado aos herdeiros, mas pode estar ligado também ao rol de bens e direitos deixados para serem objeto do inventário. O processo de inventário requer uma relação de documentos e informações completas para que se lhe possa dar andamento. Mas é comum a situação em que a família não tem consigo toda a documentação organizada; de qualquer modo, as diversas obrigações impõem que se elejam prioridades.

6.4.5.2 Inventariante

Para a representação legal do Espólio é feita a nomeação de um inventariante cuja função é administrar os bens do Espólio, na qualidade de seu representante legal. É possível indicar o inventariante no testamento com a previsão de, caso o primeiro indicado não possa ou não queira assumir o encargo, outras pessoas possam vir a ocupar o cargo. Se não houver indicação no testamento ou o indicado não assumir a inventariança, e estando os herdeiros concordes, podem eles indicar, entre os próprios, o inventariante. Se não houver consenso, prevalece a seguinte ordem de preferência estabelecida pelo art. 617 do Código de Processo Civil, a saber:

> *I – o cônjuge ou companheiro sobrevivente, desde que estivesse convivendo com o outro ao tempo da morte deste;*
>
> *II – o herdeiro que se achar na posse e na administração do Espólio, se não houver cônjuge ou companheiro sobrevivente ou se estes não puderem ser nomeados;*

> *III – qualquer herdeiro, quando nenhum deles estiver na posse e na administração do Espólio;*
>
> *IV – o herdeiro menor, por seu representante legal;*
>
> *V – o testamenteiro, se lhe tiver sido confiada a administração do Espólio ou se toda a herança estiver distribuída em legados;*
>
> *VI – o cessionário do herdeiro ou do legatário;*
>
> *VII – o inventariante judicial, se houver;*
>
> *VIII – pessoa estranha idônea, quando não houver inventariante judicial.*

Note-se que os incisos VII e VIII estão atualmente em desuso, tendo sido substituídos pela figura do inventariante dativo, ou seja, uma pessoa estranha à herança e que tem a função de administrador do acervo hereditário, não lhe cabendo a representação do espólio, da confiança do juiz, atendidos os requisitos da idoneidade, de preferência, advogado.

Como se vê, o Código de Processo Civil tentou estabelecer uma ordem lógica que deve ser seguida pelo juiz. Se houver pessoas concorrendo na mesma categoria, então cabe ao juiz, segundo seu próprio arbítrio, designar o inventariante. Na falta ou impedimento de pessoas indicadas no rol acima, resta a nomeação pelo juiz de um inventariante dativo, que é um terceiro na relação processual.

Ao inventariante, cumpre também a representação legal do Espólio, mas esse poder não é conferido ao dativo. No caso, havendo uma ação judicial contra o Espólio, todos os herdeiros devem ser citados.

O inventariante tem duas funções distintas. A primeira é a de dar andamento ao processo de inventário juntando os documentos necessários, prestando as declarações ao juiz e, ouvidos previamente os interessados e ante autorização judicial, alienar bens do Espólio. A segunda função é exterior ao processo, incumbindo-lhe "*administrar o Espólio, velando-lhe os bens com a mesma diligência como se seus fossem*" (art. 618, II, do Código de Processo Civil).

Uma das obrigações fundamentais do inventariante como administrador dos bens do Espólio é prestar contas de sua gestão ao deixar o cargo, ou quando o juiz assim o determinar. Se a prestação é simples, ela pode ser feita no próprio processo de inventário, mas se for complexa ou houver divergência, deve ser feita em separado. Os herdeiros podem, justificando sua antecipação, provocar um pedido de prestação de contas que é feito em procedimento próprio, à parte do processo de inventário, e julgado por sentença judicial. A falta de prestação de contas é, inclusive, motivo para remoção da pessoa que estiver exercendo a inventariança.

A remoção também pode ser pleiteada ao juiz, se o inventariante não der regular andamento ao processo, se permitir que os bens do Espólio se deteriorem, se não defender o Espólio nas ações em que for citado ou se não tomar as medidas cabíveis para evitar o perecimento de direitos, ou ainda se sonegar, ocultar ou desviar seus bens.

6.4.5.3 Etapas do processo judicial de inventário

O processo de inventário judicial deve ser aberto no prazo de dois meses, contados do falecimento, para o que se exige apenas a certidão de óbito do falecido e o comprovante de parentesco daquele que der início ao processo de inventário. Conforme comentamos anteriormente, pode ser aberto por qualquer interessado (viúvo, herdeiros, legatários, cessionários ou até por eventual credor), a quem compete apresentar a certidão de óbito do falecido e solicitar a nomeação de inventariante.

Após a abertura do processo de inventário, seguem as etapas do rito processual específico, cumprindo ao inventariante acatá-las, desde a distribuição do processo até a sua finalização. Não havendo litígio entre as partes interessadas, observar-se-ão as seguintes etapas:

(i) Apresentação das "Primeiras Declarações" contendo as informações completas do cônjuge sobrevivente, herdeiros e legatários, acompanhadas dos respectivos documentos pessoais, bem como da relação completa dos bens, direitos e obrigações do falecido, inclusive dívidas (se houver deixado), igualmente acompanhados dos respectivos documentos; e, providências para citação de todos os interessados;

(ii) Protocolo e acompanhamento do procedimento administrativo perante a Fazenda Pública Estadual competente, apresentando a relação completa de bens, direitos e haveres para cálculo do imposto decorrente da sucessão (cumprindo observar as regras que forem aplicáveis a cada Estado);

(iii) Elaboração do Plano de Partilha do acervo hereditário (observando-se as disposições testamentárias, quando existentes);

(iv) Manifestação do Partidor Judicial (para verificação da correta atribuição dos quinhões hereditários) e do Contador Judicial (para aferição do pagamento integral de todos os impostos e custas decorrentes do inventário judicial);

(v) Com a concordância de todos os interessados e com as manifestações positivas da Fazenda Pública Estadual, do Partidor Judicial e do Contador Judicial, há a homologação judicial da partilha e a conclusão do processo de inventário.

Se houver litígio entre as partes, cada uma das etapas acima pode sofrer desdobramentos por meio de recursos judiciais, tanto pela insurgência de herdeiros e legatários, quanto pela inclusão de bens sonegados, avaliação dos ativos, entre outras questões, sendo impossível prever o tempo de duração até a finalização do processo de inventário. Portanto, deve-se verificar exatamente o que se pretende discutir.

Duas coisas são infinitas: o universo e a estupidez humana.
Mas, em relação ao universo, ainda não tenho certeza absoluta.

Albert Einstein

É importante ressaltar que um grande patrimônio não significa obrigatoriamente um longo processo de inventário judicial. Há inventários com vastíssimo patrimônio e uma gama enorme de herdeiros que, mesmo assim, calcados em uma documentação organizada e em um testamento bem escrito, conseguem obter em um tempo razoável a partilha dos bens e a finalização do processo de inventário, de modo que cada qual possa usufruir do que lhe couber pela sucessão. Há outras situações, totalmente inversas, nas quais, embora existam poucos bens a dividir e poucos herdeiros para contentar, sobra uma enorme disposição para o litígio. Nesse caso, o processo certamente seguirá por muitos anos em prejuízo dos próprios interessados, que, envoltos em brigas judiciais intermináveis, não poderão desfrutar dos bens que devam receber pela sucessão, sem contar o risco de sua deterioração e perda de valor.

Tendo em vista esse emaranhado de procedimentos judiciais, é bom que se destaquem algumas expressões eminentemente jurídicas, com as quais herdeiros e legatários acabam forçosamente convivendo:

(a) **Declarações** – são apresentadas pelo inventariante e relacionam as qualificações completas do *de cujus*, do meeiro, dos herdeiros e legatários, conforme o caso; as descrições dos bens e das dívidas e seus respectivos valores;

(b) **Monte-mor** – é o acervo hereditário em sua totalidade, inclusive com seus encargos. A ele sucede o monte líquido, que é o acervo hereditário resultante após o pagamento de todas as dívidas e despesas do *de cujus*. O monte líquido, que é o objeto da partilha. Por vezes, vemos a expressão "quinhão hereditário", que representa o monte de determinado herdeiro;

(c) **Partilha** – significa a divisão ou repartição dos bens (pelo monte líquido). Não se limita a mera divisão ou repartição de coisas ou bens, mas inclui também a formação da meação do cônjuge ou companheiro sobrevivente (quando cabível), dos quinhões de cada herdeiro e dos legados de cada legatário (quando existirem);

(d) **Sentença** – é o julgamento da partilha que atribui os quinhões e legados em favor das partes interessadas. Aquele que não a aceitar pode recorrer à instância judicial superior para novo julgamento. Mas, quando não couber mais recurso, a sentença judicial é considerada transitada em julgado, pondo fim ao processo de inventário;

(e) **Formal de partilha** – é o título judicial expedido em favor do cônjuge sobrevivente, herdeiros e legatários, dando o direito de propriedade sobre os bens que lhes foram conferidos. Se o bem é imóvel, o formal deve ser levado a registro no Cartório de Registro de Imóveis competente. Se conferir participações societárias, deve ser utilizado para as devidas alterações da titularidade de ações ou quotas sociais para o registro competente. Se autorizar a transferência de numerário bancário, deve ser apresentado ao banco respectivo, e assim por diante. Com o mesmo efeito legal, a carta de adjudicação é o título judicial expedido em favor do único herdeiro, transferindo-lhe o direito de propriedade sobre os bens do Espólio (no caso dos inventários extrajudiciais, a própria escritura pública cumpre essa finalidade).

Aspecto Societário

Márcia Setti

1. INTRODUÇÃO

O Direito Societário tem por objeto de estudo a sociedade, as relações entre sócios, as relações dos sócios com a sociedade e vice-versa, bem como da sociedade com terceiros, as negociações societárias e os relacionamentos intersocietários, de forma geral. Contudo ele não se circunscreve a sociedades, abrangendo estruturas como fundos de investimento, que são hoje interessante alternativa de organização de patrimônio e Planejamento Sucessório, empresas *offshore*, *trusts*, fundações, entre outras.

Evocando-se o Planejamento Sucessório seguro e eficaz, o Direito Societário compila importantes ferramentas de organização de patrimônio, capazes de criar ou alterar estruturas societárias que melhor atendam aos seus pressupostos. Outro tanto, habilita o estabelecimento de regras de convivência e de separação de sócios em acordos societários, principais responsáveis pela sobrevivência dos negócios e do patrimônio por gerações, se bem construídos sob a égide da lei e das melhores práticas de governança corporativa, beneficiando os detentores atuais e futuros dos ativos, regulando seus direitos e obrigações não apenas para evitar disputas, mas também para os proteger contra eventuais vicissitudes.

Entre as sociedades, destacam-se as empresárias, e entre as empresárias predominam a sociedade limitada ("limitada") e a sociedade por ações ("S.A."), como os tipos societários mais utilizados.

Nas economias capitalistas, a maioria das empresas se inicia com as ideias, o empenho e o investimento de indivíduos empreendedores e seus parentes. Dessa feita, quanto à forma, a empresa familiar prepondera universalmente, assim como a multifamiliar, que abriga dois ou mais empresários de diferentes famílias participando do mesmo empreendimento. Esse o objeto de nosso estudo a seguir.

2. GOVERNANÇA FAMILIAR E PROTOCOLO DE FAMÍLIA

Família, sociedade e gestão. Essas são as **três dimensões** de uma empresa familiar e não raramente vemos uma verdadeira miscelânea entre elas. É comum também observarmos membros consanguíneos fazendo do negócio a extensão de suas casas. Com isso, o que deveria ser uma organização de sucesso acaba sendo o local onde se lava a roupa suja.

A família é a fonte da prosperidade e da desgraça dos povos.

Martinho Lutero

"Família, família, negócios à parte!" A importância de se separar esses dois núcleos, que têm necessidades e realidades distintas, para que sejam submetidos a tratamentos diferenciados é de nuclear importância. Por outro lado, também é essencial que se dê especial atenção ao legado familiar, à mensagem que aquela família quer deixar para as gerações vindouras, quais os seus valores, como se desenharam as missões, que propósitos a estimulam, no que ela acredita, quanto de sua cultura a influencia, como a religião a norteia etc. Em poucas palavras, o que une, o que agrega, o que cria os amálgamas.

É relevante conhecer as raízes, as origens, o caminho, o caminhar, tudo o que levou a família até aquele lugar. De onde vieram? Como caminham? Onde estão?

Registros da memória da família devem ser preservados. A cultura, em alguns grupos a religião, cria identidade e sensação de pertencimento. A motivação principal dos fundadores para iniciar o negócio deve servir como base para descrever a missão, a visão, os valores e os propósitos da família. O histórico da família empresária, as aspirações iniciais dos fundadores, seus ideais, o apoio recebido dos cônjuges ou a sua atuação decisiva, os ciclos econômicos por quais passaram e que influenciaram a trajetória do negócio familiar, o papel das novas gerações, possíveis situações de divergências de visões, controvérsias de cultura, e da forma como elas foram solucionadas para fortalecer a empresa e a família, os desafios familiares, as disrupções e transições de todos os tipos que a tenham impactado, todos esses assuntos podem ser abordados. Com isso, compreende-se a razão do negócio e a sua evolução, iluminando os caminhos da longevidade.

> *Se queres prever o futuro, estuda o passado.*
>
> **Confúcio**

O próximo passo é entender o momento presente, com transparência, abertura, veracidade. Até onde chegou aquela família e o que a trouxe ao ponto de chegada. Os membros da família estão satisfeitos com a trajetória e com o cenário atual dos negócios familiares?

Para onde queremos ir e como? – a visão de futuro ou de longo prazo exige conversas e reflexões e tudo depende de o "onde estamos" ser um lugar confortável para todos. Manter o que está dando certo é fácil! Difícil é mudar o que não está favorável. Mas, para as famílias que conseguem aprofundar e discutir os temas que lhes apertam os calos, com calma, até que se chegue a um denominador comum, esse exercício por si já é bastante benéfico, ainda que não se chegue a um consenso.

O que queremos construir juntos? E o porquê de querermos estar juntos?

É preciso fundar os alicerces que sustentam a relação entre os membros da família, a dinâmica destes com seus negócios, seu patrimônio e sua evolução ao longo do tempo, criar as condições necessárias para reforçar a coesão entre os sócios da empresa, preservar e transmitir o legado familiar. A família tem o dever de se organizar, de forma que sua capacidade de decisão seja garantida e disciplinada para viabilizar sua permanência juntos.

As discussões que permeiam a governança familiar contribuem para suscitar questionamentos e promover debates relevantes entre sócios e herdeiros, demandas e necessidades particulares de cada família. Podem ser pauta, por exemplo, questões que costumam ser fonte de atrito ou apenas de tensão entre os membros de uma família, como a escolha dos futuros líderes, a estratégia da empresa familiar e a oportunidade de novos negócios, a política relativa ao patrimônio de risco (em que se incluem *startups* e negócios de impacto social), as discordâncias entre a família e os gestores, a utilização do sobrenome familiar em negócios próprios etc., bem como regras relativas a recursos destinados a integrantes da família que sofram um problema de saúde, ou um contratempo financeiro, discussões acerca das possibilidades ou não de os membros da família e acionistas da empresa familiar virem a ser fiadores de terceiros, à obrigação de se casarem ou constituírem união estável sob o regime de separação total de bens, à não exposição na mídia, à educação e formação de herdeiros, ao estilo de vida, a práticas e comportamentos em relação à sociedade familiar e a seus ativos, ao uso de bens, funcionários e serviços da empresa em benefício de membros da família etc.

Questão de fundamental relevância a ser discutida diz respeito aos fundos da empresa familiar (ainda não distribuídos e, portanto, não pertencentes aos familiares/acionistas), a fim de que não possam ser utilizados para finalidades particulares da família, ou, se puderem, em quais casos e sob quais circunstâncias especiais.

Além desses temas, outro capítulo bastante respeitável do Protocolo de Família, documento que tem por objeto o estabelecimento de regras comportamentais para os membros da família, é o relacionado ao legado filantrópico que aquele grupo familiar pretende deixar, qual(is) a(s) causa(s) que a família abraça(m), qual o envolvimento de seus membros na atividade benemerente, como é realizado o seu custeio e como serão programados os fundos para mantê-lo.

Os investimentos em negócios de impacto social (geradores de lucro, mas que tenham como objetivo, além do lucro, impactar determinada camada da população) ganham cada vez mais espaço sob os holofotes dos jovens componentes da família empresária. Mais recentemente, a governança familiar tem abordado a constituição de fundos para jovens empreendedores, capital semente, capital de risco, com fins de gerar impacto social ou não, para o que é indispensável um planejamento estratégico, de forma a não comprometer o patrimônio familiar como um todo.

O conteúdo da governança familiar varia de uma família para outra. O ideal é que toda a família participe do processo, legitimando suas ideias, calibrando suas expectativas, entendendo a filosofia familiar e empresarial, num ambiente que tenha comunicação saudável, fluida, respeitosa e focada nos negócios familiares e nos objetivos a longo prazo.

A ferramenta mais utilizada vem a ser o Protocolo de Família. Nele são previstos os órgãos que compõem a governança familiar e que costumam ser os mesmos: conselho de família e seus comitês, e *family office*.

O conselho de família deve contemplar regras estabelecidas e prever encontros periódicos de seus membros, a fim de nortear o andamento da governança familiar, podendo constituir comitês, formados por membros da família, com o objetivo de distribuir tarefas do conselho familiar, tais como busca de treinamento para a geração mais jovem como futuros acionistas, noções de administração, de contabilidade, de gestão de pessoas, de *marketing*, entre outras. Outro exemplo é o do comitê criado para cuidar de encontros e viagens familiares, com o intuito de reunir especialmente famílias mais numerosas e a partir da terceira geração.

O *family office* tem o condão de auxiliar no gerenciamento da vida dos integrantes da família empresária sob o aspecto prático e tratar dos ativos que não fazem parte da operação da empresa familiar. Nessa amplitude de funções facilitadoras da vida dos acionistas, inclui-se desde o pagamento de contas pessoais, a administração e a manutenção de residências, veículos, embarcações e aeronaves, a organização de viagens de lazer, o aconselhamento, gestão e até mesmo treinamento relativo a investimentos financeiros e administração de empresas *offshores*. Muitas famílias preferem a contratação de um multi *family office*, que atende a várias famílias. Há excelentes empresas prestadoras desse tipo de serviço em nosso mercado, assessorando famílias por gerações.

Da mesma forma que o conselho de família, o *family office* deve ter um regramento formal que especifique em quais situações os membros da família podem fazer uso de seus serviços, como se dá a divisão de suas despesas, quais os critérios para a contratação e utilização de profissionais, para os acertos de contas etc.

O Protocolo de Família, como se disse, dita regras comportamentais para os membros da família, buscando evitar riscos possíveis e dimensionando riscos imprevisíveis que possam vir a se transformar em conflitos entre familiares, ou deles com a empresa familiar, assim como a administração de tais contendas. Em todas as famílias empresárias, condutas ou decisões que em determinadas ocasiões podem estar na origem do conflito, por exemplo, o ingresso de um agregado na empresa, terão um tratamento diferenciado se previamente estudadas, discutidas e acordadas de modo formal. Nesse sentido, o Protocolo de Família corrobora com a proteção do patrimônio, pois se o conflito não fica circunscrito à alçada familiar, vazando para o ambiente empresarial, as consequências são imensuráveis e a desvalorização do patrimônio vem a reboque.

Muito embora seja um documento escrito e assinado pelos membros da família, o Protocolo de Família não é executável juridicamente, mas o seu cumprimento pode ser condicionante de direitos garantidos juridicamente. Sua disciplina é moral, na medida em que espelha princípios e valores familiares e desenha o legado que se pretende deixar ou manter vivo para as gerações vindouras.

Segundo o **IBGC** (Instituto Brasileiro de Governança Corporativa), "*o protocolo é um acordo estabelecido entre os familiares que segue preceitos do legado moral e do histórico ou da tradição do grupo. Ele constitui um instrumento importante que sustenta a relação entre os membros da família, a relação destes com seus negócios e seu patrimônio e sua evolução ao longo do tempo. Ele cria as condições necessárias para reforçar a coesão entre os sócios da empresa e preservar e transmitir o legado da família*".

A rigor, o Protocolo de Família deveria ser construído a partir do consenso de todos os membros da família empresária com capacidade para fazê-lo, ou seja, maiores de idade e no gozo de suas competências cognitivas. A unanimidade é extremamente difícil, ainda mais quando já se esteja na segunda ou terceira geração, tendo-se que lidar com núcleos com educação e estilo de vida distintos e, hoje em dia mais e mais, com diferenças geracionais acentuadas.

Como se disse acima, não é documento executável juridicamente e, dessa forma, não é possível a sua imposição por uma parte a todos os restantes, devendo ser aceito consensualmente pelos interessados em benefício da família e da empresa.

Mas é relevante, na medida do possível, que todas as gerações estejam envolvidas no processo de sua elaboração, especialmente porque a participação na concepção faz com que os membros da família adiram mais eficientemente ao processo. Por vezes é quase impossível reunir toda a família e o ideal é que seja um chamado de união, de afirmação de valores, de conhecimento das origens, de refazimento de laços.

O Protocolo de Família deve clarificar os papéis e segregar a atuação da família e dos gestores, fixar direitos e deveres de acordo com os princípios orientadores da família, a fim de garantir que o negócio familiar seja sustentável para as próximas gerações.

Para as famílias empresárias maiores, normalmente na segunda ou terceira geração no comando, diante da diversidade geracional que traz consigo a multiplicidade de opiniões, de necessidades e de expectativas, o protocolo se transforma em uma espécie de cartilha, no intuito de aproximar as gerações, revelando-se um instrumento anticonflitos.

Dentro do negócio familiar, o Protocolo de Família deve atuar como um antisséptico à proliferação do nepotismo, definidor de regras para presença e atuação de familiares na gestão, admissão e demissão de membros da família, bem como decretar quem pode trabalhar na empresa, quais os requisitos para preenchimento de cargos por familiares, a remuneração dessas pessoas, atuando como condutor do profissionalismo nos negócios, e, com isso, transformando a empresa familiar em família empresária, e, assim, mantendo o controle nas mãos da família.

A incorporação de familiares nos quadros administrativos da empresa não é necessariamente a expressão nefasta do cabide de emprego, e, muito pelo contrário, pode ser a melhor escolha, desde que profissional, pois um familiar pode ter bastante bagagem a aportar, muito mais do que qualquer outro profissional do mercado, além do seu apreço pelo negócio. Tudo depende do cenário.

O Protocolo de Família deve ser implementado com um prazo de vigência definido, a fim de acompanhar o crescimento familiar, suas necessidades e realidades geracionais.

Normalmente, as famílias requerem a ajuda de um profissional, tanto para mediar o entrosamento e coordenar diálogos, quanto para redigir o documento. Costuma ser um advogado ou um consultor, mas, quem quer que concatene o processo, deve sempre ter em mente que o Protocolo de Família cuida apenas de questões relacionais entre familiares e destes com o patrimônio. Não tem o condão de tratar de direitos e obrigações sob o ponto de vista jurídico.

Não se recomenda avançar em regras de convivência entre sócios, independentemente de serem também familiares, pois essas regras são objeto de acordo de sócios, documento com força legal, elaborado por profissionais do Direito e que obriga os sócios.

Assim, a Governança Corporativa pode e deve ser discutida por um Conselho Familiar, mas quem a estabelece é o acordo societário, da mesma forma que a política de distribuição de lucros, as regras de alienação de participações societárias, o direito de retirada, a não concorrência, entre outras.

Deve-se ter especial esmero na construção e funcionamento independente dos dois órgãos máximos de gestão como forma de prevenir conflitos internos que poderiam enfraquecer o sistema de governança e de decisão da empresa: o Conselho de Administração na empresa e o Conselho de Família na família, visando a benefícios empresariais e harmonia familiar, e separando o joio do trigo.

Como é de se supor, não há um modelo a ser seguido, vez que cada família é única.

O Protocolo cuida do Conselho de Família. O contrato social da limitada e o estatuto social da S.A. tratam do Conselho de Administração, e o acordo de sócios regula com força de lei a governança corporativa.

Mas é, sem dúvida, o Protocolo Familiar que ajuda a construir e a fortalecer o patrimônio material do grupo, e, acima de tudo, desenvolve o legado moral que atravessa gerações e se torna muito maior que a própria empresa e a família.

3. GOVERNANÇA CORPORATIVA E ACORDO DE SÓCIOS

Governança é sistema de governo. Compreende todos os processos de governar, inclusive uma família, uma empresa.

A governança corporativa corresponde a um conjunto de regras, direitos e responsabilidades e indica o *modus operandi* daquela organização, a maneira pela qual a empresa é dirigida, os regramentos para essa direção, bem como a maneira pela qual a instituição é controlada. Na empresa familiar, a família pode influenciar o processo de governança.

Ter uma boa governança facilita processos decisórios.

Em qualquer situação, para qualquer tipo societário, a adoção das práticas de contabilidade vigentes e de divulgação de informações aos acionistas (*disclosure*) garante transparência aos negócios sociais, imprime maior ética, franqueando aos acionistas o acesso a relatórios periódicos acerca da administração societária, bem como a documentos contábeis e a todos aqueles que se fizerem necessários no sentido de oferecer a melhor qualidade de informação a qualquer acionista, independentemente de suas participações societárias.

A governança pressupõe a prestação de contas da administração, a emissão de relatórios periódicos contendo dados de natureza contábil, a gestão do endividamento, do fluxo de caixa, o gerenciamento financeiro estratégico (projeções de caixa, resultado econômico, orçamento de capital, opções de captação de recursos de curto e longo prazo), entre outros, a fim de conferir clareza e nitidez aos atos administrativos praticados.

A governança corporativa aumenta a confiança dos acionistas, bem como de terceiros investidores e do próprio mercado. Portanto, o sistema protege os acionistas e valoriza o negócio.

Na empresa, os processos de administração e a tomada de decisões dos corpos diretivos e dos acionistas devem ser vinculantes e, portanto, devem estar normatizados.

Por isso é que a grande questão da governança corporativa é criar um conjunto eficiente de mecanismos, tanto de incentivos quanto de monitoramento e fiscalização, a fim de assegurar que a tomada de decisões dos corpos diretivos esteja sempre em consonância com o interesse dos acionistas e com as regras de *compliance* estratégico, que revela transparência, maturidade administrativa e gestão de riscos. O *compliance* assinala que os gestores e suas equipes dominam os processos e procedimentos, implementados e executados em consonância com regras políticas, regulatórias, comerciais, trabalhistas, contratuais, societárias e tributárias, independentemente do segmento de atuação e do tamanho da empresa.

Sob o ponto de vista societário, no Planejamento Sucessório, uma das ferramentas primordiais é o acordo societário, de sócios ou acionistas (Acordo, Acordo de Sócios, Acordo Societário, Acordo de Acionistas), contrato que vincula a participação societária e assume caráter de título executivo entre as partes que o subscrevem, escoltando direitos e impondo obrigações aos sócios, regulando as relações políticas e econômicas do grupo. O documento deve ser precedido de um estudo legal e da cocriação de estratégias que melhor performem os desejos pessoais à vista dos comandos normativos, no momento presente, mas com olhos também voltados ao que está por vir, respeitando as individualidades, privilegiando a manutenção do todo, proporcionando o estabelecimento de normas para valerem desde logo ou a partir do afastamento do controlador ou da controladora. Entre tais regras destacam-se, por exemplo, na empresa familiar, algumas previsões já avençadas no Protocolo de Família, por exemplo a determinação de quem pode trabalhar no negócio, quais os requisitos para a assunção por herdeiros e sucessores de cargos executivos da empresa, para o ingresso de cônjuges, companheiros e companheiras, e assim por diante.

O Acordo regula as relações de poder político e econômico que o estatuto ou o contrato social não estejam aptos a regular, ou que não queiram tornar públicas.

Os direitos sucessórios e patrimoniais também podem ser objeto de proteção pelo referido Acordo, e as regras de governança corporativa são sua essência. A possibilidade de regular o exercício dos direitos de sócios e acionistas sobre as suas quotas e ações, especialmente no que concerne aos direitos políticos e econômicos, distingue o Acordo como instrumental apto a regular as relações entre sócios e acionistas, as relações dos sócios com a sociedade e vice-versa.

Quando coconstruído na presença de mais de uma geração, o Acordo ganha legitimidade absoluta e inquestionável. No jargão popular, "o que é combinado não é caro". No dizer sábio de **Jean-Jacques Rousseau**, em seu **Contrato Social**, "quem faz a lei sabe melhor que ninguém como deve ser ela executada e interpretada".

> *Não há raciocínio nem documento que nos explique*
> *melhor a intenção de um ato do que o próprio autor do ato.*
>
> **Machado de Assis**

O Acordo organiza a sociedade e protege o patrimônio na justa medida em que, por exemplo, mitiga os riscos do capital disperso e de uma sociedade sem controle, sem comando, preservando o interesse social.

Construído com tranquilidade, parcimônia e assentimento dos detentores das participações a ele subordinadas é um grande trunfo, ferramenta excelsa capaz de criar alicerces e manter a empresa incólume, ou pelo menos muito mais protegida das peripécias das negociações, dos desentendimentos.

Suas previsões, instituidoras de direitos e obrigações entre os signatários, têm por alvo a sobrevivência salutar do negócio, no presente e no futuro, a proteção do patrimônio e o convívio regulado entre os seus detentores.

A estrutura dos Acordos de Sócios/Acionistas compreende regras (a) da compra e venda das ações/quotas, ou seja, normas sobre a disponibilidade patrimonial das participações (os chamados acordos de bloqueio, que podem disciplinar regras de preferência, *tag along*, e *drag along*); e (b) do exercício do direito de voto, subordinado a determinadas diretrizes convencionadas sobre matérias específicas (os chamados acordos de comando e de defesa, que permitem regular o exercício de voto e estatuir quórum qualificado para determinadas deliberações sociais, definir bloco de sócios/acionistas).

Mas, na prática, e especialmente para a empresa familiar, os Acordos de Sócios/Acionistas podem tratar de outras questões, visto que, entre as matérias normalmente versadas nos seus textos, destacam-se: estipulação de critérios de decisões no âmbito da administração societária; eleição e responsabilidades dos administradores; requisitos para preenchimento de cargos administrativos; normas claras e eficientes de governança corporativa.

Os Acordos habilitam-se, também, a tratar do ingresso de herdeiros e sucessores (até mesmo no que disser respeito ao voto); a estabelecer e definir a política de distribuição de dividendos e de reinvestimentos de lucros; a criar uma estrutura de capital e de financiamento da empresa; a regular o direito de retirada (disciplinando critérios de avaliação, bem como forma e prazo de pagamento de haveres apurados); a ajustar regras de não concorrência e suas consequências; a estatuir normas sobre negócio vinculado; a dispor sobre a solução de conflitos decorrentes do Acordo; a disciplinar mecanismos para a aquisição de participações em caso de constrição judicial etc.

Esse documento não se torna público, mas traz consigo força de execução de suas cláusulas e submete seus signatários ao cumprimento de todos os seus ditames. Tão significativo é o caráter vinculatório do Acordo de Sócios/Acionistas que pode ser declarado nulo o voto dado em desconformidade com ele. E é esse caráter que sustenta a boa governança. A lei determina, inclusive, que os sócios podem promover a execução das obrigações assumidas por meio do Acordo.

Na S.A., o Livro de Registro de Ações Nominativas deve registrar a vinculação de ações ao Acordo de Acionistas, para que produza seus efeitos legais. Tanto para a S.A. quanto para a limitada, uma via do Acordo deve ser arquivada na sede social.

A seguir discorremos sobre algumas questões referentes ao Acordo.

3.1 Ações vinculadas e abrangência

O Acordo vincula todas ou parte das participações societárias de seus signatários, tanto aquelas detidas no momento de sua assinatura, como as que no futuro venham a ser tituladas por eles e/ou acrescidas ao capital social, de tal sorte que integrem e se submetam a seus termos e condições, e obriga as participações societárias, independentemente de quem as detenha.

3.2 Obrigação a herdeiros e sucessores

A Lei das S.A. nada diz a respeito da morte de acionista e, em razão do princípio da livre transferibilidade das ações, os herdeiros ingressam na companhia na forma determinada na partilha. O Código Civil estabelece a obrigatoriedade de liquidação da quota de sócio falecido de empresa limitada, pagando-se os herdeiros em noventa dias, em dinheiro, salvo outro combinado com eles ou estipulação contratual em contrário.

Ou seja, se o contrato da limitada não previr a admissão dos herdeiros no caso de falecimento do sócio, eles receberão seus haveres e não ingressarão na sociedade. Em algumas sociedades, isso pode vir a ser interessante. Contratos há pelos quais os sócios determinam expressamente que os herdeiros de sócio falecido não ingressam na sociedade.

Tratando-se de Planejamento Sucessório, o acordo deve obrigar herdeiros e sucessores, de forma a garantir o ingresso regrado, protegendo tanto o ingressante quanto aqueles que já fazem parte da sociedade, e ela própria, a sociedade geradora de riqueza.

No Planejamento Sucessório, a relevância de submeter as suas regras a herdeiros e sucessores é inconteste, a fim de que se mantenham os preceitos acordados, através das gerações, desde que se estabeleça que os sócios contratantes, signatários dele, bem como os eventualmente ingressantes, tenham suas participações necessariamente sujeitas aos termos nele contidos.

3.3 Ingresso de ex-cônjuges e ex-companheiros

Cônjuges e companheiros podem, numa separação, ter direito de receber participações societárias, a depender de seu regime de bens e da forma pela qual tais participações foram adquiridas.

No caso de falecimento, a depender do regime de bens, o cônjuge é herdeiro ou meeiro e, nessa condição, pode, do mesmo modo, vir a receber participações societárias.

Imaginemos a seguinte situação: numa empresa familiar um sócio vem a falecer em tenra idade, casado, pai de um filho menor de idade, sem testamento. Seu patrimônio deverá ser dividido entre sua mulher e seu filho. Na empresa, a viúva votará por si e pelo filho menor do casal, como sua representante. Passam-se dois anos e ela vem a se casar novamente, e desse casamento nascem três outros filhos. Anos após, ela falece sem testamento e recebem suas participações na empresa: o filho do primeiro casamento (único descendente do sócio falecido), o seu segundo marido e os três filhos do segundo casamento (ou seja, o patrimônio familiar vai parar nas mãos de um outro núcleo), os quais passam a votar contrariamente ao irmão, filho do primeiro marido da mãe. Se quisermos continuar essa história e a ela dar ares novelescos, lembrando que a vida imita a arte, um desses filhos do segundo casamento se casa com um empresário concorrente da empresa familiar e com ele divide os segredos do negócio. Há um divórcio, um litígio, e por aí vai ... e a história pode não ter um final feliz.

O Acordo pode prever que, em caso de falecimento, divórcio ou término de união estável, em que o viúvo, ex-cônjuge ou ex-companheiro, conforme o caso, adquira o direito de receber participação societária por força de determinação judicial, não ingresse ele na sociedade, liquidando-se sua participação e recebendo seus haveres, devidamente avaliados a valor de mercado. Alternativamente, em algumas sociedades, é possível estipular-se a entrega de ações preferenciais, sem direito a voto, de tal sorte que esses terceiros recebam dividendos especiais, por vezes até maiores do que aqueles destinados a detentores de ações ordinárias, mas que não participem das decisões corporativas, como forma de manter a governança familiar. Outras vezes, a melhor opção passa pela doação da nua propriedade de ações/quotas aos filhos comuns do casal e a reserva do usufruto de renda preservada com o(a) ex-cônjuge, ou viúvo(a).

No exemplo anterior, digamos que a viúva tenha optado pela doação de suas ações para o filho comum do casal, reservando consigo o usufruto de renda sobre tais ações. Na sua morte, esse filho comum, e o único pertencente à família empresária, passaria a deter a propriedade integral das ações da mãe. Os meios-irmãos e seu padrasto nada herdariam. Daí a importância de se estatuírem regras e de tais regras estarem muito claras e bem redigidas em um Acordo de Sócios/Acionistas, para que não pairem dúvidas e para que se preserve o patrimônio, o máximo possível, nas mãos da família de origem, detentora da empresa familiar.

3.4 Regras de voto

O Acordo trata do exercício do direito de voto sob diversas nuances. Acordos de famílias empresárias têm regulações distintas de empresas não familiares, na imensa maioria das vezes. Sócios de empresas familiares podem se comprometer, antecipadamente com a forma de votar em casos específicos e por determinado período, por exemplo, enquanto vivo e capaz o sócio fundador, os demais sócios acompanham o seu voto e, após o seu falecimento, a maioria absoluta decide.

No exemplo do tópico anterior, imagine-se que, ao falecer o pai (este pertencente à empresa familiar), o filho comum do casal contasse apenas 10 anos de idade. Sua mãe, ainda que lhe doasse a nua propriedade e o usufruto de voto, representá-lo-ia até que completasse 16 anos e, após, assisti-lo-ia e, nesses termos, votaria por ele até os 16, e com ele dos 16 aos 18 anos. A menos que o Acordo previsse, por exemplo, que o voto do menor tivesse que acompanhar o voto do avô, ou, na sua falta, de um dos tios, irmãos do pai pré-morto. Nesse caso, a mãe, embora o representasse até a maioridade, se eventualmente tivesse a intenção de criar qualquer discórdia, não teria condições de votar contrariamente a todos e comprometer, com isso, a governança estruturada.

Pode-se estabelecer quórum qualificado para determinadas deliberações sociais, versar sobre o usufruto de voto, disciplinar poderes de *Golden Share* (ações com vantagens políticas, como se verá adiante), criar regras para voto em bloco, de forma a unificar o voto para um grupo de sócios como meio de concentrar poder político e manter a homogeneidade para os acionistas de uma mesma família, a fim de se evitar formação de bloco com terceiros. *Holdings*, classes de ações ou de quotas podem ser criadas com esse fim, o que será abordado ao longo desta Seção III, dos Aspectos Societários do Planejamento Sucessório.

Os acordos de voto podem ainda ter por objeto proteger os interesses dos controladores, os chamados *acordos de comando*, ou proteger a minoria, hipótese em que são conhecidos como acordos de defesa. Vários são os mecanismos de que se pode lançar mão para garantir o comando ou a defesa, dependendo da estrutura de Planejamento Sucessório que se pretenda implementar, contornando-se, com isso, a interferência de terceiros, de agregados, e procurando-se manter coeso o grupo familiar e sólida a empresa, o negócio. No mais das vezes, tratando-se de empresa familiar e recordando-se sempre o intuito de manter-se um controle unificado e firme, os Acordos costumam ser de comando.

3.5 Regras de alienação de participações

Nas sociedades por ações, é livre a circulação e cessão das ações da companhia e sua transferência é feita nos livros societários. Não é necessária a deliberação em assembleia, nem seu registro na Junta Comercial.

Nas limitadas, a cessão de quotas deve ser deliberada em reunião/assembleia de sócios, com a consequente alteração da cláusula do capital social. Ao tratar da cessão de quotas das sociedades limitadas, o Código Civil afasta a regra do direito de preferência. Assim, se o contrato for omisso e não previr regras expressas, um sócio pode ceder sua quota a outro sócio, independentemente de audiência dos demais. Pode, também, ceder sua quota a terceiro não sócio, se não houver oposição de titulares de mais de 1/4 (um quarto) do capital social.

Os sócios devem, portanto, estipular limites para a cessão de quotas, quando lhes aprouver. Casos há nos quais pode vir a ser conveniente a possibilidade de livre cessão de quotas entre os sócios garantida em lei. Pensemos numa sociedade limitada, cujo quadro societário seja composto, por exemplo, por dois irmãos e um terceiro, à razão de 1/3 (um terço) cada um deles. Se houver previsão da preferência na cessão de quotas, quando um irmão pretender sair e os dois outros sócios manifestarem seu direito, o quadro ficará dividido 50% (cinquenta por cento) para o irmão que ficou e 50% (cinquenta por cento) para o terceiro. Caso contrário, sem previsão de preferência, um irmão pode ceder suas quotas para o outro, sem a necessidade de oferecê-las ao terceiro (ou vice-versa). E o quadro resultante é 2/3 (dois terços) para o irmão que fica e 1/3 (um terço) para o terceiro.

De modo geral, na sociedade familiar (limitada ou S.A.), a estipulação de regras para a cessão de quotas é imperiosa e sua ausência pode gerar muito mais conflitos do que benefícios. Regras que estabeleçam direito de preferência entre pessoas da família empresária garantem a manutenção do patrimônio, a preservação da empresa através das gerações, evitando o ingresso de terceiros estranhos ao núcleo familiar. Isso é vital na empresa familiar!

As preferências devem acontecer em níveis, dos mais próximos aos mais distantes, por exemplo, primeiro entre irmãos, depois entre primos. Assim, o Acordo pode permitir a livre transferência de participações entre sócios detentores de uma mesma classe de participação societária (quota e/ou ação), bem como para herdeiros necessários, legatários, por doação ou sucessão.

Porém, se a transferência pretendida for para terceiros, ou para outro sócio, ou quando o acionista vendedor deseja alienar suas ações sem que tenha sido proposta a aquisição delas por terceiros, e ele deva oferecer as ações aos acionistas pactuantes antes de terceiros (Direito de Primeira Oferta ou *Right of First Offer*), tem-se de regular o direito dos demais sócios de exercerem a preferência ou de acompanharem a venda (*tag along*). Ou até de a sociedade adquirir suas próprias ações, como forma de evitar o ingresso de terceiros.

Nesse sentido, o sócio que receba uma proposta firme de oferta de aquisição de suas participações, de terceiros ou de outro sócio, e que pretenda efetivamente alienar a totalidade ou parte de suas quotas ou ações, deve notificar sua intenção aos demais sócios e à diretoria da sociedade.

Na comunicação, o sócio que recebeu a oferta deve informar, entre outras coisas, a quantidade de quotas/ações sujeitas à alienação, o preço de venda unitário das quotas/ações objeto da oferta, a forma e o prazo de pagamento do preço de venda proposto pelo comprador, seu nome e qualificação completa.

A notificação abre um prazo para que os demais sócios optem (i) ou por exercer o seu direito para adquirir a totalidade ou parcela das ações objeto da oferta; (ii) ou por exercer o direito de venda conjunta e acompanhar a venda daquele que recebeu a proposta, pelo mesmo preço e nas mesmas condições de venda. O sócio pode, ainda, optar por não exercer nenhum de tais direitos, bastando para isso que não se manifeste a respeito da notificação recebida.

3.5.1 Preferência

O direito de preferência, tanto nas previsões para sociedades limitadas quanto para sociedades por ações, assegura aos demais sócios a prerrogativa, de acordo com as suas participações no capital social, de adquirir as quotas/ações objeto de negociação entre um sócio alienante e um sócio ofertante ou um terceiro, alheio ao quadro societário.

Se um sócio não quiser exercer esse direito, a sua parcela de direito, que sobra, pode ser rateada entre os interessados em fazê-lo, ou não, a depender daquilo que dispuser o Acordo.

3.5.2 *Tag along*

O *tag along*, que pode ser exercido alternativamente ao direito de preferência, outorga aos demais sócios o direito de alienar, em conjunto com o sócio alienante que recebeu a oferta, de forma proporcional, a sua participação ao sócio ofertante ou ao terceiro. É um direito que, na prática, pode acontecer assim numa empresa familiar: um sócio nem estava pensando em vender sua participação; mas um outro sócio recebe uma proposta muito interessante em termos de valor, forma e prazo de pagamento. E esse sócio que nem pensava em vender acha essa oferta irrecusável e decide “pegar uma carona” na venda do outro, de forma proporcional à sua participação societária.

Exercido o direito ao *tag along*, o sócio que recebeu a proposta somente poderá alienar suas quotas/ações em conjunto com o(s) sócio (s) que declarou(aram) pretender fazer a venda conjunta. Tanto é assim que muitos Acordos preveem que, a partir da opção pelo exercício do direito ao *tag along*, tanto o sócio que recebeu a oferta quanto aquele(s) que decidiu(ram) acompanhar a venda passem a negociar em conjunto, uma vez que os interesses são comuns.

O objetivo dessa regra na empresa familiar é proteger os sócios e dar-lhes iguais direitos de alienação. Mas muitas vezes isso prejudica o sócio primeiramente ofertado, pois dilui muito a sua quantidade de participações a serem alienadas. Há situações de previsão de *tag along* pelas quais o ofertante se obriga a adquirir 100% (cem por cento) das participações dos sócios que exerçam a opção de vender junto, mas esse tipo de previsão pode ser mais ou menos comum, a depender do perfil da empresa e de seus sócios, lembrando que em companhias fechadas familiares, normalmente impera a aplicação da proporcionalidade sobre as ações ofertadas.

3.5.3 *Drag along*

Enquanto o *tag along* é um direito do sócio, o *drag along* é uma obrigação que tem por objeto evitar que, numa empresa familiar, ante uma proposta de aquisição das quotas/ações da sociedade feita por um terceiro, a venda não se concretize em função do desinteresse de uma minoria e, com isso, a maioria interessada na venda perca uma oportunidade de um bom negócio, ou por vezes da melhor alternativa diante de dificuldades de transferência de controle em empresas familiares.

Esse desinteresse pode ser traduzido de várias formas: o sócio contrário à venda pode não ter achado a proposta condizente, mas pode estar querendo apenas tumultuar, ou pode estar querendo negociar por um valor mais alto a sua participação dentro do grupo.

Às vezes um pequeno percentual de uma empresa pode inviabilizar um grande negócio ou suscitar um "leilão" entre os sócios, como se disse. Imagine-se uma empresa familiar que receba uma proposta de aquisição por um grupo estrangeiro que tenha interesse em adquirir 100% (cem por cento) do negócio. Quase todos os sócios estão dispostos a vender, visto que a proposta é vultosa e dificilmente haverá outra tão representativa. Entretanto, apenas um sócio, detentor de 5% (cinco por cento) do capital social, decide não alienar as suas quotas/ações, ou, para fazê-lo, pretende receber valor superior àquele a que teria direito. O circo está montado.

Problemas desse jaez são comuns na prática, quando não haja um Acordo a prever a obrigação de venda conjunta, ainda mais na empresa familiar, na qual a relação tem mais impacto do que a negociação, relações por vezes de afeto para com o negócio, relações por vezes de picuinha para com os demais sócios, e por aí vai e a venda se perde.

O Acordo pode prever que a manifestação do interesse em aceitar a oferta de terceiro, feita por determinada e significativa fração do capital social votante, garanta a essa fração de acionistas o direito de obrigar os demais a alienarem suas participações para que se logre a negociação, sempre sob os mesmos termos e condições de preço, forma e prazo de pagamento para todos os sócios.

Essa é certamente uma cláusula de poder da maioria na empresa familiar. Ocorre que, como se falou, os discordantes da negociação podem achar que ela está sendo realizada por valor menor do que o de mercado. A esses acionistas, por meio do Acordo, e independentemente da obrigação de alienar as ações, pode ser dada a alternativa de requerer avaliação da empresa e, caso seja constatada uma diferença expressiva, em percentual determinado no próprio Acordo, entre o valor da venda e o valor de mercado apurado, os acionistas que obrigaram a alienação de suas ações sejam compelidos a indenizar esses acionistas questionadores no valor da diferença que lhes competiria, por terem sido "arrastados" a vender.

O mesmo deve valer para o caso de venda sequencial da empresa, ou seja, um grupo de acionistas opera o *drag along*, e o terceiro adquirente, ato seguinte, sem que tenha havido qualquer fato que justifique a valorização, a vende por duas vezes aquele determinado valor. Essas coisas acontecem na prática e todas essas questões podem ser cuidadas em sede de Acordo de Acionistas.

3.6 Oneração de participações

É essencial que o Acordo preveja se as participações societárias podem ou não ser oneradas ou dadas em garantia de negócios particulares dos sócios. Se puderem, o Acordo deve determinar sob quais condições e até obrigar que o beneficiário da oneração reconheça o direito de preferência dos demais sócios, o qual, se exercido, transfere ao sócio adquirente a obrigação do sócio devedor perante o terceiro, bem como de aderir ao Acordo, na hipótese de as quotas/ações serem adjudicadas a ele ou a terceiro.

O ideal, para fins de Planejamento Sucessório, é que seja vedada a oneração de participações societárias.

3.7 Constrição judicial de participações

Hoje em dia, e cada vez mais, para desilusão dos advogados, temos assistido a um sem-número de constrições judiciais por vezes infundadas, as quais vêm causando desmedidos prejuízos aos cidadãos e a perda de entusiasmo de empreender. Penhoras *on-line*, bloqueios de contas bancárias seguem *incontinenti*.

Por isso é que o Acordo deve procurar regular essa possibilidade cada dia mais transformada em probabilidade, de um sócio ter as suas ações constringidas, ou penhoradas, por uma decisão judicial, em função de uma questão trabalhista, um divórcio, uma ação de cobrança etc. Claro é que esse sócio deve tomar todas as medidas cabíveis para substituir as quotas/ações da companhia por outros bens de sua propriedade, ou pagar a dívida, se for possível. Mas, se isso não se verificar, não se pode deixar a empresa à mercê do ingresso de um sócio desconhecido.

Assim, penhoradas as quotas ou as ações de sócio, deve ele oferecer tais quotas/ações aos demais sócios, observado o direito de preferência legal ou contratual.

O Acordo pode, nesse passo, prever a instalação automática dos procedimentos de preferência acima tratados, de tal sorte que aos demais sócios seja dado o direito de comprar as quotas/ações objeto de constrição, e, se a situação permitir e o caso comportar, o direito do sócio constringido de recomprar suas quotas/ações e voltar à sociedade quando o problema houver sido sanado.

Durante o período em que estiver na titularidade das quotas/ações, o sócio que tenha exercido a preferência faz jus aos direitos e obrigações delas decorrentes, não podendo alienar tais quotas/ações, caso o Acordo preveja o direito de recompra.

É comum prever-se pagamento de percentual de ágio na recompra pelo sócio constringido, como forma de incentivar a compra por um sócio que lhe honre a dívida, lhe "guarde o lugar" e lhe garanta o direito de recompra, salvaguardando a empresa do ingresso de terceiros alheios à sociedade.

Se não houver interesse dos sócios na aquisição das quotas/ações, a sociedade deve proceder à liquidação das participações penhoradas, depositando em juízo o valor apurado, em dinheiro, ou, alternativamente, a sociedade poderá adquirir suas próprias quotas/ações sem redução do capital social e com utilização de reservas, para manutenção em tesouraria.

Caso não haja interesse dos demais sócios no exercício de direito de preferência, não ocorra a aquisição das quotas ou das ações pela sociedade e a liquidação seja excessivamente onerosa para a sociedade, diz a lei que o juiz poderá determinar o leilão judicial das quotas ou das ações.

3.8 Retirada de sócio

Parece-nos ser esse um dos capítulos mais nevrálgicos do Acordo de Sócios/Acionistas. Retirada de sócio é diferente de alienação. Alienação pressupõe uma proposta de aquisição feita a um sócio por outro sócio, ou por um terceiro. Na retirada, não há proposta a sócio, nada lhe é ofertado. O sócio quer ir embora, não quer mais manter o seu investimento naquela sociedade e pretende que se apure o valor de suas participações societárias (sempre pelo maior valor possível) e que se pague a ele o valor de seus haveres (sempre no menor prazo possível). E a sociedade quer pagar no maior prazo possível, o menor valor possível.

É tema delicado. Por um lado, não se pode obrigar alguém a praticar qualquer ato por tempo indeterminado contra sua vontade, inclusive permanecer numa sociedade. A Constituição Federal, ao tratar das liberdades individuais, prevê no art. 5º, XX, que "ninguém poderá ser compelido a associar-se ou a permanecer associado". De fato, o sócio não pode ser forçado a ficar numa sociedade sem condição de dela se retirar, ainda que esteja insatisfeito com o desempenho e os resultados da atividade empresarial; ou mesmo quando se tenha rompido a *affectio societatis*, já que dificilmente pode prosperar uma sociedade em que a confiança, a harmonia, a fidelidade e o respeito mútuo entre os seus sócios tenham sido quebrados.

Por outro lado, a retirada acarreta a dissolução parcial da sociedade em relação ao sócio que dela se retira, fazendo nascer a obrigação societária de pagamento de seus haveres. A dissolução parcial implica a liquidação de ativos suficientes para o pagamento ao sócio retirante de sua participação societária.

Há, nesse passo, um aspecto pecuniário que entra em voga e a questão fica entre privilegiar o capital social, a manutenção do patrimônio da empresa, em detrimento da pessoa do sócio, e privilegiar o direito de retirada do sócio, arcando com o pagamento de seus haveres.

Bastante relevante e pertinente fazermos aqui uma breve elucidação acerca da forma como a lei que rege as sociedades limitadas e a lei que rege as sociedades por ações tratam o tema.

O Código Civil, em seu art. 1.029 (aplicado subsidiariamente às limitadas), dispõe que qualquer sócio pode se retirar da sociedade, se de prazo indeterminado, mediante notificação aos demais sócios, com antecedência mínima de 60 (sessenta) dias, e se de prazo determinado, provando judicialmente justa causa. O valor da quota do sócio retirante, salvo disposição contratual em contrário, deve ser apurado com base na situação patrimonial da sociedade na data da dissolução de tal quota e da retirada do sócio da sociedade, e paga em dinheiro em 90 (noventa) dias, sendo certo que o capital social deverá sofrer a correspondente redução, salvo se os demais sócios suprirem o valor da quota.

Ao permitir a dissolução parcial da sociedade limitada com relação a um sócio, o Código Civil dá aos demais sócios a possibilidade de optarem pela dissolução integral da sociedade.

A Lei das S.A. não permite a dissolução parcial da sociedade. Ao acionista é garantido o direito de se retirar da companhia, mediante reembolso do valor das suas ações, apenas diante da aprovação das matérias abaixo, das quais o acionista discorde: (i) criação de ações preferenciais ou aumento de classe de ações preferenciais existentes, sem guardar proporção com as demais classes de ações preferenciais, desde que o acionista retirante seja titular de ações de espécie ou classe prejudicada; (ii) alteração nas preferências, vantagens e condições de resgate ou amortização de uma ou mais classes de ações preferenciais, ou criação de nova classe mais favorecida, também desde que o acionista retirante seja titular de ações de espécie ou classe prejudicada; (iii) redução do dividendo obrigatório; (iv) fusão da companhia, ou sua incorporação em outra, apenas se o retirante for titular de ação de espécie ou classe que não tenha liquidez e dispersão no mercado; (v) participação em grupo de sociedades, da mesma forma, apenas se o retirante for titular de ação de espécie ou classe que não tenha liquidez e dispersão no mercado; (vi) mudança do objeto social; (vii) cisão da companhia, apenas se a cisão implicar mudança do objeto social, redução do dividendo obrigatório, ou participação em grupo de sociedades; e (viii) inserção de convenção de arbitragem no estatuto social.

Afora as dissensões relativamente a essas matérias aprovadas, e verificadas as condições previstas em lei, o acionista não pode se retirar da sociedade espontaneamente, como é permitido aos sócios das limitadas. Tão forte é a intenção de que o acionista permaneça na companhia e que se evitem consequências econômicas danosas, que é facultado aos órgãos da administração convocar assembleia geral para ratificar ou reconsiderar a deliberação objeto da dissensão, se entenderem que o pagamento do preço do reembolso das ações aos acionistas dissidentes que exerceram o direito de retirada porá em risco a estabilidade financeira da empresa.

A explicação para o tratamento distinto que a lei dá à retirada de sócio de sociedade limitada e a retirada de acionista de sociedade por ações está no fato de a limitada ser tecnicamente considerada uma sociedade de pessoas, na qual impera a *affectio societatis*, enquanto a S.A. é considerada uma sociedade de capital, na qual é ele que importa.

O fato é que, nas empresas familiares, independentemente do tipo societário (limitada ou S.A.), a manutenção da *affectio societatis* é fator relevante, e não pode ser desconsiderado, muitas vezes como forma de manter a relação familiar saudável. Não obstante os pais comunguem do desejo de ver os seus filhos juntos, tendo extrema dificuldade de admitir que eles possam querer se separar e seguir caminhos distintos, o assunto precisa ser enfrentado.

É fundamental que o Acordo, para a limitada e para a S.A., não apenas preveja o direito de retirada como a forma de calcular a participação do retirante (normalmente pelo valor de mercado avaliado por empresa especializada de primeira linha, de ilibada e reconhecida reputação) e a forma de pagar o sócio dissidente ou retirante. Pode-se prever o pagamento em bens, direitos, dinheiro. Quanto ao pagamento em dinheiro, deve-se definir não só a quantidade de parcelas, mas sua atualização também, para não prejudicar o retirante. Por outro lado, para que não se fragilize a saúde financeira da organização, recomenda-se estabelecer uma limitação dos valores de cada parcela do reembolso, no caso do recesso, e do pagamento de haveres, no caso da retirada, para que não se prejudique a empresa geradora de riqueza.

Assim, é boa prática estatuir-se um coeficiente limitador, por exemplo, de tal sorte que as parcelas a serem pagas não ultrapassem determinado percentual do lucro da empresa verificado no ano anterior. Outro tanto, caso mais de um sócio decida se retirar da sociedade e as parcelas de pagamento ocorram num mesmo ano, idealmente deve-se prever que esse percentual limitador seja rateado entre os sócios retirantes, alongando-se, com isso, o prazo de pagamento de todos eles.

A sociedade pode também pretender pagar o sócio retirante em uma única parcela, destacando bens e direitos de seu ativo, como se disse acima, e os entregando a ele em processo de cisão parcial, redução de capital ou por resgate de ações.

Formas há de composição, mas o essencial é que, por um lado, não se tranquem todos os acionistas em uma sala e se jogue fora sua chave, e, por outro, se preserve sempre a "galinha dos ovos de ouro".

Sem regras, a saída de um sócio pode ser desastrosa.

3.9 Exclusão de sócio minoritário

A Lei das S.A. não prevê a exclusão de acionista. Para as limitadas, como se disse, uma sociedade de pessoas, quando a maioria dos sócios, representativa de mais da metade do capital social, entende que um ou mais sócios estão pondo em risco a continuidade da empresa, em virtude de atos de inegável gravidade, pode excluí-lo(s) da sociedade, mediante alteração do contrato social, desde que prevista neste a exclusão por justa causa.

Portanto, se não houver previsão contratual, a exclusão só é possível por via judicial, o que é sinônimo de lentidão e, consequentemente, comprometimento do andamento dos negócios sociais.

Ainda que prevista pelo contrato, para que a maioria dos sócios determine que um outro sócio seja excluído de uma sociedade limitada se faz necessária a comprovação de falta grave, devendo-se convocar uma reunião ou assembleia, a fim de que o acusado, devidamente notificado, possa comparecer e exercer o seu direito de defesa, ressalvado o caso em que haja apenas dois sócios na sociedade.

O sócio excluído da sociedade limitada tem direito ao reembolso de quotas que, salvo disposição em contrário do contrato social, deve ser feito com base na situação patrimonial da sociedade na data da exclusão. Para tanto, deve ser levantado balanço especial e pago o valor apurado em dinheiro, dentro de 90 (noventa) dias, a contar da exclusão.

Da mesma forma que para o caso da retirada, o Acordo deve estabelecer a forma de pagar o sócio excluído, e muitos contratos estipulam que se descontem de seus haveres os prejuízos líquidos e certos causados por ele à sociedade. A quantidade de parcelas e a limitação dos valores de cada parcela do reembolso são cláusulas que visam preservar a saúde financeira da empresa, sendo certo que o percentual limitador deve ser rateado entre os sócios retirantes, excluídos e concorrentes (tópico seguinte). Tudo para manter a empresa promotora de capital para a família e para a sociedade como um todo.

3.10 Não concorrência

Os sócios podem convencionar no Acordo que estão impedidos de exercer atividade concorrente à da sociedade, que lhe cause ou possa vir a lhe causar prejuízos, ou de participar de outra sociedade que exerça, direta ou indiretamente, atividades concorrentes com aquelas exercidas pela sociedade cujas participações são objeto do Acordo, ou mesmo por sociedades investidas, detidas por *holding* de participação objeto do Acordo.

Normalmente, tal vedação impera não só enquanto o sócio se mantiver no quadro societário ou administrativo da empresa familiar, podendo persistir por determinado período de tempo previsto contratualmente, contado a partir da eventual retirada do sócio ou do administrador da sociedade.

Sanções para o descumprimento da obrigação de não concorrência geralmente são estabelecidas, as quais podem variar desde a forma e prazo de recebimento de haveres, enquanto sócio, pagamento de uma multa compensatória no valor equivalente a percentual do valor de mercado de sua parte na sociedade ou de valor preestabelecido, até a exclusão de pleno direito da sociedade.

Da mesma forma que para o caso da retirada e para a exclusão, o Acordo pode estabelecer a forma de pagar o sócio, a quantidade de parcelas e a limitação dos valores de cada parcela do reembolso, sendo certo que o percentual limitador deve ser rateado entre os sócios retirantes, excluídos e concorrentes, como dito acima.

Importante salientar que, na retirada, exclusão e concorrência, até dois anos depois de averbada a resolução da sociedade, o sócio retirante, excluído e concorrente que deixa a sociedade fica responsável pelas obrigações sociais anteriores e pelas posteriores, enquanto não se requerer a averbação de sua retirada/exclusão.

3.11 Partes relacionadas e negócio vinculado

Dentro de grupos empresariais familiares é muito comum que aconteçam transações entre suas partes relacionadas, ou contratos internos, por exemplo, empréstimos de um acionista à empresa, da empresa ao acionista, e, especialmente empréstimos *intercompanies*, modalidade mais corriqueira entre partes relacionadas. Além de mútuos, podem eventualmente acontecer contratos de prestação de serviços entre empresas, ou de consultoria, por exemplo, entre um acionista e a empresa, contratos de locação, prestações de garantia e relações de garantia, pagamento de *royalties* etc.

Esse tipo de transação não é ruim. Muito por outra, costuma trazer eficiência gerencial, desde que haja transparência e que ela ocorra dentro das condições normais e rotineiras do mercado. Ela deve estar refletida em balanço patrimonial e seguir preceitos de ética empresarial e governança corporativa.

Transações entre partes relacionadas passam a ser pauta relevante de empresas familiares quando reflitam potenciais conflitos de interesses, podendo exemplificativamente beneficiar injustamente um controlador que toma um empréstimo da sociedade em condições muito mais vantajosas a si do que as praticadas pelo mercado, celebre contratos de prestação de serviços com remunerações exorbitantes e multas rescisórias altíssimas, contratos de locação cujos termos e condições sejam questionáveis, com valores locatícios que assumam natureza fraudulenta, entre outros. Muitas dessas transações sequer são contratadas por escrito.

O fulcro da questão está exatamente na forma e não nas transações em si, as quais, se contratadas com ética e transparência, em condições de mercado tanto de preço, prazo, taxa de juros etc. que demonstrem que aquela foi de fato a melhor escolha para a sociedade, se devidamente registradas contabilmente, são contratações como outras quaisquer, que ocorrem no interesse da companhia.

Pensando-se em sociedades limitadas ou sociedades anônimas de capital fechado, que costumam ser os tipos societários das empresas familiares, as transações entre partes relacionadas têm um tratamento bastante distinto e muito mais elástico do que daquele das sociedades de capital aberto. Mas da mesma forma, o ideal é que haja uma sistematização do processo de contratação com partes relacionadas, de tal sorte que a transação não gere um conflito de interesses, fazendo sempre preponderar que ela não prejudique jamais a empresa.

Empresas familiares costumam convencionar que os sócios/acionistas e administradores não devem participar, direta ou indiretamente, de qualquer negócio como clientes ou fornecedores da sociedade, suas controladas e coligadas, exceto se expressamente autorizados. Em determinados grupos essa vedação alcança cônjuges, companheiros e muitas vezes parentes até determinado grau de pessoas vinculadas àquela organização. Outras empresas familiares o permitem, desde que em condições de mercado, comutatividade e independência, que caracterizam as transações com terceiros comuns, alheios ao negócio familiar.

3.12 Política de destinação e de distribuição de lucros

A criação de uma política de distribuição e destinação de lucros visa a garantir fluxo financeiro para todos os proprietários das participações na sociedade. A riqueza gerada pela empresa familiar deve ser distribuída a todos os sócios de forma indistinta, consoante suas participações no capital social, sendo certo que a sociedade limitada admite a distribuição desproporcional de dividendos, o que pode acomodar situações várias, tratando-se de Planejamento Sucessório.

Coloquemo-nos nos sapatos de um herdeiro que receba uma participação societária de uma empresa de autopeças bastante lucrativa, por exemplo, e que ele seja médico em início de carreira. Ele ocupa a posição de sócio investidor e, como tal, espera ansioso pelo retorno financeiro de seu investimento naquela empresa com alto valor de mercado e enorme lucratividade para montar o seu próprio consultório. Ocorre que os familiares que atuam como executivos da empresa pretendem reinvestir lucros para fazê-la crescer e aumentar ainda mais o seu valor. E o médico não tem qualquer acesso ao dinheiro. Entra ano, sai ano, e ele, detentor de uma participação societária tão valiosa e rentável, não consegue montar seu consultório como gostaria. O que ele pensa? – *Vou "cair fora", vou receber o valor de minhas participações a mercado, investir o dinheiro no meu consultório e ainda sobrará bastante para colocar para render no banco.* – Sua atitude é condenável? Sua escolha é menos importante do que a daqueles que pretendem reinvestir os lucros no próprio negócio?

A sabedoria milenar budista indicaria o caminho do meio. E nós também.

Por isso, é essencial a introdução de processos e controles financeiros, de metodologias de reinvestimento e de criação de uma política de distribuição de dividendos, que objetive satisfazer os sócios investidores que, recebendo dividendos periódicos, não desejem alienar o investimento considerado não rentável.

Isso porque a não diluição da participação da família no negócio cria valor e a família empresária deseja manter o controle para influenciar decisões. A percepção da riqueza proporcionada pela participação societária assume uma relevante função de, respondendo aos anseios de retorno e de liquidez do sócio investidor, manter o patrimônio, evitar a pulverização das participações societárias e o ingresso de terceiros no quadro social.

4. SOLUÇÃO DE CONFLITOS

Este capítulo do Acordo é tão relevante para as empresas familiares que merece tratamento destacado. Isso porque os problemas societários estão entrelaçados com a relação familiar, e os protagonistas normalmente não sabem separar os fatos de suas percepções pessoais, as situações das emoções que elas evocam. Mas isso é essencial para a sobrevida dos dois institutos: empresa e família.

A empresa familiar é por natureza eivada de conceitos, preconceitos, opiniões preconcebidas, paradigmas, julgamentos e rótulos, preterição, rejeição, nepotismo, em um emaranhado de sentimentos profundos e muitas vezes contraditórios, autoritários, apaixonados, vaidosos, cheios de medos, competitividade, ciúmes, mágoas, amor, ódio, lealdade, traição, e, sobretudo, inveja.

Isso faz com que as discussões na esfera societária carreguem enorme gama de emoções e quereres controversos, inspirando conflitos que extrapolam os muros da empresa e invadem a relação familiar, minando-a. Procurar saber quem está certo ou errado, ou de quem é a culpa, a nada leva.

É vital, no ambiente familiar, distinguir o sentimento dos juízos de valores, e evitar acusações. A tomada de decisões organizacionais não pode ser adiada, ao mesmo tempo que os membros difíceis da família não devem ser preteridos; as dualidades entre indivíduos que buscam mais e mais controle e aqueles que querem deixar o negócio devem ser equilibradas; as necessidades de inclusão e de reconhecimento precisam ser administradas; a frustração da autonomia e os choques geracionais não podem ser ignorados. Tudo isso deve ser objeto do planejamento da sucessão.

Nessa seara, para que a entidade familiar seja poupada, a fim de que resista ao tempo e às adversidades, a adoção de métodos alternativos de solução de conflitos, por vias outras que não a judicial tem sido uma tendência cada vez mais frequente e eficaz para a preservação da célula familiar, equilibrando a força criada pelo contexto e aquela alimentada pela reprodução de comportamentos, ações padronizadas que influenciam no conteúdo fático.

Trocando em miúdos, às vezes, precisamos descer do palco, sentar na plateia e assistir à mesma cena, agora sob outro ângulo. Respirar. Separar os problemas das relações, os fatos das percepções, as pessoas das questões. Na maior parte das situações familiares e societárias, é preciso aprender a dialogar, o que significa falar e ser ouvido, dar ao outro a oportunidade de expor o seu pensamento e de ter a sua ideia escutada com atenção e respeito.

Diálogo foi o método eleito por Sócrates (470 a.C.) para a transmissão de seu conhecimento e da sua sabedoria sobre a essência da natureza humana. A maiêutica socrática consistia em deixar que os interlocutores colocassem suas concepções sobre determinado tema e, depois de ouvir os relatos, conduzi-los a uma nova visão sobre o mesmo tema, uma perspectiva criada a partir de diferentes abordagens. A proposta do sábio ateniense era a de levar as pessoas a pensarem, a conhecerem seus desconhecimentos, seus dogmas ("*Conhece-te a ti mesmo*"). E no conhecer suas limitações, entrar o ser em contato com suas verdades mais profundas e adormecidas.

É pelo diálogo que se deve começar a resolver as questões família-sociedade.

4.1 Mediação

> *O verdadeiro significado das coisas é encontrado ao se dizer as mesmas coisas com outras palavras.*
>
> **Charles Chaplin**

Essa frase define tão bem o cerne da mediação. O método, baseado na crença do poder transformador do conflito e da reconstrução de relações, vem constituindo um fenômeno de mudança e amadurecimento da convivência social. Essa abordagem alternativa, arvorada no poder capacitador do diálogo e da reflexão, aplica-se especialmente à solução de conflitos de relações de continuidade no tempo, tais como as familiares, societárias, organizacionais, institucionais e comunitárias.

O diálogo é para a mediação a ferramenta possibilitadora da criação de novos conteúdos relacionais. O papel do mediador é o de auxiliar as pessoas a encontrarem consensualmente soluções satisfatórias para seus conflitos. Com a mediação se procura, diante de um impasse reconhecido pelas partes, buscar instrumentos capazes de construir um canal de comunicação, a transformação de emoções e o nascimento de um novo olhar, ante a negociação e a gestão direta do conflito, assistida por terceiros, em tempo real. Dizer a mesma coisa, mas falar de outra forma.

O conflito é gerado pela diferença de interesses entre duas ou mais partes que acreditam que suas aspirações sejam incompatíveis, e que seus objetivos não possam ser alcançados simultaneamente. Se uma parte ganha, a outra perde. Mas, muitas vezes, o conflito é gerado pelo mau ou inadequado uso das palavras, pelas falhas de comunicação.

Embora aparentemente haja um predomínio das diferenças sobre as semelhanças, ou divergência de opiniões, de dificuldades conversionais, o conflito não é necessariamente negativo ou disfuncional e há quem enxergue nele um dos grandes propulsores da evolução da humanidade, um gerador de energia criativa.

Manifesto o conflito e bem administrado, reduzem-se tensões e fortalecem-se vínculos. E é nessa visão otimista e construcionista que se apoia a mediação, como alternativa para a solução de impasses, caracterizando um processo confidencial e voluntário segundo o qual um terceiro, neutro e imparcial, é escolhido pelas partes para facilitar a negociação, identificar interesses comuns e, se possível, lograr uma combinação mutuamente aceitável, objetivando a instauração da "política do ganha-ganha". Ele é também um "tradutor" de falas.

A mediação busca a satisfação de todos os envolvidos, sem emissão de juízo de valor, do que é certo ou errado, mas visando ao resgate do diálogo colaborativo.

Durante o procedimento, utiliza uma forma de comunicação facilitadora para privilegiar a relação e a escuta inclusiva, "derrubar barreiras" e "criar pontes", capacitar as partes para desenvolver habilidades para manejar conflitos futuros, aprender a considerar o ponto de vista do outro e, com isso, criar musculatura para lidar com as diferenças de forma amigável.

Sua utilização no equacionamento de impasses nas estruturas de empresas familiares ou de famílias empresárias propicia a transformação das pessoas (família) e da relação (patrimônio/negócios), desenvolvendo uma postura colaborativa, com foco no presente e no futuro. Por isso sua relevância para as relações continuadas, tanto sob o modelo da mediação valorativa quanto sob o modelo da mediação facilitativa; quer se utilizando o modelo tradicional, proveniente do campo empresarial, centrado nos quatro princípios de negociação de Harvard[67] e na satisfação individual das partes, visando a um acordo, quer operando o modelo transformativo, que considera êxito a transformação pessoal e o reconhecimento da legiti-

---

67. O processo negocial preconizado pela Escola de Negociação de Harvard baseia-se em quatro princípios:
1) Discriminar as questões a serem negociadas e a relação existente entre os envolvidos no desacordo, o que quer dizer, separar as pessoas do problema;
2) Negociar posições e não interesses, ou distinguir interesses de posições;
3) Criar soluções de benefício mútuo;
4) Estabelecer critérios objetivos para obter consenso.

midade do outro, ou o modelo circular narrativo, que fomenta a reflexão e a mudança do significado do conflito.

Fato é que a mediação, por sua característica do diálogo direto (*one on one dialogue*) e da concepção restaurativa da relação, deveria, na nossa opinião, ser praticada no dia a dia da empresa, antes mesmo de determinado conflito se transformar num impasse sem solução amigável possível, pois amplia as perspectivas e o conhecimento, atuando de forma preventiva sobre questões da convivência que interferem nas relações.

Por isso é que somos favoráveis à instalação de um Comitê de Mediação, ou da contratação de conselheiro com perfil mediador na empresa familiar.

> *Não concordo com uma palavra do que dizes,*
> *mas defenderei até o ultimo instante seu direito de dizê-la.*
>
> **Voltaire**

4.2 Conciliação

A conciliação consiste na mais rápida de todas as possibilidades para a solução de impasses, normalmente em um único encontro. Por esse processo, as partes também buscam um acordo, com o auxílio de um terceiro, imparcial, neutro. O conciliador, apesar de não manifestar juízo de valor, de não decidir o conflito, cria um contexto propício ao entendimento, à aproximação de interesses, e interfere na elaboração do acordo entre as partes, sugerindo-lhes formas e alternativas para o solucionamento da questão, motivo pelo qual funciona bem para conflitos pontuais e não para aqueles que se prolonguem no tempo e que não tenham solução de continuidade, como é o mais comum de se ver nas empresas familiares.

4.3 Arbitragem

A arbitragem é um método de solução de conflitos nas mais diversas relações jurídicas que vem, dia após dia, ano após ano, conquistando mais espaço na solução de disputas, desafogando o Poder Judiciário brasileiro e se tornando uma opção extremamente eficiente para aqueles que buscam uma alternativa extrajudicial, e de alto nível técnico, para a solução de conflitos e litígios.

Os conflitos societários têm sido cada vez mais submetidos à arbitragem, quer pela conveniência do sigilo, quer pela possibilidade de solução mais célere à contenda, quer por sua apreciação por profissionais altamente especializados que conformam os tribunais arbitrais. Muitas questões que demandam essa especialização são submetidas ao processo de arbitragem, tais como, entre outras, questões relativas ao cumprimento de cláusulas do Acordo de Acionistas, ao direito de voto e à invalidação de deliberações sociais tomadas contrariamente àquilo que foi estabelecido; questões relativas à administração, à prestação de contas, à eleição dos administradores etc.

Estipulada contratualmente, consiste na possibilidade de as partes, havendo qualquer eventual litígio, pendência ou dúvida decorrente do contrato ou da relação patrimonial entre elas, submeterem-se a juízo arbitral, em conformidade com a Lei 9.307, de 23-09-1996, a chamada Lei de Arbitragem. Aliada ao § 3º do art. 109 da Lei das S.A., a Lei de Arbitragem prevê que as divergências entre os acionistas, e entre os acionistas e a companhia, podem ser solucionadas mediante arbitragem, nos termos especificados no estatuto social.

Assim sendo, uma vez que as partes envolvidas a ela adiram, a cláusula compromissória tem mecanismos de obrigar a solução de controvérsias por esse método.

Para que haja a aceitação inequívoca da arbitragem em substituição à possibilidade de acesso ao Poder Judiciário, o ideal é que a sociedade seja desde logo constituída com essa previsão no seu documento societário inaugural, a fim de que todos os sócios estejam a ela vinculados. Se a cláusula compromissória tiver de ser inserida posteriormente, recomenda-se que haja votação unânime para sua inclusão. Ingressando alguém posteriormente na sociedade, é importante que esse novo sócio manifeste expressamente a sua concordância com a cláusula arbitral, pois há quem sustente, na doutrina, que ela equivale a um contrato de adesão e que, portanto, só obriga o sócio que expressar a sua aquiescência à arbitragem, consequentemente abrindo mão de recorrer à via judicial estatal.

Por isso, faz-se tão necessária a informação ao acionista ingressante da existência da cláusula arbitral e a colheita de sua declaração de vontade, positiva ou negativa, de aceitação desse método de solução de conflitos. A alteração estatutária de inclusão de cláusula arbitral deliberada por maioria pode caracterizar uma imposição contra a minoria e retratar hipossuficiência dos acionistas minoritários, fazendo despontar o direito de recesso do acionista que se sentir prejudicado pela inclusão da previsão contratual. Mas a doutrina caminha para a desnecessidade de quórum qualificado para sua inclusão no estatuto ou no Acordo de Acionistas.

Também é recomendável que os custos da arbitragem caibam no bolso de todos os envolvidos. E esse custo é significativo.

O instituto traz uma série de vantagens, uma vez que o procedimento é mais célere, menos desgastante, menos formal e muito mais especializado do que a via judicial, e, a depender do regimento do tribunal arbitral ao qual é submetido, o procedimento pode ser sigiloso, enquanto na justiça comum o processo de litígio entre sócios é público e pode ser consultado por terceiros. Por ocasião do pedido de expedição de certidão dos distribuidores cíveis, esse processo judicial consta da certidão, e nela, todos os seus passos, o que pode destruir uma família.

Na sua forma mais simples, cada uma das partes indica um árbitro, e os dois árbitros indicam um terceiro; os três árbitros julgam a questão.

As partes podem deliberar que a arbitragem seja regida por regulamentos de órgãos específicos no Brasil, como, por exemplo, o Centro das Indústrias do Estado de São Paulo – CIESP, a Câmara do Comércio Brasil-Canadá – CCBC, o

Centro de Arbitragem da Câmara Americana de Comércio de São Paulo – AMCHAM-SP, entre outros, bem como por órgãos sediados no exterior.

A arbitragem institucional deve respeitar as normas processuais previstas pelo regulamento do centro de arbitragem da câmara eleita para sua instituição, processamento e julgamento do litígio até o trânsito em julgado da sentença arbitral.

A sentença arbitral produz, entre as partes e seus sucessores, os mesmos efeitos da sentença proferida pelos órgãos do Poder Judiciário, e, sendo condenatória, constitui título executivo. Caso a sentença arbitral não seja espontaneamente cumprida pela parte vencida, a parte interessada pode pleitear ao Poder Judiciário a execução da sentença arbitral ou a decretação da sua nulidade, nos casos previstos em lei.

4.4 Conjugação de métodos de solução de conflitos

Há uma tendência contratual recente de prever a solução da controvérsia pela combinação de dois métodos ou procedimentos independentes para a solução de conflitos, para o que exsurge a denominada "cláusula escalonada", que consiste na previsão contratual que estipula, no caso de controvérsias, que sejam elas submetidas inicialmente ao método consensual da mediação e, na hipótese de não se alcançar a composição, seguir-se-á o método adjudicatório da arbitragem, que sentencia, respeitando-se os princípios e formas de cada processo.

Outra questão de ordem prática bastante utilizada em empresas familiares ante um impasse é a de que, na hipótese de as partes não conseguirem chegar a um denominador comum sobre certa matéria, devam envidar elas seus melhores esforços para fazer com que a controvérsia seja sanada à luz do procedimento da mediação, buscando-se uma solução mutuamente aceitável em procedimento que não deverá ultrapassar determinado prazo.

Não atingida a solução para o impasse, as partes desde logo determinam uma forma pré-acordada de conciliar interesses distintos, incluindo, por exemplo, operações societárias a serem procedidas para viabilizar a separação do patrimônio. Nesses termos, os bens e direitos devem ser avaliados e as parcelas patrimoniais fixadas, com eventual pagamento de valor complementar. Dentro de determinado prazo, uma das partes deve informar qual a parcela pretendida e a operação societária deve ser realizada sem qualquer prejuízo à empresa. Uma das partes determina como separar e a outra escolhe a sua parte, ou seja, "uma corta o bolo e a outra escolhe a fatia que quer para si".

Essa previsão funciona bastante bem para empresas que detêm patrimônios passíveis de divisão (por exemplo, *holding* imobiliária). Para aquelas nas quais não é possível dividir, a cláusula pode regular a aquisição da totalidade das ações representativas do capital da companhia detidas por um acionista pelo outro, ou a alienação da totalidade das ações de um acionista para o outro, ou ainda a alienação a terceiros.

A fim de que não se verifique o uso indevido dessa previsão contratual, e a criação de impasses artificiais com finalidades escusas por uma das partes, pode-se estabelecer a impossibilidade de aplicação do mecanismo, ou que, se o acionista que tenha adquirido as ações do outro acionista venha a alienar a terceiros as ações da companhia dentro de determinado prazo a contar da compra, por valor superior àquele pago ao outro acionista, fará este último jus ao recebimento da diferença entre o preço por ação que lhe foi pago na ocasião e o preço pago pelo terceiro.

Não sendo possível esse procedimento conciliatório, ainda há como lançar mão da solução do conflito pelo método da arbitragem, evitando o congestionamento dos tribunais e as soluções litigiosas.

5. SOCIEDADE

Sociedade é uma pessoa jurídica particular de direito privado, instituída por iniciativa de pessoas, cujo objetivo é a obtenção de lucro através do exercício da atividade econômica organizada e a partilha, entre os sócios, dos resultados auferidos (art. 981 do Código Civil).

Como nasce uma sociedade? – De fato, as pessoas se unem, aportam capital, bens ou direitos, e celebram contrato constitutivo. De direito, a existência legal das pessoas jurídicas de direito privado se inicia com a inscrição de seu ato constitutivo no respectivo registro.

A criação da pessoa jurídica exige elementos de **ordem material**, quais sejam, pessoas[68] (para serem sócios e administradores), o conjunto de bens ou valores para formar o seu patrimônio/capital (para que a empresa possa assumir e cumprir suas obrigações), finalidade específica (objeto lícito ou atividades a serem desenvolvidas dentro da lei), sede, denominação social; os requisitos de **ordem formal** são os contratos, os estatutos, e o seu respectivo registro no órgão competente.

Como morre uma sociedade? – A personificação da pessoa jurídica termina com o cancelamento da sua inscrição no registro próprio, precedido da liquidação, que consiste na

68. Excepcionalmente a limitada unipessoal permite um único sócio.

realização do ativo, pagamento do passivo da pessoa jurídica, e destinação do patrimônio remanescente aos sócios.

5.1 Personalidade jurídica

Personalidade significa a qualidade ou estado de existir como pessoa. Pessoa é indivíduo considerado por si mesmo, ser humano, criatura, titular de direitos e obrigações. A personalidade distingue um indivíduo dos demais.

A origem histórica da personalidade jurídica como sujeito de direito independente de seus membros remonta à Idade Média, às corporações de ofício, que conformavam associações de profissionais, negociantes autônomos, os quais contribuíam com bens particulares para a sua composição, com o escopo de ampliar o seu patrimônio por meio da iniciativa privada, garantir sua autonomia e a continuidade de seus negócios.

No Brasil, a regulamentação da atividade mercantil e das sociedades comerciais se deu com o Código Comercial, em 1850.

O Código Civil de 1916, em seu art. 16, dizia serem pessoas jurídicas de direito privado as sociedades mercantis, assim como as sociedades civis, religiosas, pias, morais, científicas ou literárias, as associações de utilidade pública e as fundações. Atualmente, o art. 44 do Código Civil de 2002, determina serem pessoas jurídicas de direito privado as sociedades, as associações, as fundações, as organizações religiosas e os partidos políticos.

De forma geral, a principal característica da pessoa jurídica é a autonomia em relação às pessoas que integram seu quadro societário e com as quais não se confunde, ainda que sejam seus administradores e a representem em atos e negócios jurídicos. Nesse ponto, faz-se importante ressaltar que a representação pelo administrador é o mecanismo previsto na lei para a manifestação de vontade da pessoa jurídica.

"Aplica-se às pessoas jurídicas, no que couber, a proteção dos direitos da personalidade", consagra o Código Civil brasileiro.

Se a pessoa jurídica depende da sua personificação para existir formalmente e assumir direitos e obrigações, a personalidade jurídica é qualidade inerente a ela, sendo determinante para o reconhecimento da pessoa jurídica perante o ordenamento pátrio.

Assim, a personificação, ainda que seja uma ficção jurídica, ou que se trate de uma técnica de separação patrimonial, produz efeitos de ordem prática, tendo em vista que a pessoa jurídica é sujeito de direitos e deveres, e possui capacidade judicial; tanto é que ela pode ser parte em contratos ou em demandas judiciais, pois a responsabilidade civil da pessoa jurídica é independente da responsabilidade de seus membros.

A Lei 13.874, publicada em 20-09-2019, apelidada de Lei da Liberdade Econômica, incluiu ao Código Civil o art. 49-A, que estabelece que a pessoa jurídica não se confunde com os seus sócios, associados, instituidores ou administradores, e acrescenta, no parágrafo único, que a autonomia patrimonial das pessoas jurídicas é um instrumento lícito de alocação e segregação de riscos, estabelecido pela lei com a finalidade de estimular empreendimentos, para a geração de empregos, tributo, renda e inovação em benefício de todos.

Tal lei, com a nova redação proposta ao art. 50 do Código Civil, que trata da desconsideração da personalidade jurídica, é um divisor de águas.

Até o seu advento, o art. 50 previa que "em caso de abuso da personalidade jurídica, caracterizado pelo desvio de finalidade ou pela confusão patrimonial, pode o juiz decidir, a requerimento da parte, ou do Ministério Público quando lhe couber intervir no processo, que os efeitos de certas e determinadas relações de obrigações sejam estendidos aos bens particulares dos administradores ou sócios da pessoa jurídica".

Essa redação gerava amplitude tamanha que avançava no patrimônio daqueles que sequer haviam participado do ato de desvio de finalidade ou de confusão patrimonial. Somado ao conceito de grupo econômico, previsto na Consolidação das Leis do Trabalho, que considera que se duas ou mais empresas estiverem sob a mesma direção, controle ou administração, ainda que cada uma guarde personalidade jurídica própria, respondem solidariamente uma pelas dívidas de outra, especialmente aquelas de natureza trabalhista, os bloqueios judiciais sobrevieram de forma imoderada. Passou-se a bloquear contas de todos e quaisquer sócios e administradores, injustificadamente.

A nova redação dada pela Lei da Liberdade Econômica estabeleceu no *caput* do referido art. 50, que o juiz, quando requerido, pode desconsiderar a personalidade jurídica para que os efeitos de certas e determinadas relações de obrigações sejam estendidos aos bens particulares de administradores ou de sócios da pessoa jurídica beneficiados direta ou indiretamente pelo abuso, e não mais indistintamente.

Em seu § 1º (do citado art. 50) caracteriza desvio de finalidade como a utilização da pessoa jurídica com o propósito de lesar credores e para a prática de atos ilícitos de qualquer natureza. No § 2º, conceitua confusão patrimonial como a ausência de separação de fato entre os patrimônios, caracterizada por cumprimento repetitivo pela sociedade de obrigações do sócio ou do administrador ou vice-versa, transferência de ativos ou de passivos sem efetivas contraprestações, ou outros atos de descumprimento da autonomia patrimonial. Esse é um ponto de fragilidade da empresa familiar que paga despesas das pessoas físicas de seus sócios, mas a norma é hoje específica.

Porém, a grandiosa inovação trazida pela Lei da Liberdade Econômica é a inclusão do § 4º ao art. 50 do Código Civil, o qual determina que "a mera existência de grupo econômico sem a presença dos requisitos de que trata o *caput* não autoriza a desconsideração da personalidade da pessoa jurídica".

Esse é um ponto de viragem, pois, ainda que a reforma trabalhista tenha previsto que para o reconhecimento de grupo econômico não mais bastasse a identidade dos sócios e a relação entre as empresas, passando a exigir a comprovação de ingerência de uma empresa sobre as demais, a demonstração do interesse integrado, a efetiva atuação conjunta das empresas a ele pertencentes, a Lei 13.874/2019 avançou, exigindo que se comprove o benefício direto ou indireto oriundo do abuso de personalidade.

O dispositivo agrega confiança jurídica, o que incentiva o emprego formal, fomenta o investimento privado, fortalecendo o crescimento econômico, pois aplaca a prática exacerbada da desconsideração da personalidade da pessoa jurídica e enaltece sua autonomia.

5.2 Tipos de sociedades: limitada e S.A.

No Brasil, existem dois tipos societários principais pelos quais as empresas, incluindo as *holdings*, têm sido constituídas ao longo dos anos: a sociedade limitada (antiga sociedade por quotas de responsabilidade limitada) e a sociedade por ações[69] (S.A.), também denominada "companhia", que pode ser de capital aberto ou fechado, a depender de serem suas ações, ou parte delas, negociadas ou não no mercado de capitais. A companhia de capital aberto, por meio de registro na Comissão de Valores Mobiliários – CVM, é autorizada a negociar publicamente valores mobiliários por ela emitidos (inclusive ações), como forma de captação de recursos. As companhias fechadas não negociam suas ações no mercado.

Como princípio comum, tanto as companhias fechadas quanto as sociedades limitadas, ao assumirem contornos de empresas familiares, têm como pedra fundamental o vínculo pessoal entre os sócios.

A realidade econômica nacional revela a existência, em sua grande maioria, de sociedades por ações de capital fechado *intuitu personae*, ou seja, que concentram na pessoa e na relação de seus sócios seu elemento preponderante, como somente se verifica nas sociedades familiares, cujas ações

69. Também conhecida por sociedade anônima, apesar de não mais se poder emitir ação ao portador, as quais garantiam o anonimato dos acionistas, essa nomenclatura permanece sendo muito utilizada.

circulam entre os seus membros. Em tais circunstâncias, na maior parte das vezes, o que se percebe, na prática, é uma sociedade limitada travestida de sociedade por ações.

Essa a grande similaridade entre os dois tipos societários, especificamente as sociedades familiares limitadas e as sociedades familiares anônimas de capital fechado.

Outro tanto, guardando a característica da pessoalidade dos sócios, que é inerente à empresa familiar, tratemos nesta oportunidade apenas da S.A. de capital fechado.

Passemos a analisar os elementos componentes das sociedades e para quê cada um deles é valioso para fins de Planejamento Sucessório.

5.3 *Affectio societatis*

A *affectio societatis* é o elemento subjetivo para a união de sócios com a intenção de desenvolver o objeto social, e se traduz pela fidelidade e confiança recíproca entre sócios, a vontade de se associarem bem assim a de permanecerem associados, atrelada ao bom relacionamento e à cooperação conjunta.

É por isso que ressaltamos, algumas páginas atrás, que o sócio não pode ser forçado a permanecer numa sociedade em que se tenha rompido a *affectio societatis*, já que dificilmente pode prosperar qualquer associação em que a confiança, a harmonia, a fidelidade e o respeito mútuo entre os seus sócios tenham sido quebrados.

> *A única sociedade possível é a de nós mesmos.*
>
> **Oscar Wilde**

Essa frase pode ter brotado na mente do escritor, poeta e dramaturgo irlandês após ter vivenciado a quebra da *affectio societatis* (ou o término de uma união, à época).[70]

70. Em 1895, o autor foi condenado à pena máxima de dois anos de prisão com trabalhos forçados por ser homossexual.

5.4 Sócios

Presente o *animus* da união e o liame da *affectio societatis* para a realização da atividade social, uma ou mais pessoas, físicas ou jurídicas, brasileiras ou não, determinantes ou aceitantes das regras de seu funcionamento, constituem sociedade limitada ou S.A.

Para a constituição de S.A., a exigência de pelo menos dois sócios é intransponível.[71]

Já para as limitadas, há opção para contratação de empresa com apenas uma pessoa, o que pode ser um facilitador dentro da organização patrimonial, a depender do caso concreto, especialmente quando não haja, naquele momento, outra pessoa para compor o quadro societário, sendo necessária a concentração de todas as quotas.

A Empresa Individual de Responsabilidade Limitada ("Eireli") foi criada pela Lei 12.411/2011, com o intuito de atender à grande demanda do mercado no sentido de permitir o exercício de atividades empresariais mediante a constituição de pessoa jurídica, sem a necessidade de um sócio. Nesse tipo societário, foram estabelecidas algumas condições para a sua constituição, como valor de capital mínimo e restrições à quantidade de empresas detidas sob essa forma por um mesmo titular. Com o advento da Lei 13.874/2019, que alterou o art. 1.052 do Código Civil, para permitir que a sociedade limitada fosse constituída por uma ou mais pessoas, a Eireli perdeu completamente sua função, já que as sociedades limitadas, há mais tempo no ordenamento jurídico, não tinham qualquer limitação quanto ao capital ou à quantidade de pessoas jurídicas tituladas pelo indivíduo.

Ora, se temos hoje a possibilidade de sociedades limitadas unipessoais que, aliás, não deveriam receber a denominação de sociedades, mas sim de empresas unipessoais, diante

71. Não vamos aqui entrar na análise de a subsidiária integral, por escapar ao tema.

dessa nova possibilidade trazida pela Lei da Liberdade Econômica, a Eireli deixou de existir.[72]

Mas a Eireli foi um passo importante a permitir empresa de um sócio somente e a limitar a responsabilidade dele no exercício da atividade empresarial, *vis-à-vis* o empresário individual ou o Microempreendedor Individual (MEI), pois consentiu com a separação do patrimônio pessoal do patrimônio da empresa.

Outros dispositivos do Código Civil que se referem à sociedade limitada, e que partem da premissa de haver pelo menos dois sócios, ainda aguardam alteração, por uma questão de coerência, como a norma do art. 977, que proíbe a contratação de sociedade entre cônjuges casados sob os regimes da comunhão universal de bens ou da separação obrigatória de bens.

Ora, se temos hoje a perspectiva de sociedades limitadas unipessoais, diante dessa nova possibilidade, qual seria efetivamente a sustentação para o Código Civil permanecer proibindo a constituição de sociedade por cônjuges casados pelo regime da comunhão universal de bens ou da separação obrigatória? Note-se que se fala apenas em casamento e não em união estável, o que já por si demonstra o caráter discriminatório da previsão legal, afetador da liberdade de associação e da livre-iniciativa, defendidas pela Constituição Federal. Mais ainda, as alegações daqueles que defendem tal proibição de que a sociedade poderia ser um instrumento para defraudar os citados regimes de bens e/ou para prejudicar credores, ficam prejudicadas com a possibilidade da sociedade unipessoal. Então, para que complicar aquilo que pode ser mais simples?

E, como se disse, a sociedade de um só sócio pode ser uma ótima ferramenta no Planejamento Sucessório.

Voltando ao tema que nomeia este item, sócio, antes de mais nada, é aquele que detém ações ou quotas da empresa da qual participa. Assim, pergunta-se: o investidor anjo é

72. A Lei 14.382/2022 (art. 20, VI, "a") revogou o dispositivo do Código Civil que previa a Eireli.

sócio? – Investidor anjo é alguém disposto a ajudar *startups*, empresas inovadoras que estão em fase de nascimento, com sua *expertise* e com parte do seu patrimônio. Ele não é sócio. Muito embora faça um investimento de risco, ele não recebe participação societária e, dessa forma, não é sócio. Ou seja, há distinção entre investimento anjo e participação societária. Por conseguinte, não sendo sócio, o investidor anjo não se torna responsável pelas obrigações da empresa.

Ser sócio significa deter participação societária e assumir um conjunto de direitos e de responsabilidades para os quais se deve estar devidamente preparado. Por esse motivo, as pessoas devem aprender a ser sócios, a entender o seu papel como tal.

> *É fazendo que se aprende a fazer aquilo*
> *que se deve aprender a fazer.*
>
> **Aristóteles**

Não é à toa que proliferam escolas e consultorias especializadas no treinamento daqueles que herdam a posição de sócios e literalmente "caem de paraquedas" no meio da mesa onde se realizam as assembleias.

Nos últimos anos, surgiu um novo conceito no mundo empresarial: o *mentoring*, alguém com vivência empresarial qualificada disposto a compartilhá-la com o mentorado, no desenvolvimento deste, auxiliando-o nas dificuldades que possam estar atrapalhando o seu sucesso. Diferentemente do *coaching*, que tem uma abordagem mais ampla, e que não precisa ter experiência na área de atuação de seu cliente, o *mentoring* tem essa aproximação temática específica, embora os dois métodos tenham em comum o objetivo de auxiliar pessoas a superarem limitações, conflitos, crises, e alcançarem as suas metas.

> *Todo ser é potência e a potencialidade*
> *de cada um se desenvolve na relação.*
>
> **Baruch Spinoza**

A compreensão da posição de sócio, que em nada se confunde com a de administrador, é de enorme valia para aquele que a ocupa, para os demais sócios e para a sociedade. O sócio deve se enxergar como um investidor, alguém que tem uma parcela do patrimônio de uma empresa, e saber agir como tal, entender o seu investimento. Muitas vezes seus interesses diferem dos do gestor, pois estes normalmente preferem reinvestir os lucros ou parte deles no negócio, enquanto os sócios pretendem receber dividendos. Mas sócios esclarecidos entendem que há limitações para tanto, sob pena de causarem prejuízos deletérios ao caixa da empresa e prejudicarem sua rentabilidade futura. É uma questão de bom senso e de conhecimento da posição ocupada, da necessidade do abandono do pensamento individualista, no desejo de suas satisfações pessoais, em troca do ideal pelo bem coletivo.

Mas o que reiteradas vezes ocorre na empresa familiar é o fato de a mesma pessoa figurar como sócio e como gestor. Que lado fala mais alto diante desse conflito de interesses? – Tudo depende do nível de profissionalismo do gestor. E da consciência do sócio. Potencialidades da empresa familiar que a distinguem das demais organizações.

5.5 Direitos e responsabilidades de sócios

São direitos essenciais de sócios, dos quais não podem ser privados, participar dos lucros sociais e do acervo da companhia, em caso de liquidação; fiscalizar a gestão dos negócios sociais; ter preferência para a subscrição de novas participações e se retirar da sociedade. O voto é direito do qual determinadas ações podem ser privadas, total ou parcialmente.

No que tange à responsabilidade, na S.A. a dos acionistas é limitada ao preço de emissão das ações por eles detidas (subscritas ou adquiridas).

Na sociedade limitada, até que o capital social esteja totalmente integralizado, os sócios respondem solidariamente pelo seu valor total. Após sua integralização, a responsabilidade dos sócios é limitada ao valor das quotas subscritas por cada um deles.

Claro é que a pessoa do sócio, calcada na autonomia e na independência da sociedade empresária conferida pela personalidade jurídica, não se pode furtar, de modo absoluto, à responsabilidade patrimonial por atos praticados que excedam aos limites do direito, da boa-fé e dos contratos.

5.6 Objeto social

Objeto social é a atividade desenvolvida pela sociedade, em função da qual ela é constituída e em razão da qual permanece operando, com o objetivo de geração de lucros. É o propósito da sociedade, o porquê de sua existência. Eventualmente sociedades alteram seus objetos, o mercado muda, os sócios têm novas ideias, determinados objetos deixam de ser possíveis. Por vezes, sociedades ampliam seus objetos; por outras, têm de deixar de desenvolver alguma atividade. Os objetos distinguem as sociedades. O objetivo as aproxima, tendo em vista que todas as sociedades têm por fim a geração de lucros, diferentemente das associações e fundações, sempre sem fins lucrativos.

Uma empresa pode ter em seu objeto atividades que não exerça, mas o contrário não é permitido, ou seja, ela não pode exercer atividades não previstas em seu objeto social, conforme seus estatutos ou contratos sociais e com suas CNAEs.

CNAE significa Classificação Nacional de Atividades Econômicas, e define todos os setores econômicos do Brasil. Tem por função categorizar empresas, instituições públicas, organizações sem fins lucrativos e até mesmo profissionais autônomos em códigos de identificação. Ou seja, a classificação gera códigos, padronizados em todo o país, os quais são utilizados nos cadastros e registros da administração federal, estadual e municipal, para definir os impostos que incidem sobre a atividade exercida, com o fulcro de proporcionar melhorias na gestão tributária e controlar ações fraudulentas. A empresa pode ter mais de uma CNAE, porém tem que ser relacionada às operações realmente exercidas por ela.

5.7 Capital social

O capital, do latim *capitalis* (de *caput*, cabeça), significando principal, é o investimento financeiro necessário, elemento essencial para a constituição de qualquer sociedade. Nas relações internas da empresa, o capital social tem a função de distribuição do poder político e dos benefícios econômicos, e, nas relações externas, representa uma garantia aos credores da sociedade.

O capital é formado com as contribuições dos sócios, no momento da constituição da sociedade e ao longo de sua existência, bem como por reservas geradas pela própria operação da empresa, e é representado por uma cifra. O montante do capital caracteriza uma dívida dela para com os sócios.

O capital social, que para o sócio significa um investimento, deve ser remunerado, e essa remuneração pode se dar sob duas formas não excludentes uma da outra, tanto para a sociedade por ações quanto para a limitada: pagamento de juros sobre o capital próprio e distribuição de lucros ou dividendos.

5.7.1 Formação do capital

O capital de uma sociedade, tanto limitada quanto por ações, pode ser integralizado com dinheiro, bens e direitos (por exemplo, participações societárias, imóveis, direitos de crédito, ativos financeiros, *softwares*, fundo de comércio etc.), suscetíveis de avaliação econômica.

A Lei das S.A. exige laudo de avaliação econômica fundamentado dos bens e direitos conferidos para a formação do capital, elaborado por três peritos ou por empresa especializada. Os avaliadores e o subscritor respondem perante a companhia, os acionistas e terceiros pelos danos que lhes causarem por culpa ou dolo na avaliação dos bens, sem prejuízo da responsabilidade penal em que tenham incorrido.

Para as limitadas, o Código Civil não exige a elaboração de laudo de avaliação dos bens e direitos conferidos para a formação do capital social. Porém, confere responsabilidade solidária entre os sócios pela exata estimação de bens conferidos ao capital social, até o prazo de cinco anos da data do registro da sociedade.

5.7.2 Aumento do capital

Ao contrário do patrimônio, sujeito a modificações constantes, o capital de uma sociedade se caracteriza por sua fixidez. Assim, sua alteração, nas sociedades por ações, depois de realizados 3/4, no mínimo, do capital social, depende de deliberação da assembleia geral extraordinária convocada para decidir sobre a reforma do estatuto social (exceto se existir autorização de aumento, ou capital autorizado). Nas limitadas, o capital pode ser aumentado, desde que integralizadas as quotas, com a correspondente modificação do contrato social.

Quando o capital social é acrescido de valores gerados internamente pela empresa, mediante capitalização de lucros ou de reservas, e não de aportes dos sócios, o aumento deve ser efetuado na proporção das ações ou quotas que possuírem, e as novas ações ou quotas emitidas devem ser aos sócios bonificadas.

Quando o capital é aumentado com contribuição nova, até trinta dias após a deliberação têm os acionistas/sócios preferência para participar do aumento, na proporção das ações/quotas de que sejam titulares. Na S.A., o preço de emissão das novas ações deve ser fixado sem diluição injustificada da participação dos antigos acionistas, ainda que tenham direito de preferência para subscrevê-las.

Tanto o acionista da S.A. quanto o sócio da limitada estão autorizados a ceder seu direito de preferência. As sobras das ações/quotas não subscritas podem ser rateadas entre os demais acionistas/sócios, na proporção de suas participações. Da mesma forma, as sobras das sobras.

5.7.3 Redução do capital

Na S.A., a assembleia geral pode deliberar a redução do capital social se houver perda, até o montante dos prejuízos acumulados, ou se julgá-lo excessivo, mas a redução somente se torna efetiva sessenta dias após a publicação da ata da assembleia geral que a tiver deliberado, e desde que não tenha havido oposição de credores.

Sob as mesmas condições, porém com prazo mais elástico para a oposição de credores, a sociedade limitada pode reduzir o capital, depois de integralizado, se houver perdas irreparáveis, ou se ele for excessivo em relação ao seu objeto social, hipótese esta última segundo a qual a redução só se torna efetiva noventa dias após a publicação da ata da reunião ou assembleia de sócios que a tiver deliberado, se não tiver havido oposição de credores.

Como se vê, a redução de capital normalmente depende de publicação e do transcurso de determinado prazo, a fim de garantir direitos de eventuais credores da sociedade.

Outras causas de redução do capital social são o resgate (que consiste no pagamento do valor das ações para retirá-las definitivamente de circulação, com redução ou não do capital social, sendo certo que, mantido o mesmo capital, será atribuído, quando for o caso, novo valor nominal às ações remanescentes, ou seja, é forma de aquisição pela companhia de suas próprias ações, mantendo-as em tesouraria, sem direito a voto ou a dividendo), o reembolso (operação pela qual, nos casos previstos em lei, a companhia paga aos acionistas dissidentes de deliberação da assembleia geral o valor de suas ações), a retirada (operação pela qual a sociedade paga aos sócios retirantes o valor de suas participações), a hipótese de sócio/acionista remisso (caracterizada pela inadimplência do sócio na integralização do capital subscrito), a cisão (operação pela qual a sociedade transfere parcelas de seu patrimônio para uma ou mais sociedades, constituídas para esse fim ou já existentes, extinguindo-se a empresa cindida se houver a versão de todo o seu patrimônio, ou dividindo-se o seu capital, se a versão for parcial).

5.8 Quota e ação

Quota social é a unidade em que se divide o capital de uma sociedade limitada, representativa de direitos e obrigações. Ação é a unidade em que se divide o capital de uma S.A. e corresponde a um valor mobiliário.

Na sociedade por ações ou companhia, o capital é dividido em ações nominativas, com ou sem valor nominal, enquanto na limitada o capital social é dividido em quotas, iguais ou desiguais, que devem, obrigatoriamente, ter valor nominal.

Ou seja, quotas e ações são as unidades nas quais se divide o capital e são elas que determinam os direitos políticos e econômicos dos sócios que as detêm, ou que guardam direitos sobre elas, como é o caso do usufruto.

5.8.1 Poder político da quota/ação (voto)

Poder político da quota/ação é representado pelo direito de voto por quota ou por ação.

Cada quota confere ao seu titular o direito a um voto nas deliberações societárias, indistintamente. Ainda que admitidas quotas ordinárias e preferenciais,[73] a questão da supres-

---

73. Houve uma inovação trazida pela Instrução Normativa nº 81 do Departamento de Registro Empresarial e Integração (DREI), emitida em 10-06-2020, com a previsão de registro de limitadas com quotas preferenciais com restrição de voto ou sem direito a voto (item 5.3.1 do manual de registro das sociedades limitadas).
As quotas preferenciais são aquelas que conferem a seus titulares vantagens patrimoniais e/ou privilégios especiais não atribuídos às demais quotas, acompanhadas, na maioria das vezes, de restrições ao direito de voto.
Ainda que seja muito bem-vinda a alteração trazida pela IN 81, algumas questões controversas ainda precisarão ser esclarecidas. A primeira gira em torno da competência do DREI para estabelecer a possibilidade de criação de quotas preferenciais nas sociedades limitadas, dado que o DREI é um órgão cuja finalidade legal é baixar normas para solucionar dúvidas relativas à interpretação de leis e regulamentos sobre o registro de empresas. Logo, eventual sócio de uma sociedade limitada que venha a se sentir

são do voto é discutível, o que faz com que, na prática, não se faça essa distinção e todas as quotas deem direito a voto.

Já as ações podem elas ser ordinárias ou preferenciais.[74] De modo geral, as ações ordinárias têm direito a voto e as preferenciais podem não ter direito a voto ou ter direito restrito de voto.

As ações ordinárias da S.A., sempre com direito de voto, são aquelas que atribuem prerrogativas comuns ao acionista que as detém, e, por isso mesmo, não há necessidade de indicar no estatuto quais são elas, uma vez que decorrem da lei. Ao contrário, as ações preferenciais são sempre diferenciadas. Cada classe de preferenciais tem algum direito acrescentado (recebimento prioritário de dividendos fixos ou mínimos e/ou prioridade no reembolso do capital) ou algum direito retirado (não ter direito a voto ou ter direito restrito de voto). A emissão

prejudicado pelo fracionamento do capital social em quotas preferenciais poderá levar a questão para ser discutida no âmbito judiciário, sob a alegação de incompetência do DREI para "legislar" sobre quotas preferenciais em sociedades limitadas.

Além disso, a Instrução Normativa nº 81 não indica exatamente quais vantagens poderão ser atribuídas às quotas preferenciais. Ou seja, não está claro se as sociedades limitadas ficarão restritas ao uso das vantagens permitidas na Lei das S.A.

O tema gera, na doutrina brasileira, polêmica e entendimentos conflitantes. Parte da doutrina entende que as quotas preferenciais não deveriam ser admitidas com fundamento na prevalência do caráter de sociedade de pessoas (*intuitu personae*), intrínseco às sociedades limitadas.

O Código Civil, ao tratar das deliberações de sócios nas limitadas, não as circunscreve às quotas com direito a voto, mas as atrela à fração do capital social, o que faria supor que, no caso, as ações preferenciais para não votarem não poderiam integrar o capital social, o que seria inimaginável. Vejamos:

"*Art. 1.076. Ressalvado o disposto no art. 1.061, as deliberações dos sócios serão tomadas:*
I – (revogado);
II – pelos votos correspondentes a mais de metade do capital social, nos casos previstos nos incisos II, III, IV, VI e VIII do caput *do art. 1.071 [deste Código];*
[...]".

Enquanto isso, a Lei das S.A., ao tratar das deliberações, as circunscreve às ações com direito a voto:

"*Art. 110. A cada ação ordinária corresponde 1 (um) voto nas deliberações da assembleia-geral*".

Nós, do PLKC, entendemos ainda não ser possível o estabelecimento de quotas preferenciais enquanto não houver uma alteração legislativa.

74. Tais ações são identificadas também pelas siglas ON (ações ordinárias nominativas) e PN (ações preferenciais nominativas).

de ações preferenciais com vedação ou restrição do direito de voto fica limitada a 50% do total das ações da companhia.

Em termos de Planejamento Sucessório, a utilização de ações preferenciais desprovidas de direitos políticos consubstancia uma alternativa quando se pretenda assegurar patrimônio e renda, sem que se perca o controle. Assim é que, por exemplo, se um agregado vier a receber participação acionária, pode-se determinar que ele receba ações preferenciais, sem direito a voto. Por exemplo, num caso de separação judicial em que ex-cônjuge adquire ações de uma companhia detidas pelo acionista X, pode-se determinar que suas preferenciais tenham algum direito patrimonial acrescido. Mas, quando esse agregado falecer, ficamos diante de um problema: os filhos comuns do casal que se separou receberão ações sem direito a voto. Para contornar essa situação, o Acordo de Acionistas pode prever a conversão automática das preferenciais em ordinárias, desde que detidas por herdeiros descendentes do acionista X.

5.8.2 Usufruto de voto

Em Planejamentos Sucessórios, é bastante usual que pais reservem consigo o usufruto de quotas/ações e doem aos filhos a nua propriedade sobre elas. As partes podem estipular expressamente, quando o usufruto tiver sido constituído ou reservado em favor de duas pessoas (por exemplo, pai e mãe), que, se uma delas falecer, seu quinhão caberá à sobrevivente. Essa regra se aplica apenas aos usufrutuários originais, não podendo o usufruto ser objeto de sucessão para os herdeiros do usufrutuário.

O usufrutuário tem direito ao uso e à administração da quota/ação, salvaguardando o seu poder político sobre ela (direito de voto).

O usufruto extingue-se, entre outras formas, pela morte do usufrutuário. Como o usufruto é direito que não se transfere, sua extinção consolida a propriedade e o nu-proprietário passa a ter a propriedade integral das participações e, com isso, adquire o direito de voto.

5.8.3 Perda de controle

Vimos que, para que haja a alteração de controle de uma empresa familiar, a sucessão não precisa necessariamente ser do seu fundador ou controlador. Ainda que o fundador tenha sempre reinado soberano, com mão de ferro, o falecimento de seu cônjuge,[75] a depender do regime do casamento, propicia o ingresso de seus herdeiros, muitas vezes com participação global igual à dele, ou até maior, se eles já detiverem quotas ou ações da empresa. Destronado, o até então sócio controlador tem de dividir o poder, contar com o voto de pelo menos um de seus filhos para manter o comando. Os anos áureos de decisões monocráticas encerram-se num fechar de olhos, literalmente, se nada tiver sido feito de forma preventiva a essa situação.

> *Cada um tem tantos direitos, segundo o poder que tem.*
>
> **Baruch Espinoza**

E uma série de questões entra em jogo quando as gerações seguintes passam a ingressar no negócio. As perguntas vêm à tona e, muitas vezes, suas respostas consagram situações irreversíveis. Em que tipo de sócios se transformaram esses herdeiros? Os integrantes das novas gerações têm características cooperativas, são preocupados com as necessidades empresariais, são apenas ambiciosos, ou são sedentos de poder e de ascensão patrimonial? Não é nada incomum o desempenho de papéis controvertidos e controversos no âmbito familiar e no terreno corporativo. A utilização dos laços parentais de forma ilegítima para o bom êxito de uma empreitada não é rara. A empresa sem controle definido é uma ameaça.

> *Quase todos os homens são capazes de suportar adversidades, mas se quiser por à prova o caráter de um homem, dê-lhe poder.*
>
> **Abraham Lincoln**

75. O gênero feminino ou masculino não interfere no raciocínio.

5.8.4 Voto em bloco

Nos chamados acordos de comando e de defesa (ou de voto), os sócios se comprometem, antecipadamente, com a forma de votar, em casos específicos e por determinado período. Assim, por exemplo, os sócios estipulam que, enquanto vivo e capaz o sócio fundador, os demais sócios acompanham o seu voto e, após o seu falecimento, a maioria absoluta decide e os demais sócios acompanham a maioria, ou 75% decidem sobre determinada matéria.

Por esse tipo de Acordo, pode-se prever a unificação do voto para um bloco ou grupo de sócios como meio de concentrar poder e manter a homogeneidade para os acionistas de uma mesma família, a fim de se evitar formação de bloco com terceiros. Nesse caso, por exemplo, pode-se estabelecer que o que a maioria dos integrantes daquele grupo decidir, os demais membros do bloco se comprometem a acompanhar. Mas tudo depende do caso e há aqueles em que a liberdade de voto, propiciadora da união em voto do membro de um grupo a membro de outro, pode ser muito mais apropriada. É olhar o caso a caso, mas, de fato o voto em bloco não é necessariamente um bom veículo em todas as situações.

Os acordos de voto podem ainda ter por objeto proteger os interesses dos controladores, os chamados acordos de comando, ou proteger a minoria, hipótese em que são conhecidos como acordos de defesa. Vários são os mecanismos de que se pode lançar mão para garantir o comando ou a defesa, dependendo da estrutura de planejamento familiar que se pretenda implementar. Normalmente, para a empresa familiar, imperam os acordos de comando, contornando-se, com isso, a interferência de terceiros, de agregados, e procurando-se manter coeso o grupo familiar e sólida a empresa, o negócio.

5.8.5 Classes de quotas/ações

Alternativa interessante à constituição de *holding* de participações consiste na criação de classes de ações na empresa operacional sob o tipo sociedade por ações, a viabilizar os acordos de comando e de defesa e a regular o exercício do voto em bloco, por meio do competente Acordo de Acionistas.[76]

Muito embora a Lei das S.A. preveja que as ações ordinárias da companhia fechada podem ser de uma ou mais classes, em função (i) de sua conversibilidade em ações preferenciais; (ii) da exigência de nacionalidade brasileira do acionista; ou (iii) do direito de voto em separado para o preenchimento de determinados cargos de órgãos administrativos, bem como que o estatuto social pode assegurar a uma ou mais classes de ações preferenciais o direito de eleger, em votação em separado, um ou mais membros dos órgãos de administração e subordinar as alterações estatutárias que especificar à aprovação, em assembleia especial, dos titulares de uma ou mais classes de ações preferenciais, esse instituto vem sendo utilizado com sucesso nas companhias de capital fechado, por aplicação analógica, ainda que para ações ordinárias, desde que todos os acionistas estejam concordes com sua implementação.

Se as ações da sociedade forem divididas em classes distintas, pode-se prever que cada classe de ações ordinárias confira aos seus respectivos titulares, independentemente da quantidade de ações, a obrigação de votar em bloco, de tal sorte que o voto a ser proferido por aquela classe de ações ordinárias represente um voto único correspondente a determinada quantidade de ações, tal como ocorre na *holding*. Para tanto, o Acordo de Acionistas pode determinar que os votos que os titulares da totalidade das ações de cada classe terão de proferir em assembleias serão previamente deliberados por maioria absoluta de votos dos titulares da respectiva classe de ação em reunião prévia. Consegue-se, assim, o mesmo efeito daquele verificado para as *holdings* de participações: a decisão tomada na reunião prévia significa o voto a ser dado por aquela classe de ações, tal qual por aquela *holding*, na assembleia de acionistas.

---

76. Nas companhias cujas ações são negociadas em bolsa e que se classificam como Novo Mercado não se permitem diferentes classes ou espécies de ações (ordinárias e preferenciais).

Versando sobre o efeito da proteção patrimonial, a criação de classes de ações não tem o condão de minimizar, na mesma medida que a *holding*, eventuais reflexos de alteração patrimonial dos sócios ou riscos pessoais deles em relação às sociedades operacionais, bem como perigos da operação em relação aos sócios, uma vez que as ações permanecem detidas diretamente pelas pessoas físicas. Mas a classe de ações proporciona, da mesma forma que a *holding*, o distanciamento de qualquer debate da operação e possibilita o estabelecimento de regras de convivência entre os sócios, também viabiliza a formação de blocos e a concentração de votos, deliberados em reuniões prévias, como já se disse, e que serão mais detidamente abordadas adiante.

Recentemente, a criação de classes de quotas vem sendo aceita pelas Juntas Comerciais, justificada a sua necessidade.

5.8.6 *Golden Share*

Na S.A., o estatuto social pode conferir a uma classe especial de ações preferenciais os poderes que quiser, até mesmo o poder de eleger o administrador, decidir pelo aumento do capital social, alterar o objeto social ou vetar deliberações da assembleia geral nas matérias que especificar. A esse tipo de ação dá-se o nome de *Golden Share*.

Também para as sociedades limitadas é possível estabelecer em Acordos poderes especiais e direito de veto para algumas matérias para determinada quota.

Aquela ação/quota pode gozar do poder absoluto de deliberar determinada alteração ou de vetar deliberações sobre algumas matérias, como a venda ou oneração de imóveis, participações societárias etc. Nesse caso, as demais ações/quotas deliberam e o resultado dessa deliberação fica subordinado à aprovação ou ao veto do sócio detentor da *Golden Share*.

Vejamos um exemplo. Supondo-se uma sociedade *holding* familiar de participações em outras sociedades, formada por pai, mãe e três filhos. Enquanto o pai, detentor da maioria absoluta do capital, estiver vivo, há Acordo entre os sócios de voto em bloco, ou seja, o pai delibera e os demais acompanham se o quórum exigido por lei for superior à maioria. Com a morte do pai, é melhor que as deliberações sejam tomadas pelos filhos, que trabalham no grupo, visto que a mãe não está no dia a dia do negócio. Entretanto, pode-se prever que, para as deliberações que digam respeito a empréstimos, por exemplo, os filhos deverão tomá-las à unanimidade. Ou seja, os três filhos devem concordar. E, caso não logrem a unanimidade, a deliberação da maioria deve ser submetida à aprovação ou ao veto da mãe, que tem a *Golden Share*.

5.8.7 Poder econômico da quota/ação (dividendos/JCP)

Poder econômico da quota/ação é representado pelo direito de receber dividendos ou o pagamento de JCP – juros sobre capital próprio – por ação ou por quota.

Os dividendos são pagos com base nos lucros da sociedade. Os acionistas das S.A. têm direito a receber um dividendo mínimo obrigatório, conforme o estabelecido no estatuto social, ou, se este for omisso, em montante não inferior a 50% do lucro líquido da empresa, diminuído da importância destinada à reserva legal e à reserva para contingências, caso não haja qualquer previsão estatutária.

Quando o estatuto for omisso e a assembleia geral deliberar alterá-lo para introduzir norma sobre o dividendo obrigatório, este não poderá ser inferior a 25% do lucro líquido. Pode-se deixar de pagar esse dividendo mínimo quando houver incompatibilidade com a situação financeira da companhia. Dividendos periódicos também podem ser distribuídos, desde que, para tanto, haja previsão específica no estatuto social.

Nas limitadas, não existe previsão legal de dividendos obrigatórios, mas eles podem ser estipulados. Normalmente, o dividendo obrigatório significa um percentual sobre o lucro líquido que é distribuído aos sócios.

5.8.8 Ações ordinárias e preferenciais (dividendo fixo, mínimo, prioritário; prioridade no reembolso)

Como já se disse, cada classe de ações preferenciais tem algum direito acrescentado (recebimento prioritário de dividendos fixos ou mínimos e/ou prioridade no reembolso do capital) ou algum direito retirado (não ter direito a voto ou ter direito restrito de voto).

Uma ação com dividendo fixo (em percentual determinado ou montante em reais), depois de recebida a importância respectiva, não participa do saldo do lucro a distribuir, ainda que esse proporcionasse um dividendo superior ao percebido. É por isso que os acionistas detentores de ações com dividendo fixo em uma sociedade lucrativa podem receber dividendos inferiores aos acionistas detentores de ações ordinárias.

Já no caso da ação com dividendo mínimo (de determinado percentual ou montante em reais), participa ela dos lucros distribuídos em igualdade de condições com as ordinárias, depois de a estas assegurados dividendos iguais ao mínimo.

Percebe-se, pois, que o dividendo fixo é um direito e uma limitação ao mesmo tempo, enquanto o dividendo mínimo é um direito sem limitação.

E o que significa prioridade na distribuição dos dividendos? – Significa que, até o momento em que o acionista preferencial não tenha recebido todo o dividendo que lhe está garantido pelo estatuto social, o acionista ordinário não recebe qualquer valor a esse título. E, caso o dividendo prioritário das preferenciais exaura o lucro a ser distribuído, as ordinárias não receberão dividendos.

Além disso, o dividendo prioritário, até o limite do lucro disponível, não pode deixar de ser distribuído e pode ser cumulativo, ou seja, se não for pago em um exercício, acumula para o próximo, somando-se ano após ano, de tal modo que, até que não seja inteiramente resgatado, as ações ordinárias não recebem dividendos.

A prioridade no reembolso do capital no momento da liquidação da companhia garante, ainda, aos titulares de ações preferenciais com essa vantagem, o direito de receber o valor patrimonial de suas ações antes dos demais acionistas, os quais somente são reembolsados se houver saldo. E, se prêmio houver, além do reembolso do capital, tais acionistas recebem o percentual estabelecido a esse título, prioritariamente.

5.8.9 Distribuição desproporcional de lucros

Enquanto a distribuição dos lucros da S.A. deve-se dar conforme a participação dos sócios no capital social, a limitada permite a distribuição desproporcional de lucros, o que pode ser de grande valia no Planejamento Sucessório, até mesmo a acomodar determinadas situações nas quais um sócio, ou até mesmo um grupo de sócios, poderia ser prejudicado.

Para distribuir desproporcionalmente o lucro, exige-se previsão específica no contrato social, ou, na sua ausência, deliberação unânime em reunião ou assembleia de sócios.

Quanto à distribuição, em Planejamento Sucessório situações há nas quais o sócio fundador da sociedade limitada diferencia a deliberação quanto à distribuição dos lucros para antes e após o seu falecimento ou retirada da empresa. Nesse diapasão, pode-se prever que, por exemplo, enquanto ele permanecer na sociedade, a distribuição dos lucros em proporções diversas de suas respectivas participações societárias depende de sua deliberação, e que, após seu falecimento ou retirada da sociedade, os lucros deverão ser distribuídos entre os sócios na proporção de suas participações, ou em proporções diversas, desde que com aprovação por determinado quórum.

5.8.10 Usufruto de renda

O usufrutuário do direito econômico sobre participações societárias tem direitos sobre os frutos e demais rendimentos por elas gerados, inclusive dividendos e JCP.

Em Planejamento Sucessório, no qual os pais desejem fazer a doação de participações societárias para seus filhos sem perder a percepção de seus rendimentos, a transferência da nua propriedade das participações com a reserva do poder econômico é uma solução que pode ser vitalícia, vez que o usufruto se extingue, entre outras formas, pela morte do usufrutuário.

O usufruto pode ser constituído ou reservado em favor de duas pessoas (por exemplo, pai e mãe), e, se uma delas falecer, seu quinhão caberá à sobrevivente. Essa regra se aplica apenas aos usufrutuários originais, não podendo o usufruto ser objeto de sucessão para os herdeiros do usufrutuário, como já se disse antes.

5.9 Deliberações

Deliberar significa decidir após pensar, analisar e refletir. Nas sociedades, os assuntos devem ser debatidos, votados, para que sejam deliberados, e isso se dá nas reuniões e assembleias, obedecidas regras legais e quóruns especiais, bem como os ditames dos Acordos.

5.9.1 Reuniões e Assembleias

Anualmente, nos primeiros quatro meses após o encerramento do Balanço Geral, ou seja, até o dia 30 de abril, a S.A. deve realizar a assembleia geral ordinária (AGO), que tem por finalidade examinar as contas da administração, o balanço geral, eleger os membros da diretoria e dos conselhos de administração e fiscal (estes últimos se estiverem instalados), bem como deliberar sobre a destinação dos lucros, se houver. As demais deliberações da S.A., principalmente a modificação do seu estatuto social, são tomadas em assembleia geral extraordinária (AGE).

Na limitada, as deliberações dos sócios devem ser tomadas em reunião ou assembleia (para aquelas sociedades que tenham mais de dez sócios). A lei determina que se faça ao menos uma assembleia anual, equivalente à AGO das S.A., para tratar dos mesmos temas, quais sejam tomar as contas dos administradores e deliberar sobre o balanço patrimonial e o de resultado econômico, designar administradores, quando for o caso, e cuidar de qualquer outro assunto constante da ordem do dia.

Tanto para a S.A. quanto para a limitada, o estabelecimento de regras sobre reunião prévia (reunião de determinado grupo de acionistas/sócios realizada antes da assembleia de acionistas ou reunião/assembleia de sócios para determinar previamente o seu voto) pode ser muito indicado no Planejamento Sucessório, pois possibilita que a discussão sobre os itens da ordem do dia fique distante da operação, preservando-a, bem como propicia voto unidirecional. Tais regras costumam ser disciplinadas em Acordos de Sócios.

5.9.2 Reunião prévia

A fim de proporcionar o voto em bloco e o afastamento das discussões de determinado grupo do ambiente da operação, o que pode ser ou não salutar para o Planejamento Sucessório, o estabelecimento de regras sobre reunião prévia preserva o negócio e propicia que o voto daquele grupo assuma um único sentido.

Assim, se em um Planejamento Sucessório os sócios se organizam em *holdings* familiares, a título de exemplo e para ilustrar o tema, três *holdings* familiares (A, B e C) como sócias de uma empresa investida (D), os votos que cada uma das três *holdings* deverá proferir na assembleia da empresa investida deverão ser previamente deliberados em reunião prévia da *holding* A, em reunião prévia da *holding* B e em reunião prévia da *holding* C. A reunião de cada *holding* deve ser agendada para o fim específico de apreciar a ordem do dia da reunião/assembleia da empresa D e determinar qual o voto a ser dado pela respectiva *holding* para cada item da ordem do dia.

O que for deliberado na reunião prévia deve ser formalizado em ata e significa a determinação do voto a ser dado por aquela *holding*, por meio de seu representante, devidamente indicado na ata, o qual fica obrigado a manifestar de tal modo o voto da *holding* na reunião/assembleia da empresa investida, ainda que ele tenha sido voto vencido na reunião prévia da *holding* à qual pertença.

Assim, no exemplo dado, na assembleia da empresa D, os representantes de *holding* A, *holding* B e *holding* C votam conforme as decisões nas respectivas reuniões prévias. Como já se disse, alternativa à *holding* é a classe de ação. No caso do exemplo, basta substituir a palavra *holding* por classe.

5.9.3 Voto a distância

O procedimento do voto nas reuniões prévias, nas assembleias de acionistas e na reunião de sócios das limitadas (bem como nas reuniões dos órgãos da administração societária) de uma maneira geral, tem-se alterado a uma velocidade e intensidade jamais sentidas.

Escrevemos este capítulo no auge de um momento histórico em que o mundo esteve mergulhado na luta contra a pandemia do covid-19, que trouxe com ela acomodações legais necessárias, adaptações sem as quais o andamento dos negócios sociais poderia estar inviabilizado e que passaram a alterar o dia a dia das empresas. A Lei 14.030/2020 consolidou a possibilidade de as sociedades realizarem as assembleias gerais e reuniões de forma eletrônica, ainda que tal procedimento não esteja expressamente previsto no estatuto social/contrato social, ampliando as formas de o acionista/sócio participar dos conclaves. Assim, assembleias virtuais passaram a ser comuns, tanto nas companhias fechadas quanto nas sociedades limitadas, podendo o acionista/sócio participar e votar a distância.

5.9.4 Quóruns

O quórum deliberativo genérico para a S.A. é o da maioria absoluta, ou seja, mais de 50% do capital votante.

Esse também era o quórum deliberativo para a limitada, até o advento do Código Civil sancionado em 2002, pois o Decreto 3.708, que regulava as limitadas desde 1919 até a entrada em vigor do Código em 2003, determinava que, se o contrato não previsse quórum especial, as deliberações sociais seriam tomadas por maioria absoluta de votos em relação ao capital social, da mesma forma que a regra geral da S.A.

O diploma de 2002 passou a prever para as sociedades limitadas quóruns mínimos para determinadas matérias, independentemente da vontade dos sócios, visto que, para as mais importantes deliberações societárias (como alteração do contrato social, incorporação, cisão, fusão, dissolução da sociedade e cessação do estado de liquidação), o quórum mínimo legal passou a ser de 75% do capital social. É por isso que se afirma que o Código Civil de 2002 mudou o conceito de controle societário para as limitadas.

Tanto isso é fato que, por vezes, ao longo dos últimos vinte anos, em um Planejamento Sucessório, passou a ser primordial a previsão, em Acordo de Sócios, da obrigatoriedade de transformação do tipo de uma sociedade limitada em S.A., diante de situações devidamente estipuladas, a fim de assegurar o controle societário para determinado sócio ou grupo de sócios. A elaboração de competente Acordo passou a ser medida medular a garantir o controle no capítulo destinado ao voto.

Entretanto, este livro já estava com a Editora Noeses e, por um excelente motivo, tivemos de interromper os trabalhos, pois, em 22-09-2022 foi publicada a Lei 14.451/2022, que alterou os arts. 1.061 e 1.076 do Código Civil, reduzindo alguns importantes quóruns de deliberações em sociedades limitadas e voltando no tempo, há 20 anos.

Sim! Após 20 anos de espera, as deliberações para alterar o contrato social, ou implementar operações societárias de incorporação, fusão e dissolução da sociedade, bem como cessação do estado de liquidação, não precisam mais ser aprovadas por sócios representando ¾ (três quartos) do capital social.

Passam agora a depender apenas de votos correspondentes a mais da metade do capital social.

Essas modificações legislativas estavam sendo aguardadas pelo meio jurídico desde a promulgação do Código Civil, em 2002. Até então, os quóruns de sociedades limitadas e de sociedades anônimas eram iguais, como se disse, uma vez que se aplicava às limitadas grande parte do disposto na legislação das sociedades anônimas, especialmente no que dizia respeito aos quóruns. A publicação do então novo Código Civil, à época, trouxe estranhamento com a criação de tantos quóruns qualificados, sem qualquer justificativa para tal.

Com a nova alteração legislativa, as principais deliberações societárias da limitada passam a ser por maioria do capital social, simplificando a condução dos negócios de sociedades limitadas e aproximando, novamente, seus quóruns aos das sociedades anônimas.

Ressaltamos, outrossim, que durante essas duas décadas, os sócios das limitadas foram se adaptando à estrutura de controle por 75% do capital para as grandes decisões, e, em alguns casos, até garantindo maior segurança em relação a determinadas modificações sociais.

Por isso é que se faz importante que os contratos sociais sejam revistos, de forma a verificar se há alguma alteração a ser feita para adequar à nova legislação, simplificando a previsão das deliberações societárias, bem como para eventualmente garantir contratualmente o quórum de 75%, caso seja do interesse dos sócios.

5.9.5 Quórum qualificado

Por meio de Acordo de Sócios, podem-se assegurar os interesses de sócios, tais como a sua permanente participação na administração da sociedade, mediante critérios de eleição dos administradores, com quórum qualificado, e, em alguns casos, até mesmo unânime, bem como a manutenção perene de determinadas disposições societárias, especialmente aquelas relativas às alterações do capital social, à política empresarial e à distribuição mínima de dividendos. Pactua-se, assim, a forma pela qual os sócios devem regular sua vontade, seus interesses societários e sociais, no transcurso da vida da empresa.

Os sócios podem prever em Acordo Societário que as deliberações sociais sejam tomadas por determinado número de votos em relação ao capital social (por exemplo, maioria absoluta) para todas e quaisquer matérias, até mesmo aquelas que digam respeito ao aumento do capital social e à eleição dos administradores, e que, caso haja disposição legal que exija quórum qualificado, os sócios se comprometem a acompanhar o voto da maioria absoluta, no exemplo, a fim de que o quórum determinado por lei seja alcançado.

A plasticidade oferecida pelos Acordos e as possibilidades de previsões e regras a acomodar situações familiares são muitas. É por isso que cada um deles assume uma forma distinta, tendo em vista sua confecção sob medida para aquela singular situação societária e familiar.

5.10 Administração

Administração é o ato de gerenciar negócios, pessoas ou recursos, com o objetivo de alcançar metas definidas. Do latim "*administratione*", significa "direção, gerência".

As siglas compartilhadas no mundo corporativo são tantas que é difícil não confundir.

Diretor Executivo, Diretor-Geral, Diretor Presidente ou *Chief Executive Officer* (CEO) é o cargo que está no topo da hierarquia operacional de uma empresa. Ele carrega a responsabilidade de executar as diretrizes propostas pelo Conselho de Administração, que por sua vez é composto por representantes dos acionistas da companhia, como se verá. A ele compete tomar as decisões estratégicas que impactam a empresa e indicar o caminho a ser seguido. Para tanto, é vital que seu ocupante tenha uma visão sistêmica da empresa e muita experiência acumulada em outras funções, olhar visionário e inteligência contextual e emocional que lhe permitam tomada de decisões em momentos turbulentos.

O CFO, ou *Chief Financial Officer*, é o Diretor Financeiro, que comanda as operações financeiras da empresa, analisa riscos, pondera novos investimentos e aquisições e, normalmente, traz como bagagem uma longa carreira na área financeira e comercial.

Essas as siglas mais ouvidas, mas também merecem atenção o CMO, ou *Chief Marketing Officer* ou Diretor de Marketing, cuja responsabilidade é a de administrar toda a estratégia mercadológica da empresa, analisar as oportunidades e ameaças do mercado e criar estratégias para o crescimento da companhia, e o CTO, ou *Chief Technology Officer* ou Diretor de Tecnologias, cargo que, diante do crescimento de tecnologias exponenciais, é um dos mais cobiçados pelos jovens.

A tradução de "chief" é chefe. Um chefe muitas vezes é empossado por imposição hierárquica e, se não estiver comprometido com sua equipe, apenas delegando funções e cobrando resultados, pode gerar desmotivação e problemas de relacionamento.

> *Precisar de dominar os outros é precisar dos outros.*
> *O chefe é um dependente.*
>
> **Fernando Pessoa**

Já o líder orienta, ensina, propõe desafios em equipe na busca de soluções próprias, apoia, motiva e coopera com seus colaboradores para que eles construam seu próprio caminho e se responsabilizem por suas decisões.

> *Um líder é um vendedor de esperança.*
>
> **Napoleão Bonaparte**

Liderança pressupõe visão ampla do negócio, determinação, escolhas, desejo de ver os liderados trilhando seus próprios caminhos, coragem para assumir riscos e humildade para aprender com os próprios erros.

O consenso é a negociação da liderança.
Margaret Thatcher

Na empresa familiar, é comum que o fundador e principal acionista seja o seu Diretor Presidente, o chefe maior ou o líder, a depender da forma como conduz a gestão. A todo modo, é cargo de poder, muito desejado, especialmente no negócio familiar, em função dos imperativos de reconhecimento, inveja, ciúmes, competição, entre outros, bons e maus, que ele desperta. Muitos querem se sentar na cadeira da presidência e ter a caneta na mão, por se julgarem competentes, por ansiarem o poder, por pretenderem remuneração extra etc.

A maioria das empresas familiares ainda é comandada pela Geração Silenciosa (nascidos entre 1925 e 1944), tradicionalista e com gosto pelas hierarquias rígidas, ou por *Baby Boomers* (nascidos entre 1945 e 1964), leais e comprometidos com a empresa, valorizam a ascensão profissional, têm espírito de equipe e são focados em resultados, mas têm dificuldade de lidar com a perda de *status* e de poder. Com isso, é mais difícil para eles a transferência da gestão e o profissionalismo como solução. E muitas empresas estão assim, meio que engessadas numa administração arcaica.

A medicina atual vem garantindo maior longevidade às pessoas. A Rainha Elizabeth ficou no poder por 70 anos e seu filho mais velho, o Príncipe Charles, assumiu o trono em 2022, às vésperas de completar 74 anos. Na empresa familiar, não raro uma geração é "atropelada" pela próxima no comando do negócio. Essa geração "sanduíche", por exemplo, a Geração X, por vezes não teve a oportunidade de suceder a um *Baby Boomer*, e a Geração Y, em 2022 com 40 anos, já está no poder.

A Geração X (nascidos entre 1965 e 1980) valoriza a competência, aceita as normas de trabalho, é independente e empreendedora, experiente e dedicada, busca por seus direitos e pelo rompimento com as regras e valores da geração anterior e teme perder espaço para a Geração Y. A Geração Y (nascidos entre 1981 e 2000), conhecida como *millennials* e pelo jargão *"work hard, play hard"*, no sentido de trabalhar duro por muito dinheiro para comprar tudo o que desejar, finge que aceita as normas e possui características de elevada autoestima e comprometimento com os seus valores individuais, sendo impulsiva e enfrentadora das posições de poder. Tem perfil "multitarefa", é conectada, odeia burocracia, controle e rotina, tem fascínio por desafios, mas quer fazer tudo a seu modo. A Geração Z, dos nascidos após 2001, é questionadora, assertiva, possui bons argumentos e é mais econômica que a Geração Y. São os nativos digitais e já superam em números a Geração Y, mas são motivo de reflexão por conta do seu comportamento ainda mais imediatista, individualista e de certa forma antissocial, com as consequentes dificuldades para o trabalho em equipe (lembremos que eles já nasceram com um celular nas mãos!).

Quando se trata de Planejamento Sucessório de empresa familiar, essas características e diferenças geracionais são de extrema relevância. Gestores devem lidar com os anseios e conflitos de cada geração e saber motivá-las, potencializando o melhor de cada uma delas a fim de reter talentos na organização.

Mas, com a chegada ao mundo corporativo das novas gerações (especialmente a Y, e aos poucos a Z), a gestão de empresas outrora baseada no autoritarismo e na centralização do poder, sem dar voz aos empregados e colaboradores, aos quais cumpria apenas obedecer, começa a dar lugar a uma maior preocupação com o clima organizacional, já que comunicação direta, flexibilidade e *feedback* são exigências desses jovens. A nova liderança deve promover o desenvolvimento dos colaboradores, motivação, valorização de propósitos, cuidados com o homem e com o meio ambiente, relação harmônica, respeito à individualidade e às diferenças.

Feita essa introdução, cuja vivência prática nada tem de simples, passamos a cuidar das estruturas possíveis para o exercício da administração de empresas, utilizadas na medida de seu porte, suas necessidades e sua governança.

5.10.1 Conselho de administração e diretoria

A administração da S.A. de capital fechado, desde que não haja capital autorizado, pode ser atribuída simplesmente a uma diretoria (administração unitária) ou a um conselho de administração e a uma diretoria (administração bipartida), à opção dos acionistas.

Nas companhias fechadas, a constituição do conselho de administração é facultativa, mas há uma tendência à profissionalização da administração, situando os controladores da companhia no conselho de administração e deixando aos administradores profissionais (que podem pertencer à família e continuarão sendo profissionais) o encargo de efetivamente geri-las, atuando como diretores executivos.

O conselho de administração é órgão colegiado da administração. Podem o conselho de administração e a diretoria ser formados por pessoas estranhas ao quadro societário.

Usualmente, o conselho de administração, nas companhias fechadas, é constituído quando os acionistas não pretendam assumir diretamente a gestão executiva dos negócios, mas, apenas, ditar a política da empresa, fiscalizar diretores e ser consultados em negócios ou ocasiões especiais.

Nesse sentido, o conselho de administração passa a decidir os destinos da empresa, de forma colegiada, por maioria de votos individuais, não tendo eficácia a vontade isolada de um conselheiro, visto não ter competência individual nem poder para deliberar isoladamente.

Note-se que a votação no conselho de administração segue o critério personalista (voto pessoal, ou voto "por cabeça") e não o capitalista, como é o caso de voto em assembleia de acionistas ou em reunião de sócios (conforme o número de ações/quotas que se possui no capital social votante).

Concluindo, o conselho de administração é um órgão de administração essencialmente deliberativo, que não executa os atos de gestão, nem representa a companhia. Essa determinação advém da lei, e não da vontade dos acionistas. Mas são as deliberações do conselho de administração que resultam em atos de administração, a serem praticados pelos diretores executivos, e fiscalizados por seus membros.

Nas empresas familiares, a admissão de consultores independentes no conselho de administração permite que o foco fique nos negócios, nas necessidades empresariais, nas relações profissionais, e não nas relações parentais.

Por sua vez, os diretores acumulam as funções executivas de gestão e de representação da empresa, no exercício de seus cargos, conforme o que a respeito dispuser o estatuto social/contrato social para cada um deles. Os poderes de representação da sociedade pelos diretores não podem ser suprimidos pelo estatuto social/contrato social, mas apenas limitados e passíveis de autorização (do conselho de administração e/ou da assembleia). Dessa forma, a manifestação da vontade social perante terceiros se faz por meio de diretores. Os diretores são a sociedade, perante terceiros.

O estatuto social/contrato social deve determinar as funções individuais dos diretores. Estabelecidos seus poderes, os diretores têm competência para os atos de gestão da sociedade relacionados ao seu objeto social, cumprindo ao conselho de administração o dever indeclinável de fiscalizar seus atos e lhes requerer informações sobre as áreas específicas de gestão de cada um deles.

Não têm os diretores, entretanto, poderes para dispor dos bens sociais (quer seja por alienação, quer seja por oneração), exceto se o estatuto social assim o previr. Tais negócios jurídicos têm sua eficácia vinculada à deliberação da assembleia geral/reunião de sócios ou do conselho de administração.

Da mesma forma que os conselheiros, os diretores não são contratados, mas sim eleitos, o que pressupõe que não exista entre eles e a empresa uma relação de emprego. Mas não é vedado existir.

As atribuições do conselho de administração, a quantidade exata ou a máxima e a mínima de seus membros, o prazo do mandato e demais normas reguladoras devem estar previstas no estatuto social/contrato social e respeitar os termos da lei.

O conselho de administração deve ser composto por no mínimo três membros, acionistas ou não da companhia, sendo certo que seus membros, até o máximo de 1/3, podem ser eleitos também para cargos de diretores e cumular os dois cargos. Quem os elege é a assembleia geral dos acionistas da companhia, para um mandato de, no máximo, três anos, sendo permitida a reeleição dos conselheiros, sem qualquer limitação ao número de reeleições.

O diretor, que hoje pode ser único na S.A., novidade essa bastante recente, fixada pela Lei Complementar 182, não precisa mais residir necessariamente no Brasil (Lei 14.195/2021), desde que tenha um representante no país com poderes para receber citação em ações propostas contra ele. Isso reflete a percepção que passamos a ter da possibilidade do trabalho não presencial, sem alteração de sua qualidade.

Quem elege e destitui diretores, quando haja conselho de administração, é normalmente o próprio conselho de administração, sendo também os diretores eleitos para um mandato de, no máximo, três anos, permitida a reeleição, da mesma forma que os conselheiros. Quando não haja conselho de administração, ou se assim não dispuser o estatuto social, os diretores são eleitos pelos acionistas, ou seja, em assembleia geral.

Quanto à remuneração, diz a lei que a assembleia geral dos acionistas deve fixar o montante global ou individual da remuneração dos administradores, inclusive benefícios de qualquer natureza e verbas de representação, tendo em conta suas responsabilidades, o tempo dedicado às suas funções, sua competência e reputação profissional e o valor dos seus serviços no mercado.

Ou seja, deve-se acompanhar os valores praticados no mercado para a remuneração daquela determinada função. A tendência à profissionalização das empresas familiares determina que os administradores que pertençam à família devam ser vistos como prestadores de serviços como os demais, e remunerados de forma condizente com o cargo ocupado, como se trabalhassem em qualquer outra instituição, a fim de que o líder se sinta incentivado a dedicar sua carreira ao negócio familiar. Não se pode olvidar que, além da energia pessoal investida, os administradores assumem responsabilidades pessoais e patrimoniais decorrentes do risco da atividade empresarial.

A administração de uma limitada também pode ser exercida por um único administrador. A limitada permite o exercício da administração de forma bastante simples, mas, se necessário, pode-se eleger uma diretoria e, até mesmo, um conselho de administração, mediante a aplicação subsidiária da lei que regula a S.A.

É por isso que tal órgão colegiado de administração de sociedades pode ser utilizado supletivamente pela sociedade limitada, de forma a permitir o distanciamento de alguns sócios do giro comum dos negócios sociais, dos atos executivos, garantindo-lhes, entretanto, o planejamento estratégico, a fiscalização dos atos praticados e o poder final das decisões administrativas.

5.10.2 Limitação de poderes de administradores – Sistema de alçadas

Tanto para a empresa S.A. quanto para a limitada, existe a possibilidade da implantação de um sistema de alçadas com relação a matérias e a valores de competência autônoma e independente dos diretores, e outros sujeitos à autorização do conselho de administração, ou, ainda, à alçada superior, a assembleia geral, que é o órgão de deliberação dos acionistas. Assim, por exemplo, pode o estatuto social de uma companhia prever que empréstimos até o limite de R$ 10 milhões podem ser contratados pela diretoria independentemente de autorização; para aqueles acima desse valor, ou se a soma de todos os empréstimos já tiver alcançado tal montante, a diretoria deve estar autorizada pelo conselho de administração, até o limite de R$ 100 milhões, no exemplo; e, acima de R$ 100 milhões, os empréstimos devem ser autorizados pelos acionistas, em assembleia geral.

Esse sistema garante a autonomia dentro de uma margem conhecida, e que pode ser alterada de tempos em tempos, o que gera controle, como toda e qualquer limitação de poderes.

5.10.3 Eleição de administradores

Questão de alta complexidade no Planejamento Sucessório, a eleição dos administradores, *vis-à-vis* a tendência de profissionalização, vem ocupando lugar de destaque nas preocupações dos empresários. A preparação para a substituição dos executivos ocupantes dos principais cargos da administração deve estar condicionada à criação de regras de convivência e à profissionalização[77] do corpo administrativo. Dificuldades no processo de transição, como se disse acima, vêm resultando em fracassos na sucessão das empresas familiares.

As empresas familiares têm problemas endógenos no que diz respeito à administração e à sucessão da liderança. Por isso é que se faz necessário definir claramente o perfil daqueles que traçarão o destino da organização, caso contrário, não será possível identificar e desenvolver uma liderança dentro da família empresária, para que ele assuma os negócios. A próxima geração pode não estar capacitada, tampouco disposta a enfrentar responsabilidades. Estabelecer requisitos de qualificação, metas, desafios, *feedback* de desempenho, são atitudes conjuntas para que se evite a condução ao comando da empresa de sucessores completamente despreparados. Preciso é também criar regras relativas a salários, horários, subordinação a normas corporativas que não comportem exceções.

As relações interpessoais não se podem sobrepor às relações empresariais. A personalização das questões

77. Profissionalização do administrador não deve ser entendida como exclusão de membros da família, mas como estabelecimento de critérios objetivos e de prática corrente para escolha dos membros da administração da empresa, familiares ou não.

administrativas é perigosa, uma bomba-relógio. A questão gerencial, como já se disse, deve ser pautada pela competência, pelo mérito e não pelo parentesco. A retenção de talentos, tanto familiares quanto não familiares, deve ser estimulada pelo plano de carreira da organização, e nunca depender da árvore genealógica de seu controlador.

Nos últimos anos, muitos Acordos de Sócios têm previsto requisitos de qualificação e capacitação para o ingresso de herdeiros em seus quadros administrativos, como idade, formação acadêmica de qualidade, especialização, experiência anterior mínima em outros grupos, rodízios nas diversas áreas da empresa, dedicação exclusiva, entre outros. A avaliação periódica de seu desempenho também faz parte do processo de profissionalização.

O IBGC determina em seu código de melhores práticas que o conselheiro, como qualificação para o cargo, deve possuir, no mínimo, alinhamento com os valores da organização e seu código de condutas, capacidade de defender seu ponto de vista a partir de julgamento próprio, disponibilidade de tempo, motivação. Adicionalmente, o IBGC julga recomendável que ele possua visão estratégica, conhecimento das melhores práticas de governança corporativa, capacidade de trabalho em equipe, competência para entender relatórios gerenciais contábeis e financeiros, noções de legislação societária, percepção do perfil de risco da organização.

Esses são requisitos para preenchimento de cargos e muitas vezes se tem de buscar os comandantes fora do núcleo familiar. Até mesmo para motivar os membros da família é essencial que a empresa tenha em seus quadros executivos contratados, pessoas não familiares. Quanto à eleição dos administradores, pode ela se dar com o quórum genérico estabelecido para as deliberações, ou com quóruns especiais. Acordos há em que cada classe de ações tem o direito de eleger um administrador, a cada x% do capital votante. Tudo depende dos arranjos intrafamiliares, do tipo de negócio, das capacidades individuais, das necessidades do cargo etc.

A questão da nomeação de administradores em sociedades limitadas é objeto de uma complicação legal desnecessária. Algo que deveria ser corriqueiro e simples depende de um exame aprofundado da legislação uma vez que, além dos aspectos práticos de definir quem terá a competência para exercer tais atividades, ainda deve observar, para fins de aprovação da nomeação, o quórum específico que pode mudar conforme o formato da nomeação, a participação ou não do administrador no capital social, e até no que concerne ao percentual de integralização do capital social. Não nos parece fazer muito sentido que os quóruns sejam diferentes para as combinações possíveis de tais situações. Na tentativa de uniformizar os quóruns, a Lei 13.792/2019 alterou a redação do § 1º do art. 1.063 do Código Civil, igualando (pelo menos) o quórum de destituição de sócio nomeado no contrato, para a hipótese de administrador não sócio, de 2/3 para mais da metade do capital social.

O art. 1.071, II, combinado com o art. 1.076 II, determina que "*a designação dos administradores, quando feita em ato separado*" será aprovada por "*votos correspondentes a mais de metade do capital*", sem fazer diferenças para a qualidade de sócio do administrador nomeado. Até o advento da Lei 14.451, de 21-09-2022, a designação de administrador não sócio (sem especificação sobre ser no contrato social ou em ato separado) dependia da "*aprovação da unanimidade dos sócios, enquanto o capital não estiver integralizado, e de 2/3 (dois terços), no mínimo, após a integralização*". Mas a citada lei, que alterou quóruns de deliberação dos sócios da sociedade limitada, inclusive o previsto no art. 1.061 da Lei 10.406, de 10 de janeiro de 2002 (Código Civil), pôs fim à unanimidade e passou a determinar que a designação de administradores não sócios depende da aprovação de, "*no mínimo, 2/3 (dois terços) dos sócios,*[78] *enquanto o capital não estiver integralizado, e da aprovação de titulares de quotas correspondentes a mais da metade do capital social, após a integralização*".

78. A lei deveria falar em 2/3 do capital social e não dos sócios.

Porém, mais do que designar administradores (o que já não é tarefa singela!) o mais difícil de tudo dentro da empresa familiar é a coragem de demitir membros da família. E essa é uma problemática frequente, que pode ser atenuada por regras claras e requisitos que não comportem exceções e afrouxem a saia justa.

5.10.4 Responsabilidade dos administradores

A experiência demonstra que as empresas familiares têm problemas particulares no que diz respeito à administração e à sucessão da liderança. A crença de que a sucessão dos administradores na empresa familiar é mais fácil e natural do que na empresa não familiar não é verdadeira. A visão tendenciosa que privilegia os integrantes da família para os alçar a cargos de comando pode afetar tanto a relação profissional, quanto a familiar, e lesar a empresa, transformando-a em pouco tempo em um cabide de empregos, colecionando pessoas sem qualquer capacitação para os cargos ocupados. A questão familiar não deve interferir na escolha dos administradores, tampouco estimular privilégios e exceções concedidas a parentes. A autoridade difusa não permite a fixação dos limites de responsabilidades de cada cargo.

A administração deve vincular o eleito à responsabilidade pelos atos praticados em nome da sociedade. O administrador é obrigado a prestar contas aos sócios e a lhes apresentar o balanço anual, seja ele familiar ou não. A responsabilidade dos administradores pelos atos regulares de administração praticados somente se encerra, no universo da sociedade, com a aprovação de suas contas pela assembleia geral. A legislação societária brasileira consagrou o princípio segundo o qual a aprovação das contas e do balanço implica necessariamente a desoneração dos administradores, com relação à empresa.

Permanece a responsabilidade do administrador até o final do prazo prescricional da ação que contra ele pode ser movida, entretanto, por violação da lei ou do estatuto social, que é de três anos, contados da data da assembleia que aprovar suas contas.

Os atos irregulares, praticados com excesso de poder ou desrespeito ao estatuto/contrato social submetem o administrador, por sua vez, à responsabilidade solidária.

Assim, o uso indevido da sociedade pelo administrador, como escudo para a prática de atos distintos de sua finalidade ou caracterizadores da confusão patrimonial, pode fazer com que ele responda com seus bens pessoais pelas obrigações societárias. Nesse particular, é oportuno salientar que a responsabilidade decorre de atos de gestão, e tanto pode ser imputada ao administrador da sociedade limitada como ao da sociedade anônima, pois o elemento que desencadeia a responsabilização é o exercício da atividade, pelo que é irrelevante seu modo de organização societária.

Dessa forma, a princípio, qualquer administrador (conselheiro ou diretor) de limitada ou de S.A. não é pessoalmente responsável pelas obrigações que contrair em nome da sociedade e em virtude de ato regular de gestão, porque a pessoa jurídica tem vida própria, e, em regra, responde por seus atos, ainda que materializados, evidentemente, através da pessoa humana do administrador.

Atuando o administrador como órgão da companhia, dentro dos poderes regulares que lhe são conferidos por lei e/ou pelo estatuto/contrato social, quem contrai a obrigação é a própria sociedade e não o administrador.

A responsabilidade pessoal do administrador ocorre com a prática de atos irregulares, repita-se por importante, (i) quando ele, mesmo atuando dentro de suas atribuições ou poderes, age com culpa ou dolo (responsabilidade subjetiva); ou (ii) atua com violação da lei ou do estatuto social (responsabilidade objetiva).

O art. 50 do Código Civil reforça a tese da responsabilidade objetiva dos administradores que, agindo em evidente abuso da personalidade jurídica, seja pela confusão patrimonial, seja pelo desvio de finalidade, respondem pessoal e diretamente pelas obrigações sociais, podendo o juiz desconsiderar a personalidade jurídica da companhia (*disregard doctrine*).

5.11 Conselho fiscal

O poder fiscalizador da sociedade é da competência do conselho fiscal, que, nas companhias fechadas, não é de instalação obrigatória, se o estatuto social assim o permitir. Os sócios das limitadas podem, nos termos do Código Civil, instituir um conselho fiscal nos mesmos moldes das companhias.

Tal conselho fiscaliza os atos dos administradores e o cumprimento dos seus deveres legais e estatutários, e emite opiniões e pareceres sobre as contas da empresa, bem como sobre determinadas propostas dos órgãos da administração, a serem submetidas à assembleia geral, relativas à modificação do capital social, emissão de debêntures ou bônus de subscrição, planos de investimento ou orçamentos de capital, distribuição de dividendos, transformação, incorporação, fusão ou cisão.

Somente podem ser eleitos para o conselho fiscal pessoas residentes no País, diplomadas em curso de nível universitário, ou que tenham exercido por prazo mínimo de 3 (três) anos, cargo de administrador de empresa ou de conselheiro fiscal. Não podem ser eleitos membros de órgãos de administração e empregados da companhia ou de sociedade controlada ou do mesmo grupo, e o cônjuge ou parente, até terceiro grau, de administrador da companhia.

Os membros do conselho fiscal têm os mesmos deveres dos administradores de que trata a legislação societária, e respondem pelos danos resultantes de omissão no cumprimento de seus deveres e de atos praticados com culpa ou dolo, ou com violação da lei ou do estatuto.

Qualquer membro do conselho fiscal pode solicitar aos órgãos de administração esclarecimentos ou informações, desde que relativas à sua função fiscalizadora, assim como a elaboração de demonstrações financeiras ou contábeis especiais. E pode dar conhecimento à assembleia geral, os erros, fraudes ou crimes que descobrirem acerca dos órgãos de administração, e sugerir providências.

O conselho fiscal é instalado apenas a pedido dos acionistas que representem, no mínimo, 10% (dez por cento) das ações com direito a voto, ou 5% (cinco por cento) das ações sem direito a voto, e cada período de seu funcionamento terminará na primeira assembleia geral ordinária após a sua instalação. Normalmente, nas limitadas e nas companhias fechadas que sejam empresas familiares em que haja discussões entre sócios, extremamente comuns entre irmãos, em especial quando é um deles que está à frente dos negócios, os outros costumam pedir a instalação do conselho fiscal.

Não podem ser eleitos para o conselho fiscal membros de órgãos de administração e empregados da companhia ou de sociedade controlada ou do mesmo grupo, e o cônjuge ou parente, até terceiro grau, de administrador da companhia.

5.12 Publicação de balanços

O grande inconveniente das sociedades por ações é efetivamente obedecer ao cumprimento de determinadas obrigações, tais como a de publicação de seus atos, e suportar o custo e a exposição que tais publicações significam.

A Lei 13.818, de 24-04-2019, alterou a Lei das S.A. no que concerne a publicações obrigatórias para a companhia fechada com menos de vinte acionistas, desobrigando aquelas com patrimônio líquido de até R$ 10 milhões, valor bem mais expressivo do que o antigo, de R$ 1 milhão. Os formatos eletrônicos ganharam cada vez mais espaço, facilitando e desburocratizando a vida empresarial. Com isso, a partir de 1º-01-2022, com a entrada em vigor da citada Lei 13.818/2019, as publicações obrigatórias pela Lei das S.A. passaram a poder ser efetuadas em jornal de grande circulação na sede da companhia, e com divulgação simultânea da íntegra dos documentos na página do mesmo jornal na internet, cabendo aos jornais providenciar a certificação digital de autenticidade, extinguindo a obrigatoriedade de se realizar as publicações dos atos no Diário Oficial da União, do Estado ou do Distrito Federal. E para a companhia fechada que não seja controladora de grupo de sociedade, ou a ela filiada, e tenha receita bruta anual até R$ 78 milhões, a Lei Complementar 182/2021 (marco legal das *startups* e do empreendedorismo inovador) permitiu que as publicações fossem realizadas apenas de forma eletrônica.

As limitadas não estão obrigadas a publicar balanços. O art. 3° da Lei 11.638, de 28-12-2007, prevê, entretanto, que as sociedades de grande porte, ainda que não constituídas sob a forma de sociedade por ações, estão obrigadas a observar as regras contidas na Lei das S.A. relativas à escrituração e elaboração das demonstrações financeiras e obrigatoriedade de auditoria independente. Considera-se de grande porte, para tais fins, a sociedade ou conjunto de sociedades sob controle comum que tiver, no exercício social anterior, ativo total superior a R$ 240 milhões ou receita bruta anual superior a R$ 300 milhões. E cabe lembrar que não há penalidade prevista em lei para o descumprimento dessa determinação.

5.13 Livros societários

A atual redação do art. 100 da Lei das S.A. ainda prevê a existência obrigatória de livros societários relativos à administração da companhia e aos títulos de emissão da sociedade. Essa documentação é de rigor e não pode ser afrouxada, sob pena de colocar em risco direitos de acionistas. Os livros da administração documentam as deliberações tomadas pelos seus órgãos sociais (assembleia geral, diretoria, conselho de administração, se existente, e conselho fiscal, se instalado), enquanto os livros relativos aos títulos societários têm natureza constitutiva de direito e tratam do registro e transferência de ações, debêntures e outros valores mobiliários eventualmente emitidos, determinando quem são os seus respectivos titulares, e como se deu referida aquisição.

As companhias estão obrigadas à manutenção dos seguintes livros societários: (a) Livros de Atas de Assembleias Gerais; (b) de Presença de Acionistas; (c) de Reunião de Conselho de Administração (se houver); (d) de Reunião de Diretoria; (e) de Reunião do Conselho Fiscal (se instalado); (f) de Registro de Ações Nominativas; e (g) de Transferência de Ações Nominativas.

Recentemente, alterações infralegais regularam a possibilidade de formalização de registros de livros de atas de modo digital, simplificando e modernizando os procedimentos relativos à sua autenticação.

Assim, e considerando "*o desenvolvimento tecnológico que permite o registro e o lançamento de atos e fatos das empresas de forma eletrônica, garantindo a segurança, a inviolabilidade e a autenticidade dos instrumentos submetidos à autenticação*", e com o intuito de "*simplificar, uniformizar, modernizar e automatizar os procedimentos relativos à autenticação dos termos de abertura e de encerramento dos instrumentos de escrituração contábil, dos livros sociais e dos livros dos agentes auxiliares do comércio*", o Departamento Nacional de Registro Empresarial e Integração (DREI) editou a Instrução Normativa 82/2021 (IN 82), consolidando os procedimentos de autenticação dos livros das sociedades.

A referida IN determina em seu art. 3º que os livros deverão ser exclusivamente digitais e estabelece em seu art. 4º que após a sua entrada em vigor, não deverão ser apresentados para autenticação novos livros em papel, preenchidos ou em branco. Ou seja, diante da nova previsão legal, as Juntas Comerciais de todo o país passaram a não mais registrar livros em papel, e assim apenas livros digitalizados tornaram-se passíveis de autenticação, e somente após a sua escrituração. Os livros sociais, a partir de então, devem ter seu termo de abertura e encerramento assinados digitalmente (com certificado digital) e o seu conteúdo apresentado em arquivo digitalizado, passando a ser autenticáveis apenas após estarem devidamente preenchidos, muito diferentemente da prática de primeiramente registrar os livros em branco e, após, dar início à sua escrituração societária, que ocorria anteriormente.

Os Livros de Registro de Ações Nominativas e de Transferência de Ações Nominativas facilitam a cessão da propriedade das ações, sem que para tanto seja feita qualquer alteração estatutária e, tampouco, sem o conhecimento de terceiros. Essa é uma das principais características e das vantagens da S.A. (livre e anônima transferibilidade das ações).

Nas companhias fechadas, os livros de Atas de Assembleias Gerais, de Presença de Acionistas, de Registro de Ações Nominativas e de Transferência de Ações Nominativas poderão ser substituídos por registros mecanizados ou eletrônicos, nos termos do regulamento.

A limitada não está obrigada à escrituração de livros societários. Entretanto, a transferência das quotas sociais depende de alteração contratual que deve ser levada a registro na Junta Comercial, tornando-se pública.

6. *HOLDING* - O QUE É? PARA QUE SERVE?

Holding é uma sociedade que tem por objeto deter bens, como participações em outras sociedades (*holding* de participações), imóveis (*holding* imobiliária), e outros bens e direitos como aeronaves, embarcações, obras de arte, podendo ser constituída sob a forma de sociedade limitada ou de sociedade por ações. O tipo societário adotado não altera a sua característica nem compromete a sua finalidade, tampouco diferencia o tratamento fiscal da *holding*.

Diversos são os motivos que ressaltam a importância da *holding* dentro do Planejamento Sucessório, quer seja pela manutenção do patrimônio, concentração do voto, convergência de interesses, normatização do relacionamento entre os sócios etc., quer seja por proporcionar acomodação sob o ponto de vista da proteção patrimonial, como se verá no decorrer do texto. Resumidas estão, a seguir, suas principais funções:

a) permitir a concentração da capacidade de investimento e de poder econômico de pessoas físicas ou jurídicas, prestando-se basicamente à união de herdeiros e de participações individualmente minoritárias, especialmente nas *holdings* de participações;

b) viabilizar a formação de blocos, com a concentração de poder político ou de voto, deliberado em reuniões prévias, garantindo que as discussões fiquem fora da atmosfera da operação, preservando-a;

c) garantir que alienações ocorram especialmente dentro daquele bloco de sócios, mantendo o patrimônio nas mãos daquele núcleo familiar;

d) criar um ambiente de relacionamento intrafamiliar, distante da operação, para o estabelecimento de regras de convivência para os sócios (regras específicas dos Acordos Societários);

e) mitigar a possibilidade de ingerência de herdeiros e sucessores dos sócios, bem como de ex-cônjuges e ex-companheiros;

f) minimizar eventuais reflexos de alteração patrimonial dos sócios ou riscos pessoais em relação às sociedades operacionais;

g) minimizar eventuais riscos da operação em relação aos sócios;

h) promover a segregação de ativos ou atividades, segmentando e protegendo o patrimônio;

i) evitar o condomínio de bens e suas exigências de unanimidade e outorgas;

j) facilitar o fluxo de caixa entre empresas por ela controladas, simplificando transferência de recursos entre empresas, e evitando a necessidade de concordância de todos os sócios em casos de novos aportes.

6.1 *Holding* de participações

A *holding* de participações é uma sociedade cujo patrimônio é constituído por investimentos em outras sociedades. É também denominada *holding* pura, o que nada mais é do que a empresa controladora de outra, ou detentora de participação social em outra.

O seu capital é formado pela aquisição (inclusive conferência para integralização) de quotas ou ações de outras empresas. Assim, essa sociedade, que é a *holding*, passa a ser sócia de outra ou de outras sociedades.

Além de deter investimentos, seja como controladora da investida ou não, uma *holding* pode, como se disse acima, significar a união de herdeiros pela conjugação de participações individualmente minoritárias, as quais, conferidas para a mesma sociedade, concentram um grupo economicamente forte que pode formar o controle societário para a preservação do negócio.

Presta-se a *holding*, assim, ao estabelecimento de regras de convivência de determinado bloco que a compõe, inclusive quanto à aglutinação de votos, evitando a pulverização dos investimentos e do comando (principalmente no caso de uma empresa familiar), após o falecimento de um sócio, com grande possibilidade de divisão de poderes e funções entre os grupos familiares. Essas regras são, por vezes, imprescindíveis para a sustentação do Planejamento Sucessório, evitando disputas internas. Quem as estabelece são os contratos e estatutos sociais, e, especialmente, os Acordos de Sócios.

A *holding* afasta a possibilidade de ingerência individual de sócio minoritário diretamente na operação, o que privilegia a manutenção do controle, ou ao menos do mesmo poder de voto. E isso se dá porque, sendo a *holding* a sócia da empresa operacional, é ela quem exerce o direito de voto nas assembleias. O voto na assembleia da empresa operacional (manifestado pelo diretor ou procurador da *holding*) pode ser determinado previamente, conforme dispuser o estatuto ou o contrato social. As discussões sobre as matérias a serem votadas na operacional acontecem no nível da *holding*, e o seu representante vota na assembleia da operacional conforme houver sido decidido na reunião prévia da *holding*. Se algum sócio for vencido na reunião prévia da *holding*, não há como interferir nos assuntos da operacional. E os interesses daquele bloco – estruturado em forma de *holding* – permanecem preservados, não obstante eventual participação de dissidente.

Um exemplo para esclarecer o tema: a situação é a de uma sociedade por ações detida 50% por um conjunto de pessoas físicas de uma família e 50% por outro, com equilíbrio absoluto nas deliberações, que dependem da aprovação da maioria absoluta das ações (mais da metade das ações votantes). Portanto, nenhum dos conjuntos familiares exerce o controle. Um dos sócios, de uma das famílias, divorcia-se e sua ex-mulher pleiteia e recebe participações na empresa. Convidada a passar a votar com o outro ramo familiar, oposto àquele ao qual pertence seu ex-marido, ela aceita o convite. Conclusão: o então precário equilíbrio entre os dois grupos familiares se encerra imediatamente, as deliberações por maioria passam a outorgar o controle para a outra família, enquanto a família de seu ex-marido se torna minoritária, perdendo completamente o poder e passando a ter de se sujeitar às decisões majoritárias. Toda a família sofre as consequências do divórcio de um dos irmãos.

Se, no mesmo exemplo, as participações de cada grupo familiar fossem detidas respectivamente por uma *holding*, a ex-mulher seria minoritária dentro da *holding* da família de seu ex-marido e não teria ela como se unir à outra família; o equilíbrio – agora efetivo – estaria preservado.

Por isso é que a *holding* de participações constitui, por assim dizer, o veículo por excelência para reduzir eventuais reflexos de alteração patrimonial dos sócios ou riscos pessoais deles em relação às sociedades operacionais, como pode ocorrer no caso de uma separação litigiosa de um dos sócios, retratada no exemplo mencionado acima, em que a participação na empresa operacional é pleiteada.

Um outro exemplo poderia ser dado no caso de penhora de participações. Imagina-se que a repercussão da constrição judicial sobre participações de uma *holding* traga consequências muito menos danosas do que aquela sofrida diretamente sobre as participações da empresa operacional, cujos reflexos podem ser irremediáveis a curto prazo.

Dentro da sistemática da proteção patrimonial, colocar uma pessoa jurídica entre o sócio, pessoa física, e a empresa operacional viabiliza o surgimento de um foro distante e destacado do dia a dia da empresa e possibilita a estipulação de direitos e obrigações entre os sócios que compuserem o quadro societário da *holding* (se mais de um sócio da empresa operacional houver formado conjuntamente a *holding*, ou no caso de herdeiros do sócio), de tal sorte que as discussões fiquem fora do ambiente da empresa operacional, que resta preservada. Essa providência é extremamente salutar em se tratando de organização de patrimônio individual ou coletivo, e imprescindível no que concerne ao Planejamento Sucessório com vistas à preservação do negócio e à perenidade da empresa.

Em termos de proteção patrimonial, apesar de a empresa operacional possuir personalidade jurídica própria para responder por suas obrigações, essa separação entre a pessoa física e a pessoa jurídica não prevalece em casos específicos nos quais houver presença de dolo ou fraude objetivando a posterior fuga do cumprimento de obrigações regularmente constituídas. Nesse caso, a *holding* tem sua personalidade jurídica desconsiderada para que o sócio, pessoa física, responda pelas obrigações contraídas.

Outro tanto, a par de todas as vantagens na constituição regular de uma *holding* de participações, da acomodação que ela promove nos aspectos societário e sucessório, há de mencionar alguns aspectos negativos e advertir que não deve ela ser utilizada de forma indiscriminada, pois pode acarretar graves problemas sob o prisma tributário, o que será abordado por Longo na Seção IV, dos Aspectos Tributários do Planejamento Sucessório. Ou seja, se a sua constituição incorrer aumento da carga fiscal, a *holding* pode se transformar de solução de um problema em um problema de difícil solução.

Alternativas às *holdings* podem ser as classes de ações e os fundos de investimento em participações, ambos tratados nesta Seção III, dos Aspectos Societários do Planejamento Sucessório.

Numa *holding* de participações, faz-se importante a previsão de que ela possa estabelecer a distribuição de dividendos das empresas por ela controladas, direta ou indiretamente, à razão de determinado percentual de seu lucro líquido, para que haja lucro a distribuir pela *holding* aos seus sócios.

6.2 *Holding* imobiliária

A *holding* imobiliária é aquela que tem por objeto deter e explorar patrimônio imobiliário, tanto para uso pessoal, quanto para renda/negócios. As pessoas físicas conferem seus bens para a *holding*, que passa a ser a proprietária deles, preservando o patrimônio pessoal e evitando o condomínio entre os herdeiros, que recebem participações na *holding* e não os bens nela contidos.

Nesses termos, a estrutura de *holding* é também muito utilizada para organizar patrimônio imobiliário, com o objetivo de lhe proteger por segregação e evitar o condomínio e suas consequências deletérias, bem como para manter a titularidade dos bens no anonimato,[79] com fins de preservação da pessoa física contra criminosos ou mesmo interessados em bisbilhotar a vida alheia.

Sob o aspecto da segregação, é comum uma empresa operacional ser a titular dos imóveis utilizados em suas atividades, e até de imóveis utilizados pessoalmente por seus sócios, para moradia e lazer. Isso deve ser evitado porque, quando detidos pela empresa operacional, os imóveis ficam vulneráveis ao risco natural e diário do negócio, aos efeitos de penhoras e de outras constrições legais. Daí, se tais imóveis não são

79. Na verdade, ainda que se constitua sob forma de sociedade por ações ou se interponham diversas *holdings*, em tese é possível identificar quem é o final titular, pessoa física, de determinado bem que exija registro público (ex.: imóvel, veículo, aeronave etc.).

necessários como integrantes do ativo da empresa (por exemplo, para atender a requisito de valor mínimo de patrimônio líquido), não há motivo para lá permanecerem.

Até mesmo os imóveis utilizados na operação merecem atenção e análise para sua separação da atividade, não apenas para os apartar do risco do negócio, mas, em muitos casos, para proporcionar uma outra atividade (a de locação), que pode, muito antes de ajudar no Planejamento Sucessório do sócio, organizar seu patrimônio e eventualmente gerar eficiência tributária, como se verá adiante, na Seção IV, dos Aspectos Tributários do Planejamento Sucessório tratados pelo Longo.

Isso porque a *holding* imobiliária pode eventualmente reduzir a carga fiscal da empresa operacional tributada pelo lucro real, decorrente da relação de locação desses bens por empresa tributada pelo regime do lucro presumido para a qual venham a ser conferidos (*holding* imobiliária) na qualidade de locadora, e a operacional na qualidade de locatária.

A *holding* imobiliária, além de promover a desejada segregação patrimonial, traz consigo um terceiro aspecto relevante, e não menos importante que os demais, que diz respeito ao condomínio.

O condomínio se configura quando a mesma coisa pertence a mais de uma pessoa, e cada uma delas tem iguais direitos sobre a coisa como um todo e sobre cada uma das partes. Isso quer dizer que o poder de dispor sobre aquela determinada coisa é dividido entre várias pessoas, cada uma delas limitada no exercício dos seus direitos, que são concorrentes com os das demais. Ocorre, objetivamente, a indivisão, e, subjetivamente, a comunhão, embora cada condômino exerça sobre sua parte ou fração todos os direitos de propriedade individual. O art. 1.314 do Código Civil disciplina as relações internas entre os condôminos, e com terceiros.

O condomínio exige decisão unânime acerca da movimentação do patrimônio imobiliário e, tendo em vista a comunhão de bens antes explicada, ainda pode requerer a outorga de cônjuges e companheiros para que tal movimentação se processe. Na relação com terceiros, por menor que seja a cota do condômino, ela deve ser respeitada e, enquanto não houver a concordância de todos, não se pode dispor do bem, nem mesmo dar em locação a estranhos.[80] Isso pode causar sérios inconvenientes, desgastes e até perdas de bons negócios, caso o comprador não se submeta a aguardar a concordância de determinado condômino e de seu cônjuge (a depender do regime de bens do casamento) ou caso um dos condôminos, ainda que minoritário, discorde.

Ademais, o condomínio permite que um condômino exija a divisão da coisa comum, e, quando for indivisível, a venda a terceiros, respeitada uma regra específica de preferência.[81] A venda pode ser evitada se os condôminos decidirem adjudicar o bem a um deles e este indenizar os demais.

A *holding* evita a propriedade do bem em condomínio e capacita a construção de uma estrutura de deliberações por maioria, sem a necessidade de unanimidade, tampouco a anuência de terceiros, afastando os efeitos nefastos do condomínio.[82]

Como sempre, a par de todas as vantagens na constituição de uma *holding* imobiliária, há também que ressaltar os cuidados a serem observados, para que não haja incremento da carga fiscal. Para tanto, é fundamental classificar os imóveis conforme sua vocação, antes de os conferir para a *holding*, definindo-se sua finalidade, quer sejam de uso pessoal, de uso empresarial, quer sejam imóveis urbanos ou rurais, de locação, moradia, ou destinados à venda, permuta, incorporação imobiliária etc., e quer sejam detidos pela pessoa física ou jurídica.

Relevante é, também, a época de aquisição do imóvel. Isso porque a legislação tributária atribui tratamentos diversos à

---

80. Previsão do parágrafo único do art. 1.314 do Código Civil.

81. Arts. 1.320 e 1.322 do Código Civil.

82. Na conferência de imóveis para a *holding* imobiliária, os cônjuges e companheiros unidos pelo regime da comunhão universal ou parcial de bens têm de anuir.

alienação de imóveis, os quais devem ser cuidadosamente analisados sob a ótica do imposto de renda, como se verá na Seção IV, dos Aspectos Tributários do Planejamento Sucessório.

6.3 *Holding* patrimonial

A *holding* patrimonial pode deter participações societárias, como é o caso da *holding* pura, patrimônio imobiliário, como é caso da *holding* imobiliária, bem como outros bens e direitos, como animais, aeronaves, embarcações, ativos financeiros etc. A utilização e a conveniência seguem o que se comentou em relação à *holding* imobiliária.

Para colecionadores ou apreciadores de obras de arte, recomenda-se a conferência da nua propriedade sobre elas para uma *holding* patrimonial, a fim de evitar avaliações e exposições desnecessárias que colocam em risco a segurança de herdeiros, no momento do falecimento do detentor das obras e a abertura de seu inventário.

7. FUNDO DE INVESTIMENTO - ICVM 555

A organização patrimonial do indivíduo compreende, como se disse, a alocação dos bens e direitos em estruturas, levando em conta cada espécie de ativo, sua aquisição, sua destinação e, ainda, a tributação a que se submete. E essa organização tem por escopo variados aspectos: gestão, controle, rentabilidade, carga fiscal, risco, responsabilidade, segregação de um ativo em relação a outros do mesmo titular, segurança jurídica etc.

Entre as estruturas oferecidas pela legislação brasileira, os fundos vêm mais e mais despertando o interesse dos investidores, mormente no que diz respeito a ativos financeiros, para os quais as *holdings* são ineficientes sob o ponto de vista tributário. Fundos já se tornam importantes instrumentos de investimento oferecidos ao público em geral, bem como de gestão, podendo ser formatados de acordo com o perfil de seu titular, permitindo ao investidor definir a destinação de parte do patrimônio, diversificá-lo em diferentes tipos de ativos e auferir vantagens de redução da carga fiscal.[83]

A Instrução 555 da CVM (ICVM 555), de 17-12-2014, estabelece as normas gerais para a constituição e funcionamento de todo e qualquer fundo de investimento registrado junto à

83. Investidores estrangeiros também podem utilizar o fundo de investimento como veículo de seus negócios no país.

CVM, conferindo-lhes maior maleabilidade, especialmente aos fundos multimercado exclusivamente destinados a investidores qualificados, que podem aplicar praticamente em todos os tipos de ativos financeiros, inclusive em outros fundos (fundo de investimento em cotas de fundos de investimento – FIC).

Além dos fundos de investimento regulamentados pela ICVM 555, outros fundos de investimento que possuem regulamentação própria, como é o caso, entre outros, do Fundo de Investimento em Participações (FIP), do Fundo de Investimento Imobiliário (FII), Fundos de Investimento nas Cadeias Produtivas Agroindustriais (Fiagro), vêm aumentando o renovado interesse do mercado.

Essas novas ferramentas têm auxiliado sobremaneira o Planejamento Sucessório, por permitirem o direcionamento da gestão dos ativos de forma personalizada, adequando-se aos riscos escolhidos. Fundos de investimento fechados, nos quais os cotistas são todos integrantes de uma mesma família, vêm sendo criados para administrar o patrimônio familiar (aplicações financeiras, ações em Bolsa, participações societárias etc.). O regulamento do fundo pode contemplar, tanto regras impostas pelo chefe da família, determinantes dos critérios norteadores do investimento e da destinação do patrimônio, quanto, por exemplo, aquelas para postergar a retirada do patrimônio pelos herdeiros, propiciando, dessa forma, que os recursos principais permaneçam aplicados, e não sejam inadvertidamente investidos em empreitadas arriscadas que os consumam de uma só vez.

A Lei da Liberdade Econômica, entre outras matérias, incluiu capítulo específico ao Código Civil para tratar do fundo de investimento, outorgando maior segurança jurídica aos investidores e prestadores de serviço de fundos de investimento ao dispor sobre o regime legal a eles aplicável, reduzindo custos, limitando responsabilidades, permitindo classes de cotas, e, nesse contexto, impondo a necessidade de revisão do arcabouço regulatório vigente. Ademais, a citada lei determinou que o fundo de investimento constituído por lei específica e regulamentado pela

CVM deverá, no que couber, seguir as disposições do referido capítulo específico por ela incluído ao Código Civil.

A ICVM 555 caracteriza o fundo de investimento como uma comunhão de recursos, constituído sob a forma de condomínio, destinado à aplicação em ativos financeiros, o que significa dizer que, diferentemente do que se prevê em outros sistemas normativos, no Brasil, o fundo de investimento não é revestido de personalidade jurídica e, portanto, não possui aptidão genérica para adquirir direitos e contrair obrigações. Funciona como condomínio,[84] no qual o investidor assume o papel de cotista e exerce seus direitos, previstos em lei e no regulamento do fundo (voto em assembleia, resgate, amortizações etc.).

Mas o art. 1.368-C do Código Civil esclarece tratar-se de condomínio de natureza especial, destinado à aplicação em ativos financeiros, bens e direitos de qualquer natureza, não se aplicando as disposições relativas ao condomínio voluntário. Estabelece, também, que o registro dos regulamentos dos fundos de investimentos na CVM é condição suficiente para garantir a sua publicidade e a oponibilidade de efeitos em relação a terceiros.

As cotas do fundo correspondem a frações ideais de seu patrimônio, são escriturais e nominativas, e, de acordo com a ICVM 555, até o advento da Lei da Liberdade Econômica, conferiam iguais direitos e obrigações aos cotistas, proporcionalmente à participação no patrimônio do fundo. O art. 1.368-D, III, incluído ao Código Civil pela referida lei, determinou que o regulamento do fundo tem a prerrogativa de estabelecer "*classes de cotas com direitos e obrigações distintos, com possibilidade de constituir patrimônio segregado para cada classe*", sendo certo que o patrimônio segregado só responderá por obrigações vinculadas à classe respectiva, nos termos do regulamento, o que enaltece sobremaneira a utilização dos fundos no Planejamento Sucessório, desburocratiza o seu uso

84. Apesar de ser entendido como condomínio, os ativos do fundo não são registrados em nome dos cotistas.

e diminui custos com a constituição de diversos fundos para atingir finalidades distintas.

Outra grande inovação diz respeito à responsabilidade dos cotistas. Os ativos financeiros que fazem parte do fundo de investimento são comuns e de propriedade dos próprios investidores em condomínio. Pela ICVM 555, "*os cotistas respondem por eventual patrimônio líquido negativo do fundo*", enquanto que o recente art. 1.368-D do Código Civil amplia a segurança jurídica de investidores, prevendo a "*limitação de sua responsabilidade ao valor de suas cotas*", sendo certo que a adoção da responsabilidade limitada por fundo de investimento constituído sem a limitação de responsabilidade somente abrangerá fatos ocorridos após a respectiva mudança em seu regulamento, e se o fundo de investimento com limitação de responsabilidade não possuir patrimônio suficiente para responder por suas dívidas, aplicam-se as regras de insolvência previstas pelo Código Civil.

O administrador presta serviços relacionados direta ou indiretamente à constituição, ao funcionamento e à manutenção do fundo, e é responsável pela sua representação perante os órgãos de fiscalização do governo federal, CVM, a quem deve reportar informações, Banco Central do Brasil, e perante terceiros em geral, bem como pela apuração, retenção e recolhimento do imposto de renda devido pelo cotista.

A administração pode ser exercida pelo próprio administrador, assim entendida a pessoa jurídica autorizada pela CVM para o exercício profissional de administração de carteiras de valores mobiliários, ou por terceiros por ele contratados.

A ICVM 555 determina que tais contratações devem conter cláusula que estipule a responsabilidade solidária entre o administrador do fundo e os terceiros contratados pelo fundo por eventuais prejuízos causados aos cotistas em virtude de condutas contrárias à lei, ao regulamento ou aos atos normativos expedidos pela CVM. Independentemente dessa responsabilidade solidária, o administrador responde por prejuízos decorrentes de atos e omissões próprios a que der causa, sempre que agir de forma contrária à lei, ao regulamento ou aos atos normativos expedidos pela CVM. No mesmo sentido, tem-se disposição expressa na Instrução CVM 578, que disciplina os FIP (art. 33, § 4°). Já a regulamentação dos FII não contém exigência de cláusula contratual estipulando responsabilidade solidária.

Entretanto, o art. 1.368-D do Código Civil, acrescentado pela Lei 13.874/2019, autoriza que o regulamento do fundo, observado o disposto na regulamentação da CVM, estabeleça "*a limitação da responsabilidade, bem como parâmetros de sua aferição, dos prestadores de serviços do fundo de investimento, perante o condomínio e entre si, ao cumprimento dos deveres particulares de cada um, sem solidariedade*". A avaliação de responsabilidade dos prestadores de serviço deverá levar sempre em consideração os riscos inerentes às aplicações nos mercados de atuação do fundo de investimento e a natureza de obrigação de meio de seus serviços. Os fundos de investimento respondem diretamente pelas obrigações legais e contratuais por eles assumidas, e os prestadores de serviço não respondem por essas obrigações, mas respondem pelos prejuízos que causarem quando procederem com dolo ou má-fé.

O gestor de fundos é pessoa física ou pessoa jurídica (instituição financeira ou não), com registro junto à CVM, qualificado para formular e cumprir estratégias de investimentos, a fim de atender às expectativas de retorno e risco, dentro de uma política de investimentos determinada. O custodiante é o responsável pela guarda dos títulos que compõem a carteira de investimento do fundo. A contratação de auditoria independente é obrigatória para os fundos de investimento.

Como em todo condomínio, a assembleia é o órgão de deliberação, a quem compete aprovar o balanço do fundo, substituir o administrador, gestor ou custodiante, aprovar a fusão, a incorporação, a cisão, a transformação ou a liquidação do fundo, bem como o aumento da taxa de administração, da taxa de performance ou das taxas máximas de custódia, alterar a política de investimento do fundo, emitir novas cotas no fundo fechado, determinar a amortização e o resgate compulsório de cotas, caso não estejam previstos no regramento, e alterar o regulamento. Anualmente, a assembleia geral deve deliberar sobre as demonstrações contábeis do fundo, fazendo-o até cento e vinte dias após o término do exercício social. As deliberações da assembleia geral são tomadas por maioria de votos, cabendo a cada cota um voto, mas o regulamento pode estabelecer quórum qualificado para as deliberações.

A ICVM 555 esclarece que, desde que expressamente autorizado pelo regulamento ou pela assembleia geral de cotistas, o fundo pode destinar diretamente aos cotistas as quantias que lhes forem atribuídas a título de dividendos, juros sobre capital próprio, reembolso de proventos decorrentes do empréstimo de valores mobiliários, ou outros rendimentos advindos de ativos financeiros que integrem sua carteira, o que pode ser muito conveniente em termos de eficiência fiscal e de Planejamento Sucessório.

Os fundos de investimento são designados conforme o seu propósito de investimento. Podem ser abertos ou fechados. O fundo de investimento constituído sob a forma de condomínio aberto permite a seus cotistas solicitar o resgate das cotas a qualquer tempo, desde que obedecidas regras e prazos. Contrariamente, no caso do fundo de investimento constituído sob a forma de condomínio fechado, suas cotas somente são resgatadas ao término do prazo de duração do fundo, permitindo-se amortizações desde que programadas e devidamente previstas no regulamento, ou aprovadas por deliberação da assembleia geral. De fato, admite-se a amortização de cotas tanto no fundo fechado como no fundo aberto, mediante o pagamento uniforme e proporcional a todos os cotistas de parcela do valor de suas cotas sem redução do número de cotas emitidas, efetuado em conformidade com o que a esse respeito dispuser e autorizar o regulamento ou a assembleia geral de cotistas.

As cotas do fundo aberto não podem ser objeto de cessão ou transferência, salvo por decisão judicial ou arbitral, operações de cessão fiduciária, execução de garantia, sucessão universal, dissolução de sociedade conjugal ou união estável por via judicial ou escritura pública que disponha sobre a partilha de bens, e transferência de administração ou portabilidade de planos de previdência. As cotas do fundo fechado são passíveis de transferência.

O valor da cota é inicialmente arbitrado pelo administrador do fundo e, a partir daí, passa a ser apurado diariamente, de acordo com a oscilação do valor dos papéis que compõem a carteira do fundo. Após deduzir o passivo exigível do fundo do seu ativo realizável, obtém-se o patrimônio líquido, que, dividido pela quantidade total de cotas do fundo, resulta no valor individual da cota.

O regulamento do fundo é o seu documento mestre, deve ser aprovado pela CVM e conter a qualificação do administrador, do gestor da carteira (quando for o caso), do custodiante, a espécie de fundo (se aberto ou fechado), seu prazo de duração (se determinado ou indeterminado), sua política de investimento, as taxas de administração, de *performance* (se aplicável), de ingresso e de saída (se aplicável), taxa máxima de custódia, demais despesas do fundo, condições para a aplicação e o resgate de cotas, distribuição de resultados, regras de divulgação de informações, política relativa ao exercício de direito do voto, informação sobre a tributação aplicável, entre outras informações.

O fundo de investimento, conforme a composição de sua carteira, a depender do prazo médio dos títulos e dos ativos que compõem o seu portfólio, seus objetivos e suas características, classificam-se em: fundo de renda fixa, fundo de ações, fundo multimercado e fundo cambial.

Para fins de Planejamento Sucessório é muito utilizado um tipo de fundo restrito, para investidores qualificados (que exige a aplicação mínima por investidor de R$ 1 milhão), que pode ser exclusivo e estabelecer prazos para conversão de cota e para pagamento dos resgates diferentes daqueles previstos na ICVM 555, sob a classificação de multimercado, ou seja, com políticas de investimento que envolvem vários fatores de risco, sem o compromisso de concentração em nenhum fator em especial ou em fatores diferentes, como ocorre para outros fundos.

Tanto o fundo fechado multimercado exclusivo (FIM), quanto o FIC multimercado, fundo de investimento em cotas de fundos de investimento multimercado, funcionam como "guarda-chuvas" sob os quais podem se abrigar outras carteiras e ativos financeiros, títulos, ações, bem como outros fundos de investimento que invistam em diferentes ativos, por exemplo, um FIP que invista em empresas de capital fechado, um FII que detenha imóveis e um fundo de investimento em ações – FIA, para investimento em renda variável.

São fundos que combinam investimentos nos mercados de renda fixa, câmbio, ações, ativos financeiros no exterior, entre outros. Possuem alta flexibilidade de gestão e dependem da estratégia do gestor na escolha do melhor momento de alocar os recursos, na seleção dos ativos da carteira e no percentual do patrimônio que será investido em cada um dos mercados. Permitem a acomodação de algumas regras no seu regulamento, tais como a necessidade de aprovação pela maioria qualificada ou pela unanimidade dos cotistas para que seja realizada amortização extraordinária de suas cotas, por exemplo.

7.1 Fundo de Investimento em Participações – FIP

O FIP, regulado pela Instrução CVM 578 (ICVM 578), de 30-08-2016, é, do mesmo modo, uma comunhão de recursos, constituída sob a forma de condomínio fechado, sem possibilidade de resgate aleatório de cotas, que se destina à aquisição de ações, bônus de subscrição, debêntures simples, outros títulos e valores mobiliários conversíveis ou permutáveis em ações de emissão de companhias, abertas ou fechadas (as companhias fechadas investidas devem seguir determinadas práticas de governança), bem como títulos e valores mobiliários representativos de participação em sociedades limitadas, que deve participar do processo decisório da sociedade investida, com efetiva influência na definição de sua política estratégica e na sua gestão.

O FIP deve manter, no mínimo, 90% de seu patrimônio nos ativos mencionados acima e pode investir até 20% de seu capital subscrito em ativos no exterior, desde que possuam a mesma natureza econômica dos ativos antes referidos. Os FIP podem investir em cotas de outros FIP ou em cotas de Fundos de Ações para fins de atendimento ao limite mínimo de 90%.

A citada participação do fundo no processo decisório da sociedade investida pode ocorrer pela detenção de ações que integrem o respectivo bloco de controle, pela celebração de acordo de acionistas ou de qualquer contrato, acordo, negócio jurídico ou pela adoção de outro procedimento que assegure ao fundo efetiva influência na definição de sua política estratégica e na sua gestão, inclusive por meio da indicação de membros do conselho de administração da investida.

Os FIP devem ser classificados nas seguintes categorias quanto à composição de suas carteiras:

(a) FIP Capital Semente: investe em companhias ou sociedades limitadas com receita bruta anual de até R$16 milhões, e que não sejam controladas, direta ou indiretamente, por sociedade ou grupo de sociedades que apresente ativo total superior a R$80 milhões ou receita bruta anual superior a R$100 milhões.

(b) FIP Empresas Emergentes: investe em companhias com receita bruta anual de até R$300 milhões, e que não sejam controladas, direta ou indiretamente, por sociedade ou grupo de sociedades que apresente ativo total superior a R$240 milhões ou receita bruta anual superior a R$300 milhões.

(c) FIP Infraestrutura (FIP-IE) e FIP Produção Econômica Intensiva em Pesquisa, Desenvolvimento e Inovação (FIP-PD&I): devem manter seu patrimônio líquido investido em ações, bônus de subscrição, debêntures, conversíveis ou não em ações, ou outros títulos de emissão de sociedades anônimas, de capital aberto ou fechado, que desenvolvam, respectivamente, novos projetos de infraestrutura ou de produção econômica intensiva em pesquisa, desenvolvimento e inovação no território nacional, nos setores de energia, transporte, água e saneamento básico, irrigação, e outras áreas tidas como prioritárias pelo Poder Executivo Federal. Cada FIP-IE e FIP-PD&I deve ter, no mínimo, cinco cotistas, sendo que cada cotista não pode deter mais de 40% das cotas emitidas pelo FIP-IE ou pelo FIP-PD&I ou auferir rendimento superior a 40% do rendimento do fundo.

(d) FIP Multiestratégia: é aquele que não se classifica nas demais categorias por admitir o investimento em diferentes tipos e portes de sociedades investidas. O FIP Multiestratégia destinado exclusivamente a investidores profissionais pode investir até 100% de seu capital subscrito em ativos emitidos ou negociados no exterior.

Somente podem ser cotistas do FIP investidores qualificados.

Como os fundos em geral, as cotas do FIP correspondem a frações ideais de seu patrimônio, são escriturais, nominativas, e conferem iguais direitos e obrigações aos cotistas, como dita a ICVM 578.

O regulamento do fundo pode atribuir a uma ou mais classe de cotas distintos direitos econômico-financeiros, exclusivamente quanto à fixação das taxas de administração e de gestão, e à ordem de preferência no pagamento dos rendimentos, das amortizações ou do saldo de liquidação do fundo. Também pode o regulamento admitir a existência de uma ou mais classe de cotas com direitos políticos especiais para as matérias que especificar.

A emissão de cotas de uma mesma classe pode ser dividida em séries, com o fim específico de estabelecer, para cada série, datas diversas de integralização, amortização e remuneração.

Como se disse com relação à ICVM 555, pelo art. 1.368-D, III, do Código Civil, o regulamento do fundo pode estabelecer classes de cotas com direitos e obrigações distintos, com a prerrogativa de constituir patrimônio segregado para cada classe.

A ICVM 578 também prevê responsabilidade solidária entre o administrador do fundo e os terceiros contratados pelo fundo por eventuais prejuízos causados aos cotistas em virtude de condutas contrárias à lei, ao regulamento ou aos atos normativos expedidos pela CVM.

Já se disse anteriormente que o art. 1.368-D do Código Civil, acrescentado pela Lei 13.874/19, autoriza que o regulamento do fundo limite e parametrize a responsabilidade dos prestadores de serviços do fundo de investimento ao cumprimento dos seus respectivos deveres, sem solidariedade.

7.2 Fundo de Investimento Imobiliário – FII

O FII, regulado pela Instrução CVM 472 (ICVM 472), de 31-10-2008, é constituído sob a forma de condomínio fechado, e o resgate aleatório de suas cotas também não é permitido, podendo ter prazo de duração determinado ou indeterminado.

Os recursos são captados através do sistema de distribuição de valores mobiliários e destinados à aplicação em empreendimentos imobiliários, tais como construção de imóveis, aquisição de imóveis prontos, ou investimentos em projetos visando a viabilizar o acesso à habitação e serviços urbanos, inclusive em áreas rurais, para posterior alienação, locação ou arrendamento.

A participação do fundo em empreendimentos imobiliários poderá se dar por meio da aquisição de quaisquer direitos reais sobre bens imóveis; ações, debêntures, bônus de subscrição, seus cupons, direitos, recibos de subscrição e certificados de desdobramentos, certificados de depósito de valores mobiliários, cédulas de debêntures, cotas de fundos de investimento, notas promissórias, e quaisquer outros valores mobiliários de emissores cujas atividades preponderantes sejam permitidas aos FII; ações ou cotas de sociedades cujo único propósito se enquadre entre as atividades anteriores; cotas de FIP que tenham como política de investimento, exclusivamente, atividades permitidas aos FII ou de fundos de investimento em ações que sejam setoriais e que invistam exclusivamente em construção civil ou no mercado imobiliário; certificados de potencial adicional de construção; cotas de outros FII; certificados de recebíveis imobiliários e cotas de fundos de investimento em direitos creditórios (FIDC) que tenham como política de investimento, exclusivamente, atividades permitidas aos FII; letras hipotecárias; letras de crédito imobiliário; e letras imobiliárias garantidas.

A participação na construção e operação de *shoppings centers*, hospitais, aeroportos pode ser negociada, o que faz com que tal fundo se tenha consolidado como importante opção de investimento que movimenta o mercado financeiro e incrementa o mercado imobiliário.

O FII não pode explorar comercialmente o empreendimento imobiliário, e o titular de suas cotas não pode exercer qualquer direito real sobre os imóveis e empreendimentos integrantes do patrimônio do fundo, bem como não responde pessoalmente por qualquer obrigação legal ou contratual, relativa aos imóveis e empreendimentos integrantes do fundo ou do administrador, salvo quanto à obrigação de pagamento das cotas que subscrever.

A integralização das cotas deve ser efetuada em moeda corrente nacional admitindo-se, desde que prevista no regulamento do fundo, a integralização em imóveis, bem como em direitos relativos a imóveis. A emissão de cotas pode ser dividida em séries, com datas diversas de integralização, sem prejuízo da igualdade dos demais direitos conferidos aos cotistas.

O fundo destinado exclusivamente a investidores qualificados, desde que previsto em seu regulamento, pode admitir a utilização de títulos e valores mobiliários na integralização de cotas, prever a existência de cotas com direitos ou características especiais quanto à ordem de preferência no pagamento dos rendimentos periódicos, no reembolso de seu valor ou no pagamento do saldo de liquidação do fundo, e a existência de classes de cotas com distintos critérios quanto à fixação da taxa de administração e de performance.

A administração do fundo compete, exclusivamente, a bancos comerciais, bancos múltiplos com carteira de investimento ou carteira de crédito imobiliário, bancos de investimento, sociedades corretoras ou sociedades distribuidoras de valores mobiliários, sociedades de crédito imobiliário, caixas econômicas e companhias hipotecárias.

7.3 Fundo de Investimento do Agronegócio – FIAGRO

O FIAGRO, instituído pela Lei 14.130, de 29-03-2021, e regulado provisoriamente e em caráter experimental pela Resolução CVM 39, de 13-07-2021, é constituído sob a forma de condomínio aberto ou fechado, de natureza especial, podendo ter prazo de duração determinado ou indeterminado, como um novo instrumento para captação de recursos para o agronegócio, unificando investimentos no setor e abarcando todas as cadeias produtivas, podendo investir em uma ampla variedade de ativos, tais como: imóveis rurais; participação em sociedades que explorem atividades integrantes da cadeia produtiva agroindustrial; ativos financeiros, títulos de crédito ou valores mobiliários emitidos por pessoas físicas e jurídicas que integrem a cadeia produtiva agroindustrial; direitos creditórios do agronegócio e respectivos títulos de securitização; direitos creditórios imobiliários relativos a imóveis rurais e respectivos títulos de securitização; cotas de fundos de investimento que apliquem mais de 50% (cinquenta por cento) de seu patrimônio em ativos agroindustriais.

Este novo fundo pode arrendar ou alienar os imóveis rurais que venha a adquirir e, caso as suas cotas sejam integralizadas com imóveis rurais, tais imóveis deverão ser previamente avaliados por profissional ou por empresa especializada.

O FIAGRO pode ter diferentes categorias estabelecidas com requisitos específicos de funcionamento, determinados de acordo com o público que pode subscrever as cotas de sua emissão, e a natureza dos investimentos a serem realizados pelos fundos.

O funcionamento do FIAGRO depende de prévio registro na CVM, cujo pedido deve ser efetuado pelo seu administrador em somente uma entre as seguintes categorias de fundos determinadas pela CVM:

> I – fundo de investimento em direitos creditórios, devendo constar de sua denominação a expressão "FIAGRO-Direitos Creditórios";
>
> II – fundo de investimento imobiliário, devendo constar de sua denominação a expressão "FIAGRO-Imobiliário", que pode investir em Certificados de Recebíveis do Agronegócio (CRA) e Letras de Crédito do Agronegócio (LCA); ou
>
> III – fundo de investimento em participações, devendo constar de sua denominação a expressão "FIAGRO-Participações".

A política de investimentos disposta no regulamento do FIAGRO deve ser plenamente aderente às regras de composição e diversificação de carteira de ativos aplicáveis à categoria na qual o fundo for registrado.

Com o FIAGRO deve acontecer um aumento de captação de recursos e fomento para o setor do agronegócio, aglutinando em si investidores pulverizados no setor até então. Com isso, deve haver uma maior profissionalização do setor e a implantação de governança com gestão técnica e consequente aumento de produtividade. A facilitação ao crédito a produtores rurais e a redução de sua dependência ao subsídio governamental também são uma marca do FIAGRO.

7.4 Fundo "Conta-Gotas"

Essa denominação de fundo não existe. Trata-se de um "apelido" que nós, do PLKC, demos a um fundo exclusivo multimercado para investidor qualificado, fechado, com determinadas características de garantias de proteção e longevidade de ativos, já que fomos o primeiro escritório de advocacia do Brasil a pensar uma estrutura com tais características e a conseguir colocá-la de pé, há muitos anos.

Um caso concreto, dos mais simples que enfrentamos, nos ajuda a ilustrar o assunto. Uma cliente com muita liquidez financeira e dois filhos, já maiores e capazes, sendo uma filha muito influenciável pelo marido, que sempre esteve para fazer "um negócio da China", e um filho sem a menor noção de dinheiro, que gastava tudo do muito que recebia, mas sempre insolvente.

O medo da mãe: "se eu morrer" e eles tiverem acesso ao dinheiro, minha filha será convencida de que, se colocar tudo em um empreendimento administrado por seu marido, irá quintuplicar os valores; meu filho vai "torrar" esse dinheiro e depois, nem um nem outro, terá o suficiente sequer para pagar o plano de saúde, o condomínio, a gasolina.

Conversamos sob *trust*, mas ela queria manter o dinheiro investido no Brasil. Se o dinheiro fosse colocado num fundo exclusivo multimercado, na falta da mãe, os filhos poderiam convocar uma assembleia e decidir, de comum acordo, pela liquidação do fundo e pelo resgate de seus valores de uma só vez, e ela queria que eles tivessem acesso ao dinheiro de forma programada, um tanto por ano, para que pudessem se manter com as melhores condições e estilo de vida, mas sem os desincentivar de lutar por suas vidas e carreiras.

> *Quero dar a meus filhos bastante dinheiro para que possam fazer o que quiserem, mas não dinheiro o bastante para que não façam nada.*
>
> **Warren Buffett**

Como fechar essa torneira e criar um conta-gotas? E se em algum momento eles precisassem de valores maiores, para o caso de uma doença, por exemplo? A ideia foi: precisamos colocar um guardião para dizer o que eles podem e o que não podem fazer na falta da mãe. Para isso, bastaria, a nosso ver, que esse guardião detivesse o direito de voto sobre uma cota do fundo e que as deliberações acerca da alteração do regulamento, de amortizações, resgates e de tempo de duração do fundo, dependessem de 100% dos votos. Com isso, o guardião teria o direito de veto sobre alterações nos mecanismos de amortização, assim como no resgate, ainda que os filhos estivessem absolutamente concordes.

Ideia bem aceita, mas as questões evoluíram. Mas e se esse guardião também morre? Nesse caso, podemos fazer um comitê guardião, formado, por exemplo, por três pessoas, sendo que o comitê tem uma cota, ou, melhor ainda, o usufruto de voto sobre uma cota, detido pelos três membros, em condomínio. As decisões do comitê são tomadas por maioria de seus membros. O ideal seria que essas pessoas gozassem de boa saúde e que não fossem diretamente relacionadas entre si, para que não houvesse o risco de falecerem num mesmo evento.

No caso dessa cliente em especial, havia três pessoas de sua extrema confiança, as quais poderiam figurar como guardiões. Criamos o comitê e a instituição financeira que a assistia e que seria a administradora desse fundo permitiu a segregação de usufruto de voto apenas, sobre duas cotas do fundo, uma destinada à filha e a outra ao filho. Assim, os guardiões não receberiam qualquer rendimento e, na falta deles três, o usufruto se extinguiria, e seus herdeiros e sucessores (dos guardiões) não teriam quaisquer direitos sobre a cota.

No testamento, a cliente destinou metade das cotas do fundo para cada filho, sendo que cada um deveria receber uma cota gravada de usufruto em benefício do comitê guardião.

Mas, enquanto a mãe estivesse viva, ela queria ter o controle total sobre o fundo, não precisar da concordância dos guardiões, ou de suas presenças às assembleias. Como a estrutura deveria estar montada desde logo, pois explicamos que seria muito arriscado ela deixar orientado em testamento o pedido da constituição desse comitê, bem como de alteração do regulamento, estabelecemos o usufruto calcado no exato motivo que lhe dava origem, de tal sorte que a cliente pudesse eventualmente substituir um guardião. Os guardiões firmaram procurações outorgando poderes à nossa cliente para que ela própria os representasse em assembleia e, dessa forma, ela manteve o poder absoluto.

Obviamente que a estrutura dependeu de muitos esforços do administrador e de um arcabouço de documentos por nós elaborados para regulá-la. Deu certo e a cliente passou a dormir tranquila.

Montamos essa estrutura sob modelos distintos, para filhos menores e para funcionar até que atingissem determinada idade, e por vezes mais complexos, para problemas difíceis para os pais de filho especial, a amainar a preocupação ainda maior que ronda as suas mentes: quem vai cuidar daquele filho na sua falta. Muitas vezes optamos por constituir dois fundos, um para o filho são e o outro para o filho especial de uma família, prevendo-se cisão de um original fundo único e outros expedientes societários capazes de abrigar as demandas familiares, pois as necessidades e regras deveriam ser distintas.

E, diante de um administrador que não pudesse executar a estrutura com usufruto de cota, o modelo foi sendo por nós adaptado, e, ainda que houvesse a entrega de uma cota de forma integral ao guardião, e não apenas o usufruto de voto, em função de o administrador não conseguir desgarrar referido direito sobre a cota, o cotista sempre esteve resguardado por acordo de cotistas e por um contrato de opção de recompra. Ou seja, as ferramentas utilizadas por vezes são diferentes, mas garantem o mesmo direito, fechando a "torneira" e preservando o patrimônio.

O primeiro modelo do fundo "conta-gotas" foi por nós desenvolvido para um investidor com alta liquidez financeira e com habilidade nata para lidar com o mercado de ações, investimentos, dinheiro, cuja mulher era uma profissional de sucesso em sua área de atuação, mas sem qualquer inclinação ou interesse pelo mercado financeiro. O casal tinha apenas dois filhos, ambos especiais, e seu maior pesadelo era imaginar que lhes pudesse faltar cuidados na falta dos pais ao mesmo tempo. No caso, ele possuía ativos no exterior via estrutura de *trust*, e pretendia manter ativos no Brasil. Nossa sugestão foi que se entregasse uma cota ao seu *trust* discricionário, confiando ao *trustee* e ao *protector* as melhores escolhas, conforme a sua carta de desejos. A instituição brasileira que era administradora do fundo à época apelidou-o de "*trust* à brasileira".

Como se vê, os fundos como ferramentas do Planejamento Sucessório, têm permitido a gestão dos ativos familiares de forma bastante plástica e com elasticidade suficiente para postergar ou regular a retirada do patrimônio pelos herdeiros, protegendo-os, em benefício deles próprios.

8. PLANOS DE PREVIDÊNCIA

Significativa também tem sido a utilização de planos de previdência, mais especificamente o plano vida gerador de benefício livre – VGBL nos Planejamentos Sucessórios.

Os planos previdenciários VGBL e PGBL (plano gerador de benefício livre) permitem o acúmulo de recursos por um prazo contratado, durante o qual os valores são investidos e rentabilizados (período de investimento e formação de patrimônio), para aproveitamento durante o período de benefício que começa a partir do resgate do patrimônio acumulado.

O VGBL é um produto misto de previdência privada e seguro de vida, e segue a regulamentação dos seguros, com isenção de imposto sobre operações de crédito, câmbio e seguros – IOF. Ao investidor é concedida a escolha por fundos de investimento de acordo com o seu perfil, e os limites de investimento são impostos pela política do administrador e do gestor. De uns anos para cá, as carteiras têm se tornado muito diversificadas, incentivando esse tipo de investimento. Sua eficácia de utilização atende tanto ao Planejamento Sucessório quanto ao tributário.

A depender do administrador, o fundo do VGBL pode ser exclusivo e obedecer a critérios de investimento previamente acordados e conforme o perfil do único investidor, em semelhança a outras estruturas de investimento.

O investidor deve informar quem são os beneficiários no evento de sua morte, de modo que eles recebam o valor acumulado.

Tratando-se do VGBL, com relação ao Planejamento Sucessório, há liberdade e flexibilidade para designar e alterar os beneficiários. No momento do falecimento do participante do plano (investidor), os recursos podem ser pagos em prazos preestabelecidos pelo investidor ao beneficiário indicado, de tal sorte que o beneficiário não tem o poder de resgatar o valor total.

O Superior Tribunal de Justiça (STJ) fixou entendimento que, "nos planos de previdência privada, não cabe ao beneficiário a devolução da contribuição efetuada pelo patrocinador"[85] e que o pagamento ao beneficiário indicado na apólice independe da existência de herdeiros ao tempo do falecimento do instituidor do plano. Ou seja, o VGBL equivale ao seguro de vida.

Assim, os bens dotados de natureza de seguro de vida estariam, em princípio, excluídos do procedimento de inventário em caso de falecimento do instituidor. A Segunda Turma do STJ estabeleceu que os valores a serem recebidos pelo beneficiário, em decorrência da morte do segurado contratante de plano VGBL, não integram a herança e, portanto, não se submetem à tributação pelo Imposto sobre Transmissão Causa Mortis e Doação (ITCMD). Já a Terceira Turma do STJ decidiu, em 15-02-2022, enviar para a Corte Especial, composta pelos 15 ministros mais antigos do STJ, responsável por decidir recursos quando há interpretação divergente entre os órgãos especializados do Tribunal, para definir se o VGBL se caracteriza como "ativo financeiro", "investimento" ou "seguro", e, portanto, se integra ou não a herança e, por conseguinte, se submete ou não à tributação pelo ITCMD. Isso porque a mesma Terceira Turma do STJ tem reconhecido a natureza de "investimento" dos valores aportados ao plano VGBL, "durante o período de diferimento – compreendido entre a data de início de vigência da cobertura por sobrevivência e a data contratualmente prevista

85. Súmula 290 do Superior Tribunal de Justiça.

para início do pagamento do capital segurado" –, entendendo ser possível a sua inclusão em inventário.

É preciso aguardar a definição da natureza do VGBL para que se possa afirmar com segurança se os valores a ele aportados integram ou não a herança.

Voltando às suas características, bastante interessantes para o Planejamento Sucessório, a transferência dos recursos para os herdeiros deve ser feita em até trinta dias após o recebimento dos documentos exigidos, e o dinheiro investido pode ser usado pelos beneficiários, independentemente de o inventário ter sido concluído ou mesmo para bancar o próprio processo. Sim, porque na imensa maioria das vezes, é o dinheiro do VGBL que paga o ITCMD, as custas, os honorários de advogados nos processos de inventário. É uma maneira, também, de se manter o padrão de vida dos seus beneficiários por determinado período, por meio de um fluxo de caixa constante que paga o plano de saúde, o condomínio, os funcionários da casa, a escola, sem a necessidade de se requerer alvará judicial para eventual venda de um bem do espólio para pagamento dessas despesas.

É, portanto, algo para sempre se colocar na balança e avaliar o quanto pode ser relevante num processo de sucessão.

9. SOCIEDADE *OFFSHORE*

O termo *offshore* aplica-se à sociedade que está situada fora das fronteiras de um país. Assim, uma *offshore company* é uma empresa sediada no exterior, sujeita ao regime legal local, a qual não tem sede ou atividade no país de residência de seus acionistas (*shareholders*), ou seja, a empresa é aberta em nome de uma pessoa que não reside no lugar onde ela está estabelecida. Utiliza-se essa expressão para denominar as sociedades localizadas em jurisdições com baixa ou nenhuma tributação (impostos reduzidos ou até mesmo isenção de impostos, para atrair investimentos e capitais estrangeiros, os chamados "paraísos fiscais"). Mas *offshore* não é sinônimo de irregularidade, muito embora tenha sido tal instituto utilizado por alguns brasileiros para "esconder" dinheiro ilícito ou de "caixa 2" no exterior. Se devidamente constituída, registrada, regular nos seus procedimentos, é uma sociedade como outra qualquer, sem mais fazer jus a esse ranço de abnormidade.

Os fatores que levam pessoas físicas e jurídicas a constituírem empresas *offshore* são muitos, entre eles, moedas fortes, estabilidade econômica e política, isenções fiscais ou impostos reduzidos sobre os rendimentos, flexibilidade, segurança, sigilo (ressalvados os recentes acordos internacionais firmados pelo Brasil para troca de informações financeiras com os demais países que também aderiram a tais acordos e programas), privacidade nos negócios, liberdade de câmbio, economia de custos administrativos e eventual acesso a determinados tipos de financiamentos internacionais, sendo certo que os locais mais visados são os já chamados "paraísos fiscais", países que têm a legislação desenhada para atrair investidores e empresários, pelo seu atrativo tributário.

Todavia, diversas jurisdições localizadas em "paraísos fiscais", tais como Ilhas Cayman, Bahamas e Ilhas Virgens Britânicas, passaram a exigir a comprovação da substância econômica da *offshore*, mediante a promulgação de leis denominadas *Substance Acts*.

As *Substance Acts* são restritas a *offshores* que desenvolvam o que se denomina atividade relevante (a definição de atividade relevante pode ser encontrada na norma de cada jurisdição) e obriga os países a informarem às autoridades fiscalizadoras, periodicamente, acerca do exercício de atividade considerada relevante pelo país. Não obstante, a *offshore* utilizada exclusivamente para a gestão de recursos financeiros próprios, em regra, não está abrangida pelas novas exigências legais.

As empresas *offshore* servem nos Planejamentos Sucessórios como *holdings* de ativos internacionais, reduzindo significativamente os custos legais e o prazo de inventários ou legitimação de testamentos estrangeiros, e protegendo herdeiros. Para fins de organização societária e patrimonial, apesar de uma *offshore company* normalmente proporcionar resultados tributários mais favoráveis ao investidor, sua finalidade maior é a gestão financeira e patrimonial mais eficiente.

Uma alternativa oferecida pelas legislações de algumas jurisdições estrangeiras é o chamado *joint tenancy with rights of survivorship* (JTWRS), que significa a detenção conjunta das ações da *offshore* por duas pessoas ou mais, de tal sorte que, falecendo uma delas, a outra passa automaticamente a deter a totalidade das ações outrora detidas conjuntamente. Casais costumam lançar mão dessa possibilidade legal a fim de evitar inventários e testamentos no exterior, pelo menos nessa primeira sucessão, compartilhar responsabilidades e manter a continuidade do controle daquele determinado patrimônio. Nesse tipo de acordo, os titulares em conjunto daquelas ações têm o mesmo direito com relação ao patrimônio representado por tais ações e o já citado direito de sobrevivência em caso de morte de outro titular.

Se um indivíduo morre sem essa cláusula de *joint tenancy* e sem um testamento no exterior, o processo se torna mais complicado, pois o tribunal não conhece o desejo do falecido, nem há indicação da pessoa a conduzir a sucessão, denominado de *executor*, o que pode levar um tempo substancial para que os beneficiários recebam sua herança. Muito embora a JTWRS transfira automaticamente a propriedade de um para outro cônjuge após o falecimento do primeiro, por exemplo, evitando o processo de sucessão e garantindo o acesso imediato aos bens, da mesma forma que pode ser muito interessante o seu uso, pensemos em um caso em que uma acionista tenha dois filhos de seu primeiro casamento e, casada em segunda núpcia, tenha um filho desta união. Se detiver as ações de sua *offshore* em *joint tenancy* com seu segundo marido, e ela vier a falecer anteriormente a ele, todo o patrimônio a ele pertencerá e os filhos de seu primeiro casamento não serão contemplados. É questão de se avaliar muito criteriosamente, analisando o caso concreto, para o tiro não sair pela culatra.

Uma ferramenta amplamente utilizada para estabelecer regras conferindo diferentes direitos, privilégios como também restrições para os acionistas é a emissão de ações de classes distintas. A legislação local de grande parte das *offshores* localizadas em "paraíso fiscal" é flexível quanto aos poderes que podem ser atrelados às ações de diferentes classes no estatuto social, especialmente concentração de direitos de voto (aproximando-se das características das ações ordinárias no direito nacional) e de restrições ao direito de voto ou de não voto (guardando semelhança com as ações preferenciais do direito pátrio), bem como na percepção ou não de dividendos, a depender da classe de ações (o que no ordenamento jurídico brasileiro poderia ser alcançado, *mutatis mutandis*, por meio do instituto do usufruto de voto, que não existe especialmente nos países regidos pela *common law*). Outrossim, uma determinada classe de ações pode estar vinculada a características personalíssimas de um acionista, perdendo seus direitos ou deixando de apresentar restrições quando da transferência de sua titularidade.

Para exemplificar, tomemos uma mãe que tem apenas três ações de uma determinada classe, chamemos de classe A, e seus três filhos têm, cada um deles, cem mil ações da classe B. As ações classe A são as que gozam do direito de votar e de receber dividendos, as B não possuem essas características e os filhos, durante a vida da mãe, não percebem dividendos e não votam. Essa empresa do exemplo está sediada nas Ilhas Virgens Britânicas e a mãe, a fim de facilitar o processo sucessório, deixa um testamento local e uma ação para cada filho, que passam a gozar, indistintamente, dos direitos de votar e de receber dividendos da empresa. E podem alterar os documentos societários e acabar com as classes, de tal sorte que todas as ações tenham os mesmos direitos. Prevenida, essa mãe faz com que todos assinem um Acordo de Sócios determinando que, na falta dela, os três filhos deliberam por maioria.

As estruturas societárias e os acordos de sócios devem se submeter à lei local onde está sediada a *offshore* para serem eficazes. Desta feita, para a constituição e manutenção de uma empresa *offshore* é necessário contar com o apoio de um agente registrário na jurisdição escolhida.

Apesar de normalmente os países de "paraíso fiscal" não exigirem registros contábeis das empresas ali sediadas, aquela que não fizer o registro de suas próprias operações e não tiver o controle delas não terá mecanismos eficientes para reportar informações. Dessa forma, a recomendação é no sentido de que residentes fiscais no Brasil mantenham atualizada a contabilidade da *offshore* para eventual exigência de apresentação do Balanço Patrimonial, seja por conta de uma transação, fiscalização ou até mesmo por questões relacionadas à *compliance*.

10. *TRUST*

O *trust* é essencialmente um instituto do sistema anglo-saxônico, denominado *common law*, e, dessa forma, não encontra previsão em nosso sistema legal. O *trust* existe há séculos e sua origem se deu com a necessidade de pessoas deixarem seus bens com terceiros de sua confiança, na época das Cruzadas. Os cavaleiros cruzados, financiados por papas, imperadores e senhores feudais para garantir a hegemonia da Igreja Católica, atravessavam a costa do Mar Mediterrâneo até o Oriente Médio, onde havia nascido o Islamismo, e confiavam a terceiro o seu patrimônio acumulado para que, no caso de não retornarem de suas expedições, os bens fossem entregues a seus herdeiros, de acordo com o desejo do cavaleiro. Desse modo, o terceiro permanecia com os bens em seu nome, sob sua custódia, mas a propriedade deles não lhe pertencia efetivamente. Ou seja, a conferência dos bens a terceiro tinha caráter fiduciário, na confiança de que aquele custodiante dos bens os administraria em conformidade com os interesses do titular de fato, a quem deveriam ser atribuídos os rendimentos desses bens.

Naquela época, não havia proteção jurídica para o caso de quebra do dever por parte do fiduciário encarregado de deter a titularidade de um bem e administrá-lo em benefício de terceiro. As partes se baseavam exclusivamente na confiança e a sanção tinha alcance apenas moral. Mas o instituto do *trust* evoluiu ao longo dos anos, permitindo grande flexibilidade de utilização para os mais diversos objetivos, como Planejamento Sucessório, proteção patrimonial, estruturas destinadas a herdeiros que residem no exterior, entre outros, constituindo relevante ferramenta para a perpetuidade do patrimônio em prol de novas gerações. Atualmente, diversos países possuem normas para seu funcionamento, contabilidade e tributação.

O direito brasileiro contempla diversas modalidades de contratos fiduciários,[86] mas nenhuma delas com as peculiaridades do *trust*, que se caracteriza pela cisão da propriedade, uma vez que os bens que a ele são conferidos deixam de pertencer ao conferente. O Projeto de Lei 4.758/2020 aprovado pela Câmara dos Deputados e remetido para análise do Senado Federal traz o tratamento jurídico do *trust* no Brasil, o que, se aprovado, incluirá a figura no ordenamento brasileiro permitindo sua utilização no Planejamento Sucessório de ativos localizados no Brasil.

O *trust* é, portanto, um negócio jurídico que consiste na entrega de ativos para o fiduciário ou *trustee*, para que este seja o administrador e custodiante de tais bens, em favor do interessado ou outorgante e/ou de terceiros beneficiários indicados por esse depositante, sendo que o depositante, se coincidir com a figura do beneficiário, poderá gozar dos bens do *trust*, mesmo que de forma limitada, sem figurar como seu proprietário, ocorrendo, portanto, o desdobramento da titularidade dos referidos bens em razão de uma relação de confiança.

O *trust* não é uma pessoa jurídica nem entidade com alguma personalidade jurídica. É uma relação contratual entre o *settlor* (proprietário original/interessado) e o *trustee* (que será o proprietário nominal/administrador/custodiante), formalizada

86. O Projeto de Lei 4758/2020 introduz na legislação brasileira o contrato de fidúcia, um regime de administração de bens de terceiros. A proposta é inspirada na figura do *trust*, comum no direito inglês e americano. O instrumento consiste na entrega de um bem ou um valor (a propriedade fiduciária) a uma pessoa ou empresa (o fiduciário) para que seja administrado – em troca de remuneração – em favor do depositante (o fiduciante) ou de outra pessoa por ele indicada (o beneficiário).

pelo *trust deed*, contrato que geralmente prevê as principais cláusulas do *trust*. As cláusulas estabelecem o fundo inicial do *trust*, os poderes do *trustee*, quem são os beneficiários e o *protector*, se houver. Além disso, estipula se o *trust* é revogável ou não, se o *trust*ee possui discricionariedade para gestão do fundo e distribuição aos beneficiários, entre outras regras.

Geralmente o *settlor* indica ao *trust*ee as suas intenções mediante uma carta de desejos (*letter of wishes* (LOW), que não é vinculante, mas, como o próprio nome aponta, é a orientação para a entrega dos ativos em favor dos beneficiários). Assim, o *trustee* deverá administrar a propriedade envolvida no *trust* com a prudência que se cercaria, caso administrasse seus próprios negócios, de modo a favorecer os beneficiários (detentores da titularidade equitativa).

O *trustee* se sujeita a uma disciplina extremamente rigorosa quanto aos seus deveres, sendo sua relação com os beneficiários, conforme já dito, considerada de natureza fiduciária. A doutrina inglesa divide os deveres do *trustee* entre aqueles relacionados diretamente ao patrimônio do *trust* e aqueles relacionados diretamente aos beneficiários, sob pena de responsabilidade do *trustee* caso o patrimônio não seja conservado na sua forma original ou investido segundo as instruções deixadas pelo *settlor*.

Uma figura não obrigatória é o *protector*, que é um terceiro com poderes para promover a substituição do *trustee* e, em alguns casos, aprovar (ou não) algumas decisões deste, como adicionar ou excluir beneficiários e autorizar pagamentos.

Outra figura não obrigatória é o gestor do patrimônio do *trust*. A gestão pode ser delegada a um terceiro com *expertise* para aquele tipo de patrimônio, podendo ser o mesmo *trustee* que detém a titularidade legal dos bens. Todavia, cumpre esclarecer que um grau mais estrito de responsabilidade é aplicado ao *trust*ee profissional, que acaba sendo remunerado por seu ofício, submetido a um regime mais rigoroso.

Ao longo dos anos, o *trust* foi sendo sofisticado para se criarem regras especiais para alguns beneficiários, para estabelecer maior credibilidade e segurança com a instituição do *protector*, atuando como um supervisor eleito para garantir que as regras do *trust* sejam cumpridas e se prolonguem no tempo, independentemente de eventuais conflitos entre beneficiários e *trustee*, o que pode ser caracterizado como improvável, uma vez que um dos deveres fiduciários mais significativos do *trustee* é o dever da lealdade, evitando qualquer conflito de interesses.

Como se disse, o *trust* é utilizado com diversos propósitos: planejamento tributário, Planejamento Sucessório, filantropia. É também utilizado para proteger o patrimônio do *settlor* de circunstâncias econômicas inesperadas em seu país de origem.

Na parte que interessa ao tema deste livro – Planejamento Sucessório –, o *trust* permite que se organize a sucessão com regras estabelecidas de antemão pelo sucedido. De modo geral, as jurisdições que contemplam o *trust* permitem alto grau de flexibilidade para os percentuais de distribuição para cada beneficiário, o momento da distribuição e até a exclusão de algum beneficiário da classe de candidatos a receber distribuição.

Do ponto de vista brasileiro, o *trust* pode ser utilizado para casos em que há alguma preocupação especial com um herdeiro/beneficiário e que requeira alguma cláusula restritiva para a transferência imediata da herança, ou auxílio na gestão do patrimônio.

Esse instituto, exatamente por não ser reconhecido pela lei brasileira, na qual o direito de propriedade passou a ser dotado das características de exclusividade e indivisibilidade (*duorum in solidum dominium vel possessio esse non potest*), é utilizado, por via de regra, para ativos no exterior, pelo menos enquanto não tenhamos uma legislação brasileira a respeito e um tratamento fiscal adequado.

11. FUNDAÇÃO

No Brasil, a fundação somente poderá ser constituída para fins de assistência social; cultura, defesa e conservação do patrimônio histórico e artístico; educação; saúde; segurança alimentar e nutricional; defesa, preservação e conservação do meio ambiente e promoção do desenvolvimento sustentável; pesquisa científica, desenvolvimento de tecnologias alternativas, modernização de sistemas de gestão, produção e divulgação de informações e conhecimentos técnicos e científicos; promoção da ética, da cidadania, da democracia e dos direitos humanos, e atividades religiosas.

No exterior, nos países que a reconhecem, a fundação de interesse privado – fundação de família (*Privatstiftung* ou *Familienstiftung*) – é uma pessoa jurídica de direito privado constituída por pessoa física ou pessoa jurídica (fundador) interessada em proteger o seu patrimônio e determinar seu destino. Ou seja, sua finalidade é direcionada ao âmbito familiar e não ao empresarial. Nesse passo, o fundador transfere de forma definitiva bens e/ou direitos de seu patrimônio para a fundação, com um propósito específico (custos com educação, manutenção de membros da família, rendimentos e seguridade, sucessão do patrimônio etc.), não existindo direitos e obrigações entre pessoas e instituidores, vez que a fundação é baseada única e exclusivamente no patrimônio sobre o qual se formou. Assim, a propriedade dos bens e direitos passa para a pessoa jurídica da fundação e não para um profissional habilitado, como acontece no *trust*.

A fundação familiar pura beneficia apenas os membros da família do fundador. E na fundação familiar mista, os membros da família podem não ser os únicos beneficiários.

A criação da fundação, por meio de documentos próprios, é registrada no órgão competente e normalmente é administrada por um conselho (cujos membros são indicados pelo fundador) em favor dos beneficiários escolhidos pelo fundador. Assim como no *trust*, os beneficiários podem não ser especificados individualmente (isto é, pode-se indicar uma categoria de pessoas). Os beneficiários e seus respectivos benefícios podem ser determinados em documento apartado. O estatuto deve prever se, por quem e de que forma, as determinações podem ser alteradas ou revogadas.

As regras de administração e de transferência do patrimônio para a fundação são estabelecidas em instrumento particular celebrado entre o fundador e o conselho, tendo, pois, caráter sigiloso.

Assim como no *trust*, é possível estabelecer um protetor para supervisionar ou substituir membros do conselho, caso o fundador não tenha retido tais poderes ou tenha falecido sem indicar seu sucessor. O protetor geralmente é um comitê denominado *supervisory board*.

Diferencia-se do *trust*, uma vez que a fundação é proprietária plena de seus bens, por ter personalidade jurídica própria e autônoma e por não existir a figura do *trustee* como administrador.

A fundação e o *trust* são utilizados (a) para a proteção e gestão do patrimônio de menores ou pessoas inabilitadas para administrar seus próprios bens; (b) para administrar o pagamento individual de quantias pecuniárias ou a distribuição individual de bens a membros da família ao longo do tempo, inclusive para mais de uma geração; e (c) para planejamento tributário. São utilizados, ainda, em substituição ao testamento, afastando complicados trâmites hereditários e impostos, independentemente da legislação sucessória nacional ou estrangeira, bem como para qualquer plano específico de proteção de ativos.

Dentro dos planejamentos e organizações de patrimônios, a utilização de *trust* é sensivelmente maior do que a de fundações, talvez pelo caráter da obrigatória transferência definitiva de patrimônio que estas últimas exigem, sendo certo que as seguintes diferenças entre o *trust* e a fundação também fazem com que ele possa ser considerado mais atrativo:

- Em casos de emergência ou necessidade, o *trust* pode ser transferido para qualquer jurisdição de *common law*, enquanto a fundação possui opções mais limitadas em razão de possíveis obstáculos relacionados à legislação;

- Caso as regras estabelecidas no estatuto da fundação contrariem os direitos reservados aos herdeiros necessários conforme legislação do país no qual a fundação está localizada, provavelmente a corte deste país reconhecerá e aplicará os direitos dos herdeiros necessários; todavia, isso normalmente não aconteceria com um *trust*, vez que as jurisdições mais favoráveis para a sua constituição não reconhecem os direitos dos herdeiros necessários;

- Diferentemente de um *spendthrift trust*, o qual impede que eventuais credores de beneficiários tenham acesso ao fundo antes que este seja definitivamente a eles distribuído, os credores de beneficiários de uma fundação podem ter sucesso em reivindicações em favor do fundo da fundação;

- O *trust* é administrado pelo *trustee*, o qual além de deter o dever fiduciário, também possui o dever de lealdade para com os beneficiários do *trust*, evitando sempre qualquer conflito de interesses. Na fundação, caso os beneficiários também ocupem o cargo de diretores, existe a possibilidade de um futuro conflito de interesses;

O *trust* também pode ser divido em *subtrusts* ou *trusts* separados para cada beneficiário e, apesar de tal segregação também ser teoricamente possível na fundação, sua estrutura não a permite; e a Convenção de Haia admite o *trust*, o qual passa a ter, consequentemente, reconhecimento internacional, o que não ocorre com a fundação.

12. *STARTUP*

Nem toda nova empresa é *startup* e nem toda *startup* é uma empresa de internet. *Startup* é uma empresa que trabalha por um modelo de negócios repetível e escalável, sem a certeza de que o projeto dará certo ou será sustentável.

O modelo de negócios é o "X" da questão, a forma como a *startup* gera valor, ou como faz dinheiro (*clicks* em anúncios, recebimento de *royalties* etc.). O fato de ser repetível tem a ver com a capacidade de entregar o mesmo produto em escala. Escala é a chave da equação e quer dizer crescer, crescer muito em receita, a baixo custo, aumentando a margem, sem afetar o modelo de negócios. Tornando-se escalável, o modelo de negócio, a empresa deixa de ser *startup* e se transforma em uma empresa lucrativa. Isso não ocorrendo, ela terá de se reinventar, sob pena de sucumbir prematuramente.

O problema é a enorme incerteza e a falta de receita que perseguem a *startup* até que ela chegue ao modelo de negócios. Mesmo quando encontrado o modelo de negócios e com os valores começando a crescer, a *startup* normalmente depende de um novo aporte para se tornar sustentável.

Daí tanto se falar em investimentos em *startups* e capital de risco. Para as famílias empresárias e diante das características dos seus membros pertencentes às Gerações Y e Z, mais e mais cresce a demanda por tais investimentos. Nesse ponto, o Protocolo de Família costuma ser um excelente balizador para determinar o que se pode e o que não se deve fazer. Há muitas *startups* sendo criadas, tornando-se grandes negócios. Mas é necessário estar no lugar certo, na hora certa, com as pessoas certas. Quantas fichas apostar naquele novo empreendimento?

13. NEGÓCIO DE IMPACTO

Outro foco de interesse da Geração Y, com expressivo crescimento nos últimos dez anos no Brasil e no mundo, é o negócio de impacto social, que já sinaliza flagrante mudança de mentalidade entre os herdeiros, posto que muitos dos empreendedores da Geração Y já estão chegando a posições de comando e passam a ter acesso à riqueza. É um mercado ainda bem jovem no Brasil, liderado por uma geração questionadora, que pensa soluções inovadoras para resolver problemas sociais.

Segundo definições do SEBRAE – Serviço Brasileiro de Apoio às Micro e Pequenas Empresas –, as características principais da empresa de impacto social são: (i) o comprometimento do empreendedor e de sua equipe com a venda de produtos ou prestação de serviços de qualidade, com preços acessíveis, que contribuam para a melhoria da qualidade de vida da população de baixa renda; e (ii) a resolução de problemas da nossa sociedade, como acabar com a fome e alcançar a melhoria da nutrição, assegurar uma educação inclusiva e de qualidade, a igualdade de gêneros, promover oportunidades de trabalho digno para todos, assegurar o saneamento básico para toda a população, promover o uso sustentável dos ecossistemas terrestres, assegurar mobilidade urbana, habitação, saúde, e os demais Objetivos do Desenvolvimento Sustentável (ODS).[87]

87. Os ODS compreendem 17 objetivos e 169 metas a serem atingidos até 2030, pela intenção da ONU (Organização das Nações Unidas):

Essa nova geração tem uma visão diferenciada sobre o mundo, o trabalho e a vida pessoal. Conscientes de que o modelo atual gera muitos problemas sociais e ambientais, esses jovens querem mudar a maneira de fazer negócios e de produzir riqueza. Não é uma mudança de modelo econômico, aproximação ao socialismo ou capitalismo. É uma mudança de foco. O paciente no centro, o consumidor no centro, o ser humano

---

1) Erradicação da Pobreza: Acabar com a pobreza em todas as suas formas, em todos os lugares.
2) Fome Zero e Agricultura Sustentável: Acabar com a fome, alcançar a segurança alimentar e melhoria da nutrição e promover a agricultura sustentável.
3) Saúde e Bem-estar: Assegurar uma vida saudável e promover o bem-estar para todas e todos, em todas as idades.
4) Educação de Qualidade: Assegurar a educação inclusiva e equitativa e de qualidade, e promover oportunidades de aprendizagem ao longo da vida para todas e todos.
5) Igualdade de Gênero: Alcançar a igualdade de gênero e empoderar todas as mulheres e meninas.
6) Água Potável e Saneamento: Assegurar a disponibilidade e gestão sustentável da água e saneamento para todas e todos.
7) Energia Limpa e Acessível: Assegurar o acesso confiável, sustentável, moderno e a preço acessível à energia para todas e todos.
8) Trabalho Decente e Crescimento Econômico: Promover o crescimento econômico sustentado, inclusivo e sustentável, emprego pleno e produtivo e trabalho decente para todas e todos.
9) Indústria, Inovação e Infraestrutura: Construir infraestruturas resilientes, promover a industrialização inclusiva e sustentável e fomentar a inovação.
10) Redução das Desigualdades: Reduzir a desigualdade dentro dos países e entre eles.
11) Cidades e Comunidades Sustentáveis: Tornar as cidades e os assentamentos humanos inclusivos, seguros, resilientes e sustentáveis.
12) Consumo e Produção Responsáveis: Assegurar padrões de produção e de consumo sustentáveis.
13) Ação contra a mudança global do clima: Tomar medidas urgentes para combater a mudança climática e seus impactos.
14) Vida na Água: Conservação e uso sustentável dos oceanos, dos mares e dos recursos marinhos para o desenvolvimento sustentável.
15) Vida Terrestre: Proteger, recuperar e promover o uso sustentável dos ecossistemas terrestres, gerir de forma sustentável as florestas, combater a desertificação, deter e reverter a degradação da terra e deter a perda de biodiversidade.
16) Paz, Justiça e Instituições Eficazes: Promover sociedades pacíficas e inclusivas para o desenvolvimento sustentável, proporcionar o acesso à justiça para todos e construir instituições eficazes, responsáveis e inclusivas em todos os níveis.
17) Parcerias e Meios de Implementação: Fortalecer os meios de implementação e revitalizar a parceria global para o desenvolvimento sustentável.

no centro, o bem-estar e vida digna para todos como princípio, uma integração harmônica do homem com o meio ambiente.

Há uma ampliação da visão de sucesso. Sucesso não é ganhar mais e acumular riqueza apenas. Sucesso é trazer resultados econômicos, de bem-estar e de felicidade para o maior número de pessoas possível. Sucesso é usar nossa inteligência a favor do conforto, sem destruir a natureza, como soluções circulares.

Mas não se confunde com filantropia, posto que os produtos comercializados e serviços prestados por essas empresas, ainda que visem ao impacto social, à resolução de problemas da nossa sociedade, devem ser capazes de sustentar o negócio em suas operações, o que pressupõe robustez financeira a garantir rentabilidade, sem a dependência de doações ou subsídios.

No Brasil, foi criada a Estratégia Nacional de Investimentos e Negócios de Impacto, com a finalidade de articular órgãos e entidades da administração pública federal, do setor privado e da sociedade civil, para a promoção de um ambiente favorável ao desenvolvimento de investimentos e de negócios de impacto. E, com isso, têm-se as primeiras definições normativas sobre o tema,[88] quais sejam:

> *I – negócios de impacto – empreendimentos com o objetivo de gerar impacto socioambiental e resultado financeiro positivo de forma sustentável;*
>
> *II – investimentos de impacto – mobilização de capital público ou privado para negócios de impacto; e*
>
> *III – organizações intermediárias – instituições que facilitam e apoiam a conexão entre a oferta por investidores, doadores e gestores e a demanda de capital por negócios que geram impacto socioambiental.*

Esse tipo de empresa, além de apresentar inovação no modelo de negócio, tem potencial de alcançar escala, operar de maneira eficiente, incluir grupos de baixa renda na cadeia

88. Decreto Federal 9.977, de 19-08-2019.

produtiva de valor, oferecendo acesso a crédito, saúde, tecnologia, equipamentos etc. aos mais excluídos, contribuindo indiretamente para o aumento de suas rendas.

Seu objetivo é causar impacto socioambiental e resultado financeiro positivo, e seu objeto, assim entendida sua atividade principal, é exatamente a venda de produtos e serviços promotores da solução de problemas sociais e ambientais, podendo ser replicados em outras regiões.

O negócio de impacto pode ou não distribuir dividendos a sócios, não sendo esse, entretanto, um critério para defini-lo. O que o define é empreender com foco nos problemas socioambientais, tais como aqueles percebidos pela base da pirâmide social brasileira, composta pelas classes menos favorecidas, no intuito de mitigar problemas sociais.

E é esse propósito que vem fazendo nascer mais organizações e *startups*, empresas de inovação e base tecnológica, que conjugam os resultados financeiros à geração de benefícios ambientais ou para uma comunidade carente de serviços básicos, como educação, saúde, moradia, emprego e outros.

Grande parte dos novos negócios que prestam serviços sociais e geram desenvolvimento econômico é *startup* de jovens que olham para os problemas climáticos e para as diferenças sociais como uma oportunidade de empreender com a premissa de gerar lucro e melhorar a qualidade de vida da população e do meio ambiente. Mas há negócios já existentes há muitos anos, com modelos de gestão tradicionais, e que são geradores de impacto.

A captação de recursos nas famílias empresárias pode ser um bom ponto a ser levantado no Protocolo de Família. É mentalidade que muda, inovação geracional, propósito acima do lucro, realidade cada dia mais presente. Oxalá!

14. EMPRESAS ESG

ESG é a abreviação de "Environmental, Social & Governance" (Ambiental, Social e Governança, ou ASG no português), sigla que veio para ficar e revolucionar o mundo dos investimentos e dos negócios. ESG é um conceito que se relaciona às boas práticas e sustentabilidade empresariais, ou seja, diz respeito a empresas que tenham uma preocupação legítima com questões ambientais e a minimização desses impactos no exercício de suas atividades, com questões sociais, visando à construção de uma sociedade mais justa, responsável e com oportunidades para todos, e com questões de governança corporativa, ou com processos administrativos ordenados e capazes de outorgar maior transparência e equidade entre a corporação e todos os seus acionistas.

A sigla ESG surgiu pela primeira vez em um relatório de 2005 intitulado "Who Cares Wins", resultado de uma iniciativa liderada pela Organização das Nações Unidas (ONU), que concluiu que a implementação desses princípios geraria mercados mais sustentáveis, empresas mais eficientes e melhores resultados para a sociedade como um todo.

O princípio ou fator "E" (*environmental*, em inglês, ou ambiental, em português) refere-se às práticas de uma empresa em relação à proteção e preservação do meio ambiente, à sua determinação em encontrar alternativas sustentáveis, à utilização de energias renováveis, procurando diminuir o impacto ambiental do processo produtivo, evitando o uso excessivo e predatório de recursos naturais, o desmatamento, o uso abusivo da água, estabelecendo metas contra a emissão de poluentes, cuidando do descarte de plásticos e utilizando práticas conscientes com relação a embalagens, gerenciando o descarte de lixo, preocupando-se com o aquecimento global, com a emissão de carbono, com a conservação da biodiversidade etc.

O princípio ou fator "S" (social, em inglês e português) diz respeito ao relacionamento de uma empresa com seus *stakeholders*, as pessoas que conformam o seu universo de ação, ou seja, como aquela empresa se relaciona com as pessoas e com a sociedade, como ela trata seus colaboradores e consumidores nas diferentes fases da relação de trabalho, serviço e consumo, como ela protege seus dados e privacidade, como ela cuida de seus empregados, do respeito aos direitos humanos e aos direitos do trabalhador, da primazia da segurança e da saúde no ambiente de trabalho, da diversidade da equipe, do engajamento dos funcionários, promovendo melhores índices de satisfação, atração e retenção de talentos, bem como a forma pela qual ela se relaciona com a comunidade do entorno e qual a conduta daquela empresa no que concerne ao atingimento dos ODSs, ao impacto que causa aos desafios sociais e ao desempenho de atividades filantrópicas estratégicas, por exemplo.

O princípio ou fator "G" (*governance*, em inglês, ou governança, em português) se refere à administração da empresa, ao relacionamento da empresa com seus acionistas, à adoção de políticas e práticas direcionadas ao controle da companhia, à política de remuneração dos executivos, à composição e à diversidade nos cargos administrativos, à conduta corporativa, seus valores, sua missão e sua postura ética nos negócios; ao controle e mitigação de riscos e danos ao meio ambiente; à transparência, à equidade, que são diferenciais importantes como critério de alocação por parte dos investidores, à prestação de contas e à responsabilidade corporativa, à adoção de políticas anticorrupção e lavagem de dinheiro, bem como de *compliance*, do apoio à diversidade e à inclusão, que permite opiniões e pontos de vista diferentes, os quais contribuem positivamente para o processo decisório da empresa etc.

Os investidores que priorizam o ESG visam não apenas à perspectiva de geração de lucro da empresa, mas têm a expectativa de respeito aos três princípios acima, os quais agregam muito valor, garantindo a sua perenidade, especialmente porque empresas com boas práticas ESG estão muito menos suscetíveis ao enfrentamento de problemas jurídicos, trabalhistas, comerciais, ambientais, regulatórios e tantos outros. Isso quer dizer que, mais do que uma tendência de mercado, a adequação aos princípios ESG passa a ser requisito de competitividade, pois os investidores, os empregados e colaboradores, os fornecedores e os consumidores passam a exigir o atendimento às práticas de ESG, e de longevidade. E, mais recentemente, começamos a ver decisões judiciais, em especial no exterior, que passaram a responsabilizar empresas, inclusive brasileiras, por danos causados ao meio ambiente e a comunidades do entorno, prejudicadas por ações ou omissões dessas empresas.

ESG é assim também um indicador do tanto que aquela empresa está comprometida com uma operação mais sustentável em fatores ambientais, sociais e de governança corporativa. Já existem índices de ESG na Bolsa de Valores!

As empresas que focarem em ESG terão vantagens comparativas no mercado, com melhoria na sua imagem e reputação, especialmente em função de consumidores mais exigentes, fidelizando seus clientes; reduzirão seus riscos com relação a desastres ou graves desequilíbrios ambientais ou de mercado, ou mesmo com relação à atribuição de sua responsabilidade por danos causados ao meio ambiente ou à sociedade.

As novas gerações e os novos consumidores só aceitam consumir de empresas responsáveis, por isso é primordial: o investimento que ela faz em capital humano, o quanto ela prioriza o bom relacionamento com os funcionários, o respeito aos consumidores, quais são suas metas de inovação de processos, e se respeitem direitos ambientais, humanos, direitos animais, se visam à sustentabilidade ao planeta, se priorizam a diversidade, se oferecem justiça e igualdade de gêneros e por aí vai.

Se o ESG já estava no topo da pauta, a pandemia do Coronavirus acelerou a sua discussão e implementação, especialmente com relação ao fator "S". Faltou alimento, saúde, empregos... A sociedade se mobilizou e enxergou o abismo social cruel entre a riqueza de poucos e a escassez da esmagadora maioria. As empresas sofreram, mas, à medida que se reergam, devem se unir entre si, com organizações da sociedade civil, com governos, para operar uma transformação da realidade social do Brasil, pois é isso que seus consumidores esperam delas e passarão a delas cobrar. Os jovens estão chegando para mudar o mundo e têm pressa. As empresas têm que entrar no seu ritmo e seguir as batidas desses corações que pulsam seus propósitos de vida. E seus corações retumbam essas três letras: E S G.

Mas é preciso se atentar para fazer isso com profundidade e estratégia, evitando os chamados "greenwashing", "socialwashing" ou "bluewashing", que tratam de difundir e alardear práticas que ainda são incipientes, se analisadas de forma criteriosa.

Além disso, as empresas precisam criar diretrizes, políticas e decisões que sejam juridicamente vinculantes, de forma a legitimar e engajar as lideranças da empresa a buscarem metas novas e ambiciosas para esses temas.

15. LEGADO FILANTRÓPICO

Falamos até aqui de legado familiar como sentido eivado de representações e afetos, exemplo, história, comportamento que se transmite entre gerações. Discorremos sobre o legado empresarial e vimos que um legado não se constrói de um evento. É processo lento, carregado de influências, que ensina que a riqueza não tem como medida apenas o patrimônio material, mas crenças, valores, histórias, renúncias, vivências, comportamentos, exemplos.

Diante de filosofia do nosso escritório, que enxerga no Planejamento Sucessório uma função social na medida em que, lançando mão de nossos conhecimentos jurídicos para a sustentabilidade da empresa geradora de riquezas, nossa dinâmica de trabalho prioriza direta ou indiretamente a manutenção de empregos das famílias que dependem daquela fonte de renda. E como a responsabilidade social sempre foi um propósito para nós, desde que começamos a desenvolver essa área de especialidade perguntamos às famílias acerca de sua disposição com relação ao legado filantrópico.

Apontamos a filantropia como um agregador familiar, uma oportunidade de se criar um lugar de pertencimento para herdeiros por vezes pouco identificados com o negócio da família, uma injeção de ânimo e empatia para aqueles que desejem se engajar nas causas sociais, levantar a bandeira da educação, da saúde, da cultura, do meio ambiente, entre outras. É oportunidade de criar oportunidades.

Como dissemos em nosso livro **O Legal da Filantropia**, de coautoria de Márcia Setti e Priscila Pasqualin, lançado em 2019 pela Editora Noeses, "o exercício da filantropia representa a oportunidade de a família se unir em torno do abraço da causa social, ressignificar seus valores humanos, reforçar sua cultura, desempenhar sua missão, dando um significado transcendente ao seu patrimônio e deixando seu legado à sociedade".

Famílias empresárias brasileiras vêm sendo, a cada dia, mais atraídas pelo ideal de investir em prol de uma causa social, de devolver um pouco que seja do muito que receberam. Mas a pergunta que sempre ficou no ar foi: como o projeto filantrópico se sustenta sem depender das doações da família ou de seus instituidores, ou, em outras palavras, como se faz o Planejamento Sucessório da filantropia?

Há muitas formas e muitos instrumentos para manter perene o bem fazer e todas se amparam na governança jurídica da atuação filantrópica. Recentemente, a Lei 13.800, de 04-01-2019, fez nascer o *endowment* em solo brasileiro e com ele a possibilidade de se criar fonte de recursos de longo prazo para o fomento das instituições apoiadas e para a promoção de causas de interesse público.

O *endowment* capta recursos financeiros com pessoas físicas ou jurídicas e os aplica no mercado financeiro, dentro de uma estratégia de sustentabilidade, a partir da preservação incólume de seu capital e da aplicação apenas dos rendimentos recorrentes por ele gerados para o financiamento de projetos sociais, entidades e as mais diversas causas de interesse coletivo, constituindo, com isso, fonte de recursos de longo prazo.

Os *endowments* não se confundem com os fundos de investimento, embora aqueles, da mesma forma que estes últimos, sejam também uma comunhão de recursos destinados à aplicação em ativos financeiros. A grande diferença entre os dois institutos repousa em sua finalidade. Os fundos de investimento são instrumentos destinados a investidores que buscam retorno financeiro, enquanto os fundos de dotação patrimonial são criados com o intuito de perenizar a existência e a viabilidade financeira de uma instituição, atividade ou entidade de interesse coletivo, como se disse.

Ou seja, o patrimônio do *endowment* está diretamente ligado à sua causa, diferentemente dos instrumentos jurídicos regulados pela CVM. Por isso é que a regra de resgate é norma institucional que deve, de forma muito sólida, estabelecer os gastos permitidos para o *endowment*, em total consonância com a política de investimento, considerando a expectativa de retorno de longo prazo, as projeções de perda de poder aquisitivo, os efeitos inflacionários, o crescimento desejável etc., a fim de manter o seu equilíbrio e alcançar o fim a que se destina.

A política financeira dos recursos aportados no fundo *endowment* deve ter por meta promover fluxos constantes de rendimentos para custear as atividades a que se destina e, de outro lado, preservar necessariamente o patrimônio. Para garantia da utilização correta desse fundo de modo perene é preciso construir regras societárias de governança que contornem os limites e forneçam os parâmetros para a aplicação e o resgate dos montantes destinados a esse fundo.

Mas o *endowment* é apenas uma das formas de realização da filantropia e é aqui destacado tanto pela sua jovialidade no cenário nacional, quanto pela sua possibilidade de garantia de perenidade do investimento. Apenas a título de curiosidade, nossa sócia Priscila Pasqualin participou ativamente da coalização para os fundos e trabalhou arduamente pela Lei do Endowment. Além disso, o PLKC constituiu o primeiro Fundo Endowment em solo brasileiro, mais especificamente no Rio de Janeiro.

Em termos de Planejamento Sucessório, as maneiras de as pessoas, as empresas e as famílias exercerem a filantropia variam. A atuação pode ocorrer como praticantes da ação social, através de trabalho voluntário, ou por meio de iniciativas pontuais de ajuda ao próximo e/ou de projetos sociais planejados. O financiamento da ação social, via doação direta de dinheiro para as organizações já constituídas, ou por intermédio da criação de associações ou fundações próprias.

Pouco importa a forma, quer seja doando de si, de seu tempo, de seu patrimônio ou rendimento, em favor da sociedade, dos menos favorecidos e necessitados de oportunidades, fato é que a filantropia é fundamental para equilibrar a economia e amenizar desigualdades sociais. E essa injeção de ânimo e empatia à causa social quando passada de geração para geração, tanto quanto outros importantes valores, fazem a diferença no mundo, como dissemos em nosso livro **O Legal da Filantropia**.

Ocorre que herdar uma empresa é bastante diferente de herdar uma instituição sem fins lucrativos. Por isso é que muitos patriarcas têm receio de que sua empreitada filantrópica não frutifique após a sua sucessão. A causa do pai não necessariamente é a do filho. Benemerência é virtude que não se herda, mas que pode ser desenvolvida à custa do exemplo e do exercício dos valores altruísticos, e tem tônus para concentrar a expressão máxima dos valores familiares, engajar herdeiros, despertar linhagens e mudar o mundo.

Assim é que famílias e grupos brasileiros vêm sendo a cada dia mais atraídos pelo ideal de investir em prol de uma causa social. Dentro dos Planejamentos Sucessórios de famílias que detêm patrimônio, muitos de seus membros se preocupam em alocar parte dele em benefício da sociedade, organizando estruturas competentes ou se aliando a uma estrutura já estabelecida.

Os *Milleniuns* e a Geração Z inclinam-se a endereçar um olhar mais cuidadoso sobre a causa social, a simpatizar com a atitude filantropa. Ter um propósito é o que há de mais vital para eles. Fazer o que se ama, e fazer bem feito o que se ama, é a grande meta dessa geração que chega para transformar todos os modelos tradicionais.

Verdade é que as gerações atuais, preocupadas com a responsabilidade socioambiental, já assumem a filantropia com a mesma seriedade com que avocam os negócios da família, com um foco maior nos resultados, usando ferramentas de gestão como planejamento estratégico e avaliação de impacto, influenciando o contexto social, atuando em rede, na busca do impacto coletivo, e em parceria com os Governos, com os cidadãos, com as empresas e com as famílias doadoras. Por isso é ferramenta indispensável no Planejamento Sucessório.

Todo o homem é culpado do bem que não fez.

Voltaire

Aspecto Tributário

José Henrique Longo

1. INTRODUÇÃO

Neste mundo nada pode ser dado como certo,
à exceção da morte e dos impostos.

Benjamin Franklin

Embora o Planejamento Sucessório exija estabelecimento de regras em instrumentos societários, de família e sucessão, como visto nos capítulos anteriores, o aspecto tributário assume naturalmente um papel relevante no Planejamento Sucessório em razão dos impactos dos tributos e consequentemente, da diminuição do patrimônio por conta do desembolso necessário para honrar as obrigações tributárias inerentes à reorganização patrimonial, à sucessão e à doação.

A incidência de tributo decorre sempre de eventos ocorridos nas relações entre as pessoas, sejam tais eventos voluntários ou involuntários; assim, o tributo se apresenta como uma das consequências do ato, negócio ou relação jurídica havidos no dia a dia das pessoas. A Constituição Federal contém uma proteção em favor das pessoas que é o princípio da legalidade,[89] que permite o tributo ser exigido somente se a respectiva hipótese do evento ao qual se pretende vincular uma obrigação tributária estiver prevista na lei ordinária.[90]

89. Constituição Federal, art. 150, I.

90. Lei ordinária é a norma editada pelo Poder Legislativo.

A hipótese prevista em lei para a incidência do tributo é denominada "fato gerador". Exemplificando: o fato gerador do Imposto sobre Propriedade Territorial Urbana é a propriedade de um bem imóvel localizado em território urbano; o fato gerador do Imposto sobre a Renda é auferir renda; o fato gerador do Imposto sobre Serviço é a prestação de serviço, e assim por diante. Assim, para se cobrar o IPTU, deve existir uma lei ordinária com a previsão do respectivo fato gerador, bem como outros elementos para compor a obrigação tributária (contribuinte, base de cálculo, alíquota, prazo de pagamento).

E, em razão de haver previsão legal para incidência de tributos nas movimentações de patrimônio – quer de caráter oneroso (ex.: compra, permuta, conferência para uma *holding* etc.), quer de caráter não oneroso (ex.: doação, falecimento) – o Planejamento Sucessório obrigatoriamente demanda análise criteriosa dos impactos tributários em face de movimentações patrimoniais de duas naturezas: (i) aquelas necessárias à organização patrimonial, tanto para oferecer melhor eficiência fiscal para exploração do ativo, quanto para viabilizar as regras societárias e/ou sucessórias, que fazem parte do grupo das operações de natureza onerosa; e (ii) as transferências decorrentes de doação ou de falecimento, que correspondem a operações não onerosas.

Nos países em que as alíquotas de transferências gratuitas (doação e sucessão) são elevadas, o planejamento tributário para a sucessão ganha foro de enorme importância inclusive com produtos financeiros para auxiliar o cumprimento da obrigação tributária. É comum nos Estados Unidos, por exemplo, a contratação de seguro de vida para que o valor da indenização seja destinado a pagar o *estate tax*.[91]

Assim, dividimos adiante o tema deste capítulo nesses dois tipos de eventos: organização patrimonial e transferência gratuita de patrimônio.

---

91. A partir do limite de isenção, a alíquota federal do imposto de herança é de 40% sendo que alguns Estados aplicam ainda uma alíquota suplementar.

2. IMPOSTOS NA ORGANIZAÇÃO PATRIMONIAL

Os aspectos familiar e societário conduzem à necessidade de haver uma preparação para o desenvolvimento de um Planejamento Sucessório. Todavia, para todo e qualquer projeto visando à reorganização e à proteção patrimonial apresentadas no capítulo anterior, deve prevalecer a busca pela eficiência tributária e a segurança jurídica como consequência de sua implementação. E ainda que a pessoa não esteja interessada no Planejamento Sucessório, a busca da melhor eficiência fiscal deve ser um comportamento natural e recorrente de todo e qualquer indivíduo com a preocupação de não desperdiçar parte do patrimônio por descuido na estrutura, desperdício esse que pode assumir proporções avolumadas de pagamento de impostos. Como diria o filósofo e diplomata florentino,

> *Os homens esquecem mais rapidamente*
> *a morte do pai do que a perda do patrimônio.*
>
> **Nicolau Maquiavel**

A nova alocação de bens e direitos para a consecução da organização pode sofrer incidência de três impostos: Imposto sobre a Renda – IR, Imposto sobre a Transmissão de Bens Imóveis – ITBI e Imposto sobre Operações Financeiras – IOF, que serão comentados a seguir.

E essa alocação de bens e direitos pode envolver, de um lado, a formação de uma *holding*, de um fundo de investimento ou ainda de um *trust*, e, de outro, a extinção (ou redução) de um desses institutos para transferência para outra pessoa, física ou jurídica. O interesse na aplicação de um ou outro instituto para o Planejamento Sucessório está exposto nos capítulos anteriores, de modo que fazemos aqui apenas os comentários dos reflexos tributários de cada um deles e as suas alternativas, quando aplicáveis.

2.1 *Holding*

A *holding* tem grande importância na estruturação de patrimônio e seu tratamento normativo encontra-se logo no início da Lei 6.404/76[92] (Lei das S.A.). Consideramos que a *holding* é uma pessoa jurídica – como qualquer outra – que pode desenvolver a atividade prevista como objeto em seu estatuto ou contrato social. O seu capital social pode ser formado mediante aporte de dinheiro, bens ou direitos passíveis de avaliação. Esse aporte é chamado de integralização do capital social subscrito pelo sócio ou acionista, sendo que o incremento do capital social pode decorrer também de parcela de capitalização de reserva de lucros, de patrimônio cindido de outra pessoa jurídica, ou ainda de incorporação de patrimônio de outra(s) pessoa(s) jurídica(s). Neste trabalho, cuidaremos da situação em que a pessoa física confere seu ativo para a formação do capital social da *holding*, sendo que tal ativo pode ser participação societária (*holding* de participações, ou *holding* pura), bem imóvel (*holding* imobiliária), bem móvel (por ex. obras de arte, embarcações, automóveis etc.) ou ativos financeiros (*holding* patrimonial).

A entrega de valor ou a conferência de bem para integralização de capital social de uma pessoa jurídica tem caráter comutativo, uma vez que o acionista conferente recebe em

92. Vide § 3º do art. 2º.

contrapartida à sua contribuição ações ou quotas de emissão da sociedade em valor equivalente.

Como exposto por Márcia no capítulo anterior, não há dúvida de que a *holding* pode ser eficiente na organização de patrimônio com aproveitamento do conjunto normativo da Lei das S.A., mormente no estabelecimento de governança corporativa, assim como para permitir a concentração da capacidade de investimento e de poder econômico de pessoas físicas ou jurídicas, viabilizar a formação de blocos, criar um ambiente de relacionamento intrafamiliar distante da operação, minimizar eventuais reflexos de alteração patrimonial dos sócios ou riscos pessoais em relação às sociedades operacionais e evitar o condomínio de bens com as consequentes exigências de unanimidade e outorgas, mas é certo também que as consequências tributárias fazem parte do leque de aspectos que devem ser sopesados pelos interessados. Isso porque, a par das vantagens na constituição de uma *holding*, da acomodação que ela pode promover nos aspectos societário e sucessório, se for utilizada de forma indiscriminada, pode por vezes acarretar graves problemas sob o prisma tributário.

Vejamos.

2.1.1 *Holding* de participações

Não obstante as vantagens na constituição de uma *holding* de participações e a acomodação que ela promove nos aspectos societário e sucessório, como visto anteriormente, alguns cuidados especiais devem ser necessariamente adotados sob o prisma tributário.

A alteração da posição em que a pessoa física é a sócia da empresa operacional para a posição em que a *holding* é sócia da empresa operacional ocorre geralmente[93] por meio

93. Dizemos geralmente porque se pode também transferir por compra e venda; porém tal negócio jurídico deve ser realizado por valor de mercado, e daí o vendedor (pessoa física sócia) deve apurar ganho de capital, sujeito à tributação pelo IR.

de conferência pela pessoa física das ações/quotas da empresa operacional, como integralização da formação ou do aumento de capital da *holding*.[94] Note que a pessoa física não deixa de deter patrimônio, já que recebeu em contrapartida ações/quotas da *holding* em substituição às ações/quotas da empresa operacional.

(a) Valor de conferência pela pessoa física

O primeiro cuidado especial diz respeito ao valor da conferência de participações societárias detidas pelo indivíduo na empresa operacional para a *holding*, quer do ponto de vista da pessoa física conferente, quer da pessoa jurídica (a *holding*) para a qual são conferidas as ações/quotas.

A legislação tributária prevê, atualmente, para a pessoa física, duas possibilidades para a conferência de bens e direitos para formação ou aumento do capital social da empresa: pelo valor da sua declaração de bens ou pelo valor de mercado (art. 23 da Lei 9.249/95).[95]

Assim, no caso de a pessoa física conferir as participações societárias (ações/quotas da empresa operacional) para uma *holding* pelo valor de custo (entenda-se pelo valor constante da sua declaração de bens), não há ganho de capital para a pessoa física conferente, e, portanto, não incide o Imposto sobre a Renda da Pessoa Física (IRPF). Na declaração de bens, substitui-se um ativo (ações/quotas da empresa operacional investida) por outro (quotas/ações da empresa *holding*), e essa

---

94. Esse critério é aplicado tanto para investimento em empresa operacional como investimento em outra *holding* (ou seja, uma sub-*holding*).

95. "*Art. 23. As pessoas físicas poderão transferir a pessoas jurídicas, a título de integralização de capital, bens e direitos pelo valor constante da respectiva declaração de bens ou pelo valor de mercado.*
§ 1º Se a entrega for feita pelo valor constante da declaração de bens, as pessoas físicas deverão lançar nesta declaração as ações ou quotas subscritas pelo mesmo valor dos bens ou direitos transferidos, não se aplicando o disposto no art. 60 do Decreto-Lei n. 1.598, de 26 de dezembro de 1977, e no art. 20, II, do Decreto-Lei n. 2.065, de 26 de outubro de 1983.
§ 2º Se a transferência não se fizer pelo valor constante da declaração de bens, a diferença a maior será tributável como ganho de capital."

troca se dá pelo mesmo valor, portanto, sem variação patrimonial alguma. Por isso, não há que falar em ganho de capital nem em IRPF.

Todavia, se a conferência for promovida com base no valor de mercado das ações/quotas da empresa operacional investida, a diferença positiva entre esse valor e o custo constante da declaração é considerada como ganho de capital obtido pela pessoa física conferente, sobre o qual deve ser recolhido o IRPF até o último dia do mês seguinte,[96] tal qual tivesse havido uma venda, uma vez que a conferência é espécie de alienação.

Se as ações/quotas conferidas para a *holding* tiverem sido adquiridas até 1983, a pessoa física pode pleitear o reconhecimento de que o ganho de capital auferido no momento da sua conferência para a *holding* pelo valor de mercado é isento do IRPF, em razão de o benefício fiscal oferecido pelo Decreto-Lei 1.510/76[97] ter-se incorporado ao patrimônio do indivíduo. O benefício tinha como condição a permanência por cinco anos de tais ativos com o acionista, de modo que, uma vez cumprida a condição, tal indivíduo adquiriu o direito à isenção.[98] O benefício foi revogado pela Lei 7.713/88, que atingiu não somente as situações futuras, mas também aquelas em que o indivíduo detivesse ações há menos de cinco anos de então (isto é, a partir de 1984), e que, portanto, ainda não

---

96. Com base em alíquotas progressivas de 15% a 22,5% (15% sobre a parcela dos ganhos que não ultrapassar R$5 milhões; 17,5% sobre o que exceder R$5 milhões e não ultrapassar R$10 milhões; 20% sobre o que exceder R$10 milhões e não ultrapassar R$ 30 milhões; e 22,5% sobre a parcela dos ganhos que ultrapassar R$30milhões (cf. art. 21 da Lei 8.981/95, com redação dada pela Lei 13.259/16). Todavia, se a pessoa física residir em um país com tributação favorecida, será aplicada alíquota única de 25%.

97. "*Art. 4º. Não incidirá o imposto de que trata o art. 1º:*
[...]
d) nas alienações efetivadas após decorrido o período de cinco anos da data da subscrição ou aquisição da participação."

98. A Receita Federal não aceita esse entendimento, mas tanto o tribunal administrativo quanto a jurisprudência judicial têm reconhecido esse direito (STJ, 1ª Seção, REsp 1.133.032/PR; STJ, 2ª Turma, REsp 1.632.483/SP). Sugerimos consulte seu advogado, caso tenha interesse ou oportunidade de aproveitar da isenção.

havia adquirido o direito condicionado à implementação da condição legal.

(b) Recebimento de ativo pela *holding*

Ainda no tema da conferência do investimento pela pessoa física, mas mudando o foco da questão tributária para a pessoa jurídica receptora (a *holding*), outro cuidado importante é com o tratamento fiscal dos registros contábeis que podem ocorrer no momento da entrega das participações societárias na empresa operacional para formação do capital social da *holding*. Como se disse acima, a pessoa física que detém um investimento em sociedade operacional por determinado valor de custo, constante de sua declaração de bens, ao conferir essa participação a título de formação ou de integralização de aumento de capital social da *holding*, substitui o investimento na operacional por investimento na *holding*.

A depender do poder de controle ou influência na empresa cujas ações estão sendo conferidas à *holding*, deve-se utilizar o método de custo ou o método de equivalência patrimonial[99-100] para o registro contábil do investimento na empresa adquirida, ainda que por meio de conferência pelo sócio e independentemente do valor atribuído à tal participação societária nesse ato.

O método de custo se aplica quando a empresa investida não é considerada controlada[101] ou coligada[102] e a *holding* deve

---

99. Neste trabalho, são feitas considerações apenas quanto a demonstrações contábeis individuais, não sendo abordados aspectos relativos a demonstrações consolidadas, uma vez que elas não se prestam à apuração de tributos nem à apuração de dividendos.

100. Na hipótese de ações destinadas à negociação, elas são tratadas como ativos financeiros e avaliadas pelo seu valor justo, situação que é abordada mais adiante.

101. Controlada é a sociedade na qual a controladora, diretamente ou através de outras controladas, detém os direitos de sócio que lhe assegurem, de modo permanente, preponderância nas deliberações sociais e o poder de eleger a maioria dos administradores (Lei 6.404/76, art. 243, § 2º).

102. Segundo o art. 243, §§ 1º, 4º e 5º, da Lei 6.404/76, são coligadas as sociedades nas quais a investidora possua *influência significativa*, o que ocorre se a investidora (*i*) detiver ou exercer o poder de participar nas decisões das políticas financeira ou

lançar em sua contabilidade o investimento pelo valor de sua aquisição; no caso, pelo valor que o sócio confere a participação na empresa operacional como integralização do aumento de capital. Esse valor contábil não sofre alteração enquanto não haja redução ou novo aumento do capital social da empresa investida (operacional).[103] Se e quando a empresa investida distribuir dividendos, a *holding* deve registrar o novo ativo (caixa ou dividendos a receber) e sua contrapartida em conta de resultado.

O método da equivalência patrimonial[104-105] deve ser adotado quando o investimento for em sociedade considerada coligada ou controlada. O investimento na empresa operacional é inicialmente reconhecido pelo custo e, a partir de então, sofre ajustes (débitos e créditos) para refletir a alteração do patrimônio líquido da empresa investida, na respectiva proporção do investimento. À medida que a empresa investida apresente lucro ou prejuízo, o reflexo na *holding* é a alteração do valor do investimento e a contrapartida é resultado, independentemente de ser distribuído dividendo pela investida.

Ademais, o registro do custo da empresa investida na contabilidade da *holding*, a partir de 2008, ganhou foros mais complexos com previsão específica após a introdução de alterações das normas societárias.[106]

O custo de aquisição da participação na empresa investida controlada ou coligada (valor pelo qual foi conferida a

---

operacional da investida, ou (*ii*) for titular de 20% (vinte por cento) ou mais do capital votante da investida, sempre sem controlá-la.

103. A não ser nos casos de perda de difícil recuperação ou perda irrecuperável.

104. Lei 6.404/76, art. 248.

105. Comitê de Pronunciamentos Contábeis define o Método de Equivalência Patrimonial pelo Pronunciamento Técnico CPC 18 (R2).

106. Com a alteração da Lei 6.404/76 pelas Leis 11.638/2007 e 11.941/2007, os métodos e critérios para efeitos tributários passaram a seguir as normas vigentes em 31-12-2007 e o ajuste do lucro contábil conforme as novas normas de convergência ao IFRS passou a ser efetuado e controlado pelo Regime Tributário de Transição – RTT. E o RTT foi substituído pelas normas da Lei 12.973/2014, com vigência a partir de 1º-01-2015 (para aquelas empresas que não optaram pela antecipação para 1º-01-2014).

participação societária) deve ser desdobrado na contabilidade da *holding* em (i) valor do patrimônio líquido; (ii) mais ou menos valia, que corresponde à diferença entre o valor justo dos ativos líquidos da investida e o valor do item (i) acima; (iii) ágio por rentabilidade futura (também denominado *goodwill*), que corresponde à diferença entre o custo de aquisição do investimento e o total da soma dos valores dos itens (i) e (ii) acima. Os valores dos três itens acima devem ser mantidos na contabilidade separadamente.

Na situação em que o preço pago (leia-se as ações emitidas pela *holding*, no caso de conferência de participação societária na empresa operacional) é inferior ao valor do patrimônio líquido da empresa operacional, proporcionalmente à sua participação, a diferença deve ser registrada em conta contábil denominada compra vantajosa (semelhante ao antigo deságio).

Do ponto de vista contábil, as contas sofrem ajustes inclusive mediante teste de recuperabilidade (*impairment*) do ágio, na situação de deterioração do ativo e consequente diminuição do seu valor. Essa diminuição de valor pode ser reconhecida na conta do ativo e levada à conta de resultado contábil.[107]

A mais ou menos valia, o ágio e a compra vantajosa têm reflexos tributários de Imposto sobre a Renda da Pessoa Jurídica – IRPJ e Contribuição Social sobre o Lucro Líquido – CSL da *holding* na situação de alienação ou baixa do investimento (ações/quotas da empresa operacional). Enquanto não houver alienação do ativo, inclusive incorporação entre a *holding* e a investida, não há efeito fiscal em relação às contas da *holding* que registrarem o investimento na empresa operacional.

A prática indica que, geralmente,[108] o custo do investimento da pessoa física é inferior ao valor do patrimônio líquido da sociedade investida, de modo que, nessa situação, há de

107. Para fins fiscais, não há o teste de *impairment*, visto que, por ser aquisição de participação por conferência, o ágio somente será utilizado para efeito de custo, no caso de alienação desse investimento pela *holding*.

108. Situação em que não há prejuízos acumulados ao longo dos anos.

se analisar com muito cuidado a conferência a ser realizada, para não gerar compra vantajosa na *holding* e, assim, constituir uma contingência tributária (obrigação de pagar tributo no momento de realização de tal ativo).

Para que se diminua o valor da compra vantajosa, duas providências são possíveis, conforme o caso: (i) aumentar o custo na pessoa física de suas participações na operacional anteriormente à conferência, mediante a capitalização de reserva de lucros (essa medida com efeito de aumento do custo é eficaz e não acarreta incidência de IR se os lucros forem relativos aos anos seguintes a 1995); ou (ii) reduzir o valor do patrimônio líquido da operacional, mediante a declaração de dividendos e de juros sobre o capital próprio a distribuir em benefício dos sócios, o que faz com que as reservas de lucros deixem de integrar o patrimônio líquido, diminuindo-o, e passem a integrar o passivo exigível (como uma dívida da sociedade investida para com seus sócios). O problema dessa segunda alternativa é que os sócios podem efetivamente exigir o pagamento de tais valores creditados a eles, a qualquer momento, uma vez que o dividendo declarado passa a integrar o patrimônio deles. Outro tanto, no caso de sucessão do sócio, esse crédito é levado a inventário[109] passando a ser titulado pelos herdeiros e legatários.

Pois bem, uma vez conferida a participação da empresa operacional para uma *holding*, tem-se que respeitar a nova estrutura societária e seus reflexos fiscais.

(c) Remuneração do investimento

A conferência de participação societária da empresa operacional para uma *holding* a título de formação ou de integralização de aumento de capital social também pode implicar modificação na liberdade de fluxo financeiro via distribuição de dividendo. Explica-se: se no balanço da empresa operacional tiver registrada reserva de lucros, então ela terá capacidade

---

109. O direito do crédito dos dividendos, submetido a inventário, comporá base de cálculo do imposto sobre transmissão *causa mortis* e doação (ITCMD).

de pagar dividendo se assim for deliberado; contudo, se o sócio da empresa operacional for a *holding* e esta, ao receber o pagamento de dividendo, não possuir em seu balanço reserva de lucro, então não poderá pagar dividendo, por ausência de lucro. Isso ocorre à medida que a *holding*, que contabiliza o investimento pela equivalência patrimonial, ainda não houver capturado em seu balanço os lucros da empresa operacional investida apurados posteriormente à conferência (quer dizer, na empresa operacional havia registro de lucros de períodos pretéritos, o que não aparece como lucros na *holding* por ocasião da conferência). Ou seja, na *holding* serão registrados, pelo método da equivalência patrimonial, apenas os lucros gerados após a conferência.[110] Daí, no caso de distribuição de lucros de períodos anteriores da empresa operacional em favor de sua sócia *holding*, a pessoa física – sócia da *holding* – somente conseguirá liquidez financeira por meio de devolução de mútuo[111] que eventualmente a pessoa física tenha feito anteriormente ou redução de capital da *holding* para entrega de caixa para a pessoa física.

Um outro cuidado especial que se deve tomar diz respeito às formas de remunerar o capital investido na empresa operacional, e que, atualmente, são duas: dividendos e juros sobre capital próprio – JCP. Isso porque a legislação dá diferentes tratamentos tributários para essas duas figuras.

A distribuição de dividendos aos sócios não se sujeita ao imposto de renda,[112-113] independentemente do regime de apu-

---

110. Se o registro do investimento na empresa operacional for pelo Método de Custo, essa situação não ocorre; o dividendo pago à *holding* será contabilizado como lucro (não tributável) que poderá ser distribuído ao sócio pessoa física.

111. Sujeito à incidência de IOF.

112. Lei 9.249/95, art. 10.

113. A Instrução Normativa 1.397/2013, ainda em vigor, prevê que apenas o lucro oferecido à tributação é isento do imposto de renda, apesar de não existir base legal para tanto. Posteriormente, a Medida Provisória 627/2013 previu que a diferença entre o lucro societário e o lucro oferecido à tributação somente seria considerada isenta se o contribuinte antecipasse os efeitos da MP para 1º-01-2014. Todavia, o legislador

ração de tributação do lucro (lucro real, arbitrado ou presumido)[114] e do sócio (pessoa física ou jurídica). Assim, mesmo sendo o sócio uma pessoa jurídica, a distribuição de lucros é isenta, uma vez que não há nova incidência tributária de IR na apuração de lucro dessa pessoa jurídica (*holding*, sócia), nem na distribuição de dividendos da *holding* para a pessoa física. Vale dizer que esse tratamento é o mesmo na distribuição em favor de sócios com residência ou sede no país ou no exterior, ainda que em país com tributação favorecida (conhecido como paraíso fiscal).

Por outro lado, os JCP sofrem retenção de Imposto de Renda na Fonte – IRF com a alíquota de 15%[115-116] e são considerados como despesa para a empresa que efetua o pagamento a seus sócios. Assim, satisfeitas as condições para uso desse instituto,[117] para a empresa lucrativa e que adota o regime de

---

andou bem na conversão da MP na Lei 12.973/2014, pois não manteve tal comando e preservou a não incidência do IR sobre os dividendos originários do lucro societário.

114. A base de cálculo do IRPJ e da CSL não coincide com o lucro societário, em qualquer regime de apuração ao qual a pessoa jurídica se submeta. Assim, a afirmação é no sentido de que o resultado do período já terá sido oferecido à tributação, coincidindo os períodos de apuração tanto o do lucro, quanto o da tributação.

115. Regulamento do Imposto de Renda, Decreto 9.580/2018, art. 726.

116. Se o beneficiário do pagamento tiver residência em país com tributação favorecida (paraíso fiscal), a alíquota do IRF será de 25%.

117. O art. 9º da Lei 9.249/95 determina a possibilidade de a pessoa jurídica deduzir, para efeitos da apuração do lucro real, os juros pagos ou creditados, a título de remuneração do capital próprio, calculados sobre as contas do patrimônio líquido e limitados à variação, *pro rata* dia, da Taxa de Juros de Longo Prazo – TJLP. As condições estão nos parágrafos desse artigo:
"*§ 1º O efetivo pagamento ou crédito dos juros fica condicionado à existência de lucros, computados antes da dedução dos juros, ou de lucros acumulados e reservas de lucros, em montante igual ou superior ao valor de duas vezes os juros a serem pagos ou creditados. (Redação dada pelo art. 78 da Lei 9.730/96)*
§ 2º Os juros ficarão sujeitos à incidência do imposto de renda na fonte à alíquota de quinze por cento, na data do pagamento ou crédito ao beneficiário.
§ 3º O imposto retido na fonte será considerado:
I – antecipação do devido na declaração de rendimentos, no caso de beneficiário pessoa jurídica tributada com base no lucro real;
II – tributação definitiva, no caso de beneficiário pessoa física ou pessoa jurídica não tributada com base no lucro real, inclusive isenta, ressalvado o disposto no § 4º;

lucro real, o pagamento dos JCP é vantajoso, pois reduz a carga tributária em 34% (IRPJ + CSL), mediante pagamento de 15% (IRF), portanto com proveito de aproximadamente 19%.

A tributação para o sócio pessoa física que recebe os JCP é exclusiva na fonte (IRF de 15%[118]); desse modo, o rendimento é considerado como já tributado e deve apenas ser informado na declaração anual. Contudo, se o sócio da empresa que pagar JCP é uma pessoa jurídica (*holding*), esta deve reconhecer tal pagamento como receita e submetê-la à incidência de PIS, COFINS, IRPJ e CSL, o que significa diminuição do proveito tributário.[119]

Por conta desse tratamento tributário, deve-se analisar a remuneração do investimento na investida, antes da reorganização societária com utilização de *holding* de participações.

Nesses termos, e sob o ponto de vista tributário apenas, pode não ser recomendável a conferência para uma *holding* da propriedade integral de participações societárias detidas

---

(...)
§ 6º No caso de beneficiário pessoa jurídica tributada com base no lucro real, o imposto de que trata o § 2º poderá ainda ser compensado com o retido por ocasião do pagamento ou crédito de juros a título de remuneração de capital próprio, a seu titular, sócios ou acionistas.
§ 7º O valor dos juros pagos ou creditados pela pessoa jurídica, a título de remuneração do capital próprio, poderá ser imputado ao valor dos dividendos de que trata o art. 202 da Lei 6.404, de 15 de dezembro de 1976, sem prejuízo do disposto no § 2º.
§ 8º Para os fins de cálculo da remuneração prevista neste artigo, serão consideradas exclusivamente as seguintes contas do patrimônio líquido: I – capital social; II – reservas de capital; III – reservas de lucros; IV – ações em tesouraria; e V – prejuízos acumulados.
§ 11. O disposto neste artigo aplica-se à Contribuição Social sobre o Lucro Líquido.
§ 12. Para fins de cálculo da remuneração prevista neste artigo, a conta capital social, prevista no inciso I do § 8º deste artigo, inclui todas as espécies de ações previstas no art. 15 da Lei 6.404, de 15 de dezembro de 1976, ainda que classificadas em contas de passivo na escrituração comercial."

118. A alíquota é de 25% para os residentes em países com tributação favorecida (paraísos fiscais).

119. Ainda que a *holding*, sob regime de apuração do lucro real, também promova pagamento de JCP e consiga, portanto, neutralizar com a despesa a base de cálculo de IRPJ e CSL, permanece a obrigação de tributação de PIS e Cofins (à alíquota conjunta de 9,25%).

em empresa que apura lucro real e remunera o capital pelo pagamento de JCP.

Na situação em que, por razão não tributária, a participação de empresa operacional seja conferida para uma *holding*, é possível manter o propósito específico de não perder o tratamento tributário dispensado à pessoa física, adotando-se a conferência apenas da nua propriedade das participações para a *holding*, com a reserva do usufruto[120] de renda (e, eventualmente, do usufruto político[121]) nas mãos da pessoa física do sócio conferente.[122] Assim, os JCP (e os dividendos) continuam sendo pagos ao sócio pessoa física até que o direito se extinga, o que pode ocorrer por decurso de prazo, pela renúncia ou pela morte do usufrutuário.[123]

Em razão de o usufruto não perdurar por prazo indeterminado e incerto,[124] a vantagem tributária terá o mesmo prazo de duração da sua existência. Assim, ao extinguir-se o usufruto, a propriedade integral das participações na empresa operacional passa a pertencer à *holding*, até então detentora apenas da nua

---

120. Código Civil, arts. 1.390 e seguintes.

121. Alguns juristas sustentam que usufruto não pode ser bipartido, tendo em vista que a Lei 6.404/76 (Lei das S.A.) não contém tal previsão; ou seja, o usufruto integral (econômico e político) deve estar concentrado em uma única pessoa.

122. A Receita Federal promoveu lançamento de ofício contra *holding* para exigência de tributos federais sob a alegação de que a reserva de usufruto representaria simulação. Todavia o Conselho Administrativo de Recursos Fiscais – CARF afastou a exigência (Acórdão 1103-001.123, em 21-10-2014) com a seguinte ementa (parte):
"USUFRUTUÁRIOS SÃO EFETIVOS TITULARES DOS JUROS SOBRE CAPITAL PRÓPRIO. INEXISTÊNCIA DE OMISSÃO DE RECEITAS PELA AUTUADA, NUA-PROPRIETÁRIA DAS AÇÕES.
Em virtude da reserva de usufruto dos direitos econômicos, a titularidade dos rendimentos provenientes dos JCP foi corretamente interpretada pela autuada como sendo dos seus sócios, usufrutuários das ações do [*omissis*], razão pela qual não há que se falar no reconhecimento de receitas dos JCP pela autuada e, por óbvio, na sua omissão."

123. Código Civil, art. 1.410.

124. As causas de término do usufruto são: (i) renúncia ou morte do usufrutuário; (ii) término do prazo previsto na sua instituição ou reserva; (iii) extinção da pessoa jurídica a quem foi instituído, ou pelo prazo de 30 anos, dos dois o menor; (iv) pela consolidação com a nua propriedade.

propriedade sobre ditas participações, e o pagamento de JCP torna-se uma receita tributável dela, aumentando-se a carga tributária, como já se disse. Consoante se pode concluir, o problema pode ser apenas temporariamente evitado, visto que a solução preserva o proveito tributário apenas por uma geração (enquanto a pessoa física conferente, usufrutuária, sobreviver e o mantiver), já que o usufruto é direito pessoal e intransferível.

E há também outra questão relevante quando mais de um sócio confere à *holding* a nua propriedade da empresa operacional. Suponha a situação em que duas pessoas físicas conferiram suas quotas/ações da empresa operacional para uma única *holding*, a fim de que houvesse uma boa governança do ponto de vista societário. E depois de algum tempo uma delas falece (extinguindo-se automaticamente o usufruto que ela detinha), passando portanto à *holding* os direitos ao rendimento e ao voto relativos às quotas/ações conferidas pelo sócio falecido. Se não houver precaução para lidar com a situação, o resultado será que o sócio vivo (i) continuará a receber, por força do usufruto, dividendo da empresa operacional e a exercer o voto diretamente, bem como (ii) terá direito – assim como os demais sócios – à distribuição de dividendos da *holding*, cujos lucros serão decorrentes da propriedade plena das quotas/ações conferidas à *holding* pelo sócio falecido! E o novo sócio – o herdeiro do sócio falecido – não deterá o usufruto das quotas/ações da empresa operacional, mas apenas a participação na *holding*, e receberá assim distribuição de dividendos da própria *holding* apenas (cuja origem é o dividendo da empresa operacional) e não exercerá o direito de voto na empresa operacional diretamente. A precaução para evitar essa situação é um conjunto de regras no âmbito societário para que se mantenha o equilíbrio tanto no tocante aos dividendos quanto no tocante ao voto. Enfim, se a *holding* detiver mais de um sócio e apenas um deles (ou alguns, mas não todos os sócios) mantiver o usufruto retido consigo, sem a devida precaução, haverá desequilíbrio na distribuição dos dividendos e no exercício voto.

(d) Alienação do investimento

Outra questão estratégica a ser avaliada é a de eventual venda da empresa operacional a curto ou médio prazo. Isso quer dizer que conferir para a *holding* participações de uma empresa operacional cuja classificação contábil seja no ativo não circulante (ou seja, que inicialmente não se tenha intenção de vender), pode ser extremamente desvantajoso sob o ponto de vista fiscal, vindo a comprometer a negociação.

Isso porque, enquanto a alienação de participações societárias pela pessoa física está sujeita à incidência do IRPF às alíquotas progressivas de 15% a 22,5%[125] sobre o ganho de capital, a mesma operação praticada pela pessoa jurídica (*holding*) sujeita-se à alíquota aproximada de 34% sobre o lucro (IRPJ de 15%, seu adicional de 10% e CSL de 9%).

Não se pode negar que, se a *holding* possuir despesas e/ou prejuízos acumulados,[126] é possível que a carga tributária seja mais branda.

Por outro lado, se a classificação contábil das quotas/ações conferidas para a *holding* for em estoque ou para investimento, com manifesta intenção de alienar, e desde que o objeto social da *holding* seja o de compra e venda de quotas e ações, o produto da venda deve ser submetido ao tratamento tributário de receita operacional[127] com incidência de IRPJ, CSL, PIS e COFINS. Assim, se a *holding* estiver submetida à apuração do lucro presumido, incidirá uma carga tributária de aproximadamente 6,73%[128] sobre o valor da venda, ou se estiver submetida ao lucro real, a receita da venda da parti-

125. Art. 21 da Lei 8.981/95, com redação dada pela Lei 13.259/2016; sendo que, se a pessoa física residir em um país com tributação favorecida, a alíquota será de 25%.

126. A compensação de prejuízo fiscal acumulado é limitada a 30% do lucro líquido ajustado por adições e exclusões (Lei 9.065/95, art. 15), o que levaria a uma carga efetiva de 23,8% (correspondente ao lucro de 70% x alíquotas conjugadas de IRPJ e CSL equivalentes a 34%).

127. Essa organização societária deve ser analisada por um advogado especializado para não se correr o risco de cometer uma simulação.

128. Soma das alíquotas de IR (lucro presumido de atividade comercial 8% x 25% = 2%), CSL (lucro presumido de atividade comercial 12% x 9% = 1,08%), PIS (0,65%) e Cofins (3%); adota-se aqui o adicional de IR de 10% como integrante da alíquota do IR.

cipação juntamente com as demais receitas e despesas e insumos do período comporão a base de cálculo dos tributos.[129]

É certo que nada impede que a pessoa física aliene a *holding*, na situação em que esta detenha como único ativo o investimento na sociedade operacional cuja aquisição é pretendida, e submeta-se a pessoa física à tributação do ganho de capital, mas disso depende a aceitação do comprador e a ampliação da investigação que se promove na empresa alvo (*due diligence*), alcançando também a *holding*.

2.1.2 *Holding* imobiliária

Como o próprio nome indica, a *holding* imobiliária é a pessoa jurídica proprietária de bens imóveis.

Os imóveis objeto de conferência para aumento de capital da *holding* imobiliária devem ser classificados conforme sua finalidade: destinados à venda, à valorização de capital ou percepção de rendas de locação ou à produção de bens e serviços. A partir dessa classificação, deve-se registrar apropriadamente o imóvel em conta na contabilidade: estoque, propriedade para investimento ou imobilizado. Daí, do ponto de vista fiscal,[130] pode-se concluir se a maior eficiência (pagamento de menos imposto) implica a titularidade dos imóveis pela pessoa física ou pela pessoa jurídica.

Assim, como no caso de *holding* de participações, a conferência do imóvel pela pessoa física para a pessoa jurídica equivale – para efeitos fiscais – a uma venda (ambas são espécies do gênero alienação) e pode ser feita pelo valor de declaração de bens, sem a incidência do IRPF, pois não há ganho de capital, ou pelo valor de mercado do bem (geralmente superior ao valor de declaração), apurando então ganho de capital e aproveitando os tratamentos de redução da carga tributária que levam em

129. IRPJ, CSL, PIS e COFINS.

130. Devem ser levadas em conta, as considerações do ponto de vista de família e sucessão.

conta a data de aquisição do bem.[131] Nesta segunda alternativa, aumenta-se o valor de custo do imóvel na contabilidade da *holding*[132] em comparação com o custo da pessoa física.

Uma consideração relevante é que, se o imóvel estiver contabilizado no imobilizado (destinado à produção de bens e serviços), deve ser reconhecida a depreciação do bem, que consiste na diminuição de valor em razão de sua obsolescência e desgaste.[133] Com isso, como contrapartida dessa diminuição de valor, é registrada uma despesa no resultado contábil da *holding.*[134]

Outra consideração relevante diz respeito a regras contábeis sobre o valor dos bens imóveis. O Pronunciamento Contábil 28, do Comitê de Pronunciamentos Contábeis (CPC 28), determina que as entidades que mantenham bens imóveis para geração de renda ou para valorização de capital passem a tratá-los em uma conta de investimento.[135]

---

131. Se o imóvel tiver sido adquirido anteriormente a 1988, há desconto de 5% a cada ano em que se manteve a propriedade até 1988; existe a possibilidade de aplicação de fatores de redução na base de cálculo do imposto de renda equivalentes a $1/1{,}0060^{m1}$ (fator de redução 1) e $1/1{,}0035^{m2}$ (fator de redução 2), onde **m1**= número de meses desde a aquisição do bem, mas não antes de janeiro de 1996, até outubro de 2005, e **m2** = número de meses desde novembro de 2005 até a data da alienação.

132. Se efetivamente a intenção é a de venda e a *holding* imobiliária (vendedora) for tributada pelo lucro presumido, pode não ser interessante o aumento do custo do bem levado a estoque, tendo em vista que, além do ganho de capital tributado na pessoa física quando da conferência, incidirá tributação sobre o valor da receita da venda e não sobre a diferença entre o custo e a alienação; outro tanto, poderá aumentar o valor do ITBI incidente sobre a conferência se esta for feita por valor superior ao venal.

133. Geralmente, utiliza-se o critério linear onde é estipulada a vida útil do bem e o seu valor é diminuído proporcionalmente a cada mês. É possível rever a vida útil a cada exercício. No caso de imóvel, as benfeitorias estão sujeitas à depreciação, e o terreno não está. A Receita Federal oferece a presunção de depreciação de bem imóvel em 25 anos, sendo que o contribuinte pode adotar depreciação conforme laudo específico.

134. Dizemos resultado contábil porque apenas o regime do lucro real aproveita essa despesa para apuração da base de cálculo do IRPJ e CSL. Na apuração do lucro presumido, a despesa é desconsiderada (pois o lucro e a despesa são presumidos), mas a diminuição do valor do imóvel levará a um maior impacto tributário por ocasião da venda.

135. CPC 28, item 5: "*Propriedade para investimento é a propriedade (terreno ou edifício – ou parte de edifício ou ambos) mantida (pelo proprietário ou pelo arrendatário como ativo de direito de uso) para auferir aluguel ou para valorização do capital ou*

Além disso, é requerido pelo CPC 28 que todas as entidades efetuem a mensuração do valor justo (AVJ)[136] de tais ativos,[137] sendo facultado a elas registrar contabilmente tal valor ou apenas divulgá-lo em nota, mantendo o registro contábil conforme o custo histórico. A primeira hipótese é expressamente incentivada pelo CPC 28, por fornecer uma posição patrimonial mais precisa aos usuários da contabilidade.

No caso de se optar pelo reconhecimento contábil do AVJ, a Lei 12.973/2014 – lei que definiu o tratamento tributário das novas práticas contábeis – prevê que a diferença entre esses valores seja registrada em uma subconta contábil, conferindo-se neutralidade tributária aos ganhos ou perdas relativos ao reconhecimento e oscilações do AVJ dos imóveis, enquanto não houver a realização de tais bens.[138-139] Quando ocorrer a realização, a parcela dos seus valores que não corresponda ao custo de aquisição deve ser adicionada às bases de cálculo do IRPJ e da CSL; logo, sem a tributação do ganho de valor justo,

---

para ambas e, não, para: (a) uso na produção ou fornecimento de bens ou serviços ou para finalidades administrativas; ou (b) venda no curso ordinário do negócio."

136. CPC 46, item 9: "*Este Pronunciamento define valor justo como o preço que seria recebido pela venda de um ativo ou que seria pago pela transferência de um passivo em uma transação não forçada entre participantes do mercado na data de mensuração.*"

137. CPC 28, item 32: "*Este Pronunciamento Técnico exige que todas as entidades mensurem o valor justo de propriedades para investimento para a finalidade de mensuração (se a entidade usar o método do valor justo) ou de divulgação (se usar o método do custo). Incentiva-se a entidade, mas não se exige dela, a mensurar o valor justo das propriedades para investimento tendo por base a avaliação de avaliador independente que tenha qualificação profissional relevante e reconhecida e que tenha experiência recente no local e na categoria da propriedade para investimento que esteja sendo avaliada.*"

138. Para registrar contabilmente o valor justo das PPI (propriedade para investimento), acrescenta-se ao valor dos ativos a diferença entre o seu custo histórico e o seu valor justo, e faz-se o correspondente lançamento contábil de contrapartida em uma conta de Ajustes de Avaliação Patrimonial (o art. 182, § 3º, da Lei 6.404/76).

139. Apesar de não haver realização do ativo, quando o contribuinte opta por alterar o seu regime de tributação do lucro real para o lucro presumido, é requisito legal que todos os valores que tiveram a sua tributação diferida sejam realizados, compondo as bases de cálculo do IRPJ e da CSL. Nessa hipótese, visando a manter a neutralidade, a lei permite que a parcela correspondente ao valor justo, e que for tributada, passe a compor o custo de aquisição dos respectivos bens, podendo ser deduzida futuramente na apuração de ganhos de capital.

nem sendo deduzido o custo correspondente ao valor justo, a almejada neutralidade tributária é atingida.

No que diz respeito às empresas optantes pelo lucro presumido, a neutralidade do AVJ é alcançada por meio de uma outra disposição legal, segundo a qual o registro desse ganho não se submete à tributação pelo IRPJ e pela CSL. Todavia, o AVJ não pode ser computado como custo para fins de apuração de ganhos de capital, quando da alienação[140] do bem, salvo se o valor houver sido tributado em momento anterior.

Nota-se assim a intenção do legislador de não dar nenhum efeito tributário aos valores contabilizados em decorrência de simples critério de avaliação. Isso se alinha à diretiva de tributação da renda que esteja disponível, apenas, econômica ou juridicamente, nos termos do art. 43 do Código Tributário Nacional.[141] Porém, deve-se dar atenção ao impacto tributário na situação de realização do ativo classificado como propriedade para investimento ou da mudança do regime de tributação.

Quando o bem imóvel se encontra no patrimônio de uma pessoa jurídica que não tenha em seu objeto social a atividade de deter ou explorar esse patrimônio (por exemplo, uma

---

140. Lei 9.430/96: "*Art. 25. O lucro presumido será o montante determinado pela soma das seguintes parcelas:*
(...)
§ 3º Os ganhos decorrentes de avaliação de ativo ou passivo com base no valor justo não integrarão a base de cálculo do imposto, no momento em que forem apurados.
§ 4º Para fins do disposto no inciso II do caput, *os ganhos e perdas decorrentes de avaliação do ativo com base em valor justo não serão considerados como parte integrante do valor contábil.*
§ 5º O disposto no § 4º não se aplica aos ganhos que tenham sido anteriormente computados na base de cálculo do imposto".

141. CTN: "*Art. 43. O imposto, de competência da União, sobre a renda e proventos de qualquer natureza tem como fato gerador a aquisição da disponibilidade econômica ou jurídica:*
I – de renda, assim entendido o produto do capital, do trabalho ou da combinação de ambos;
II – de proventos de qualquer natureza, assim entendidos os acréscimos patrimoniais não compreendidos no inciso anterior".

empresa comercial ou industrial), é recomendável que seja movido para a pessoa física do sócio, o que normalmente se faz por redução de capital social, ou para uma *holding* imobiliária. Neste caso, a transferência pode se dar por diversas maneiras, sendo que as exigências e implicações tributárias acabam por conduzir a decisão de como se promover a transferência sob o aspecto societário, que pode ser por cisão, conferência de bem ou redução de capital.

Na hipótese de cisão parcial para retirada do imóvel em favor da *holding* imobiliária (cindenda), além da complexidade da operação, que demanda levantamento de balanço e encerramento de período base, inclusive com entrega de escrituração contábil fiscal (ECF), há a previsão legal do art. 132 do Código Tributário Nacional,[142] que estabelece a responsabilidade da cindenda por passivos tributários da cindida até a data da operação.

No caso de redução de capital da empresa operacional, para entrega do imóvel para o sócio e posterior conferência do mesmo imóvel para integralização de aumento de capital da *holding* imobiliária, enfrentam-se duas circunstâncias desfavoráveis: (i) o prazo legal para registro da operação em Junta Comercial, em função da necessidade de publicação da ata que aprova a redução e de prazo concedido para a manifestação de terceiros,[143] e (ii) os custos inerentes a duas alienações, ou seja, a possível dupla incidência do ITBI[144] e a necessidade de dois registros na matrícula do imóvel, um para averbar a transferência da operacional para o sócio e outro relativo à transferência do sócio para a *holding* imobiliária.

---

142. "*Art. 132. A pessoa jurídica de direito privado que resultar de fusão, transformação ou incorporação de outra ou em outra é responsável pelos tributos devidos até à data do ato pelas pessoas jurídicas de direito privado fusionadas, transformadas ou incorporadas.*"

143. Para S.A., o art. 174 da Lei 6.404/76 estabelece o prazo de sessenta dias, sendo que para a limitada o art. 1.084, § 1º, do Código Civil prevê noventa dias.

144. A incidência do ITBI depende de circunstâncias de cada caso, como se verá adiante.

Alternativamente, com o propósito de reduzir os custos mencionados no item (ii) do parágrafo anterior para apenas uma transferência do imóvel, pode-se inverter os passos: primeiro a empresa operacional confere o imóvel para uma subsidiária (que se tornará a *holding* imobiliária), da qual a operacional passa a ser sócia momentaneamente, e depois se reduz o capital da operacional para entregar as ações/quotas da subsidiária para o sócio pessoa física. Assim, a pessoa física deterá duas empresas: uma, a operacional (que não mais deterá o imóvel), e outra, a *holding* imobiliária (antes, subsidiária da operacional). Nesse caso, tanto o ITBI quanto o registro não alcançam a transmissão da participação societária, objeto da redução de capital.

(a) Alienação de imóvel

A legislação tributária federal atribui tratamentos diversos à alienação de imóveis, que devem ser cuidadosamente analisados sob a ótica do IR, se detidos por pessoa física ou jurídica; a alienação pela pessoa física costuma ser mais vantajosa do que pela jurídica.

Na alienação de imóvel detido por pessoa física, o IR incide mediante aplicação de alíquotas progressivas de 15% a 22,5%[145] sobre o ganho de capital (diferença positiva entre o valor de alienação e o valor de custo constante da declaração de bens), observados tratamentos de favorecimento previstos em lei, como, por exemplo, o da isenção concedida ao vendedor de imóvel residencial que, no prazo de cento e oitenta dias, aplica o produto da alienação na aquisição de imóveis residenciais (esse benefício só pode ser utilizado uma vez a cada cinco anos e pode ser usufruído total ou parcialmente, sempre em relação à parcela da venda investida na nova aquisição).

Assim, por exemplo, se um imóvel detido pela pessoa física está destinado à alienação, a sua conferência para uma *holding* pode ser desinteressante, ainda mais se ela estiver submetida à apuração do lucro real e com resultado positivo (ou

145. Se residente em país com tributação favorecida, a alíquota é de 25%.

seja, não possui resultado negativo nem prejuízo fiscal para compensar com o lucro imobiliário).

A conveniência da constituição de empresa imobiliária tributada pelo lucro presumido mediante a conferência de bens destinados à venda (ou mesmo mediante transferência da empresa operacional), e, portanto, registrados em estoque, deve ser analisada à luz da tributação incidente sobre tal operação (IR, CSL, PIS, COFINS e ITBI) e comparada àquela relativa ao ganho de capital da pessoa física.[146] É questão de cálculo, porque duas variáveis influem na carga tributária, quais sejam, as bases de cálculo e as alíquotas.

Uma vez decidida a transferência da propriedade do imóvel para a *holding* imobiliária, é de alta relevância dar indicativo em qual rubrica contábil será registrado o imóvel, pois isso definirá seu futuro tratamento fiscal na hipótese de alienação do bem.

Tratando-se de imóvel registrado em estoque ou propriedade para investimento[147] de *holding* em cujo objeto social contenha a atividade imobiliária e o seu regime de apuração seja o lucro presumido, a tributação incide à alíquota máxima de 6,73%[148] sobre a receita da venda do bem.

Por outro lado, se o imóvel for registrado em conta do grupo imobilizado da empresa, ainda que sujeita ao regime de apuração pelo lucro presumido, a tributação na venda do bem incide à alíquota de até 34%[149] sobre o ganho de capital, pelo fato de se tratar de receita não vinculada à sua atividade. Ademais, conforme já dissemos, o imóvel é sujeito à depreciação, o que reduz o valor contábil (e, portanto, aumenta o ganho

---

146. Não se ingressa na discussão de limites da legitimidade do planejamento tributário, por escapar do objeto deste estudo, mas a análise sob esse aspecto é de rigor.

147. O CPC 28 define que a propriedade para investimento corresponde à propriedade para auferir aluguel, para valorização do capital ou para ambas.

148. Soma das alíquotas de IR (lucro presumido de atividade comercial 8% x 25% = 2%), CSL (lucro presumido de atividade comercial 12% x 9% = 1,08%), PIS (0,65%) e Cofins (3%); adota-se aqui o adicional de IR de 10% como integrante da alíquota do IR.

149. Soma das alíquotas de IRPJ (15% + 10% adicional) e CSL (9%).

de capital no momento da realização), sendo que a despesa de depreciação de períodos anteriores não é aproveitada na apuração de ganho de capital.

Em caso de imóvel registrado no imobilizado de empresa tributada pelo lucro real, o ganho de capital compõe o resultado do exercício, sendo que a depreciação do bem em períodos anteriores correspondeu a uma despesa dedutível e provocou uma base de cálculo menor para IRPJ e CSL à época, ou um prejuízo fiscal e base de cálculo negativa a serem aproveitados[150] posteriormente. Se o imóvel estiver registrado no ativo circulante, não há depreciação e incidem PIS e COFINS com alíquota conjunta de 9,25%[151] sobre a receita.

Desse modo, considerando que a carga fiscal da pessoa jurídica tributada pelo lucro real é superior à da pessoa física, apenas será conveniente do ponto de vista fiscal promover a venda de imóvel registrado no ativo imobilizado se a pessoa jurídica tiver resultado negativo verificado pelas demais atividades, no mesmo exercício.[152] No caso de imóvel registrado no imobilizado, deverá ser reconhecida a depreciação, porém sendo tal despesa aproveitada na apuração do lucro real.

(b) Locação de imóvel

No caso da locação de imóvel, a princípio, a tributação mais favorecida é a da empresa submetida ao regime do lucro presumido[153] em comparação à da pessoa física. Não há de se

150. O prejuízo fiscal do IRPJ e a base de cálculo negativa da CSL devem ser controlados em documentos próprios e podem ser aproveitados para compensar o lucro tributável de períodos posteriores até o limite de 30% (art. 42 da Lei 8.981/1995 e art. 15 da Lei 9.065/199).

151. Soma das alíquotas de PIS (1,65%) e Cofins (7,6%), podendo, entretanto, haver crédito em razão do sistema não cumulativo dessas contribuições no regime de lucro real.

152. Eventual prejuízo acumulado de períodos anteriores pode reduzir no máximo 30% do lucro após adições e exclusões (Lei 8.981/95, art. 42), de modo que a carga efetiva passe de 34% para 23,8%.

153. Não está pacificado o tema de que o imóvel deve estar contabilizado em conta de imobilizado para que a receita de aluguel seja considerada receita operacional. Alguns sustentam que, se o imóvel estiver contabilizado no estoque, eventual receita de

esquecer do ITBI incidente sobre a conferência do bem para a pessoa jurídica, que será exposto em seguida.

O rendimento obtido pela pessoa física com a locação de imóvel é tributado pelo IRPF de acordo com a tabela progressiva, cuja alíquota máxima é de 27,5%.[154] O pagamento deve ser realizado no mês seguinte ao do recebimento do aluguel, pelo próprio contribuinte (carnê-leão) ou pelo locatário (no caso de a fonte pagadora ser pessoa jurídica, há a obrigação de retenção do IRF). A legislação tributária exige que os aluguéis sejam incluídos na declaração de ajuste anual e, assim, despesas dedutíveis da pessoa física podem mitigar o impacto fiscal.

Como já se assinalou, para o caso de imóvel de propriedade de empresa cujo objeto social seja a atividade imobiliária e o regime de apuração seja o lucro presumido, a tributação incide à alíquota máxima de 14,53%[155] sobre a receita de locação.[156]

Se o regime de apuração for o lucro real, sobre a receita de aluguel incidirá PIS e COFINS,[157] e o resultado[158] estará sujeito à tributação de IRPJ e CSL (alíquotas de 15% + 10% e 9%).

Para a empresa locatária, que esteja submetida à apuração do lucro real, o aluguel corresponde à despesa dedutível

---

aluguel não deve ser considerada operacional, tendo em vista que sua destinação é a venda, e, portanto, apenas a receita de venda pode ser considerada operacional. Outros, no entanto, argumentam que se o objeto social contiver ambas as atividades – venda e locação – então qualquer receita decorrente deve ser considerada operacional.

154. Para efeito de planejamento, pode-se considerar a alíquota de 27,5% como a efetiva sobre todo o rendimento, pois os valores sujeitos a alíquotas menores são inexpressivos.

155. Soma das alíquotas de IR (lucro presumido de atividade de aluguel 32% x alíquota 25% = 8%), CSL (lucro presumido de atividade de aluguel 32% x alíquota 9% = 2,88%), PIS (0,65%) e Cofins (3%).

156. Nos termos da Lei 12.814/2013, o limite de receita bruta para opção pelo lucro presumido passou a ser de R$ 78.000.000,00 a partir de 2014.

157. Considerando que o lucro real para a atividade imobiliária implica a sistemática não cumulativa, a despesa de depreciação proporciona crédito para apuração das contribuições.

158. Relativamente ao imóvel compõem o resultado a receita de aluguel e a sua depreciação.

na apuração de IRPJ e CSL, e a crédito na apuração de PIS[159] e COFINS.[160] Porém, caso o imóvel tenha sido, no passado, de propriedade da locatária, é vedado o crédito de PIS e COFINS relativo ao valor do aluguel. Essa situação pode ocorrer quando se pretenda na reorganização societária segregar imóvel que se encontra detido pela empresa operacional. Independentemente do caminho seguido (cisão, redução de capital etc.), o crédito é vedado.

(c) ITBI

Até pouco tempo atrás, era relativamente pacífico o entendimento a respeito da incidência, ou não, do ITBI na conferência de imóveis para uma empresa. Esse entendimento era no sentido de reconhecer a imunidade quando da entrega de imóvel para empresa como integralização de aumento de capital, desde que a empresa não apresentasse receita de atividade imobiliária superior a 50% nos dois anos anteriores ao ato da integralização e nos dois posteriores.[161]

Em decisão do Supremo Tribunal Federal de 4 de agosto de 2020,[162] com efeito de repercussão geral[163] e com voto vencedor do Ministro Alexandre de Moraes, a interpretação atribuída a um dispositivo da Constituição Federal,[164] e da for-

159. Lei 10.637/2002, art. 3º, IV.

160. Lei 10.833/2003, art. 3º, IV.

161. Na situação em que a pessoa jurídica não tenha receita da atividade imobiliária anterior, a condição é relativa a três anos posteriores ao ato da integralização.

162. RE 796.376.

163. A decisão deve ser observada por todos os julgadores a partir da sua publicação.

164. "*Art. 156. Compete aos Municípios instituir impostos sobre:*
II – transmissão 'inter vivos', a qualquer título, por ato oneroso, de bens imóveis, por natureza ou acessão física, e de direitos reais sobre imóveis, exceto os de garantia, bem como cessão de direitos a sua aquisição;
§ 2º O imposto previsto no inciso II:
I – não incide sobre a transmissão de bens ou direitos incorporados ao patrimônio de pessoa jurídica em realização de capital, nem sobre a transmissão de bens ou direitos decorrente de fusão, incorporação, cisão ou extinção de pessoa jurídica, salvo se, nesses casos, a atividade preponderante do adquirente for a compra e venda desses bens ou direitos, locação de bens imóveis ou arrendamento mercantil;"

ma que foi manifestada, vem provocando muito debate nos tribunais. Ou seja, a decisão – a ser observada em todos os julgamentos posteriores em todas as instâncias do Poder Judiciário – não esclareceu de fato um ponto relevante na relação contribuinte-municipalidade, mas, ao contrário, semeou incerteza a respeito da imunidade em tal ato jurídico.

A discussão teve início em razão do Município de São João Batista, no Estado de Santa Catarina, não reconhecer a imunidade do ITBI sobre uma parcela dos bens imóveis conferidos para uma pessoa jurídica que não tinha receita imobiliária superior a 50%, pelo fato de que uma parte do valor total foi entregue a título de capital social e outra parte a título de ágio. O valor total atribuído pelos sócios não foi impugnado pelo Município de São João Batista, como acontece em outros municípios, sendo que a imunidade foi reconhecida sobre o valor atribuído ao capital social, e não sobre a diferença entre o valor total dos imóveis e o do capital social. Essa diferença foi contabilizada como reserva de ágio, nos termos da alteração do contrato social da empresa contribuinte. Colocamos em nota de rodapé considerações acerca do entendimento equivocado do STF.[165]

---

165. Segundo o Professor Modesto Carvalhosa em sua obra *Comentários à Lei das S.A.*, é sedimentado o entendimento de que nem todo o valor das entradas dos subscritores irá obrigatoriamente compor o capital social, podendo parte ser destinada à reserva de capital com aplicação estranha à atividade produtiva da companhia. A razão de tal situação é a de evitar a diluição da participação dos antigos acionistas.
Mas a destinação à reserva de capital não afeta a relação entre o acionista subscritor de aumento de capital e a companhia. Com efeito, relativamente às ações sem valor nominal, o preço de emissão é estabelecido pelos acionistas da companhia, sendo que a realização da subscrição do aumento de capital representa para o acionista entrante uma obrigação única de pagamento pela aquisição das ações subscritas.
O importante para o assunto aqui tratado é que o acionista entrante adquire determinada quantidade de ações do capital social, mediante subscrição, por um determinado preço. Ou seja, o acionista compra participação no capital social e entrega bens e direitos à companhia. O preço de emissão deve refletir o valor real da ação, e não o seu valor nominal. A eventual necessidade de a companhia destinar, em sua contabilidade, parte da contribuição à conta de reserva decorre do fato de existir relação entre capital e número de ações sem valor nominal emitidas; isso porque cabe ao estatuto determinar o valor subscrito do capital social e o número de ações em que este está dividido, evitando a diluição injustificada dos acionistas que não acompanham o aumento de capital social. Enfim, se o valor de emissão for superior ao valor nominal da ação, a diferença corresponde a ágio para formar reserva de

Por outro lado, alguns municípios têm entendimento de que a imunidade protege até o montante atribuído ao imóvel na operação de conferência ao capital social, sustentando que a parcela correspondente à diferença entre o valor venal[166] e o valor constante na Declaração de Bens (utilizado para conferência[167]) fica sujeita à tributação.

A incerteza semeada pelo julgamento do STJ decorre de o Ministro Alexandre de Moraes trazer razões de decidir que não são objetivamente relacionadas ao tema daquele processo e que serão utilizadas indevidamente pelas prefeituras municipais para exigir parcialmente o ITBI.[168]

A questão que se enfrenta em diversos municípios é o entendimento de que a diferença entre o valor venal do imóvel e o valor atribuído ao aumento do capital está fora do alcance da imunidade. Segundo eles, a Tese aprovada no julgamento "A imunidade em relação ITBI, prevista no inciso I do § 2º do art. 156 da Constituição Federal, não alcança o valor dos bens que exceder o limite do capital social a ser integralizado"

---

capital, mas a relação jurídica entre acionista e companhia é tão somente de subscrição de aumento de capital social e a sua realização.
Vale observar que o comando do art. 182 da Lei das S.A. destina-se à companhia a fim de estabelecer que classifique adequadamente em seus registros o valor de subscrição e realização do aumento do capital social. O acionista não subscreve – nem realiza ou integraliza – "aumento de reserva de capital", senão "aumento de capital social".
Assim, ousamos discordar do entendimento vencedor no julgamento do RE 796.376/SC, pois a subscrição corresponde a uma das cláusulas do negócio jurídico de aumento de capital da companhia, cuja liquidação se dá mediante a integralização ou realização. Enfim, não há como dissociar o valor da subscrição e o valor da realização, estando ambos diretamente ligados ao aumento do capital social, ainda que com valor superior para a emissão das ações.

166. Valor venal é atribuído pela municipalidade como de mercado e que serve de base de cálculo para o IPTU e para o ITBI.

167. Como vimos, a integralização de aumento de capital social com bens pelo valor da Declaração de Bens não gera ganho de capital nem imposto de renda. Ao contrário, se a integralização for por valor superior ao da Declaração, haverá incidência de imposto de renda.

168. Infelizmente não prevaleceu o voto do Ministro Marco Aurélio, relator original do recurso, no qual sustentou serem capital social e ágio de mesma natureza, sendo apenas rubricas diferentes do grupo denominado patrimônio líquido.

garante possibilidade de a municipalidade exigir o imposto sobre a parcela do valor venal do imóvel que sobejar o valor atribuído na realização do capital social. O problema decorre de interpretação da Tese aprovada no STF em face do dispositivo legal que permite a contribuição do bem para aumento de capital pelo valor de custo da pessoa física, evitando-se a incidência de IRPF na transmissão do bem.[169] Ou seja, no entendimento do fisco municipal, se a pessoa transmitir o bem imóvel pelo valor da sua declaração de bens e este valor for inferior ao valor venal atribuído pelo Município, então a diferença entre tais valores, considerada como excesso do valor do capital social integralizado, é passível de tributação. Note que a pretensão extrapola a discussão restrita aos registros contábeis, parâmetros do voto vencedor no referido RE.

A interpretação atribuída pelo STF ao comando da Constituição Federal, que garante imunidade do ITBI na transmissão de imóvel para pessoa jurídica sob determinadas circunstâncias, não cuidou da situação de diferença entre o valor de mercado (ou venal) e o valor adotado na transmissão do imóvel. Mas os fundamentos do voto vencedor estimularam alguns Municípios a adotar o critério acima, sem qualquer respaldo constitucional, legal ou mesmo jurisprudencial.

Outra consequência é a de pessoas jurídicas, que recolheram o ITBI sobre a transmissão de imóvel em aumento de seu capital em razão de terem atividade preponderantemente imobiliária, agora pedirem a restituição do imposto pago indevidamente, com fundamento de que a previsão no dispositivo constitucional a respeito da não preponderância da atividade imobiliária se destinar apenas às operações de fusão, cisão, incorporação ou extinção da pessoa jurídica, conforme consta das razões de decidir do voto vencedor.

Nesse particular, já existem decisões de tribunal a respeito desse novo contencioso no Poder Judiciário, prevalecendo por enquanto o entendimento de que o argumento exposto

169. Lei 9.249/95, art. 23 e parágrafos.

no RE 796.376/SC relativo à aplicação incondicional da regra imunizante à conferência de bens parece ter sido feita apenas a título *obter dictum*, sem qualquer caráter vinculante e sem integrar a *ratio decidendi.*[170]

O certo é que a decisão definitiva[171] deve prevalecer para toda e qualquer discussão a respeito do tema específico (parte do valor do imóvel ser destinado à conta de reserva de ágio), e que não foi debatida a situação corriqueira em que o município exige ITBI sobre diferença entre o valor venal e o valor atribuído[172] na formação do capital social. Portanto, continuamos a conviver com a insegurança em relação a essa pretensão de alguns municípios nesse sentido.

Assim, independentemente da recomendação de segregação dos imóveis em diferentes *holdings* conforme sua destinação para efeito de gestão patrimonial, a motivação do ponto de vista do ITBI é incerta.

Não foi alterada a regra segundo a qual o retorno do bem imóvel à mesma pessoa que o conferiu como integralização de aumento de capital da pessoa jurídica não está sujeito à incidência do ITBI.[173]

Deduz-se, assim, que todas as questões devem ser avaliadas: conferir ou não os imóveis, quais, por qual valor, para que tipo de empresa e para qual conta contábil,[174] receber ou não de volta os imóveis conferidos.

---

170. Ag. Instr. 2250422-29.2021.8.26.0000, rel. Des. Ricardo Chimenti, TJSP, 26-10-2021; Ag. de Instr. 2249194-19.2021.8.26.0000, rel. Des. Amaro Thomé, TJSP, 27-10-2021; Apel. Cível 1015270-64.2021.8.26.0405, rel. Des. Octavio Machado de Barros, TJSP, 02-12-2021.

171. Decisão transitou em julgado em 15-10-2020.

172. Como dissemos, o indivíduo pode escolher transferir o imóvel para a formação do capital social da sociedade pelo valor da declaração de bens – normalmente defasado em relação ao valor de mercado – ou pelo valor de mercado.

173. CTN, art. 36, parágrafo único conjugado com o inciso I.

174. Como exemplo, poder-se-ia citar o caso de um imóvel antigo, adquirido nos anos 70, objeto de locação, de altíssimo valor de mercado, detido por pessoas físicas em condomínio. A sugestão, dentro do caso prático, digamos que fosse a conferência do bem para uma *holding* imobiliária, tributada pelo regime do lucro presumido. O que se

2.1.3 Ativos financeiros

Enquanto para determinados tipos de ativos, tais como imóveis, aeronaves e embarcações, por vezes, a solução para se conseguir uma governança jurídica familiar, com acordo de sócios e regras de conduta, encerra-se na sua conferência para uma *holding*, com possibilidade ainda de se obter proteção patrimonial e/ou economia fiscal no caso de locação desses bens e de se evitar condomínio, para outros ativos não se recomenda a constituição de uma sociedade para detê-los. É o caso dos ativos financeiros.

Ainda que a entrega de recursos para uma sociedade de investimento possibilite o estabelecimento de regras de gestão e de distribuição dos lucros entre os sócios, bem como que esse movimento possa solucionar questões de organização patrimonial e sucessória, tal conferência não é recomendável quer por razão de natureza tributária, quer por razão de natureza societária, pois nem sempre se consegue acomodar os interesses dos sócios. Isso porque, já que os dividendos somente podem ser distribuídos por uma sociedade quando houver reservas de lucros, é possível enfrentar a situação em que os sócios pretendam receber valor maior do que a sociedade possa distribuir a título de dividendos, não obstante exista disponibilidade em caixa. Assim, a fim de que se promova a entrega regular ou periódica de recursos a sócios em valores maiores do que o lucro acumulado, a solução passa por constituir um mútuo com a pessoa jurídica (com implicações tributárias), ou por reduzir o

---

deveria inicialmente questionar seria por qual valor tal bem seria conferido para a sociedade: se (a) pelo valor de custo, perder-se-ia uma vantagem já existente, de redução da base de cálculo do ganho de capital sobre a diferença positiva entre o valor de conferência e o valor de custo; ou se (b) pelo valor de mercado, usufruir-se-ia do citado benefício do imposto de renda, mas ampliar-se-ia a base de cálculo do ITBI, uma vez que o valor da conferência superaria o valor venal do bem conferido. À vista das observações acima, o pensamento induz ao entendimento de que o custo do ITBI, comparado à economia fiscal que a percepção de receitas de aluguéis pela *holding* imobiliária geraria, compensa, podendo até ser visto como um investimento necessário para se usufruir de um ganho tributário futuro. Mas, o que não se pode desprezar, nesse cenário, são a vantagem que o benefício do tempo traz para fins de cálculo do imposto de renda sobre o ganho de capital e a definição do valor de conferência do bem.

capital (com implicações societárias, inclusive a necessidade de publicação prévia da deliberação em sessenta ou noventa dias, conforme o caso de S.A. ou limitada, para posterior registro).

Com relação à carga fiscal, a tributação dos rendimentos financeiros para as pessoas físicas corresponde às alíquotas regressivas de 22,5% a 15% em função do tempo do investimento, com algumas exceções,[175] enquanto para as pessoas jurídicas, inclusive as tributadas pelo lucro presumido, a carga corresponde a 34%[176-177] a qual é acrescida de 4,65% para as pessoas jurídicas sujeitas à apuração não cumulativa[178] de PIS e COFINS.

Enfim, a titularidade desses ativos por uma *holding* não sana a questão societária, além de comprometer a inteligência tributária.

Portanto, do ponto de vista tributário, para esses tipos de ativos líquidos, a sua alocação em *holding* não é recomendada.[179] A permanência da titularidade de tais ativos com as pessoas físicas é menos onerosa, ou, alternativamente, podem eles ser conferidos para um fundo de investimento exclusivo, o que é tratado adiante.

2.2 Fundos de investimento

Como dito no capítulo anterior, deter bens e direitos por meio de um fundo de investimento pode ser considerado

175. Para as pessoas físicas há investimentos cujos rendimentos são isentos de IRPF (poupança, LCI, CRI etc.) e de alíquotas especiais (por exemplo, VGBL, no sistema regressivo conforme o tempo do investimento, de 35% a 10%).

176. IRPJ com adicional e CSL.

177. Não se cogita aqui da situação de pessoa jurídica tributada pelo sistema do Simples ou sujeita a regime especial (por exemplo, o Regime Especial Tributário para empreendimento imobiliário com afetação de patrimônio).

178. Por exemplo, pessoa jurídica sujeita ao lucro real.

179. Eventualmente, se a pessoa jurídica for deficitária por conta de outras atividades, a receita financeira pode ser neutralizada, do ponto de IRPJ e CSL, com a despesa ou resultado dessas outras atividades (devendo ser avaliada também a situação de PIS e COFINS).

interessante tanto para efeito de governança quanto para fins tributários. Mas a escolha dos ativos a serem detidos pelo fundo de investimento e o modo de formação de seu patrimônio requerem cuidados.

Os ativos financeiros que são isentos de tributação para a pessoa física – tais como CRI, poupança, LCI etc. – devem ser vistos como exceção à regra de que é vantajoso deter ativos financeiros por meio de um fundo, uma vez que perdem a sua eficiência fiscal, considerando que seus rendimentos se tornam tributados[180] em razão de comporem a valorização da cota.

Os fundos não têm personalidade jurídica e, portanto, não são sujeitos passivos de tributos ou de qualquer outra obrigação. Daí, somente o cotista é tributado mediante retenção na fonte pelo administrador do fundo, e, ainda assim, a tributação nos fundos fechados e nos de renda variável acontece apenas quando há amortização ou resgate das cotas.

Na hipótese de interesse em transmitir o portfólio de investimentos para um fundo, não se pode esquecer que a Lei 13.043/2014 previu, no seu art. 1º, que os ativos financeiros conferidos a fundo de investimento devem ser a valor de mercado, cabendo ao administrador do fundo a responsabilidade acerca de seu cumprimento.[181] Quer dizer, nessas operações,

---

180. A incidência ocorre com a antecipação conhecida por come-cotas (principalmente nos casos de fundo aberto, como renda fixa) ou com a amortização ou o resgate.

181. Com a edição da MP 651, de 09-07-2014, convertida na Lei 13.043, de 13-11-2014, criaram-se a obrigação de conferir por valor de mercado os ativos financeiros a fundo de investimento e a responsabilidade do administrador do fundo pelo recolhimento do IR. Todavia, nada se previu a respeito do valor de integralização das cotas do fundo de investimento com outros bens e direitos. Veja-se a redação do art. 1º:
"*Art. 1º Na integralização de cotas de fundos ou clubes de investimento por meio da entrega de ativos financeiros, fica o administrador que receber os ativos a serem integralizados responsável pela cobrança e recolhimento do imposto sobre a renda devido sobre o ganho de capital, observado o disposto no inciso I do caput do art. 70 da Lei 11.196, de 21 de novembro de 2005.*
§ 1º Em relação aos ativos financeiros sujeitos a retenção do imposto sobre a renda na fonte, a responsabilidade pelo recolhimento do imposto será da instituição ou entidade que faça o pagamento ao beneficiário final, ainda que não seja a fonte pagadora inicial.
§ 2º Cabe ao investidor que integralizar cotas de fundos e clubes de investimento com ativos financeiros a responsabilidade de comprovar o custo de aquisição dos ativos.

o cotista/conferente deve apresentar a demonstração do valor de custo e de mercado dos bens a serem conferidos, o que pode implicar a apuração de ganho de capital, e, se for o caso, o comprovante do recolhimento de IRPF.[182]

Não obstante essa previsão legal não abranger outros ativos, é praxe atual dos administradores de fundos a demonstração dos valores de custo e de mercado dos ativos não financeiros que se pretende conferir ao fundo, e a exigência do pagamento do IRPF sobre o ganho de capital por ocasião da conferência.

Aos clubes de investimento, às carteiras administradas e a qualquer outra forma de investimento associativo ou coletivo, aplicam-se as normas do IR fixadas para os fundos de investimento de acordo com sua classificação.[183]

A tributação para a pessoa física dos rendimentos dos ativos do fundo ocorre em virtude da incidência de dois impostos federais: IOF e IRF.

---

§ 3º Cabe ao investidor disponibilizar previamente ao responsável tributário os recursos necessários para o recolhimento do imposto sobre a renda devido nos termos deste artigo e do Imposto sobre Operações de Crédito, Câmbio e Seguro, ou relativas a Títulos ou Valores Mobiliários – IOF, quando aplicável.
§ 4º A comprovação de que dispõe o § 2º será feita por meio da disponibilização ao responsável tributário de nota de corretagem de aquisição, de boletim de subscrição, de instrumento de compra, venda ou doação, de declaração do imposto sobre a renda do investidor, ou de declaração do custo médio de aquisição, conforme instrução da Secretaria da Receita Federal do Brasil.
§ 5º O investidor é responsável pela veracidade, integridade e completude das informações prestadas e constantes dos documentos mencionados no § 4º.
§ 6º O custo de aquisição ou o valor da aplicação financeira não comprovado será considerado igual a zero, para fins de cômputo da base de cálculo do imposto sobre a renda devido sobre o ganho de capital.
§ 7º É vedada a integralização de cotas de fundos ou de clubes de investimento por meio da entrega de ativos financeiros que não estejam custodiados ou escriturados em pessoa jurídica autorizada pela Comissão de Valores Mobiliários ou pelo Banco Central do Brasil a prestar tal serviço.
§ 8º Não se aplica o disposto neste artigo à integralização de cotas de fundos ou clubes de investimento por meio da entrega de imóveis, hipótese em que cabe ao cotista o recolhimento do imposto sobre a renda, na forma prevista na legislação específica".

182. À alíquota progressiva de 15% a 22,5%.

183. IN 1.585/15, art. 43.

2.2.1 IOF

O IOF incide sobre o rendimento de operações realizadas no mercado de renda fixa e de resgate de fundos de investimento e de clubes de investimento (com exceção das operações no mercado de renda variável), até o 29º dia da aplicação, sendo que a partir do 30º dia a alíquota é zero.[184]

O percentual do imposto varia de 96% a 0%, conforme a tabela regressiva, dependendo do número de dias decorridos da aplicação, e incide sobre o rendimento do investimento, como se disse:

Dias	Alíquotas	Dias	Alíquotas	Dias	Alíquotas
1	96 %	11	63 %	21	30 %
2	93 %	12	60 %	22	26 %
3	90 %	13	56 %	23	23 %
4	86 %	14	53 %	24	20 %
5	83 %	15	50 %	25	16%
6	80 %	16	46 %	26	13 %
7	76 %	17	43 %	27	10 %
8	73 %	18	40 %	28	6 %
9	70 %	19	36 %	29	3 %
10	66 %	20	33 %	30	0 %

2.2.2 IRF

O IR nos fundos de investimento incide sobre o rendimento obtido pelo cotista e a sua alíquota varia de acordo com o tipo do fundo, a composição da carteira e com o prazo médio dos títulos que a integram. É interessante notar que a classificação de fundos de investimento instituída pela CVM é semelhante à estrutura tributária do mercado de capitais para títulos e valores mobiliários vigente a partir de 1º-01-2005, a qual diferencia os investimentos de curto e de longo prazo, assim como os investimentos em renda fixa dos investimentos em renda variável.

A incidência do IR sobre os rendimentos nas aplicações em fundos de investimento, auferidos por pessoa física, é

184. Portaria MF 264/1999.

considerada exclusiva de fonte, de modo que o administrador é o responsável por calcular, reter e recolher o imposto. Ao investidor pessoa física não se impõe obrigação de recolhimento, e seus lançamentos em declaração de ajuste anual são feitos em valores líquidos de imposto, como rendimentos sujeitos à tributação exclusiva de fonte ou rendimentos isentos, a depender do fundo de investimento.

A exceção está na cessão das cotas de fundo,[185] cuja apuração e recolhimento do IRPF é de responsabilidade do próprio cotista, como se verá mais adiante.

Os prejuízos em aplicações em fundos podem ser compensados com ganhos posteriores no mesmo fundo ou em outro fundo do mesmo administrador, desde que sejam do mesmo tipo e com iguais alíquotas do IR.

Em função da categorização estabelecida pelo prazo do fundo e do tipo de renda, a legislação estabelece regra geral para os fundos de investimento, excepcionados alguns fundos de investimento aos quais se aplicam regras especiais.

(a) Regra geral

Os rendimentos auferidos em qualquer aplicação ou operação financeira de renda fixa sujeitam-se à incidência do IRF às seguintes alíquotas:[186]

> I – 22,5% em aplicações com prazo de até 180 dias;
>
> II – 20% em aplicações com prazo de 181 dias até 360 dias;
>
> III – 17,5% em aplicações com prazo de 361 dias até 720 dias;
>
> IV – 15% em aplicações com prazo acima de 720 dias.

Nos fundos de investimento ocorre semestralmente a antecipação de tributação sobre os rendimentos com a incidência

---

185. Apenas cotas de alguns tipos de fundos podem ser cedidas, como já informado no capítulo anterior.

186. Lei 11.033/2004, art. 1º.

da menor alíquota de cada tipo de fundo (curto e longo prazo).[187] Assim, a antecipação de IR nos fundos de investimento de longo prazo, ou seja, aqueles cuja carteira de títulos tenha prazo superior a 365 dias, ocorre a alíquota de 15%, e nos fundos de investimento de curto prazo, a alíquota de 20%.

Essa antecipação semestral da tributação é denominada "come-cotas" pelo fato de que o valor utilizado para pagar essa parcela de IR é deduzido do saldo de cotas que o investidor possui.[188] O come-cotas acontece no último dia útil dos meses de maio e novembro de cada ano.

Adicionalmente, por ocasião do resgate de cotas, é aplicada alíquota complementar para que se alcancem os percentuais citados acima, conforme o prazo efetivo do investimento e, também, para que o IR incida sobre o rendimento do período desde o último come-cotas até o resgate:[189] de 22,5% a 15%.[190]

A tributação dos fundos de investimento de curto prazo, assim entendidos aqueles cuja carteira de títulos tenha prazo igual ou inferior a 365 dias, ocorre apenas com duas alíquotas: 22,5% em aplicações com prazo de até 180 dias, e 20% em aplicações com prazo acima de 180 dias.[191] Assim, no sistema come-cotas, os rendimentos tributados semestralmente (maio e novembro) sujeitam-se à alíquota de 20% e, no resgate de cotas, incide tributação complementar com alíquota superior se o resgate ocorrer no prazo de até 180 dias sobre todo o rendimento objeto da respectiva amortização ou resgate, e com a alíquota básica sobre os rendimentos havidos desde o último come-cotas, caso o resgate ocorra no prazo superior a 180 dias.

---

187. Lei 11.033/2004, art. 1º, Lei 11.053/2004, art. 6º, e IN RFB 1.585/2015, art. 3º.

188. Lei 10.892/2004, art. 3º.

189. IN RFB 1.585/2015, art. 6º.

190. Para aplicações com prazo superior a 720 dias não há complementação de carga tributária pois a alíquota efetiva é de 15% – tal qual a do come-cotas – e incide sobre os rendimentos havidos desde a última retenção de fonte.

191. IN RFB 1.585/2015, art. 8º.

Na hipótese de ter sido apurada perda no resgate de cotas de fundo, permite-se a compensação com rendimentos auferidos em resgates ou incidências posteriores, no mesmo ou em outro fundo com mesmo administrador, desde que sujeitos à mesma classificação.[192]

Vale mencionar uma curiosidade sobre o informe de rendimentos fornecido pelo administrador para que o contribuinte preencha as informações acerca de seu investimento em fundo de investimento na DIRPF, que não coincide em valor com a posição efetiva na data-base do ano fiscal, 31 de dezembro. Isso se dá pelo fato de que o último come-cotas do ano ocorre em novembro e o contribuinte deve informar em sua DIRPF apenas o rendimento já tributado (ou seja, a posição de novembro), e assim o rendimento do mês de dezembro não é incluído no próprio ano, mas o será no ano seguinte quando haverá come-cotas do rendimento de dezembro a maio do ano seguinte. Enfim, o rendimento que consta do informe de rendimento fornecido pelo administrador do fundo é normalmente o do período de dezembro do ano anterior a novembro do ano-base.

(b) Regras especiais

Considerando que alguns fundos possuem características próprias, a legislação estabeleceu também tratamento tributário especial, como é o caso de fundo de investimento de cotas de fundo de investimento, de fundo de renda variável e de fundo fechado.

Os rendimentos de fundos de investimento, cujo cotista é outro fundo (FIC), estão isentos de IR.[193-194] Na verdade, nessa situação, ocorre a não incidência porque a tributação acontece somente nas situações de fundos investidos diretamente por uma pessoa, de modo que, ainda que se tenha estrutura com vários níveis de

---

192. Art. 15 da IN RFB 1.585/2015.

193. MP 2.189-49/01, art. 6º, e IN 1.585/2015, art. 14, I. Tecnicamente não seria isenção no caso, mas mera não incidência do IR, já que o fundo em si não é uma pessoa e, portanto, não pode ser um contribuinte.

194. Para se enquadrar como FIC, a carteira deve conter no mínimo 90% de cotas de outros fundos de investimento (IN 1.585/2015, art. 5º).

fundos, a incidência se verifica apenas no fundo em que haja uma pessoa física ou jurídica como cotista. Isso se dá em razão de o fundo de investimento não possuir personalidade jurídica e, assim, não poder ser sujeito passivo de obrigação tributária.

(b.1) Fundos fechados

Como vimos no capítulo anterior, os fundos fechados têm grande utilidade no Planejamento Sucessório por comportarem o estabelecimento de regras de governança e até a possibilidade de se criar o chamado "fundo conta-gotas". E esses fundos apresentam também vantagens do ponto de vista fiscal.

Para as pessoas físicas, os fundos fechados[195] sofrem a incidência do IR exclusivamente na amortização ou resgate,[196] assim entendidas como saque parcial ou liquidação do fundo. A previsão legal desse procedimento é adequada ao perfil dos fundos fechados, a uma porque – quando se trata de fundo de investimento em ações (FIA),[197] por exemplo – a renda variável traz incerteza em relação ao preço dos ativos, que varia constantemente e o valor de resgate pode ser até inferior ao de aquisição; a duas porque alguns fundos demandam um prazo longo para sua maturação (o fundo de investimento em participações (FIP), por exemplo); a três porque aos fundos fechados não se permite o resgate de cotas (nem para cumprimento do come-cotas) antes do termo final do fundo previsto no regulamento. E essa característica proporciona que se mantenha uma base integral para sobre ela produzir-se o rendimento, diferentemente dos fundos que sofrem o come-cotas, os quais a cada seis meses têm sua base diminuída e consequentemente geram menor resultado efetivo.

Os cotistas de fundo fechado não podem promover individualmente o resgate antes do término previsto em

195. Incluem-se no grupo de fundos fechados o FIP – Fundo de Investimento em Participações.

196. Lei 9.532/97, art. 28; MP 2.189-49/01, art. 2º; Lei 11.033/2004, art. 1º, § 4º.

197. Ao Clube de Investimento é atribuído o mesmo tratamento fiscal.

regulamento, mas podem ceder suas cotas a terceiros. Nessa situação, o cedente deve apurar o ganho de capital para oferecer à tributação e o cessionário deve informar ao administrador por qual valor adquiriu, a fim de adotar esse valor como custo da cota no cálculo do IR na amortização ou no resgate. A tributação do ganho da pessoa física que ceder suas cotas em fundo fechado depende se ocorrer dentro ou fora de bolsa. Se em operação realizada fora de bolsa, deve seguir as regras aplicáveis aos ganhos de capital na alienação de bens ou direitos de qualquer natureza (alíquotas progressivas),[198] e se realizada em bolsa, segue as regras de ganho líquido.[199]

E no caso de amortização de cotas, o imposto incidirá sobre o valor que exceder o respectivo custo de aquisição, com alíquotas aplicáveis ao tipo de fundo em que ocorre a amortização.[200]

(b.2) Fundo de investimento em ações – FIA e clube de investimento em ações

O FIA e o clube de investimento, como os nomes indicam, representam veículos para investimento em valores mobiliários negociados em bolsa de valores. Daí a alíquota aplicável aos rendimentos é de 15%, a mesma que a pessoa física está sujeita na apuração de ganho líquido de investimento feito diretamente em seu nome no mercado bursátil. A alíquota não se altera em função do prazo de amortização ou resgate.

O fato gerador do IR sobre os rendimentos do FIA e do clube de investimento em ações ocorre no momento do resgate das cotas e incide sobre o ganho de capital (diferença positiva entre o valor de resgate e o valor de aquisição da cota). O tratamento especial para o FIA e para o clube de investimento só se aplica se a carteira contiver o percentual mínimo de 67%

198. Art. 16, II, da IN RFB 1.585/2015.

199. Art. 16, I, c/c o art. 56, ambos da IN RFB 1.585/2015.

200. Art. 16, parágrafos 1º e 2º, da IN RFB 1.585/2015.

em ações negociadas no mercado à vista; caso contrário, aplica-se tributação idêntica à dos fundos de renda fixa.[201]

Ademais, levando em conta que, além de ganhos de capital ou ganhos líquidos, os ativos detidos pelo FIA podem oferecer rendimentos, tais como dividendos e JCP, e que esses rendimentos para acionista pessoa física são isentos ou tributados exclusivamente na fonte pagadora (com alíquota de 15%), é importante analisar se a utilização do FIA provocará maior carga fiscal. Explica-se. Se os rendimentos (dividendos e JCP) forem pagos ao FIA (titular das ações investidas), o valor da cota será incrementado e, no momento da amortização ou resgate, haverá a tributação sobre a valorização da cota com alíquota de 15%. Isso não faz diferença para o pagamento de JCP, pois há apenas uma incidência tributária no momento da amortização ou resgate (note que para o FIA não há retenção de IR no recebimento do JCP, já que fundo não pode ser contribuinte de IR em razão da falta de personalidade jurídica) e a alíquota de IRF do JCP e a da amortização ou resgate é a mesma; mas, por outro lado, acaba por tributar o dividendo que, se recebido diretamente pela pessoa física, é isento de tributação.

Considerando a existência de permissão legal, recomendava-se a previsão no regulamento do FIA que o pagamento de rendimentos de dividendos e JCP ocorresse diretamente em favor dos cotistas do fundo,[202] para que a tributação seguisse tal qual a atribuída ao cotista se fosse acionista da empresa investida pelo fundo. Até 31-08-2015,[203] essa era uma forma inequívoca de se evitar a valorização da cota, que seria tributada somente no momento da amortização ou resgate,

201. A incidência do IRF pela sistemática da regra geral se dá a partir do momento do desenquadramento da carteira, salvo no caso de, cumulativamente, a referida proporção não ultrapassar o limite de 50% do total da carteira, a situação for regularizada no prazo máximo de 30 dias e o fundo ou clube não incorrer em nova hipótese de desenquadramento no período de 12 meses subsequentes.

202. Instrução CVM 409/2004, art. 42, com redação dada pela Instrução CVM 522/2012.

203. Durante a vigência da IN-RFB 1.022/2010 (art. 22, *caput* e parágrafo único).

e os rendimentos advindos dos ativos detidos pelo fundo teriam, na DIRPF do cotista, o tratamento de isento ou tributado exclusivamente na fonte, conforme o caso de dividendo ou JCP. Mas, a partir daquela data, com o advento da IN-RFB 1.585/2015, a Receita Federal passou a exigir a retenção de IR sobre o repasse direto, inclusive dos dividendos, como se ocorresse amortização de cotas.[204] Desse modo, a conveniência, do ponto de vista fiscal, sobre manter o FIA deve levar em consideração também esse aspecto de impacto do IRF sobre parte da valorização da cota do fundo decorrente de dividendos pagos pelas ações detidas pelo FIA.

(b.3) Fundo de Investimento Imobiliário – FII

O FII é da categoria dos fundos fechados e está obrigado a distribuir a seus cotistas, no mínimo, 95% dos resultados auferidos, apurados segundo o regime de caixa, com base em balanço ou balancete semestral encerrado em 30 de junho e 31 de dezembro de cada ano, e tais distribuições sujeitam-se à incidência do IRF à alíquota de 20%.

Contudo, na situação em que se preencham condições previstas em lei, a legislação prevê a isenção dos rendimentos distribuídos pelo FII à pessoa física (tanto de IRF, quanto na DIRPF).[205] Essas condições são relativas (i) ao próprio fundo e (ii) ao cotista, a saber:

(i) com relação ao FII:

(i.i) as cotas devem ser negociadas exclusivamente em bolsa de valores ou em mercado de balcão organizado;

(i.ii) deve possuir, no mínimo, cinquenta cotistas;[206] e

---

204. Como se trata de alteração normativa ocorrida apenas em âmbito infralegal (IN da RFB), a recomendação continua válida, seja para abrir a possibilidade de discussão judicial sobre a cobrança indevida, seja para manter a estrutura preparada para a hipótese de haver uma nova alteração infralegal a favor do contribuinte.

205. Lei 11.033/2004, art. 3º, III.

206. Lei 11.033/2004, art. 3º, III, e parágrafo único, I.

(i.iii) não pode aplicar recursos em empreendimento imobiliário que tenha como incorporador, construtor ou sócio, cotista que possua, isoladamente ou em conjunto com pessoa a ele ligada, mais de 25% das cotas do FII;[207]

(ii) com relação ao cotista:

(ii.i) deve ser pessoa física; e

(ii.ii) não ser titular de cotas que representem 10% ou mais da totalidade das cotas do FII nem ter direito ao recebimento de rendimento superior a 10% do total dos rendimentos auferidos pelo fundo.

Se o FII aplicar recursos em empreendimento imobiliário que tenha como incorporador, construtor ou sócio, cotista que possua, isoladamente ou em conjunto com pessoa a ele ligada, mais de 25% das cotas do fundo (item (i.iii) acima), deixa de se submeter à tributação regular de FII e passa a se sujeitar à tributação aplicável às pessoas jurídicas.

Os rendimentos e ganhos líquidos auferidos pelas carteiras dos FII em aplicações financeiras de renda fixa ou de renda variável sujeitam-se à incidência do IR na fonte, de acordo com as mesmas normas previstas para as aplicações financeiras das pessoas jurídicas, e podem ser compensados com o IRF retido pelo fundo no momento da distribuição dos lucros acima tratada.

Os ganhos de capital e rendimentos auferidos na alienação ou no resgate de cotas dos FII por qualquer cotista, inclusive por pessoa jurídica isenta, sujeitam-se à incidência do IR, à alíquota de 20%.[208]

207. Lei 9.779/1999, art. 2º.

208. IN RFB 1.585/2015, art. 37.

As perdas incorridas na alienação de cotas de fundo de investimento imobiliário só podem ser compensadas com ganhos auferidos na alienação de cotas de fundo da mesma espécie.

(b.4) Fundo de investimento nas cadeias produtivas agroindustriais – FIAGRO

Em 2021, a Lei 14.130 alterou a Lei 8.668/93 que trata do FII com o objetivo de introduzir no ordenamento o FIAGRO, figura semelhante e voltada para, como o próprio nome sugere, investimentos no agronegócio.

De modo geral, destaca-se que o FIAGRO pode ser aberto ou fechado, e que pode deter imóveis rurais, participação em sociedade que explore atividade agroindustrial, ativos financeiros relativos a títulos de crédito emitidos por pessoas da cadeia agroindustrial, direitos creditórios do agronegócio, cotas em fundos com mais de 50% em ativos agroindustriais.

A tributação dos rendimentos do FIAGRO segue as mesmas normas do FII, com algumas especificidades. Entre elas, a que prevê o diferimento da tributação do ganho de capital relativo à conferência de imóvel rural para formação do capital do fundo para o momento da venda ou resgate das cotas.

(b.5) VGBL e PGBL

Os programas de previdência VGBL e PGBL são muito comuns hoje em dia e oferecem diversas formas de pagamento do benefício em uma única vez, por determinado período, vitalício etc. Vejam a explicação da Susep:[209] "VGBL (Vida Gerador de Benefícios Livres) e PGBL (Plano Gerador de Benefícios Livres) são planos por sobrevivência (de seguro de pessoas e de previdência complementar aberta, respectivamente) que, após um período de acumulação de recursos (período de diferimento), proporcionam aos investidores (segurados e participantes) uma renda mensal – que poderá ser vitalícia ou por período determinado – ou um pagamento único. O primeiro (VGBL)

209. Superintendência de Seguros Privados.

é classificado como seguro de pessoa, enquanto o segundo (PGBL) é um plano de previdência complementar".[210]

As aplicações não estão sujeitas ao come-cotas, ainda que o investidor possua um fundo exclusivo de previdência, sendo que o IR é cobrado somente no resgate. As bases de cálculo do VGBL e PGBL diferenciam-se na medida em que a daquele é apenas o rendimento produzido até o resgate, enquanto a deste é o total do valor resgatado.

A *ratio* dessa diferença está na possibilidade de o investidor deduzir os valores investidos em PGBL da sua base de cálculo da DIRPF até o valor correspondente a 12% da sua receita tributável. E, no caso de VGBL, nada se deduz e o contribuinte mantém em sua Declaração de Bens o valor histórico de seu investimento. Portanto, sob o ponto de vista fiscal, a pessoa física somente deverá investir em PGBL se houver no respectivo ano rendimento tributável na DIRPF, e observado o limite de 12%. Se não se enquadrar nessa situação, a pessoa não terá vantagem no ano da aplicação (não abaterá o valor investido da base tributável no ano do investimento) e sofrerá tributação do valor integral por ocasião do resgate, ou seja, a parcela do valor principal investido será tributada desnecessariamente.

No tocante às alíquotas, há dois regimes de tributação a critério do investidor, que deve optar no momento da adesão ao plano. Pelo regime geral, o investidor, ao resgatar valores de seu plano, sofre retenção de IRF pela alíquota de 15% a título de antecipação e deve oferecer em sua DIRPF o valor da parte tributável (portanto, sujeito à alíquota progressiva até 27,5%), com aproveitamento do que foi retido na fonte.

O outro regime de apuração do IR é o regressivo, em que se aplicam alíquotas de 35% a 10% segundo o prazo de acumulação,[211] isto é, segundo o tempo entre a aplicação e o resgate.

210.Disponívelem:http://www.susep.gov.br/setores-susep/seger/coate/perguntas-mais-frequentes-sobre-planos-por-sobrevivencia-pgbl-e-vgbl.

211. Resgate até o 2º ano, 35% de tributação; do 2º até o 3º ano, 30%; do 4º ao 5º ano, 25%; do 6º ao 7º ano, 20%; do 8º ao 9º ano, 15%; e a partir do 10º ano, 10%.

Nesse regime, a tributação na fonte é definitiva e o investidor deve informar em sua declaração como rendimento tributado exclusivamente na fonte.

Não obstante o fato de que o VGBL é considerado um seguro de vida e que o PGBL tem natureza de pecúlio, na situação de sucessão ou invalidez permanente, apenas a parcela destacada como pecúlio e o seguro, bem como o capital de suas apólices[212] são isentos de IR.[213] Desse modo, o rendimento sofre retenção de tributação na fonte pela instituição financeira conforme o critério acima, sendo certo que no caso de opção pelo sistema regressivo a maior alíquota é de 25%.[214] Veja-se o entendimento manifestado no Perguntas e Respostas:

> São isentos do imposto sobre a renda os seguros recebidos de entidade de previdência privada decorrente de morte ou invalidez permanente do participante. A palavra "seguros" tem o significado de pecúlio recebido de uma só vez.
>
> Entende-se por pecúlio, apenas, o benefício pago em parcela única, por entidade de previdência privada, em virtude de morte ou invalidez permanente do participante de plano de previdência, assim entendido como benefício de risco, com característica de seguro, previsto expressamente no plano de benefício contratado.
>
> A importância paga em prestação única, em razão de morte ou invalidez permanente do participante, correspondente a reversão (devolução) de contribuições efetuadas ao plano, acrescida ou não de rendimentos financeiros, não caracteriza pagamento de pecúlio (seguro), sendo, portanto, tributável na fonte, como antecipação do imposto devido na declaração de ajuste anual da pessoa física, ou, de forma exclusiva, nos casos em que houve opção por aquele regime de tributação.
>
> Atenção:

---

212. Incluem-se os prêmios de seguro restituídos em qualquer hipótese, inclusive de renúncia do contrato.

213. Lei 7.713/88, art. 6º, VII e XIII, Lei 9.250/95, art. 32, e Decreto 9.580/2018, art. 35, II, l, e VII, d.

214. IN RFB 588/2005, art. 16.

Pecúlio não se confunde com resgate de contribuições. As importâncias pagas a entidades de previdência privada a título de pecúlio (seguro) não são dedutíveis para fins de apuração do imposto sobre a renda devido na declaração de ajuste anual da pessoa física.

2.2.3 Exterior

Com a globalização instaurada em nossas vidas, é comum a situação de uma pessoa residente no Brasil ser titular de bens e direitos no exterior ou ter familiares residentes em outro país.

E essas situações reclamam uma atenção especial do ponto de vista tributário, pois a legislação do país estrangeiro (onde o bem, o direito ou o familiar se encontra) também pode impor reflexo patrimonial e fiscal sobre o rendimento e/ou a movimentação do ativo.

2.2.3.1 Ativos no exterior

De modo geral, a pessoa física pode deter diretamente ativos no exterior em seu próprio nome, como depósito em conta bancária, títulos financeiros, empresas e imóveis. Evidentemente, essas situações requerem análise tributária tanto do ponto de vista brasileiro quanto do ponto de vista do país em que tais ativos se localizarem, no âmbito do imposto sobre o rendimento (*income tax*) e no âmbito do imposto sobre a sucessão (*inheritance tax* ou *estate tax*).

Não se pode esquecer de que a sucessão será do bem que é detido diretamente pela pessoa física falecida. Ou seja, se a pessoa detiver ativos em diversos países (conta na Suíça, imóvel nos Estados Unidos etc.), deverão ser promovidos tantos inventários quantas as jurisdições em que se localizem tais ativos.

Por outro lado, se a pessoa física é a sócia de uma *holding* (por exemplo, em Cayman), que detém aplicações financeiras e imóvel localizados em outros países, o que deve ser objeto de inventário e portanto transferido para os herdeiros são as ações da empresa em Cayman, e não as aplicações financeiras ou o imóvel que continuam sendo de propriedade da empresa estrangeira.

Por isso, o processo de sucessão patrimonial no exterior, nesse caso, deve ser promovido apenas nas Ilhas Cayman[215] independentemente da localização dos ativos detidos por essa empresa.

Como se sabe, a pessoa física residente fiscal brasileira está obrigada a informar os seus bens e direitos, inclusive os localizados no exterior, na declaração de bens da DIRPF.[216] E neste caso, o valor que deve compor a declaração de bens será calculado em reais com a conversão de dólares dos Estados Unidos[217] na data da aquisição, com utilização da taxa de câmbio de venda divulgada pelo Banco Central.

Existem regras específicas para ganho de capital de bens localizados no exterior, notadamente a respeito da variação cambial relacionada à origem dos recursos utilizados na aquisição do respectivo ativo à época da sua alienação[218-219] (inclusive venda). Se os recursos aplicados na aquisição do ativo forem decorrentes de rendimento auferido originariamente em moeda estrangeira (fonte do rendimento localizada fora do território brasileiro), a apuração do ganho será calculada em dólares dos Estados Unidos;[220] e, se os recursos aplicados forem decorrentes de rendimento originário em reais, a apuração do ganho de capital será calculada em reais. A diferença

---

215. Como dito na parte sucessória deste livro, o processo de inventário de ativo no exterior não ocorre no Brasil, mas sim no país em que se localizar.

216. Estão obrigados a apresentar DCBE anual (data-base 31 de dezembro) as pessoas físicas e jurídicas que detiverem quantia igual ou superior a US$1,000,000. Se o patrimônio equivaler a US$ 100,000,000 ou mais, a obrigação é trimestral.

217. Caso o ativo tenha sido adquirido em outra moeda estrangeira, deve-se em primeiro lugar converter o valor em moeda estrangeira para dólar norte-americano e depois converter esse produto para reais.

218. Esse critério aplica-se também a qualquer cálculo de ganho de capital na alienação de todo e qualquer ativo, e não apenas o financeiro.

219. A conversão dos valores é feita sempre a partir da cotação do dólar norte-americano fixada, para compra, pelo Banco Central do Brasil, para a data do recebimento. Assim, se a moeda estrangeira não for o dólar, deverá ser primeiro convertida nessa moeda (Instrução Normativa RFB 118/2000).

220. Se o bem ou direito no exterior tiver sido adquirido pelo contribuinte como não residente, o eventual ganho de capital é isento (MP 2.158-35/2001, art. 24).

é que, no caso de rendimento originário em reais, a variação cambial – entre a data da aquisição e a data da venda do bem – compõe a apuração do ganho de capital. O prazo para recolhimento do imposto devido é o último dia do mês seguinte àquele em que ocorreu ao recebimento do preço alienação, tal como as demais situações de ganho de capital.

Situação interessante é a dos ativos regularizados em 2016 ou 2017 pelo Regime Especial de Regularização Cambial e Tributária – RERCT, introduzido pela Lei 13.254/2016. O art. 6º dessa lei previu que o contribuinte deveria pagar IR pela alíquota de 15% sobre o montante dos ativos objeto de regularização, a título de ganho de capital.[221] Dizemos interessante porque foi a própria lei do RERCT que atribuiu aos ativos regularizados o caráter de rendimento auferido originariamente em moeda estrangeira (ganho de capital no exterior), o que, como se disse, afasta a variação cambial do cálculo do ganho de capital ao se realizar tal ativo.[222]

2.2.3.2 Ativos financeiros no exterior

No tocante a ativos financeiros, a legislação brasileira distingue o ganho cambial dos valores mantidos em depósito à vista e o rendimento de aplicações financeiras. E no que se refere ao rendimento das aplicações financeiras, distingue o ganho de capital e a remuneração de ações (dividendos).

As normas tributárias preveem que, se os recursos ficarem mantidos como depósito à vista em conta bancária (isto é, sem qualquer tipo de remuneração), a variação cambial

---

221. "*Art. 6º Para fins do disposto nesta Lei, o montante dos ativos objeto de regularização será considerado acréscimo patrimonial adquirido em 31 de dezembro de 2014, ainda que nessa data não exista saldo ou título de propriedade, na forma do inciso II do* caput *e do § 1º do art. 43 da Lei 5.172, de 25 de outubro de 1966 (Código Tributário Nacional) , sujeitando-se a pessoa, física ou jurídica, ao pagamento do imposto de renda sobre ele, a título de ganho de capital, à alíquota de 15% (quinze por cento), vigente em 31 de dezembro de 2014.*"

222. Não obstante, a Receita Federal já se manifestou contrária a tal entendimento, no sentido de que o contribuinte continua com a obrigação de demonstrar a origem dos recursos, sob pena de ser considerada em Reais.

respectiva será isenta de IRPF.[223] Nessa situação, considerando que o contribuinte deve informar o saldo da conta bancária (inclusive a mantida no exterior) no dia 31 de dezembro do ano-base da DIRPF em reais, a respectiva variação cambial positiva deve ser registrada como rendimento isento ("outros") a fim de suportar o aumento do valor do ativo. Por outro lado, se a variação cambial for negativa, tal perda não pode ser deduzida na apuração da base tributável do IRPF.

A Receita Federal manifestou seu entendimento no sentido de que essa isenção de IR sobre a variação cambial ocorre apenas enquanto os recursos permanecerem depositados no exterior. Caso reingressem ao país, no momento da alienação da moeda estrangeira para sua conversão em reais, eventual ganho de capital correspondente à variação cambial positiva deve ser tributado.[224]

Essa manifestação da Receita Federal não encontra suporte na legislação. Importante ter em mente que só se pode cobrar imposto se houver previsão legal, conforme estabelece a nossa Constituição Federal.[225] Desse modo, se a lei ordinária garante ao contribuinte pessoa física que a variação cambial de seu depósito à vista no exterior é isenta, não é possível que uma interpretação – diga-se ardilosa – anule a eficácia da norma. Com efeito, não se trata de um diferimento para pagar o IRPF se e quando retornar o valor do depósito à vista ao território nacional; a lei concedeu uma isenção para a situação de depósito à vista sem qualquer condição ou exceção. Por isso, não se pode cobrar IRPF sobre um ganho (isento) que acabou por compor o patrimônio da pessoa, já que o IR em geral somente pode incidir sobre rendimentos de um determinado período, e que os rendimentos passados – tributáveis ou isentos – se convertem em capital para os períodos de apuração seguintes. Ademais,

223. Art. 25, § 4º, da Lei 9.250/95, e art. 11, § 1º, da Instrução Normativa RBF 118/2000.

224. Trata-se da Solução de Consulta 18/2006, da SRRF/10ªRF.

225. CF, art. 150, I.

após o registro na DIRPF do novo valor do ativo (aumentado pela variação cambial positiva), cuja origem é um rendimento isento (variação cambial de depósito à vista), não vemos possível ser exigido IRPF sobre uma mera permuta de ativos (US$ x R$) numa situação sem acréscimo patrimonial.

No tocante a aplicações financeiras, o tratamento fiscal distingue basicamente em rendimentos decorrentes de ganho de capital (com particularidade da origem dos recursos utilizados para a aquisição do ativo) e de pagamento de dividendos.

Por anos, houve dúvida sobre qual tratamento deveria se atribuir aos juros recebidos de papéis financeiros (cupom), mas, com o advento do Ato Declaratório Interpretativo RFB 8/2003,[226] ficou claro que deve ser considerada sempre a tributação exclusiva de ganho de capital.[227]

Assim, a tributação pelo IRPF de ativos financeiros no exterior, que também respeita a regra geral no tocante ao momento da tributação, qual seja, o regime de caixa,[228] ou segue a tributação de ganho de capital[229] para resgate ou vencimento do título financeiro, ou de rendimento ordinário[230] para dividendos das ações. O prazo para pagamento do IRPF em ambos os casos também é o último dia útil do mês seguinte àquele em que for recebido o rendimento.[231]

---

226. "*Art. 1º O crédito de rendimentos relativos a aplicação financeira, inclusive depósito remunerado, realizada em moeda estrangeira por pessoa física residente no Brasil, implica a apuração de ganho de capital tributável, desde que o valor creditado seja passível de saque pelo beneficiário.*"

227. A apuração de ganho de capital confronta o valor de venda e o valor de aquisição. Especificamente para o cálculo na hipótese de juros de aplicação financeira no exterior, deve-se adotar custo zero e, portanto, aplicar-se a alíquota sobre o valor integral do rendimento. O confronto com o custo ocorre apenas no momento do resgate ou vencimento da aplicação financeira.

228. Quando a pessoa física recebe a disponibilidade financeira, no Brasil ou no exterior.

229. Com aplicação de alíquotas progressivas de 15% a 22,5%.

230. Com aplicação de alíquotas progressivas até 27,5% (carnê-leão).

231. A conversão dos valores é feita sempre a partir da cotação do dólar norte-americano fixada, para compra, pelo Banco Central do Brasil, para a data do

Apesar do tratamento tributário mais brando na pessoa física, há razões que conduzem o interessado a organizar alguma estrutura para deter os seus investimentos.

A primeira é que, se mantida a carteira de aplicações financeiras em seu próprio nome, a pessoa física deve, não só calcular a cada resgate o ganho da operação para recolher o respectivo IRPF, mas também arquivar documentos para o lançamento na sua declaração de ajuste anual. E a depender do perfil da carteira e do investidor, isso pode representar muitos lançamentos que demandam rigoroso controle.

A segunda razão é a exigência de ser efetuado o pagamento do IRPF imediatamente, assim considerando até o fim do mês seguinte ao do recebimento.

A terceira razão é que não se permite compensar as perdas havidas com rendimentos futuros, ou até perdas e rendimentos no próprio mês.

E a quarta razão é a necessária segregação das origens dos recursos: o capital inicial cuja origem é eventualmente em reais e os rendimentos a serem reaplicados cuja origem é em moeda estrangeira, já que foram gerados no exterior.

Essa separação é necessária para se obter a correta base de cálculo, pois, como se disse acima, deve ser apurada em reais ou em dólares dos Estados Unidos conforme a origem dos recursos utilizados para aquisição do bem, direito ou título de aplicação financeira, tal como na transação de qualquer ativo.[232] Assim, numa mesma aplicação financeira pode ser necessária a divisão dos valores de custo e de resgate conforme a proporção das origens do recurso aplicado, a fim de se calcular o ganho havido, parte calculada em reais e parte calculada em dólares dos Estados Unidos.

Por tais razões, pessoas físicas elegem uma estrutura (empresa ou fundo) com sede no exterior para ser a titular

recebimento. Assim, se a moeda estrangeira não for o dólar, deverá ser primeiro convertida nessa moeda (IN RFB 118/2000).

232. Medida Provisória 2.158-35/2001, art. 24.

dos ativos financeiros e, assim, (i) evitar a apuração de IRPF a cada rendimento; (ii) postergar o pagamento de IRPF para o momento em que for disponibilizado (creditado ou transferido efetivamente) o recurso da estrutura para a pessoa física; (iii) compensar ganhos e perdas de seus investimentos, já que a empresa ou o fundo apura resultado de todas as operações; e (iv) segregar a origem dos recursos utilizados na aquisição da estrutura de forma mais simples e estática.

Vejamos, pois, as estruturas mais utilizadas.

2.2.3.2.1 Empresa no exterior

Nessa hipótese, a pessoa física residente no Brasil é titular de ações de uma pessoa jurídica cuja sede se encontra fora do território brasileiro.[233]

E essa pessoa jurídica pode ter como objeto exercer uma atividade operacional, deter bens móveis ou imóveis e outras participações, bem como manter uma carteira de investimentos financeiros.

Como se disse acima, atualmente, a tributação pelo IR da pessoa física se dá basicamente como consequência (i) de ganho de capital decorrente da realização de ativos, inclusive de participação societária, isto é, a venda ou resgate de ações, ou (ii) de rendimento ordinário, *in casu* entendido como a remuneração do capital por via de distribuição de dividendos ou juros sobre o ativo.[234] E isso se aplica aos rendimentos que advierem da empresa no exterior.

O dividendo declarado ou pago em favor de pessoa física residente no Brasil deve ser oferecido à tributação pelo

---

233. De modo geral, denomina-se *offshore*, ou ainda nomenclatura específica nos países respectivos (*private investment company*, *investment business company*, *limited liability company* etc.)

234. Há tributação com regras especiais para alguns tipos de ativo financeiro, por exemplo o VGBL e o PGBL do ponto de vista do contratante.

carnê-leão independentemente de sua internação no País,[235] e com alíquota progressiva (até 27,5%).

E o ganho de capital deve ser apurado nas situações de alienação, a saber: venda, doação[236-237] e resgate de ações (redução de capital da empresa estrangeira), bem como no recebimento de juros de investimentos financeiros.

Especificamente com relação à redução de capital de empresa estrangeira, a RFB manifestou entendimento no sentido de que a redução de capital integral (ou liquidação) implica a obrigação de oferecer o lucro acumulado à tributação com base no carnê-leão; quer dizer, a diferença positiva entre o valor devolvido do capital e o custo dessa participação acionária seria, no entendimento da RFB, rendimento ordinário.[238]

Convém repetir que, além do reflexo tributário brasileiro, deve-se atentar para eventual impacto tributário local (no país onde se encontra registrada a pessoa jurídica); se há previsão de incidência de imposto sobre a renda auferida por estrangeiro, se há reciprocidade entre o Brasil e o país em que houver tributação para possibilitar a compensação aqui no Brasil de imposto eventualmente pago no exterior, ou, ainda, se há tratado para evitar a dupla tributação.

Em suma, a utilização de uma empresa no exterior é escolha de muitos contribuintes pessoas físicas no Brasil, ainda que uma parcela do acréscimo patrimonial decorrente de rendimento financeiro, o lucro da empresa, sujeite-se à alíquota mais elevada (27,5%) se comparada à tributação do ganho de

---

235. Lei 7.713/88, art. 8º; Instruções Normativas SRF 1.500/2014, art. 53, II, e 208/2002, art. 16, § 1º.

236. Sobre parcela do valor da doação que superar o valor declarado pelo doador em sua declaração de bens

237. Em 2018, a RFB manifestou seu entendimento de que doação a donatário no exterior implica tributação pelo IR na fonte (Solução de Consulta COSIT 309/2018). Esse tema será tratado adiante.

238. Conforme Solução de Consulta da COSIT 678/2017, com efeito vinculante no âmbito da Receita.

capital relativo aos ativos detidos diretamente pela pessoa física (juros e ganho de capital na realização do ativo) com alíquotas progressivas de 15% a 22,5%.

Não se pode deixar de pontuar que devem ser respeitadas as formalidades societárias da pessoa jurídica no exterior (demonstração financeiras, atas de aumento e redução de capital, ata de eleição de diretor etc.) para que seja reconhecida a sua existência do ponto de vista jurídico. Vale notar que, em várias jurisdições, em especial aquelas consideradas com tributação favorecida, vêm sendo fixadas exigências de substância econômica como já dissemos no capítulo anterior.

2.2.3.2.2 Fundo no exterior

Atualmente, há alternativas simples e baratas para que um indivíduo possua um fundo exclusivo no exterior, como, por exemplo, o *smart fund*, instituído há alguns anos por Bahamas, que, dependendo do tipo, dispensa prospecto e auditoria, e permite ao cotista participar da gestão dos recursos.

Por ser um ativo com formatação de título mobiliário, a tributação ocorre apenas no momento do resgate ou venda com a alíquota progressiva de até 22,5% sobre o ganho efetivo.[239]

Todavia, diferentemente dos fundos de investimentos brasileiros, o fundo estrangeiro possui personalidade jurídica e, em razão disso, houve rumores de que as autoridades fiscais[240] os considerariam como equiparados a sociedades, e, portanto, o rendimento deveria ser submetido à tributação pelo carnê-leão (até 27,5%) em antecipação mensal e na declaração de ajuste anual.

---

239. Vale lembrar a manifestação da RFB pela Solução de Consulta COSIT 678/2017, mencionada acima, no sentido de no resgate total (ou na liquidação) o contribuinte estar obrigado a oferecer o rendimento ao carnê-leão.

240. Esses rumores surgiram com a edição da Medida Provisória 627, de 11-11-2013, que previu no texto original a distribuição automática de lucros das "sociedades" no exterior, e eram no sentido de que seria possível incluir os fundos nesse conceito. Como na conversão da MP na Lei 12.973/2014 não constou o dispositivo, o tema perdeu interesse por ora.

Esse entendimento não possui fundamento, uma vez que a distinção, para efeito de tributação pelo IR, entre dividendos e ganho de capital não está baseada na existência ou não de personalidade jurídica da fonte dos recursos. A distinção vem, na verdade, da natureza do ato jurídico; com efeito, na distribuição de dividendos, preserva-se o capital e recebe-se o rendimento dele oriundo, que permanece inalterado; por outro lado, o ganho de capital decorre de uma alienação de algum ativo (no caso, cotas ou ações) e por isso apura-se o resultado que corresponde à diferença entre o preço recebido pelo ativo e o seu custo. Fazendo um paralelo com imóvel, a distribuição de dividendo corresponderia ao aluguel, tendo em vista que se preserva o capital (imóvel) e recebe-se rendimento (aluguel) dele oriundo; e a venda ou resgate de ações corresponderia à venda do imóvel, que exige a apuração do ganho de capital (= valor da venda – valor de compra).

Assim, se o rendimento decorre do resgate de cotas, não há como imputar que tal rendimento (ou parte dele) represente dividendos.

Como se disse anteriormente, a base de cálculo deve ser apurada em reais ou em dólares dos Estados Unidos conforme a origem dos recursos utilizados para aquisição do bem, direito ou título de aplicação financeira.

2.2.4 *Trust*

Como foi mencionado no capítulo III, o *trust* não é reconhecido pela lei brasileira como instituto jurídico; e da mesma maneira não tinha previsão alguma sobre seu tratamento tributário no sistema jurídico brasileiro até o advento da Lei 13.254/2016, que criou o Regime Especial de Regularização Cambial e Tributária - RERCT e introduziu normas para a regularização de ativos no exterior não declarados. Até então, os advogados especializados procuravam construir com base no direito estrangeiro critério para identificação do titular do bem e dos rendimentos, e, via de consequência, para indicação de qual tributo incidir e sobre qual base de cálculo.

Essa norma de 2016 e respectivas instruções normativas da RFB inovaram e trouxeram parâmetros acerca do entendimento a respeito da titularidade, sob o ponto de vista brasileiro, dos ativos cuja propriedade legal seja de *trust* ou fundação.

Na verdade, a lei do RERCT não deu objetivamente a orientação sobre quem deve declarar, mas concedeu a oportunidade de regularização para aquele que detinha um determinado recurso no exterior não declarado e que o tivesse repassado à titularidade de um *trust* do qual ele mesmo fosse o beneficiário (Lei 13.254/2016, art. 4º, V). Ou seja, poder-se-ia entender que o *settlor* do *trust*, que se mantivesse como beneficiário, deveria declarar o ativo como de sua propriedade independentemente das características do *trust*.

E a Instrução Normativa da RFB 1.627/2016 afirmou em seu art. 9º que "é declarante da Dercat[241] o beneficiário de *trust* ou de fundação de qualquer espécie...".

Esse pronunciamento em 2016 foi uma das primeiras evidências de que a RFB não possui o correto entendimento do instituto estrangeiro porque o beneficiário (muitas vezes descendente do *settlor* ou entidade filantrópica) não tem direito legal contra o *trust* constituído com determinadas características. Quer dizer, o *trustee* – que detém e administra os ativos do *trust* – não está obrigado a entregar o ativo ao beneficiário se não ocorrer o evento estabelecido como condição para tal distribuição, tal como, por exemplo, casamento, conclusão da faculdade, atingimento de determinada idade etc. Inexiste também direito, por parte do beneficiário, de se exigir a distribuição de ativos em caso de *trust* com caráter discricionário, em que fica a critério exclusivo do *trustee* a decisão de distribuir ativos do *trust* aos beneficiários quando entender apropriado e no montante que lhe parecer adequado. Ademais, as

241. Declaração do RERCT.

distribuições não precisam ser em iguais montantes aos beneficiários. Enfim, tanto no *trust* com distribuição vinculada a um evento, quanto no *trust* discricionário, o beneficiário não possui direito de exigir entrega de ativo do *trust* mas, sim, a mera expectativa de receber distribuição. Por isso, a pessoa indicada como beneficiária não poderia reconhecer os ativos detidos pelo *trust* como bem ou direito seu.

E ainda que provocada para uma situação possível de que o beneficiário não saiba da existência do *trust*, a RFB reforça sua posição míope acerca do instituto internacional na resposta à pergunta 36 sobre a Dercat:[242]

> Caso a pessoa desconheça ser beneficiária de *trust*, ela poderá declarar?
>
> A adesão ao RERCT é opcional para aquelas pessoas que desejam regularizar ativos e buscar os benefícios de anistia penal.
>
> Caso a pessoa desconheça a existência do *trust*, ela não poderá aderir por razões óbvias e ficará sujeita a sanções tributárias e criminais caso a RFB identifique esses ativos após 31 de outubro de 2016.

Esse entendimento da RFB afronta conceitos básicos do direito tributário brasileiro, tais como o de ter a disponibilidade jurídica do bem ou de ter capacidade contributiva para recolher o tributo sobre a riqueza. Ou ainda situações do cotidiano, semelhantes à pergunta 36 acima, como o caso de serem beneficiários de um *trust* todos os filhos de uma pessoa (pelo entendimento da RFB, os filhos devem declarar em partes iguais o ativo detido pelo *trust*). Mas o que acontece se aquela pessoa tiver mais um filho? Os seus irmãos devem registrar uma transferência patrimonial para o novo irmão? Se a resposta for sim, essa ficção deveria estar contida em lei e não em interpretação da RFB.

A barafunda é tamanha, que apenas com muito bom humor e arte poderíamos enxergar algum lado bom nessa

242. Perguntas e Respostas 1.3 a respeito da Dercat (Ato Declaratório Interpretativo 5/16, com alterações dos ADIs 6, 9 e 10/16).

miscelânea que é o entendimento da RBF sobre o instituto do *trust*. E ninguém melhor do que ele:

> *Você tem que criar a confusão sistematicamente, isso liberta a criatividade. Tudo o que é contraditório cria vida.*
>
> **Salvador Dalí**

Voltando à realidade, vê-se que não há segurança sobre o tratamento fiscal, ou mesmo sobre a necessidade de declaração de ativos sob um *trust*. A RFB manifestou sua visão de que o beneficiário do *trust* – que possui nada além de uma expectativa de receber algum ativo – deve incluir na Declaração de Bens o ativo que não é seu, apesar de a Lei 9.250/95 determinar ao contribuinte que declare os bens e direitos que "constituam o seu patrimônio".[243-244] Ora, o beneficiário não possui nenhuma relação jurídica com o *trust*, pois quem celebrou o contrato com o *trustee* foi o *settlor*, e como cogitado na pergunta à RFB em 2016, o beneficiário pode até não saber da existência de tal patrimônio sobre o qual ele teria apenas e tão somente uma expectativa de um dia receber.[245]

Essa posição adotada pela RFB é acompanhada pela do Bacen.[246]

Quase quatro anos após as primeiras manifestações, a RFB voltou a demonstrar seu desconhecimento da matéria e dessa vez com posicionamento que fundamentalmente difere do anterior descrito acima, com a Solução de Consulta 41 da Coordenação-Geral de Tributação – COSIT, de 31 de março

243. O Código Civil estabelece que o patrimônio corresponde ao complexo de relações jurídicas de uma pessoa, dotadas de valor econômico (art. 25).

244. Art. 91.

245. Do mesmo modo, os herdeiros de uma pessoa viva não têm nada mais do que a expectativa de receber herança no futuro. Pelo fato de não possuírem o ativo que compõe a herança, nada devem declarar.

246. Apesar de a MP 2.224/01 determinar que sejam declarados os bens e direitos detidos fora do país (art. 1º), o Manual do BACEN orienta para que os beneficiários declarem "os acordos de *trust*" (item 4.15).

de 2020, a qual não traz nenhuma orientação sobre o registro do bem ou do direito na Declaração de Bens do beneficiário e, pior, trata o recebimento de ativo pelo beneficiário como rendimento tributado pelo carnê-leão. A ementa da Solução:

> RENDIMENTO RECEBIDO DE FONTE NO EXTERIOR.
>
> O recebimento de rendimentos oriundos do exterior por residente no País é fato gerador do imposto sobre a renda e sujeita-se à tributação mensal mediante a aplicação da tabela progressiva mensal (carnê-leão) e na Declaração de Ajuste Anual.

Na exposição de seus argumentos, o agente da Cosit afirma que adotou alguns conceitos previstos na Convenção de Haia n. 30 – "Convenção sobre a lei aplicável ao *trust* e a seu reconhecimento" realizada em 1º-07-1985 (vigente a partir de 1º-01-1992), da qual o Brasil não é signatário, a saber: (i) "o termo *trust* se refere a relações jurídicas criadas – *inter vivos* ou após a morte – por alguém, o outorgante, quando os bens forem colocados sob controle de um curador para o benefício de beneficiário ou para alguma finalidade específica"; (ii) o *settlor* é aquele que, por meio de uma manifestação unilateral de vontade, destina parte ou o todo de seu patrimônio para formar o *trust*; (iii) o *trustee* é a pessoa ou instituição que irá administrar os bens, ressaltando-se que os bens não se confundem com o patrimônio pessoal do *trustee*, mas formam um patrimônio à parte; (iv) o beneficiário consiste em um ou mais indivíduos indicados pelo *settlor*, inclusive ele mesmo, para receber do *trustee* o que objeto do *trust*, condicionado ou não a evento futuro definido pelo *settlor*.

Segundo a Solução de Consulta, a beneficiária passou a receber valores do *trust* após o falecimento de seu marido e submeteu tal situação à RFB para saber se deveria recolher o imposto de transmissão *causa mortis* e doação – ITCMD ou o IRPF sobre tais valores.

Diante das constatações acima, a Solução de Consulta aponta que, com fundamento na Constituição Federal e no

Código Tributário Nacional, o art. 8º da Lei 7.713/88[247] prevê que estão sujeitos ao IRPF rendimentos e ganhos de capital de fontes situadas no exterior, recebidos pela pessoa física, e conclui que a situação da beneficiária consulente se encaixa perfeitamente à hipótese do dispositivo legal e, portanto, deve sujeitar-se ao recolhimento mensal do imposto (carnê-leão) e ser levado à tributação na declaração anual de imposto de renda da pessoa física – DIRPF, conforme o art. 8º da Lei 9.250/95.

O raciocínio da RFB está correto no tocante às características do instituto do *trust*, bem como à Constituição Federal, ao Código Tributário Nacional e à Lei 7.713/88, que estabelecem normas aplicáveis ao IRPF. Porém, numa análise superficial e apressada concluiu que, diante do fato de a beneficiária ter recebido ativos do *trustee*, caracterizou-se o fato gerador do IRPF.

Não há dúvida de que a entrega de um bem ou direito a uma pessoa física, para o efeito de ser considerada como hipótese de incidência do IRPF, deve estar caracterizada como renda ou proventos de qualquer natureza. Mas o intérprete da Cosit não se aprofundou no tema da subsunção do fato (recebimento de um bem ou direito pelo beneficiário) à norma (hipótese de incidência caracterizada por renda ou provento de qualquer natureza).

Adotando como correta a interpretação veiculada pela IN 1.627, no sentido de que o beneficiário deve declarar o *trust* em si (como um direito passível de avaliação) ou o próprio ativo detido pelo *trust* em sua declaração de bens, é necessário analisar o que ocorre nesse momento, antes do evento de o beneficiário receber de fato qualquer bem ou direito que se encontrava no *trust*. Repetindo o comando da IN: **é declarante da Dercat o beneficiário de *trust*.**

247. "Art. 8º Fica sujeito ao pagamento do imposto de renda, calculado de acordo com o disposto no art. 25 desta Lei, a pessoa física que receber de outra pessoa física, ou de fontes situadas no exterior, rendimentos e ganhos de capital que não tenham sido tributados na fonte, no País."

Levando em conta que a Dercat tinha estreito relacionamento com a Declaração de Bens da DIRPF, tanto é que as pessoas aderentes ao RERCT tiveram de retificar suas DIRPFs[248] para incluir os ativos então regularizados, e para que o contribuinte não voltasse a cometer o ilícito de não declarar o bem localizado no exterior, é evidente que ele deveria continuar a declarar o bem ou direito nas DIRPFs dos anos seguintes enquanto permanecesse como beneficiário do *trust*.

Assim, a RFB orientou que, quando uma pessoa se torna beneficiária de um *trust*, deve incluir em sua declaração o novo ativo. Ou seja, mesmo que ainda não tenha recebido efetivamente nada e que tenha apenas a expectativa de receber no futuro o patrimônio que se encontra em poder do administrador (*trustee*) do *trust*, deve o beneficiário reportar à Receita Federal o ativo como sendo seu.

Ao registrar o ativo em sua Declaração de Bens, o contribuinte deve registrar também a origem desse novo ativo como um rendimento (e classificá-lo como tributável, de tributação exclusiva ou isento) ou decorrente de uma dívida. Ora, se esse novo patrimônio adquirido pelo beneficiário (na visão da IN 1.627) adveio do *settlor* no momento de constituição do *trust* ou em razão de sua morte, ocorreu uma transferência patrimonial a título gratuito, que corresponde a uma doação ou à sucessão do *settlor* ou do beneficiário anterior.[249] E, sendo assim, a origem desse novo patrimônio (*trust* ou ativo detido por ele em benefício do contribuinte) se vincula ao rendimento isento denominado na DIRPF como transferência patrimonial, que compreende doação, herança e legado.

A Constituição Federal estabeleceu no art. 155, III, a competência aos Estados e ao Distrito Federal para instituir

---

248. Como condição para adesão ao Regime de regularização, além da entrega da Dercat deveriam ser retificadas as DIRPFs dos anos-base 2014 e 2015 a fim de se incluir o bem ou direito no exterior regularizado.

249. O instituto de *trust* permite que se elejam os beneficiários, ou classes de beneficiários, em ordem sequencial.

imposto sobre herança e doação, em cuja norma contém a proibição implícita dirigida às demais pessoas jurídicas de direito público de tributar esse mesmo evento, tecnicamente denominado fato gerador. Deste modo, a União não pode exigir imposto sobre a transferência gratuita de ativos a título de IRPF ou de qualquer outro tributo, em razão de ausência de permissão constitucional.

Assim, independentemente de existir, ou não, norma específica na lei estadual acerca de *trust*, o beneficiário estará sujeito ao Imposto sobre Transmissão *Causa Mortis* e Doação – ITCMD caso reconheça e registre a origem de seu acréscimo patrimonial como transferência patrimonial, rendimento isento de IRPF.

O resultado dessa inclusão na DIRPF é que o beneficiário passa a ter o ativo como sendo de sua propriedade e com um custo fiscal. E a partir dessa situação, as ocorrências relativas a esse ativo devem se sujeitar à apuração de rendimento tributável (por exemplo, distribuição de dividendos de uma companhia sediada no exterior, que não se confunde com as ações serem detidas pelo *trust*, declaradas pelo beneficiário), de tributação exclusiva (apuração de ganho ou perda de capital na situação de venda do ativo detido pelo *trust*) ou ainda de mera substituição de titularidade sem acréscimo patrimonial (o registro no certificado das ações de uma companhia passar do *trust* para o beneficiário), tal como se sujeitam todos os bens e direitos da pessoa física contribuinte no Brasil.

Portanto, se o ativo já é considerado de propriedade do contribuinte beneficiário do *trust*, não é possível que o mesmo ativo, quando transferida a titularidade efetiva (do *trustee* para o beneficiário), seja objeto de incidência de IRPF sem a análise de todo o contexto para se saber se o ativo recebido já estava declarado pelo contribuinte, situação em que não ocorre acréscimo patrimonial, ou se, de fato, é um rendimento decorrente desse seu ativo, considerado um acréscimo patrimonial sujeito ao IRPF.

Com evidente intuito arrecadatório, a Solução de Consulta 41/2020 leva a engano o contribuinte pois, para que possa ser tributado pelo IRPF, todo e qualquer ativo recebido do *trust* deve ser um "acréscimo patrimonial"; para que essa premissa seja verdadeira, é necessária a situação em que nem o *trust* nem o ativo detido por ele esteja lançado nas DIRPFs de anos anteriores. Com efeito, se o bem ou direito já estiver declarado pelo beneficiário (conforme a orientação da IN 1.627/2016), tecnicamente não haverá como o contribuinte declarar um rendimento correspondente a um bem ou direito que já é seu.

Em suma, a RFB emitiu dois atos normativos conflitantes entre si ao, por um lado, orientar o contribuinte a declarar os ativos do *trust* pelo fato de que é beneficiário nos termos da IN 1.627/2016, e por outro lado orientar, por via transversa na Solução de Consulta 41/2020, que o ativo recebido do *trust* (do qual o contribuinte é beneficiário) deve ser invariavelmente registrado como acréscimo patrimonial, a fim de ser tributado pelo IRPF.

Diante dessas posições antagônicas da RFB, é recomendável que o contribuinte discuta pormenorizadamente com seu advogado como proceder em relação às suas obrigações tributárias e, também, à obrigação de declarar perante o Bacen.[250] Nessa discussão, basicamente serão objeto ao menos duas questões relativas à constituição de um *trust*.

A primeira questão que se coloca diz respeito ao IRPF, e deve ser dividida na situação em que o *settlor* tem o direito de revogar a estrutura e por isso mantém a si próprio como possível destinatário dos recursos. Ou seja, mantém consigo o direito de rescindir o contrato do *trust* (*trust deed*) e assim retomar os ativos para seu próprio nome. Ora, como dissemos anteriormente, o contribuinte deve declarar bens e direitos, e em "direitos" se inclui a cláusula do *trust deed* segundo a qual o

250. O tema é muito sensível tendo em vista que a não declaração de ativos no exterior pode representar crime de evasão de divisas nos termos do parágrafo único do art. 22 da Lei 7.492/86.

settlor pode rescindir para reaver todos os ativos. Nesses casos, parece que não há dúvida de que o *settlor* (proprietário anterior dos ativos) deve continuar declarando valor, ainda que a descrição do ativo seja adaptada para incluir a existência do *trust*.

Outra situação é a do beneficiário (pessoa diferente do *settlor*) de um *trust* constituído de modo irrevogável. Como aduzimos acima, a visão da RFB e Bacen é no sentido de que o beneficiário deve declarar como de sua titularidade os ativos detidos pelo *trust*. Essa obrigação de reconhecer como ativo próprio traz impactos tributários, tanto de ITCMD (como será visto adiante), quanto de IRPF.

Apesar de contundentes críticas a respeito, cujo resumo se fez acima, para este trabalho adotamos a posição da IN 1.627/2016 da RFB, acompanhada pelo Bacen, no sentido de que o beneficiário do *trust* deve declarar o ativo do *trust* como se fosse seu.[251]

Quanto ao IR, se a transferência de ativos para o *trust* ocorrer pelo valor registrado na DIRPF do *settlor*, não há a ocorrência de fato gerador do IR. Todavia, há no campo das obrigações acessórias tratamentos distintos a depender de o *trust* ser revogável ou irrevogável. Com efeito, se o *trust* é revogável e o *settlor* pode recuperar o bem ou direito para registro em seu próprio nome, então o *trust* deve ser considerado transparente e o bem ou direito deve continuar a ser registrado na declaração de bens do *settlor*. O mesmo tratamento se dá na situação de *trust* irrevogável em que o *settlor* é o primeiro beneficiário e reserva consigo poder de controle sobre a estrutura (por exemplo, se o *settlor*/beneficiário estabelece para si a função de protector).

Por outro lado, o *trust* irrevogável implica a impossibilidade de o bem ou direito transferido pelo *settlor* retornar à sua propriedade em razão de deliberação unilateral sua (pela rescisão do contrato de *trust*), de modo que, na hipótese de o

---

251. Ressalvamos que o contribuinte deve consultar um especialista antes de decidir incluir ou não tais ativos em suas Declarações para esses órgãos.

settlor não ser beneficiário, o bem ou o direito não deve continuar como um item de sua titularidade, registrado em sua declaração de bens.

Sob a ótica do beneficiário de um *trust* irrevogável, embora não tenha direito legal sobre os bens detidos pelo *trustee*, deve reconhecer que tais ativos pertencem a seu patrimônio. Desse modo, tendo o beneficiário registrado o ativo (por exemplo, as ações de uma companhia) em sua Declaração de Bens, quando o *trustee* distribuir-lhe essas mesmas ações ou o produto delas decorrente, não haverá que se falar em transferência patrimonial, mas eventualmente em ganho de capital ou rendimento, a depender do que lhe for entregue *vis-à-vis* do que estiver declarado. Por outras palavras, (i) se o *trustee* entregar ao beneficiário as próprias ações da companhia, não terá ocorrido fato gerador e não será devido IRPF; (ii) se o *trustee* entregar dinheiro advindo de dividendos da companhia, o beneficiário deverá considerar como se ele mesmo tivesse recebido os dividendos e oferecer à tributação pelo carnê-leão; e (iii) se o *trustee* entregar o produto da venda das ações da companhia, o beneficiário deverá oferecer o ganho de capital à tributação conforme as alíquotas progressivas até 22,5%.[252]

A segunda questão é relacionada ao ITCMD. A transferência do ativo pelo *settlor* a um terceiro (*trustee*) é fato gerador desse imposto?[253] A resposta não é fácil, mas parece-nos que não, ao menos quando se tratar de *trust* revogável e de *trust* irrevogável em que o primeiro beneficiário seja o próprio

252. Situação que pode trazer discussão com a RFB é a de se introduzir no sistema normativo obrigação tal qual a pretendida com a Medida Provisória 627/14 (não convertida em lei), com previsão de reconhecimento presumido de distribuição automática de lucros apurados por empresa sediada no exterior. Nesse caso, o beneficiário (repita-se, sem direito legal contra o *trust*) estaria obrigado a recolher IRPF sem ter disponibilidade jurídica ou econômica sobre o suposto rendimento.

253. Não se adentra na discussão – em caso de a transferência ao *trustee* ocorrer em razão do falecimento do *settlor* – sobre a ausência de lei complementar prevista na Constituição Federal como condição para exigir o imposto sobre transferência de bens ou direitos no exterior, e sobre transferência quando o doador ou o falecido tiver residência no exterior.

settlor, tendo em vista que tanto a titularidade (no entendimento da RFB e do Bacen) como a disponibilidade permanecem com o antigo titular (direto) do bem.

A transferência para um *trust* revogável, ou mesmo para um *trust* irrevogável em que o settlor é o primeiro beneficiário (e desde que tenha o poder de determinar a distribuição em seu favor) em razão da sua reversibilidade pela simples vontade do *settlor*, não representa a efetiva transferência da propriedade, como ato perfeito e acabado. Ademais, no *trust* revogável o *trustee* não passa a ser o real proprietário do bem, mas apenas o encarregado de transferi-lo aos beneficiários (geralmente quando falecer o *settlor*) e desde que o *settlor* não revogue o *trust*. Por essa razão, como já expusemos, o *trust* revogável é visto como "transparente", tal como inexistisse; ao menos, o *settlor* guarda consigo um direito relativo ao contrato do *trust* que lhe garante a recuperação de todo o ativo contribuído.

No tocante ao *trust* irrevogável, não obstante a transferência para o *trustee* também não caracterize fato jurídico que corresponda à hipótese de incidência do ITCMD,[254] pois o *trustee* não recebe o bem como parte seu patrimônio pessoal, mas, como analisado acima, é apenas encarregado de entregá-lo aos beneficiários,[255-256] há que se levar em consideração que (i) a lei brasileira não reconhece o instituto do *trust*; (ii) a propriedade, ainda que fiduciária, é de terceiro (*trustee*); e (iii) a declaração de bens deve refletir o direito de beneficiário.

Assim, sob a ótica do beneficiário de um *trust* irrevogável, embora não tenha direito legal sobre os bens detidos pelo

254. Com previsão em lei da hipótese de incidência do ITCMD.

255. Em países como o Reino Unido, há inclusive previsão para uma específica e separada declaração tributária relativa ao *trust*, "Trust and Estate Tax Return", com o formulário próprio (form SA900) para HM Revenue & Costums (www.hmrc.gov.uk).

256. Não se diga que é doação com encargo, pois o bem não representa propriedade do *trustee*, condição necessária para ser caracterizada a doação. Com efeito, o art. 538 do Código Civil prevê que a doação implica transferência do bem para o patrimônio de outra pessoa: "Considera-se doação o contrato em que uma pessoa, por liberalidade, transfere do seu patrimônio bens ou vantagens para o de outra".

trustee, deve reconhecer que tais ativos pertencem a seu patrimônio incluindo-os na declaração de bens da sua DIRPF. Se apenas essa obrigação acessória lhe fosse imposta, talvez não houvesse efeitos práticos da distorção do entendimento das autoridades. Com efeito, toda e qualquer aquisição de ativo exige que se informe a origem de tal patrimônio (ex. rendimento tributável ou não, venda de outro ativo, dinheiro que já era do contribuinte, herança, doação etc.); ou seja, é preciso justificar o aumento patrimonial.[257]

Como a lei tributária não tem nenhuma previsão específica a respeito do ativo detido pelo *trust*, e adotando o entendimento das autoridades de que o ativo do *trustee* é de propriedade do beneficiário – cujo aumento de patrimônio evidentemente não decorre de resultado de trabalho, de capital nem de proventos de qualquer natureza –, repetimos que se presume que tal ingresso se dê a título de transferência patrimonial gratuita, que é rendimento isento de IRPF, mas que se sujeita ao Imposto de Transmissão *Causa Mortis* e Doação – ITCMD.

Uma vez registrado o "rendimento isento" de IRPF, as informações contidas na DIRPF do beneficiário serão repassadas à Fazenda Estadual de sua residência,[258] que lhe exigirá o ITCMD sobre o valor do ativo recebido.

Adiante cuidaremos de transferências gratuitas (doação e herança) em que serão tratados aspectos que podem subsidiar o melhor entendimento do ITCMD no caso de *trust*.

---

257. Na sistemática da DIRPF, o acréscimo patrimonial deve estar suportado por rendimentos (tributável pelo carnê-leão e na declaração de ajuste, tributável exclusivamente na fonte, sujeito à tributação exclusiva ou isento).

258. Se doador (*settlor*) e donatário (beneficiário) residirem em Estados diferentes, o doador é o responsável pelo recolhimento do ITCMD.

3. IMPOSTOS NA TRANSFERÊNCIA GRATUITA DO PATRIMÔNIO

Este item compreende apenas as transferências não onerosas (gratuitas), ou seja, aquelas em que há ingresso de novo ativo no patrimônio de uma pessoa sem que seja em decorrência de uma contrapartida, tal como pagamento em dinheiro (caso de uma compra), recebimento de ações (caso de integralização de capital social) ou de outro ativo (permuta), nem em decorrência de seu trabalho, capital ou qualquer outra razão econômica. Por outras palavras, contempla doação e sucessão, e exclui venda, permuta, conferência, dação em pagamento, rendimento etc.

Dois impostos podem incidir nas transferências não onerosas: o IRPF e o ITCMD.

3.1 IRPF

A coisa mais difícil de entender no mundo é o imposto de renda.

Albert Einstein

A pessoa que recebe a transferência (donatário, herdeiro, legatário, ou simplesmente "beneficiário") não está sujeita ao IRPF, apesar de experimentar um aumento em seu patrimônio; o acréscimo de seu patrimônio é passível de tributação pelo ITCMD somente. Apenas em relação ao doador ou falecido é que o IRPF pode incidir sobre o ganho de capital, se houver diferença entre o valor da transferência pela doação ou sucessão e o custo do respectivo bem transferido, constante da declaração de bens do doador ou do espólio.

Cabe perguntar como o doador ou o espólio pode experimentar um ganho em situação de diminuição de patrimônio por causa da doação ou sucessão? Foi a Lei 9.532/97 que fixou, no art. 23,[259-260] a equiparação da transferência gratuita às operações de realização do bem em que se reconhece naturalmente a apuração do lucro da operação. O proprietá-

---

259. "*Art. 23. Na transferência de direito de propriedade por sucessão, nos casos de herança, legado ou por doação em adiantamento da legítima, os bens e direitos poderão ser avaliados a valor de mercado ou pelo valor constante da declaração de bens do* de cujus *ou do doador.*
§ 1º Se a transferência for efetuada a valor de mercado, a diferença a maior entre esse e o valor pelo qual constavam da declaração de bens do de cujus *ou do doador sujeitar-se-á à incidência de imposto de renda à alíquota de quinze por cento.* [atualmente a tributação é progressiva com alíquotas de 15% a 22,5%]
§ 2º O imposto a que se referem os §§ 1º e 5º deverá ser pago:
I – pelo inventariante, até a data prevista para entrega da declaração final de espólio, nas transmissões mortis causa, *observado o disposto no art. 7º, § 4º, da Lei 9.250, de 26 de dezembro de 1995;*
II – pelo doador, até o último dia útil do mês calendário subsequente ao da doação, no caso de doação em adiantamento da legítima;
III – pelo ex-cônjuge a quem for atribuído o bem ou direito, até o último dia útil do mês subsequente à data da sentença homologatória do formal de partilha, no caso de dissolução da sociedade conjugal ou da unidade familiar.
§ 3º O herdeiro, o legatário ou o donatário deverá incluir os bens ou direitos, na sua declaração de bens correspondente à declaração de rendimentos do ano-calendário da homologação da partilha ou do recebimento da doação, pelo valor pelo qual houver sido efetuada a transferência.
§ 4º Para efeito de apuração de ganho de capital relativo aos bens e direitos de que trata este artigo, será considerado como custo de aquisição o valor pelo qual houverem sido transferidos.
§ 5º As disposições deste artigo aplicam-se, também, aos bens ou direitos atribuídos a cada cônjuge, na hipótese de dissolução da sociedade conjugal ou da unidade familiar."

260. Note que o art. 23 menciona apenas as "doações em adiantamento de legítima" o que poderia levar a uma interpretação de que para as doações da parte disponível (ainda que para herdeiros) não seria aplicável a possibilidade de transferir por custo ou mercado; todavia, não há lei prevendo que nos demais casos haveria tributação pelo IRPF.

rio (doador ou espólio, por seu inventariante) pode optar por transferir o bem ou direito pelo valor de custo, constante em sua Declaração de Bens, ou pelo valor de mercado, e neste caso deverá apurar o ganho de capital como se houvesse recebimento do preço no momento da doação ou transferência; ou seja, o lançamento na ficha de doações em que se baixa o ativo do conjunto patrimonial do doador deve corresponder à soma do valor de custo (constante da Declaração de Bens) e do ganho de capital oferecido à tributação.

No caso de sucessão, apesar de ocorrer a transmissão patrimonial para efeito civil no dia do falecimento, para fins fiscais o espólio permanece fictamente como uma pessoa com os direitos e obrigações que a legislação tributária estabelece, e, enquanto não se fizer a Declaração Final de Espólio, o herdeiro ou legatário não é fiscalmente titular de nenhum ativo ou passivo nem beneficiário de rendimento dos ativos transmitidos pela sucessão. Assim, é com a entrega da Declaração Final de Espólio que se opta por qual valor se transferem os bens e direitos para os beneficiários e, no caso de se fazer por valor acima do custo, haverá incidência do IRPF sobre o ganho de capital.[261]

Ao contrário do que se pode pensar prematuramente no sentido de sempre transferir por valor de custo para se evitar a incidência do IRPF nessa transferência gratuita, ao menos dois motivos levam os interessados a adotar a transferência gratuita por valor acima do registrado na Declaração de Bens.

O primeiro deles é que o doador ou o espólio, em função de situação particular, pode contar com tratamento tributário favorável sobre o ganho de capital na realização do bem, e se transferir pelo valor de mercado sofre uma menor tributação e proporciona ao beneficiário um custo de maior valor, cuja consequência é que este estará sujeito a um menor ganho de capital e a uma menor obrigação de IRPF no futuro se desejar realizá-lo. E isso deve ser aproveitado no momento da transferência, pois os tratamentos fiscais favoráveis não se

261. Instrução Normativa RFB 84/2001, art. 20.

transmitem com o bem ou direito para o donatário, herdeiro ou legatário; portanto, pode ser uma oportunidade para, no futuro, reduzir a carga tributária incidente no momento que ocorrer a efetiva realização (alienação) do bem antes recebido gratuitamente. É exemplo a redução da tributação de imóvel adquirido antes de 1988.[262]

O outro motivo é transferir ao beneficiário o patrimônio com valor líquido de encargo fiscal. Ou seja, se transferir um bem a valor de custo que seja abaixo do valor de mercado, então o beneficiário ao vender esse bem terá a obrigação tributária de recolher o IRPF (com alíquotas progressivas de 15% a 22,5%) sobre a diferença entre o valor da venda e o valor pelo qual recebeu o bem. Daí, pode ser interessante para uma família deixar todos os beneficiários com a mesma situação fiscal para as parcelas patrimoniais transmitidas e com isso mitigar questionamentos sobre o efetivo valor de seus quinhões.

3.1.1 Declaração de ajuste anual – DIRPF

Com relação às obrigações formais, o doador deve (i) na ficha Bens e Direitos de sua declaração informar o que foi doado, e o valor R$ 0,00 na coluna do ano-base, e (ii) na ficha Doações Efetuadas informar o beneficiário, seu CPF e o valor pelo qual foi efetuada a transferência, bem como o código da doação.[263]

O donatário deve (i) incluir o que foi recebido na ficha Bens e Direitos, com informação do CPF do doador na descrição, e o valor da doação na coluna do ano-base da DIRPF; (ii) incluir na ficha Rendimentos Isentos e Não Tributáveis, o tipo de rendimento 14 (Transferências Patrimoniais – doações e heranças) e o valor da doação.

É erro comum, no ano da inauguração de DIRPF de dependente proprietário de ativos que se encontravam nos anos anteriores na DIRPF do pai ou da mãe, considerar todo o valor

262. Art. 18 da Lei 7.713/88.

263. Código 80 – doações em espécie, código 81 – doação em bens e direitos.

do patrimônio como Transferência Patrimonial – tal qual uma doação efetiva no ano-base da DIRPF – para efeito de justificativa da origem do patrimônio. Esse erro provoca uma informação à Secretaria da Fazenda do Estado onde reside o suposto donatário, em razão de convênio com a RFB, e por consequência uma verificação fiscal sobre o não pagamento do ITCMD sobre a declarada transferência patrimonial a título de herança ou doação (item 14 da ficha Rendimentos Isentos da DIRPF). Daí, caberá ao suposto donatário demonstrar que no ano em análise – correspondente à sua primeira DIRPF individual – não recebeu a doação de todo o patrimônio que já era seu e que o declarou como recebido àquele título.

Na situação em que se doa a nua propriedade com reserva de usufruto pelo doador, a informação de valor nas declarações de doador e donatário não deve seguir eventual previsão em lei estadual de ITCMD na qual se atribua proporção de valor da nua propriedade e usufruto.[264]

A RFB vem se manifestando no sentido de que a nua propriedade carrega a totalidade do custo do bem e que o usufruto não guarda valor patrimonial algum.[265] Desse modo, o donatário

---

264. Abordaremos esse tema um pouco adiante.

265. A menos que o usufruto tenha sido adquirido onerosamente. A RFB explicita esse entendimento na resposta à questão n. 456 do Perguntas e Respostas IRPF/2020 (Perguntão), assim:
"**DOAÇÃO DE IMÓVEL - USUFRUTO**
456 — Como declarar imóvel recebido em doação com cláusula de usufruto?
Na Declaração de Bens e Direitos do donatário, no campo 'Discriminação', deve ser informada a situação ocorrida, inclusive o nome e o Cadastro de Pessoas Físicas (CPF) do usufrutuário. No campo 'Situação em 31-12-2019 (R$)' e, também, em Rendimentos Isentos e Não tributáveis, o valor correspondente à nua-propriedade.
Além disso, na Declaração de Ajuste Anual do doador:
a) se o imóvel doado já era do doador no ano anterior à doação, ele deve ser baixado da sua Declaração de Bens e Direitos, informando no campo 'Discriminação' o nome e o CPF do beneficiário da doação, bem como, se o usufruto foi instituído para terceiros, o nome e o CPF do usufrutuário (nesta hipótese, o usufrutuário deve informar esta situação na sua Declaração de Bens e Direitos, bem como o nome e o CPF do proprietário da nua-propriedade);
b) se o imóvel doado foi adquirido pelo doador no ano da doação, ele deve ser incluído em sua Declaração de Bens e Direitos, informando no campo 'Discriminação' os dados da aquisição, o nome e o CPF do beneficiário da doação, bem como, se

registra todo o valor do bem doado, com a observação na descrição do bem de que se trata da nua propriedade, e o usufrutuário (doador que reservou consigo tal direito ou um terceiro a quem foi instituído o usufruto) apenas descreve tal direito, sem incluir valor nas colunas de ano anterior e ano base (eventualmente pode informar um valor simbólico, como R$ 0,01).

Com relação ao espólio, a declaração deve ser apresentada em nome do falecido e a obrigação da elaboração e entrega da declaração é (i) do cônjuge meeiro, sucessor a qualquer título ou representante do falecido, enquanto não iniciado o processo do inventário ou arrolamento; e (ii) do inventariante.

Essa declaração está sujeita às mesmas normas estabelecidas para as declarações das pessoas físicas e, também, às disposições específicas para espólio.[266]

As declarações de espólio são divididas em: (i) inicial, que corresponde ao ano-calendário do falecimento; (ii) intermediárias, que correspondem aos anos-calendários seguintes ao falecimento e até o ano-calendário anterior ao da final; e (iii) final, que corresponde ao ano-calendário em que for (iii.a) proferida a decisão judicial transitada em julgado da partilha, sobrepartilha ou adjudicação de bens, ou (iii.b) lavrada a escritura pública de inventário, a qual é denominada "declaração final de espólio".

O prazo para entrega das declarações iniciais e intermediárias é o mesmo que o da entrega das declarações das pessoas físicas. Para a Declaração Final de Espólio o prazo para

---

o usufruto foi instituído para terceiros, o nome e o CPF do usufrutuário (nesta hipótese, o usufrutuário deve informar esta situação na sua Declaração de Bens e Direitos, e, ainda, o nome e o CPF do proprietário da nua propriedade).
Em ambos os casos, quando o doador permaneceu com o usufruto, esta situação deve ser informada em novo item da Declaração de Bens e Direitos, no campo 'Discriminação', sem indicação de valor, salvo se foi atribuído valor ao usufruto no documento de transmissão, correspondente ao valor efetivamente pago como parte total da aquisição ou que deve ser calculado pela proporção relativa ao usufruto constante deste documento aplicada sobre o valor total declarado ou de aquisição do imóvel doado.
(Lei 10.406, de 10 de janeiro de 2002 – Código Civil, art. 1.393)."

266. IN RFB 81/2001.

a entrega é até o último dia útil do mês de abril do ano-calendário subsequente ao: (i) da decisão judicial da partilha, sobrepartilha ou adjudicação de bens, que tenha transitado em julgado até o último dia útil de fevereiro do ano-calendário subsequente ao da decisão judicial; (ii) da lavratura da escritura pública de inventário e partilha; ou (iii) do trânsito em julgado, quando este ocorrer após 1º de março do ano-calendário subsequente ao da decisão judicial da partilha, sobrepartilha ou adjudicação de bens.

Ademais, um ponto importante a ser observado no momento da elaboração da declaração do espólio refere-se aos bens e direitos do falecido na situação de estado civil de casado ou de união estável.

Isso porque, todos os bens e direitos do casal[267] sob o regime da comunhão universal ou da comunhão parcial, e as obrigações do espólio, devem, obrigatoriamente, ser incluídos na declaração de bens do espólio.[268]

Em outras palavras, ainda que os bens estejam incluídos na declaração de bens do cônjuge ou companheiro sobrevivente,[269] todos os bens, direitos e obrigações que integram o patrimônio comum devem ser transferidos para a declaração do cônjuge ou companheiro falecido, ainda que este sempre tenha constado como dependente do cônjuge ou companheiro sobrevivente.

Nesse caso, deve ser aberta a declaração para o cônjuge ou companheiro falecido e devem ser transferidos, além dos rendimentos, todos os bens e direitos que integrem o patrimônio comum.

E na declaração do cônjuge ou companheiro sobrevivente devem constar os bens, direitos e obrigações que não se comuniquem com o falecido, bem como os ativos e passivos que ingressem em seu patrimônio posteriormente ao falecimento

267. Tanto os casados quanto os companheiros de união estável.

268. Inciso II do art. 7º da Instrução Normativa RFB 81/2001.

269. Entenda-se o parceiro tanto na relação de matrimônio quanto na de união estável.

e que não decorram de ativo, passivo ou obrigação envolvendo o espólio do cônjuge ou companheiro falecido.

Isso se aplica também para o caso de um dos cônjuges ou companheiros que detenha participação societária em seu patrimônio comum, tal participação, a partir do falecimento, passa a ser detida pelo espólio até o encerramento do processo de inventário e partilha ou a lavratura da escritura pública de inventário e partilha. E essa obrigação – que segue a regra civil – existe até mesmo no caso de a participação estar registrada em nome do sobrevivente.

Com isso, durante esse período, caso a sociedade delibere pelo pagamento de dividendos ou JCP aos quotistas/acionistas, tal rendimento deverá ser pago ao espólio e não ao cônjuge ou companheiro sobrevivente.

Na Declaração Final do Espólio em que se registram as transferências de bens, direitos e obrigações conforme a partilha, deve-se informar o valor pelo qual cada bem, direito ou obrigação foi transferido (com a opção de fazer por valor de declaração ou por valor de mercado, como dito há pouco).

E para o herdeiro ou legatário, deve-se preencher, na declaração, os bens e direitos que lhe foram transferidos, pelo valor adotado pelo doador ou pelo espólio. Em contrapartida, com propósito de justificar o acréscimo patrimonial, deve-se incluir o valor total dos bens e direitos recebidos na ficha de rendimentos isentos e não tributáveis na linha 14 – Transferência Patrimonial.

3.1.2 *Joint tenancy with the right of survivorship*

Em algumas jurisdições de origem anglo-saxônica, permite-se que a propriedade de ações de companhia seja no formato de algo semelhante ao que conhecemos como condomínio. É o *joint tenancy with the right of survivorship*, que considera as pessoas dessa relação – os *joint tenants* – como coproprietários e que atribui na morte de um deles a propriedade ao(s) *joint tenant(s)* sobrevivente(s). Essa figura, tratada no capítulo precedente, é muito interessante para Planejamento Sucessório no exterior e exige atenção no aspecto fiscal.

As autoridades brasileiras entendem que a propriedade é dividida em partes iguais entre os *joint tenants* e que todos devem reportar esse ativo com iguais proporções. Assim, se um terceiro (um filho por exemplo) for adicionado ao certificado de ações de uma companhia no exterior dos seus pais, ele deve ser considerado como titular de igual participação individual de seus pais (1/3 para o filho, 1/3 para o pai e 1/3 para a mãe). Nesse caso, deverá informar tal ativo tanto na DIRPF quanto na DCBE,[270] sendo que naquela a justificativa do incremento patrimonial será doação.[271] Ademais, no falecimento de um dos *joint tenants*, os demais devem declarar o bem na nova proporção (agora dividido entre o(s) sobrevivente(s) apenas), sendo que o acréscimo deve ter como contrapartida o lançamento na ficha de rendimentos isentos e não tributáveis na linha 14 – Transferência Patrimonial.

3.1.3 Remessa de doação a residente no exterior

No final de 2019, foi publicada a Solução de Consulta COSIT 309/2018 na qual a Receita Federal manifestou seu entendimento de que as remessas ao exterior a título de doação devem sofrer retenção de IRF. Apesar de a consulta envolver doação entre entidades de organização religiosa, o fundamento utilizado deixou claro o entendimento do fisco de que se aplica o IRF inclusive nas doações para pessoa física residente no exterior. O racional utilizado foi de que não há, no Regulamento de Imposto de Renda atual (Decreto 9.580/2018), tal como existia no anterior, previsão de não aplicação do dispositivo que trata da incidência do IRF sobre renda e proventos

270. O Banco Central orienta a considerar toda a participação (e não a proporção do *joint tenant*) para cálculo do limite de US$ 1,000,000 ou US$ 100,000,000 para a obrigação de entrega da DCBE.

271. Provocando, pois, a incidência do ITCMD.

de qualquer natureza recebidos por pessoa física ou jurídica residente ou domiciliada no exterior.[272]

Por outro lado, argumentou que a não tributação para doações a residentes no país tem previsão expressa em lei,[273] sendo que tal dispositivo não se aplica aos residentes no exterior.

Não obstante essa Solução de Consulta cause preocupação, principalmente porque as instituições financeiras responsáveis pela operacionalização das remessas vêm exigindo o IRF para não criar contingência fiscal, é certo que o entendimento da RFB está equivocado. Com efeito, temos de lembrar que o princípio da legalidade impõe que, se não existe previsão expressa em lei para que se retenha na fonte o IR, não se pode exigir o tributo em situação que a autoridade entenda cabível por mera analogia ou inferência lógica. A Solução de Consulta conclui pela incidência do IRF pelo fato de que a isenção trazida pelo Regulamento anterior não foi repetida no atual Regulamento. Ora, o Regulamento é um decreto que tem a finalidade de regulamentar o que está previsto na lei ordinária, e nunca a de criar obrigações tributárias. Portanto, a ausência de previsão de isenção no Regulamento de 2018 não cria a obrigação tributária sobre as remessas ao exterior a título de doação.

Por fim, a interpretação da RFB distorce a previsão do art. 6º da Lei 7.713/88 que determina objetivamente que "ficam isentos do imposto de renda os seguintes rendimentos percebidos por pessoas físicas: [...] o valor dos bens adquiridos por doação ou herança". Como se vê, não há restrição da isenção aos residentes no Brasil, e, portanto, deve-se compreender pela isenção a toda e qualquer pessoa física – independentemente de sua residência ou domicílio – de bens e direitos adquiridos por doação.

---

272. RIR/2018, art. 741

273. Lei 7.713/88, art. 6º.

3.2 ITCMD

Morrer rico é extrema incompetência. Significa que você não usufruiu, ou pelo menos não usufruiu todo o seu dinheiro. Além disso, um rico que gasta tudo o que tem antes de morrer, livra os seus herdeiros do odioso imposto de transmissão.

Millôr Fernandes

O Imposto de Transmissão *Causa Mortis* e Doação, como o próprio nome indica, incide tanto no caso de doação quanto no caso de falecimento (*causa mortis*), sempre sobre o valor dos bens transferidos.

O ITCMD é um imposto de competência estadual, o que significa dizer que cada Estado ou o Distrito Federal estabelece regras próprias para sua cobrança, podendo legislar sobre base de cálculo, alíquota, prazo para pagamento, contribuinte e responsáveis tributários. Mas a Constituição Federal impõe algumas normas[274] de abrangência nacional que devem ser respeitadas pelas leis locais, em especial para identificar qual é o Estado competente para exigir o imposto e como se fixa a alíquota máxima:

(a) se o bem for móvel, o Estado competente para exigir o imposto é aquele onde residir o doador ou onde se processar o inventário;

274. "*Art. 155. Compete aos Estados e ao Distrito Federal instituir impostos sobre:*
I – transmissão causa mortis e doação, de quaisquer bens ou direitos;
[...]
§ 1º O imposto previsto no inciso I:
I – relativamente a bens imóveis e respectivos direitos, compete ao Estado da situação do bem, ou ao Distrito Federal;
II – relativamente a bens móveis, títulos e créditos, compete ao Estado onde se processar o inventário ou arrolamento, ou tiver domicílio o doador, ou ao Distrito Federal;
III – terá competência para sua instituição regulada por lei complementar:
a) se o doador tiver domicílio ou residência no exterior;
b) se o de cujus *possuía bens, era residente ou domiciliado ou teve o seu inventário processado no exterior;*
IV – terá suas alíquotas máximas fixadas pelo Senado Federal."

(b) se o bem for imóvel, o Estado competente para exigir o imposto é aquele onde se localizar o bem;

(c) a lei complementar federal estabelecerá qual o Estado competente para exigir imposto no caso de o doador ter domicílio ou residência no exterior ou no de o inventário ser processado no exterior;

(d) a alíquota máxima é definida por resolução do Senado Federal.

3.2.1 Alíquotas

Atualmente, a alíquota máxima do ITCMD é de 8% conforme a Resolução do Senado Federal 9/92.

Com base nessas regras da Constituição Federal, e observado o limite máximo da alíquota, os Estados estabelecem as normas que indicam as situações em que o imposto é devido e como deve ser calculado.

A possibilidade de cada Estado estabelecer sua alíquota proporciona um quadro com diferentes cargas de ITCMD.[275] Note-se que alguns tributam distintamente a transferência por doação e por sucessão (*causa mortis*):

Estado	Alíquotas vigentes	
	Causa Mortis	**Doação**
Acre	4% a 8%	2% a 8%
Alagoas	4%	2%
Amapá	4%	3%
Amazonas	2%	2%
Bahia	4% a 8%	3,5%
Ceará	2% a 8%	2% a 8%

275. Quadro atualizado em 1º-08-2022

Estado	Alíquotas vigentes	
	Causa Mortis	**Doação**
Distrito Federal	4% a 6%	4% a 6%
Espírito Santo	4%	4%
Goiás	2% a 8%	2% a 8%
Maranhão	3% a 7%	1% a 2%
Mato Grosso	2% a 8%	2% a 8%
Mato Grosso do Sul	6%	3%
Minas Gerais	5%	5%
Pará	2% a 6%	2% a 4%
Paraíba	2% a 8%	2% a 8%
Paraná	4%	4%
Pernambuco	2% a 8%	2% a 8%
Piauí	2% a 6%	4%
Rio de Janeiro	4 a 8%	4 a 8%
Rio Grande do Norte	3% a 6%	3% a 6%
Rio Grande do Sul	3% a 6%	3% a 4%
Rondônia	2% a 4%	2% a 4%
Roraima	4%	4%
Santa Catarina	1% a 8%	1% a 8%
São Paulo	4%	4%
Sergipe	3% a 8%	2% a 8%
Tocantins	2% a 8%	2% a 8%

Assim, a depender da residência do doador (se residente no Brasil), da residência do donatário (se o doador for residente no exterior), da localização do bem imóvel objeto de doação, estabelece-se a competência do Estado para a exigência do ITCMD. Por outras palavras, se uma pessoa residente no Estado de São Paulo falecer e deixa ações de uma empresa com sede no Rio de Janeiro e uma fazenda localizada no Estado do

Mato Grosso, seus herdeiros e legatários terão que recolher ITCMD para São Paulo (4%) sobre as ações da empresa carioca e para Mato Grosso (até 8%) sobre o imóvel rural.

3.2.2 Exterior

Em algumas circunstâncias que envolvem o exterior, até hoje não foi editada a lei complementar[276] para estabelecer qual Estado é competente para instituir o ITCMD nos casos em que o doador tenha domicílio ou residência fora do Brasil, ou que o falecido (i) possua bens; (ii) tenha domicílio ou residência; ou (iii) tenha seu inventário processado no exterior.[277]

Um *leading case*[278] de repercussão geral foi objeto de julgamento no Supremo Tribunal Federal (STF) em abril de 2021, cuja decisão deve ser observada em todas as demandas semelhantes em andamento e futuras. No julgamento, declarou-se a inconstitucionalidade de exigência do ITCMD pelo fisco do Estado de São Paulo relativo à sucessão de ativos no exterior, em razão da ausência da lei complementar acima referida.

Nesse julgamento foi estabelecida também a modulação dos efeitos do acórdão para determinar quais situações seriam favorecidas pela decisão. Em resumo, para os fatos geradores ocorridos antes da decisão (20 de abril de 2021) desde que o contribuinte já tivesse ingressado com medida judicial, e para quaisquer fatos geradores após a decisão e até a edição da lei complementar.

A Procuradoria Geral da República distribuiu Ações Diretas de Inconstitucionalidades[279] contra os Estados com obje-

276. Em junho de 2022, o STF julgou procedente a Ação relativa à lei complementar a que se refere o art. 155, § 1º, III da Constituição Federal (Ação Direta de Inconstitucionalidade por Omissão 67/DF)

277. Constituição Federal, art. 155, § 1º, III.

278. STF, RE 851.108/SP de relatoria do Ministro Dias Toffoli.

279. ADIs 6836/AM, 6839/MG, 6821/MA, 6824/RO, 6817/PE, 6829/AC, 6832/ES, 6822/PB, 6827/PI, 6831/GO, 6825/RS, 6835/BA, 6837/AP, 6826/RJ, 6819/PA, 6818/PN, 6820/TO, 6823/SC, 6840/MS, 6834/CE e 6833/DF, 6830/SP, 6828/AL, 6838/MT.

tivo de serem declarados inconstitucionais os dispositivos de leis estaduais relativos à exigência do ITCMD sobre doação por residente no exterior e sobre herança de ativos localizados no exterior. Muitas dessas ADIs foram julgadas procedentes.

Como geralmente o *trust* é utilizado para ativos localizados no exterior e não para os localizados aqui, exatamente porque ainda não existe previsão legal no Brasil, pelo mesmo motivo de ausência de lei complementar, também é possível discutir a inconstitucionalidade da lei estadual que impõe a obrigação de tributar pelo ITCMD o bem no exterior recebido por meio de *trust*.

3.2.3 Apuração do imposto

De modo geral, a lei estadual estabelece que a base de cálculo do ITCMD é o valor de mercado do bem ou direito transmitido, sendo que, para determinados Estados, há parâmetros mínimos, por exemplo, o valor venal do lançamento do imposto predial no caso de bem imóvel urbano, o valor do patrimônio líquido (proporcional à participação transmitida) no caso de participação societária de pessoa jurídica de capital fechado.

Alguns Estados preveem, ainda, que as transmissões da nua propriedade e do usufruto (ou a reserva deste) representam incidências sobre valores parciais dos bens transmitidos ou com parte do pagamento postergado para o momento em que a propriedade voltar a se consolidar, com a extinção do usufruto.[280]

Em face do formato da hipótese de incidência do ITCMD que cada Estado estabelece (alíquotas, base de cálculo, segregação entre nua propriedade e usufruto), o aspecto tributário do Planejamento Sucessório exige a análise da legislação aplicável conforme a situação dos bens imóveis e da residência do interessado (doador ou testador).

280. Por exemplo, São Paulo estabeleceu em sua lei que o valor da nua propriedade corresponde a 2/3 do bem e o usufruto, 1/3.

Mas é possível fazermos algumas considerações, que são válidas para qualquer situação. Entre elas está a celebração de convênio entre os Estados e a União para que algumas informações contidas na declaração de ajuste anual apresentada à Receita Federal do Brasil sejam compartilhadas com a Secretaria da Fazenda Estadual, para que esta faça o cruzamento entre a informação de rendimento isento e não tributável para efeito de IRPF (doação ou sucessão) prestada pela RFB e o recolhimento do ITCMD.

Outra é a de verificação por autoridades estaduais dos valores que serviram de base para cálculo do imposto no processo de inventário ou na doação. E aí se incluem os casos de verificação pela Secretaria da Fazenda da apuração do imposto no inventário, conferência do pagamento pelo oficial do registro de imóveis quando da transferência de bens imóveis, comprovação do pagamento por ocasião de registro de alteração contratual na junta comercial etc.

Principalmente no inventário,[281] há conferência pormenorizada dos valores utilizados como base de cálculo e o recolhimento do ITCMD pela fiscalização do Estado, para que se obtenha sua concordância e, com isso, a homologação da partilha ou a lavratura de escritura pelo tabelião. A verificação também se dedica à eventual transferência entre herdeiros e legatários que ajustam a distribuição de bens em proporções diferentes de suas legítimas e legados, a fim de exigir, nesse caso, o ITCMD sobre a doação.[282] Ou seja, o acerto entre herdeiros que resulte em proporções diferentes em relação ao respectivo quinhão é considerado uma transferência gratuita entre vivos e, por isso, sujeito ao ITCMD-Doação (além do ITCMD-*causa mortis* devido em relação à sucessão decorrente de falecimento).

281. Isso também ocorre na partilha do divórcio.

282. Algumas municipalidades também exigem o ITBI em hipóteses de alocação de imóvel a um único herdeiro, como se este tivesse adquirido fração ideal dos demais herdeiros.

Não obstante o prazo previsto na legislação civil e processual para abertura de inventário, sob pena de multa, cada Estado tem a liberdade de estabelecer o prazo para pagamento do ITCMD do inventário (assim como de doação), e que em muitos casos a previsão de pagamento independe da homologação de partilha pelo juiz ou pela escritura celebrada pelos herdeiros e legatários, oferecendo-se inclusive desconto para o pagamento antecipado.[283-284] Ora, considerando que o contribuinte do ITCMD é o herdeiro ou legatário, conforme o caso, não é adequado se exigir o pagamento do tributo antes mesmo de definida qual parcela do patrimônio caberá a cada um, podendo gerar distorções entre o patrimônio recebido no futuro e o ITCMD pago anteriormente. O entendimento atual do Superior Tribunal de Justiça[285] é que não se pode exigir prova da quitação antes de julgada a partilha, sendo que a garantia do pagamento dos tributos se faz mediante a condição de expedir

---

283. Em relação à sucessão no Estado de São Paulo, o ITCMD será cobrado com multa caso seja recolhido após 180 dias da abertura da sucessão (data do falecimento); sendo concedido desconto a quem o recolhe nos primeiros 90 dias (artigo 17, § 2º, da Lei 10.705/2000). Mas, em ambos os casos, o inventário precisa ser iniciado em até 60 dias da abertura da sucessão, também sob pena de multa. Quem opta pelo procedimento extrajudicial de inventário (realizado perante o Tabelião de Notas), deve estar atento a esses prazos, pois o inventário é iniciado e concluído simultaneamente, em um único ato de escritura pública. Nada obstante a Corregedoria-Geral da Justiça do TJ/SP tenha alterado o item 105, do Capítulo XIV, das Normas Extrajudiciais da Corregedoria-Geral de Justiça, para permitir a lavratura de escritura de nomeação de inventariante, como forma de se iniciar o inventário extrajudicial em período anterior ao da lavratura da escritura de inventário propriamente dita, o sistema da Fazenda Estadual, para declaração e apuração do ITCMD, ainda não contempla a possibilidade de se informar duas datas distintas para tal modalidade de inventário, o que requer maiores cuidados para se evitar multas e acréscimos indesejados.

284. Numa Resposta à Consulta Tributária 21.350/2020, de 06 de abril de 2020, a Fazenda do Estado de São Paulo manifestou seu entendimento no sentido de que o contribuinte perderá o desconto de 5% sobre o ITCMD pago em até 90 dias a contar da sucessão (art. 17, § 2º, da Lei 10.705/2000 e art. 31, § 1º, item 2 do Decreto 46.655/2002) se houver sobrepartilha em prazo posterior àquele para se obter o desconto.

285. AgInt no AREsp 1374548/DF, Rel. Min. Mauro Campbell Marques, 2ª Turma, j. 12-02-2019, *DJe* 19-02-2019; REsp 1771623/DF, Rel. Min. Herman Benjamin, 2ª Turma, j. 04-12-2018, *DJe* 04-02-2019; REsp 1704359/DF, Rel. Min. Gurgel de Faria, 1ª Turma, j. 28-08-2018, *DJe* 02-10-2018.

formal de partilha somente após a quitação, respeitando assim a previsão do art. 192 do Código Tributário Nacional.[286]

Apesar de a existência de dívida mantida pelo falecido à época do falecimento diminuir seu patrimônio,[287] o qual é objeto da sucessão a seus herdeiros e legatários, vários Estados a desconsideram para efeito de apuração da base de cálculo do ITCMD. Ou seja, para tais Estados, a base de cálculo é formada apenas mediante a somatória dos ativos do falecido, independentemente das suas obrigações. Se imaginarmos uma situação em que o único bem do falecido fosse um imóvel no valor de R$ 500.000,00 e que houvesse uma dívida relativa a esse bem no montante de R$ 400.000,00, seria correto afirmar que o patrimônio seria de R$ 500.000,00 e que tal valor deveria ser a base de cálculo do ITCMD? É óbvio que não, o patrimônio seria efetivamente de R$ 100.000,00.

O Superior Tribunal de Justiça e o Supremo Tribunal Federal já se posicionaram no sentido de que a norma estadual, nesse particular, é ilegal e inconstitucional. O Ministro Dias Toffoli afirmou:[288]

> Os impostos incidem sobre signos presuntivos de riqueza. O universo tributável deve corresponder à uma mensuração da riqueza auferida. **Tributar fato alheio à riqueza, a título de imposto, importa em confisco.**
>
> Se a base de cálculo não corresponde ao **acréscimo no universo patrimonial** daquele que figura como contribuinte, a conclusão é óbvia: a base de cálculo não se coaduna com a hipótese de incidência.

286. CTN, art 192: "Nenhuma sentença de julgamento de partilha ou adjudicação será proferida sem prova da quitação de todos os tributos relativos aos bens do espólio, ou às suas rendas".

287. O patrimônio de uma pessoa corresponde ao total dos ativos menos o total dos passivos (dívidas e obrigações), tal como se demonstra em balanço patrimonial de pessoa jurídica sob a rubrica "patrimônio líquido".

288. Parte do voto no Ag. Reg. no Agravo de Instrumento 733.976/RS, Rel. Min. Dias Toffoli, julg. 11-12-2012 (o grifo não é original).

> **Ao vedar as deduções, a lei estadual impede a tributação sobre a transmissão do patrimônio líquido** (*quantum* efetivamente transmitido) e assim deforma a regra matriz de incidência.

Não obstante a interpretação da Suprema Corte ser de longa data,[289] as legislações de Estados permanecem desobedientes a ela, e são poucas as pessoas que se interessam em discutir essa indevida cobrança do imposto uma vez que o inventário não se encerra enquanto a questão fiscal estiver pendente.[290]

3.2.4 VGBL

Os planos de previdência denominados PGBL e VGBL têm tratamento específico, tanto para efeito de registro na declaração de bens e direitos do contratante, quanto para fim de inventário.

O contratante não mantém registro de valores aportados no PGBL como investimento porque os lançou como despesa, gerando abatimento de até 12% do rendimento sujeito à tributação na DIRPF. E quando fizer o resgate haverá tributação sobre o total do valor recebido pelo regime de tributação exclusiva ou pelo de antecipação, conforme sua opção na contratação do plano.

O VGBL deve ser mantido na declaração de bens do contratante em valores históricos. No momento do resgate pelo contratante, haverá incidência de IRPF apenas sobre os rendimentos e conforme o regime que tiver optado na contratação do plano.

Quando do falecimento do contratante, os valores recebidos pelos beneficiários desses planos não transitam pelo inventário, e são pagos diretamente pelo administrador. No momento do falecimento, os recursos deixam de ser resgatáveis (pelo espólio) e, portanto, não são sujeitos à partilha judicial ou extrajudicial.

289. Por exemplo, o acórdão RE 109.416, 1ª Turma, Rel. Min. Octavio Gallottti, *DJ* 07-08-1987.

290. Restando a possibilidade de pagar o tributo e, posteriormente ao encerramento do inventário, dentro do prazo de cinco anos contados do pagamento, promover ação para recuperar referido valor.

Não obstante o ITCMD não incida sobre indenização de seguro e verba previdenciária complementar (natureza dos pagamentos feitos aos beneficiários de VGBL e PGBL, respectivamente), alguns Estados[291] exigem o imposto na sucessão. A jurisprudência atual tem sido mais favorável aos contribuintes no que se refere ao VGBL e afasta, pelo mesmo fundamento, a cobrança do ITCMD.[292] Em novembro de 2021, a 2ª Turma do Superior Tribunal de Justiça decidiu por unanimidade que é indevida a exigência do ITCMD sobre valores a serem recebidos pelo beneficiário em decorrência de morte do segurado contratante de plano VGBL.[293]

3.2.5 Empréstimo

Dúvida que geralmente é levantada diz respeito à dívida que se contrai entre pai e filho, com o propósito de não se recolher o ITCMD sobre doação. O registro nas declarações de bens como crédito (pelo pai) e débito (pelo filho) às vezes não corresponde à verdade, cujo termo técnico para qualificar tal fato é simulação, exatamente porque se formaliza algo que não é verdadeiro. O fato real (escondido) é a transferência gratuita de um valor do pai para o filho (doação). Nesse caso, o Estado pode exigir o ITCMD com multa e juros pelo fato de que se trata na realidade de uma doação, e não de um empréstimo. Mas duas circunstâncias dificultam o trabalho do Estado: (i) esses registros constam das DIRPF do doador e do donatário, às quais o Estado não tem acesso e não fazem parte da troca de informações baseada em convênio entre Receita Federal e Secretaria da Fazenda, e (ii) a prova do ilícito cabe a quem acusa, ou seja, o Estado deve comprovar que não se trata de um empréstimo efetivamente.

---

291. Por exemplo, Rio de Janeiro e Minas Gerais.

292. O Órgão Especial do TJ/RJ decidiu que o imposto não incide sobre VGBL, mas manteve a cobrança sobre o PGBL (ADIn 0008135-40.2016.8.19.0000, julgada por unanimidade em 10-06-2019).

293. REsp 1.961.488-RS, julgado em 16-11-2021.

Ainda que se mantenha o registro do empréstimo, e não haja o lançamento de ofício, persiste um ativo de um lado (pai) e um passivo de outro (filho), que um dia deverão ser liquidados. E essa liquidação, se de fato era um empréstimo fictício, dá-se pelo perdão da dívida. O certo é que o beneficiário deixa de ter uma dívida e permanece com o ativo transferido. Esse incremento patrimonial deve ser justificado por um rendimento que não é decorrente do trabalho ou do capital, nem da combinação de ambos, mas sim de uma transferência não onerosa, que deve ser registrada como transferência patrimonial. Assim, nesse caso, o ITCMD incide sobre o perdão da dívida.[294]

E, se o devedor (filho) aguardar os pais falecerem, poderá receber tal crédito por herança e extinguir, por confusão, a sua dívida. Mas, nesse caso, haverá o ITCMD sobre o crédito, que deverá ser objeto de partilha e, além desse aspecto fiscal, há o risco de o crédito vir a ser partilhado com outros herdeiros, e aquele beneficiário passar a dever para os demais herdeiros e legatários, se desavisados de que aquele crédito recebido por herança não é verdadeiro.

Outra situação irregular relativamente recorrente com intuito de evitar o ITCMD é a simulação de venda de ativo para o filho. Isto é, em vez de ser objeto de uma doação – em que há a incidência do ITCMD –, pai e filho formalizam uma compra e venda, e o preço é pago em condições estranhas às práticas de mercado. No caso de venda de participação societária de pai para filho (sem ganho de capital e, por isso, sem IR a pagar), geralmente o preço é pago seguindo o fluxo da distribuição de dividendos recebidos pelo comprador. Nesses casos, a par da contingência fiscal em razão da simulação, há outro risco a depender do regime de casamento do adquirente.

294. Embora haja, no âmbito do TJ/SP, controvérsia sobre se os institutos do perdão de dívida e de doação podem ser equiparados, para fins de incidência do ITCMD, a Fazenda Estadual o exige nessa circunstância (contra a equiparação cite-se a Apelação Cível 0004536-14.2011.8.26.0602, 9ª Câmara Extraordinária de Direito Público, *DJ* de 28-11-2016. A favor, a Apelação Cível 0004537-96.2011.8.26.0602, 13ª Câmara de Direito Público, *DJ* de 25-09-2017, entre outros).

Explica-se, não sem antes fazer um intervalo para, não só aliviar o texto, mas também para fazer pensar:

> *A experiência é o nome que damos aos nossos erros.*
>
> **Oscar Wilde**

Na relação de compra e venda, o comprador não pode impor a si mesmo cláusulas restritivas (inalienabilidade, incomunicabilidade, impenhorabilidade), as quais somente podem ser fixadas por doação ou testamento; e, se o adquirente for casado sob o regime da comunhão total ou parcial de bens (ou viver em união estável sem pacto de separação total), o cônjuge também será proprietário do bem adquirido do sogro. Diante de tais consequências, reconhecer a doação e recolher o ITCMD é a atitude que, além de ser juridicamente correta, proporciona segurança jurídica e, até mesmo economia sob o ponto de vista econômico, porque numa situação de divórcio ou de penhora sobre o bem, ainda que no limite máximo previsto na Resolução do Senado Federal 9/92 (8%), o imposto é sempre menor do que a meação do cônjuge ou a expropriação integral do ativo.

4. RESIDÊNCIA NO EXTERIOR

Tendo em vista que a movimentação internacional de pessoas em caráter temporário ou definitivo já é parte de nosso cotidiano, o Planejamento Sucessório deve considerar também a situação de herdeiros e legatários que residem fora do Brasil. A preocupação está ligada, geralmente, às saídas em caráter definitivo, caracterizada pelo fato de o indivíduo ter a intenção de permanecer em outro país em razão do trabalho ou simplesmente por prazo superior a 183 dias por ano.[295]

É comum a confusão dos conceitos de residência, residência fiscal, domicílio e cidadania. A residência é o local onde a pessoa possui um imóvel no qual passa parte do tempo, como por exemplo, a casa de campo ou no litoral, ainda que em outro país. A residência fiscal está relacionada à caracterização da pessoa como contribuinte fiscal de um determinado país, e que não obrigatoriamente está conectada à residência física. O domicílio, que tem regras diferentes entre os países, corresponde ao local em que a pessoa tem interesse em permanecer com ânimo definitivo,[296] sendo que, pela lei brasileira, o indivíduo pode indicar qual é o seu domicílio desde que nele tenha

295. Cada país tem regras próprias para fixar a residência fiscal para estrangeiros e muitos utilizam o fator tempo de permanência no país.

296. Art. 70 do Código Civil.

residência.[297] A cidadania está vinculada geralmente ao país de nascimento da própria pessoa ou de seus ascendentes.[298]

Interessa aqui a residência fiscal, porque é ela que, no mais das vezes, determina se a pessoa está vinculada às obrigações fiscais do país.[299] E um indivíduo pode estar sujeito a obrigações fiscais de mais de um país se tiver não apenas uma residência fiscal, sendo que a depender dos países de sua residência fiscal pode-se aplicar acordos para evitar bitributação, se existente, ou a reciprocidade tributária.[300] Isso porque a maioria dos países estabelece a tributação universal dos rendimentos, isto é, o IRPF do país de residência fiscal incide independentemente do local em que ocorre o rendimento.

Pela lei brasileira, o cidadão que não reside no Brasil em caráter permanente não tem obrigações diretas com o fisco federal. Ou seja, não está obrigado a apresentar DIRPF nem recolher IRPF. Porém, se possuir rendimentos no Brasil, sofrerá retenção de IR na fonte, cuja obrigação de recolhimento cabe a terceiros.

Portanto, recomenda-se ao brasileiro que pretenda residir em caráter permanente fora do Brasil que apresente Comunicação de Saída Definitiva[301] e a Declaração de Saída Definitiva[302] à Receita Federal para que, no momento de sua

297. Art. 71 do Código Civil.

298. Alguns países oferecem possibilidade de estrangeiros obterem a cidadania se preenchidos determinados requisitos (por exemplo: tempo de permanência, valor investido no país, comprovação de que algum antepassado de determinada religião esteve no território do país etc.)

299. Independentemente da residência fiscal, são também motivos de serem devidos tributos no país as situações de ganho de capital de bem nele localizado, e doação ou herança de bem localizado no país.

300. O imposto de renda pago num país representa um crédito para que o contribuinte desconte do imposto de renda devido no outro país, sempre relacionado ao mesmo rendimento.

301. O prazo para entrega é desde a saída efetiva até o último dia do mês de fevereiro do ano seguinte.

302. O prazo para entrega é igual à da DIRPF normal, porém são reportados apenas os bens e direitos, dispêndios e rendimentos ocorridos até a data da saída.

saída, deixe de estar vinculado às obrigações fiscais. Se não forem entregues tais formulários, o brasileiro será considerado residente fiscal até que fique ausente do país pelo período de 12 meses consecutivos.

Nos últimos anos, a emigração de brasileiros se acentuou com aumento de 16% da população brasileira no exterior na comparação 2018/2020 e de 36% na comparação 2010/2020. Segundo o Itamaraty, vivem no exterior aproximadamente 4,2 milhões de brasileiros.[303]

Quando se promove Planejamento Sucessório com herdeiros e legatários no exterior, devem ser levados em conta os aspectos legais do país de residência dos donatários, herdeiros e legatários. De modo geral, é possível criar – antes da aquisição da residência fiscal estrangeira – estrutura que permita uma maior eficiência fiscal no país estrangeiro.

O exemplo mais conveniente, pelo fato de ter a maior concentração de brasileiros, é o dos Estados Unidos, onde se encontram mais de 1,7 milhão de brasileiros.[304] Apesar de o recebimento de herança não ser tributado naquele país, a transferência por doação ou sucessão de patrimônio de quem é residente fiscal norte-americano está sujeita à tributação pelo imposto sobre a herança (*gift tax* ou *estate tax*) com alíquotas elevadas, a partir de 40%, sobre patrimônio que superar um determinado limite (hoje aproximadamente US$ 11 milhões[305]). Nesse caso, são os pais (residentes fiscais brasileiros) que podem ajudar no Planejamento Sucessório do filho, do ponto de vista fiscal, para que na sucessão do filho não

303. Disponível em: https://www.gov.br/mre/pt-br/assuntos/portal-consular/arquivos/ComunidadeBrasileira2020.pdf;https://www.cnnbrasil.com.br/business/numero-de-brasileiros-no-exterior-cresce-e-chega-a-42-milhoes/

304. https://www.gov.br/mre/pt-br/assuntos/portal-consular/arquivos/ComunidadeBrasileira2020.pdf

305. Esse valor tem previsão de ser reduzido para o patamar anterior de US$ 5 milhões mais atualização a partir de 2025. E há rumores de que o limite será reduzido no mandato do atual presidente dos EUA.

incida o imposto sobre a herança (*estate tax*) ao menos em parte do patrimônio.

Se o trabalho de planejamento se iniciar antes da mudança para o estrangeiro, a primeira atitude a tomar é a análise de eventual necessidade de reorganizar a estrutura do patrimônio para que não haja impacto fiscal a maior. O exemplo recorrente é a situação de pessoa física que possui uma empresa em paraíso fiscal com investimentos financeiros, o que no Brasil corresponde ao diferimento da tributação enquanto não houver distribuição de seus resultados. Porém, se essa pessoa adquire residência fiscal em Portugal, com adoção do regime fiscal não habitual, os rendimentos da empresa localizada no paraíso fiscal serão tributados diretamente na pessoa física com alíquota de 35%, independentemente de efetiva distribuição.

Essas situações exigem envolvimento de profissional estrangeiro especializado no assunto para dar segurança no planejamento e na sua implementação.

Como já dissemos, desde 2019, uma manifestação da Receita Federal[306] passou a trazer preocupação para aqueles com descendentes residentes no exterior, pelo fato de expor entendimento de que doação para residente no exterior é sujeita à tributação pelo IRPF. Isso porque o Decreto 3.000/99 (Regulamento do Imposto de Renda anterior) previa em seu art. 690, III, que não ocorria a incidência de Imposto de Renda na Fonte nas remessas de valores a título de doação para residente ou domiciliado no exterior. Esse dispositivo foi derrogado pelo novo Regulamento (Decreto 9.580/18) e assim fez prevalecer (se é que um Decreto pode se impor contrariamente à previsão de uma Lei!) o disposto no art. 6º, XVI, da Lei 7.713/88, combinado com seu art. 1º. Apesar de a manifestação tratar apenas de doação, o mesmo raciocínio se aplica à herança ou legado, pois o dispositivo da Lei 7.713 não distingue doação e herança.

---

306. Solução de Consulta COSIT 309/2018.

O entendimento da Receita Federal é ilegal e inconstitucional porque não encontra fundamento legal para exigir o IRPF nas situações de doação, herança ou legado, e ainda fere a Constituição Federal. Com efeito, a Lei 7.713/88 embora preveja a forma de tributação de rendimentos e ganhos de capital pelas pessoas físicas (art. 1º) não estabelece a incidência de doação em favor de pessoa física residente ou domiciliada no exterior. Ademais, o art. 6º – invocado pela RFB – não faz distinção da isenção se a doação é em favor de residente no Brasil ou no exterior. No Direito Tributário, devem prevalecer princípios constitucionais que protegem o contribuinte de pretensões arrecadatórias que não tenham previsão expressa em lei, são os chamados princípio da legalidade (art. 5º, II, da Constituição Federal) e princípio da tipicidade (art. 150, I, da Constituição Federal).

De todo modo, o contribuinte deve estar ciente desse novo entendimento do fisco federal para tomar suas precauções na hora do seu Planejamento Sucessório ou então no momento da doação ou sucessão.

Aqueles que pretenderem adquirir ou readquirir a residência fiscal brasileira também devem ficar atentos às oportunidades de planejamento, como a previsão normativa de que é isento o ganho de capital de bem localizado no exterior e adquirido enquanto o titular era um não residente fiscal.

A Instrução Normativa SRF 208/2002[307] fornece os critérios de quem se torna residente fiscal no Brasil e, também,

---

307. "*Art. 2º Considera-se residente no Brasil, a pessoa física:*
I – que resida no Brasil em caráter permanente;
II – que se ausente para prestar serviços como assalariada a autarquias ou repartições do Governo brasileiro situadas no exterior;
III – que ingresse no Brasil:
a) com visto permanente, na data da chegada;
b) com visto temporário:
1. para trabalhar com vínculo empregatício ou atuar como médico bolsista no âmbito do Programa Mais Médicos de que trata a Medida Provisória 621, de 8 de julho de 2013, na data da chegada;
2. na data em que complete 184 dias, consecutivos ou não, de permanência no Brasil, dentro de um período de até doze meses;

de quem deixa de ser residente fiscal. Para os não brasileiros, os critérios são objetivos (visto ou tempo de permanência no país), porém para os brasileiros, o critério é eminentemente subjetivo. Em resumo:

É residente fiscal no Brasil:

(a) O brasileiro que residir no país em caráter permanente;

(b) O estrangeiro que ingressar com visto permanente, desde a sua chegada;

---

3. na data da obtenção de visto permanente ou de vínculo empregatício, se ocorrida antes de completar 184 dias, consecutivos ou não, de permanência no Brasil, dentro de um período de até doze meses;
IV – brasileira que adquiriu a condição de não residente no Brasil e retorne ao País com ânimo definitivo, na data da chegada;
V – que se ausente do Brasil em caráter temporário ou se retire em caráter permanente do território nacional sem apresentar a Comunicação de Saída Definitiva do País, de que trata o art. 11-A, durante os primeiros 12 (doze) meses consecutivos de ausência.
Parágrafo único. Para fins do disposto no inciso III, " b", item 2, do caput, caso, dentro de um período de doze meses, a pessoa física não complete 184 dias, consecutivos ou não, de permanência no Brasil, novo período de até doze meses será contado da data do ingresso seguinte àquele em que se iniciou a contagem anterior.
Art. 3º Considera-se não residente no Brasil, a pessoa física:
I – que não resida no Brasil em caráter permanente e não se enquadre nas hipóteses previstas no art. 2º;
II – que se retire em caráter permanente do território nacional, na data da saída, ressalvado o disposto no inciso V do art. 2º;
III – que, na condição de não residente, ingresse no Brasil para prestar serviços como funcionária de órgão de governo estrangeiro situado no País, ressalvado o disposto no inciso IV do art. 2º;
IV – que ingresse no Brasil com visto temporário:
a) e permaneça até 183 dias, consecutivos ou não, em um período de até doze meses;
b) até o dia anterior ao da obtenção de visto permanente ou de vínculo empregatício, se ocorrida antes de completar 184 dias, consecutivos ou não, de permanência no Brasil, dentro de um período de até doze meses;
V – que se ausente do Brasil em caráter temporário, a partir do dia seguinte àquele em que complete doze meses consecutivos de ausência.
§ 1º Para fins do disposto no inciso IV, "a", do caput, caso, dentro de um período de doze meses, a pessoa física não complete 184 dias, consecutivos ou não, de permanência no Brasil, novo período de até doze meses será contado da data do ingresso seguinte àquele em que se iniciou a contagem anterior.
§ 2º A pessoa física não residente que receba rendimentos de fonte situada no Brasil deve comunicar à fonte pagadora tal condição, por escrito, para que seja feita a retenção do imposto de renda, observado o disposto nos arts. 35 a 45".

(c) O estrangeiro que ingressar com visto temporário e aqui permaneça 184 dias ou mais num período de 12 meses;

(d) O brasileiro que, como não residente fiscal, retornou ao Brasil em caráter definitivo.

Não é residente fiscal no Brasil:

(a) O brasileiro que não residir no Brasil em caráter permanente;

(b) O estrangeiro que ingressar no Brasil com visto temporário e permanecer até 183 dias num período de 12 meses;

(c) O estrangeiro que até o dia anterior ao da obtenção de visto permanente ou de vínculo empregatício, se ocorrida antes de completar 184 dias, consecutivos ou não, de permanência no Brasil, dentro de um período de até 12 meses;

(d) Aquele que se ausentar do Brasil em caráter temporário, a partir do dia seguinte àquele em que complete 12 meses consecutivos de ausência.

Note que o critério para o brasileiro é subjetivo, o que nos provoca insegurança em afirmar quando a estadia no Brasil se torna permanente, principalmente numa situação em que a pessoa se encontra impossibilitada de retornar à sua casa no exterior (por exemplo, por questão de saúde).

Enfim, a migração do indivíduo requer atenção em relação às legislações relacionadas à residência fiscal e à tributação do(s) país(es) em que se localizam seus bens, de onde a pessoa está saindo e para o país para o qual está se mudando.

Encerramento

1. CONCLUSÃO

As histórias se repetem, a doutrina insiste e as pesquisas provam e comprovam as dificuldades de a empresa familiar sobreviver às gerações sem um projeto de sucessão. O fenômeno é mundial e é por isso que nunca se viu tamanha preocupação com o Planejamento Sucessório em empresas comandadas por núcleos familiares, ainda considerando que devam eclodir conflitos, e que muitas verdades escamoteadas possam vir à tona.

O fato é que, não obstante os conflitos intergeracionais, a sucessão empresarial tem maiores chances de sucesso, sem litígios e com menor grau de desgaste, se for preventivamente projetada pela atual liderança e contar com a sua participação. O grande desafio das organizações é conduzir condignamente a sucessão, garantindo a perenidade do patrimônio empresarial e pessoal, sem abandonar a questão relacional familiar. O processo de sucessão não deve permitir que as questões familiares venham a interferir nas atividades-fim da empresa ou a afetar de forma significativa seu desempenho. Mas, por outro lado, de nada adianta construir um arcabouço de ferramentas ideais para o Planejamento Sucessório, estruturas regradas, economia fiscal etc., e danificar ou fragilizar laços familiares, que são imensuráveis.

Não é fácil. É árduo lidar com o que está sedimentado. Não há receita pronta e tudo depende da dinâmica familiar, das tradições incorporadas e ditadoras de regras, do ramo de negócio, da saúde da empresa, da economia do país etc., mas especialmente do momento em que acontece o planejamento e da sensibilidade de seus maestros. Nesse ponto, o ideal é que ele aconteça antes de surgir um evento como falecimento, incapacidade, divórcio ou mesmo um conflito de convivência, e sob a batuta de profissionais qualificados, mas sempre preocupados com a preservação das boas relações familiares.

Nesse processo, não há incompatibilidade entre unir a tradição e a cultura da empresa com as novas ideias e procedimentos trazidos por quem irá assumir o comando. É necessário o direcionamento de esforços para enxergar a realidade empresarial. É natural que a família queira manter o controle, ficar à frente do negócio. O problema é que, muitas vezes, alguns dos entes familiares não estão preparados ainda, e outros jamais estarão. É questão de acolher a realidade e aceitar o que a vida nos apresenta. Mas com cuidado, com zelo, com respeito humano.

2. DEZ DICAS PARA PREPARAR A EMPRESA PARA A SUCESSÃO COM SUCESSO

1. Planeje com antecedência;
2. Não misture trabalho com família e não deixe que o excesso de intimidade e afetividade afete o bom andamento dos negócios sociais;
3. Invista em treinamentos e capacite tanto os sócios quanto os candidatos à sucessão na gestão;
4. Estabeleça uma política de rodízio por várias áreas do negócio familiar para aqueles que pretendam nela trabalhar;
5. Avalie as competências, aptidões, posicionamentos e lideranças; respeite o resultado de tais avaliações;
6. Comece a delegar cada vez mais funções importantes às pessoas mais qualificadas e aproveite o tempo para fiscalizar seu desempenho de forma imparcial;
7. Crie regras para todos indistintamente (horários, atribuições, emissão de relatórios, *performance*, planos de carreira devem obrigar e beneficiar a todos, independentemente do parentesco) e não abra exceções para membros da família;

8. Valorize o mérito, premie os melhores e afaste os menos qualificados, independentemente da amizade ou parentesco; meritocracia é palavra de ordem;

9. Crie um sistema de distribuição de lucros que possibilite a geração de um fluxo financeiro atraente e confortável aos sócios investidores;

10. Defina o sucessor e adote práticas de informações acessíveis, periódicas e transparentes; crie, respeite e faça respeitar a governança.